黄帝者少典

之子姓公孫名

軒轅生而神

靈弱而能言劫

而徇齊長而

敦敏成而聰

明

右錄五帝本紀句

癸卯夜鍾水金

钟永圣
国学大讲堂

五帝本紀通解

钟永圣 ◎ 著

新华出版社

图书在版编目（CIP）数据

五帝本纪通解 / 钟永圣著. --北京：新华出版社，2023.9

ISBN 978-7-5166-7074-3

Ⅰ.①五… Ⅱ.①钟… Ⅲ.①《史记》-研究 Ⅳ.①K204.2

中国国家版本馆CIP数据核字（2023）第193627号

五帝本纪通解

作　　者：钟永圣

出 版 人：匡乐成　　　　　　　　出版统筹：许　新
书名题字：钟永圣　　　　　　　　插图作者：钟永圣
责任编辑：徐　光　　　　　　　　特约编辑：鲍　勤
责任校对：刘保利　　　　　　　　封面设计：李尘工作室

出版发行：新华出版社
地　　址：北京市石景山区京原路 8 号　　邮　　编：100040
网　　址：http://www.xinhuapub.com
经　　销：新华书店、新华出版社天猫旗舰店、京东旗舰店及各大网店
购书热线：010-63077122　　　　　中国新闻书店购书热线：010-63072012

照　　排：李尘工作室
印　　刷：三河市君旺印务有限公司

成品尺寸：170mm×240mm
印　　张：29.25　　　　　　　　　字　　数：330千字
版　　次：2023年12月第1版　　　印　　次：2024年9月第2次印刷

书　　号：ISBN 978-7-5166-7074-3
定　　价：86.00元

千江水有千江月

——《五帝本纪通解》自序

中华文明的历史源头，在近代以前，应该是一个没有太多争议的问题，善良的炎黄子孙也不太会想到，有一天自己的祖先是否存在竟然是一个问题。然而，到了近代，这不但成为一个问题，华夏的祖先还被骂不是"人"，连华夏的历史到底怎么讲述也要看他人的脸色来确定。1929年，陈寅恪先生写诗赠给北京大学史学系毕业生："群趋东邻受国史，神州士夫羞欲死。田巴鲁仲两无成，要待诸君洗斯耻。"[①]

距离陈先生写诗快一百年了，这一耻辱竟仍然没有洗去！中华历史仍然被西方中心论者和历史虚无主义者所虚化、短化和丑化，是可忍孰不可忍？这是我不揣鄙陋浅薄，开始尝试多角度、多方法、多领域重新探索中华历史源头的动力和理由。

但是，历史并不是一个能够求得唯一正确解的存在。

2003年秋天，史学大家许倬云先生在北京大学历史系演讲，提及"写历史的人"的工作，是面对无边无际的历史现象，"有意识地，

---

① 陈寅恪：《陈寅恪诗集》，清华大学出版社1993年版，p.18。

不一定是客观地"，甚至是"主观地、有意识地抽提了一些把它变成历史"。每一位历史学家都有"自己的着眼点"，我们呈现给人家看的，"是透过我的眼写下来给人家看的"，我们用别人编下来的史料，同样要经过他的眼才能看见①。比如《史记》，今天我们认为这是汉代的史料，其实已经不知道被太史公编过多少次了——我们是在通过司马迁的眼看汉代，如果换一位史学家来裁剪和叙述，那么"历史"可能就是另一个样子。

许先生的论述让我们了知：所谓历史的客观真相，其实就是"盲人摸象"，就是"千江水有千江月"，就是"却顾所来径，苍苍横翠微"。

或许，正是出于同样的省察，孟子强调不能完全相信史书的叙述。孟子曰："尽信《书》，则不如无《书》。吾于《武成》，取二三策而已矣。"②孟子所言的《书》就是《尚书》，它是中华上古史的总集。孟子对于《尚书》的态度，就是不要完全相信，他举例子说，对于《武成》这一篇的内容，他也就相信两三条竹简记录的内容而已，或者也可以说，他对"正史的记录"也就相信二三成而已。

同于此理，我也希望大家对这本书中所转述和推测的内容，能够参考孟子对《尚书》的态度：即使是您认为"很合情合理"的内容，也不要抱有完全相信的态度；又或者如许先生所言，希望大家时刻提醒自己，这不过是作者关于中华文明历史探源的"一孔之见"。

可是，尽管如此，根据苏秉琦先生等考古学家类似"邻近的河北

---

① 许倬云：《从历史看管理》，广西师范大学出版社2005年8月第一版，pp.156—157。

② 《孟子·尽心章句下》，云南大学出版社2004年2月第一版，p.284。

与山西两省之间已找到了万年以前的陶器"和"距今七八千年的阜新查海和赤峰地区兴隆洼遗址反映的社会发展已到了氏族向国家进化的转折点，所以文明起步超过万年"这样的论述[1]，我认为，至少有一点值得我们全体炎黄子孙相信，那就是——中华文明的历史一定比我们现在所被通常告知的要长得多。

作为一个没有"历史学者的职业声誉"可丢弃的纯粹外行，我之所以要讲解《五帝本纪通解》，只是想为华夏先祖和中华文明说句公道话：华夏何止五千年！

著名历史学家李学勤先生分析过"华夏五千年"这一说法的大概来源：司马迁当时写华夏通史，从轩辕黄帝开始，距今大约四千七百多年；但是黄帝以前并不是没有历史，而是时间久远，史料残缺，出于严谨可靠的考虑，太史公就从轩辕黄帝写起。而黄帝做天子之前，有八代神农氏，按照每代三十年计算，有二百四十多年，加在一起正好"上下五千年"[2]。当然，这个说法是建立在神农氏帝号炎帝的基础上，而且假设八代神农氏的寿命和践天子位的时间大体相同。根据我们现在所看到的人类寿命的现实状况，这是小概率事件。也就是说，尽管炎黄子孙的历史有五千年左右是"史实"，但未必就是神农氏每代三十年这个算法。

先抛开许多值得深究的细节不谈，一个显而易见的重要问题——炎帝以前仍然有历史。按照《汉书·古今人物表》的列示，从伏羲氏

---

① 苏秉琦：《中国文明起源新探》，生活·读书·新知三联书店，2019年10月第一版，p.119。

② 李学勤：《史记·五帝本纪讲稿》，生活·读书·新知三联书店，2012年8月第一版，p.8。

开始到轩辕黄帝，有十九个姓氏做过天子。在这本书中，我做了一个重要的努力，我尝试在《史记·五帝本纪》之外，根据《汉书·古今人物表》的列示，把伏羲氏、女娲氏等"人物"恢复到华夏历史的叙述当中——这占据了书中相当大的篇幅，是本书的一大特色。我这样做有充分的理由：《汉书》是汉朝中央政府颁布的正式史书，代表着一个时代的共同认知，在涉及自己先祖这样的大事——国之大事，唯祀与戎——不可能轻率为之，所以，伏羲氏和女娲氏都是历史中的"人"，而不是"神话里的人"。至于时间久远之后，伟大人物的生平有些"神化"，也是历史上很常见的"人之常情"。当我们歌唱"四渡赤水出奇兵，毛主席用兵真如神"时，更应该能够稍稍理解，那些被传颂了几千年的人物，如果没有一些所谓的神话故事，反而是很不正常的事情了。

所以，确切地说，这本书应该是《汉书·古今人物表》和《史记·五帝本纪》通解。但是，一方面由于大家熟知了中华历史从《史记》开始，另一方面大家似乎不太看重《古今人物表》的作用，我在标题中就简化为以《五帝本纪》为代表了。

虽然按照上面提到的权威学者所言，历史的叙述有极大的"个体性"，本书还是想力所能及地提供一些符合逻辑的论证，以在渺茫的远古历史中"确定"一些"模糊的轮廓"，趋近于"历史事实"。例如，作为三皇的燧人氏和伏羲氏到底谁在前、谁在后？这个问题如果指望通过历史文献或者依靠出土文物证明他们存在的时代，应该是个难能有解的问题。我在书中采用了另一种论证思路：通过碳十四测定，在中华大地上，最早的陶片在距今二万一千年到一万三千年间，这证明最迟在二万一千年前，我们的华夏先祖——当然，彼时很可能还没有"华夏"的概念，李白的诗句"蚕丛及鱼凫，开国何茫然！尔来四万八千岁，不与秦塞通人烟"可以帮助我们了解古人的古代观——就已经学会使用火了！因为烧陶必须要人工掌握火的使用才可以。这显然可以帮助我们"断定"：燧人氏真实存在，而且应该在二万一千年以前。人工取火的发明，是人类能源利用史上的划时代事件。即使在今天的时代，如果不小心流落野外，能够使用火，也会大大增加生还的希望。那位在历史上第一个发明钻木取火的伟大人物，真的值得名垂青史，值得天下人纪念。因此，我推断燧人氏是三皇之首，并且在年代上远远早于距今约八千一百年的伏羲氏。

本书的另一特色，就是根据活着的道家传承把"神话"还原为"历史"，试着揭示其"文明"的本义，"说破"神话故事里隐藏的真实文化含义。例如，我把"女娲补天"的真实含义——通过修炼五脏对应五色的五行状态来反补先天的肾精不足和后天的精气渗漏——揭示出来，让大家知道神话里隐藏的真实修行方法，同时扫去神话的迷雾，恢复其自具中华文化内涵的本来面目，从而升起对先祖的诚挚感恩和对中华文化的坚定自信。

因此，在这本书中，我所叙述的华夏历史，不是编故事，而是尝试根据文献、文物和活着的文明传承"三合一"的证据，重新推断、拼接和复原我们的历史，在我们的同胞、同人、同道中恢复华夏史观，摒弃在中华历史上的虚无主义。特别地，从学术角度来看，根据目前流行的学科教育方式，我在书中建议设置"中国宏观上古史"和"中国微观上古史"两个新的历史专业，以新的方法、视角和理论基础创新历史教育，重塑历史文化。无论我们在这一思路下如何书写中华历史，至少让西方中心论的历史观不能再以历史虚无主义来诋毁和污蔑中华的历史。

华夏何止五千年？！

钟永圣

农历癸卯年二月十九日

中国善财书院九绿金顶轩

目　录

（一）

导语：作者结合自身学习经历，包括对经典文献的反复研读和修习体会，辅之以最近几十年我国考古发现的重要文物，将具备坚实可靠证据与记录的中华上古历史的框架为我们娓娓道来。作者提出"华朝"的概念，指出可将大禹之前上溯至伏羲的这一阶段命名为"华朝"。在这一宏大的历史视野中，作者评价中华民族此次复兴将是"高华、礼周、强汉、盛唐、富宋"的五者合一！

（二）

导语：太多的古文化遗址证明，中华文化至少在八千年以前，已经有很成熟的农业、手工业……甚至音乐的水准都超乎我们的想象，所以说中华历史何止八千年！本讲作者推出两个新学科——中国宏观上古史和中国微观上古史。针对有些学者提出中国考古的局限，作者提出研究历史要运用综合文献、文物和文明的"三文主义"。

（三）

导语：中国的历史要由中国人自己来书写，我们要恢复华夏史观，恢复一直流传的中华文献的历史记录。当然这里也永远存在疑问和争论。本讲作者梳理文献中的矛盾，提出关键问题；利用文物证据，推理历史逻辑关系；突破局限，全方位"活古"；综合各方信息，选择相信《汉书·古今人物表》，且推断八千年前中国已经形成"国家"制度。

（四）

导语：《五帝本纪》是司马迁写《史记》的开端，从黄帝开始记述，而现在的历史资料，尤其是近些年考古，使我们发现中国的历史比《史记》记录的要长。本讲通过分析《古今人物表》序文提出判断，从伏羲画卦绵延至今，不是传说，是真实的历史！作者根据划时代的重大贡献，把"三皇"定义为：燧人氏、伏羲氏和女娲氏。

（五）

导语：本讲主要分析《汉书·古今人物表》中天子名号的意义以及名号背后的文字创设、文化传承和文明体系。通过作者的分析讲解，这些天子名号不再是一个个简单陌生的名字，而是变得生动而亲切，跟我们今天有着千丝万缕的联系；一些古国的名称也不再遥远，因为流传至今已经变成我们的姓氏，我们的存在就是他们的延续，中华民族的历史绝不是虚无的！

（六）

导语：分析《古今人物表》可以看出，表中上古二十位天子，班固只把太昊帝伏羲列为圣人，但他又不是"五帝"之一，何人才能称为"帝"？"昊"字有何寓意？声成文为"音"，"心"中有"音"为"意"，如何观察自己的"心音"？如何去"会意"？作者以"音"入手，引导大家学会"观照"自己。

（七）

导语：本讲进入司马迁《五帝本纪》的正文，介绍轩辕黄帝的上半部分；同时又给我们介绍了"自然五帝"和"历史五帝"两种"五帝"的概念；且将两种"三皇"的说法合二为一；另外，总结出七点华夏文明的标准，强调西方文明没有资格评论华夏文明！

（八）

导语：本讲继续讲解轩辕黄帝，圆满总结黄帝一生的功业、道业、德业：一生神明；征战多年；治世大盛；道业圆成。黄帝晚年一心求道，所以问道广成子是真人、真事、真传承！

（九）

导语：根据司马迁《五帝本纪》记载，在神农的时候，就已经有了明确的国家制度、文明制度。本讲主要介绍颛顼、帝喾二帝皆是英明君主，在位时间长，百姓安乐，天下咸服。不过，天子位的继承历来是纷争不断，从黄帝开始就疑问重重，作者根据多种资料，大胆推测，给予合理解释。

（十）

导语：作者开篇就强调，我们很早就有了统一的文明，有天子，有分封，分封的诸侯国都有自己的姓氏，都有自己的传统和礼仪。改朝换代，新天子也善待古圣王的后代，给他们封地，这是以前华夏文明历朝的"惯例"。改朝换代，总是伴随战乱，而帝尧继位，真如史书所记吗？

（十一）

导语：本讲继续讲解帝尧的伟大功勋，以及帝尧费尽心思发现考察虞舜，最后传位给虞舜的整个过程。其中通过"四方风"甲骨，介绍了四方风神的概念，而《山海经》中竟然有相似的记载，令人震惊。

（十二）

导语：本讲是《五帝本纪通解》的最后一讲，主要讲解舜帝从孝闻天下到孝感天下，对于家人的屡屡加害，舜帝没有丝毫怨恨，作者给予的评价是：心性宽厚慈悲，如如不动！不愧为二十四孝之首！最后作者强调，我们应该恢复华夏史观，树立文化自信，尊重历史文献，弘扬圣贤文化，助力中华民族的伟大复兴！

（一）

庚子年十月十四　2020年11月28日

　　导语：作者结合自身学习经历，包括对经典文献的反复研读和修习体会，辅之以最近几十年我国考古发现的重要文物，将具备坚实可靠证据与记录的中华上古历史的框架为我们娓娓道来。作者提出"华朝"的概念，指出可将大禹之前上溯至伏羲的这一阶段命名为"华朝"。在这一宏大的历史视野中，作者评价中华民族此次复兴将是"高华、礼周、强汉、盛唐、富宋"的五者合一！

尊敬的各位同胞、各位同人：

大家上午好！

今天是《五帝本纪》的第一讲，之所以要在这个时节讲《五帝本纪》，是因为已经到了这样一个时间点，我们已经能够根据可靠的证据和记录尝试着重新梳理中华上古的历史脉络。最近几十年，中国国内考古发现了一些重要文物，这些文物清晰地证明，在中华大地上，我们的文明至少在八千年以前就已经呈现出一个比较稳定的状态[①]，有稳定的农业、成套的农作物工具，有现在能够发现的简单的文字。按照我们的历史传承，八千年前或八千一百年前是一个重要的时间点——被称为中华经典"群经之首"的《易经》，很多人认为它起源于八千多年前伏羲画卦。同时，我们还有能够依据的历史文献，主要是《史记·五帝本纪》和《汉书·古今人物表》。在差不多攒足了资料之后，我想给大家一起描画一下我所认知的中华上古的历史框架。

追寻"经济" 由利及《易》

我本人是学习经济学的，确切地说，我学习的是"西方经济

[①] 韩建业：《中华文明的起源》（中国社会科学出版社，2021年4月），p.6，"裴李岗时代黄河、长江和西辽河流域在天文、象数、字符、宗教等方面的考古发现，显示中国当时已经拥有较为复杂先进的思想观念和知识体系，形成了比较一致的宇宙观，社会也有了初步分化，将中国文明起源提前到距今8000年以前，可算迈开了中国文明起源的第一步。"

学"，但是，我在学习的过程中慢慢发现，好像西方教给我们的这个economics（普遍译为"经济学"）不能解决我们的很多疑问，不能解决国民经济和社会发展当中许多重要的问题。用1991年诺贝尔经济学奖获得者科斯的话说，现在的西方经济学脱离了实践，更多地成为一种"黑板上的经济学"。所以，我在大约二十年前开始追寻，我们中国是不是有自己的经济学。那个时候还并没有想按照现代学科的规范，到中华文明里面提炼总结，拿出一套我们自己的经济学理论——因为读书有限、经验有限，对西方了解得少，对东方了解得也少。

我自己的求学历程基本上是两条线，一条就是西方经济学为代表的现代学科教育；另一条就是出于自己天然的兴趣，对于中华传统经典的学习。在学习《黄帝内经》的过程中，我逐渐体会到了一个思想脉络，关于中华文化最核心的贡献——按照钱穆先生和季羡林先生的研究结果来说——"天人合一观"是我们这个文明对全世界文明最大的一个贡献。

我们做学术通常有一个重要的路径，就是权威的学者、重要的学术大师作出的结论，我们通常默认是对的——在大部分可能的前提下会默认是对的，然后再往前推，除非中间又出现了特别重要的线索——就是说，大师也有可能错，但通常来讲，我们会承认他对。那既然"天人合一观"是最重要的，我就顺着"天人合一观"的思路来处理遇到的问题。

经络是我们中华文化里面非常重要的内容。关于经络，不用看任何书，我们可以自己体会一下，或是到一个针灸馆请针灸师给扎一下——偶尔他一挪动那个针，甚至进针的时候，身体就像被电到了一样，一下子整个胳膊麻了，整个腿麻了或者半个身子像通电一样——

这个"体会"不需要书来给我们作解释、作证明，亲身实践一下就知道。我买过一套日本传回来的《黄帝内经》，里面的经络图不叫经络图，叫"内照图"——所有画出来的经络都叫"内照图"。大家都知道，伦琴射线的历史才一百多年，那么成书至少三千年以上历史的《黄帝内经》如何能够"内照"到人的经络呢？这是很大的一个疑问。

随着我对《黄帝内经》学习体会的加深，发现经络里面其实是带着能量的，也就是只有"活体的人"的经络里面才有这个能量，当人不是活着的，活体变尸体的情况下，这个经络的显现就没有了，也就是能量消失了。这个能量消失会对一个活体产生质的分别——前一刻你是有生命、有能量、有温度、有思想、有情感、有精神的一种活的物质，后一刻能量走了以后，留下一个逐渐会冰凉下来的物质的身体。那么，我们就知道在经络里面存在着的这个能量是非常重要的，它几乎就代表着我们的生命！

所以，我进一步地追查，发现在《黄帝内经》里面有明确的交代，在经络里面含藏的这个能量叫作"营气"，这个"营气"按照阴阳划分就是"阳气"。万物生长靠太阳，我们在这个星系当中，所有的生灵离不开太阳产生的这个能量。

那么，这个能量弹射到经络之外，乃至于我们身体之外、表皮之外，叫"卫气"，防护着我们身体不受寒气、邪气的侵袭，这也不需要用文献来查证，我们每个人都应该有体会。举个例子，夏天一开冰箱，一股冷气出来，随后人就打喷嚏，那就是身体迅速地把要侵入的寒气通过喷嚏这种方式弹射出去。如果没弹射出去，而是进来了，就会变成鼻塞、流鼻涕、上呼吸道感染……如果更严重的话，就会被攻到大本营，到达肺脏。

所以，"营气"和"卫气"这两种气，保卫着我们，一个在内部营养着我们所有的组织器官，另一个在外围保护着我们身体不受外邪的侵害，构成了一个完整的人身小宇宙。所以，"营养"非常关键，你经络当中一定要有这个"营气"才能"养护"我们的身体，一旦经络当中这个"营气"不在了，"养护"我们身体的能量也就不在了。如果"营气"不通，末梢神经的组织是容易坏死的，就是失去了"营"养；要想健康，就得打通这个经络，恢复"营"养。

上面这个过程，就是中华文化的文字本身地道的"经济"含义，经络里面传递着能量，能量营养着我们的全身。"济"的意思就是周济、营养、帮助你渡过难关。所以，通过这样的思路，我找到了"经济"的本源。

可是，我们现在一谈经济，都是说要谋利，这个"利"出自何处呢？我进一步地查，结果在《易经·乾卦·文言》当中有"元亨利贞"四个字，这个"利"的解释是"义之和也"。

我们现在理解的"利"，就是物理的真金白银，现在化成纸币，就是国家主权赋予的信用货币——古代是真金白银，或者是铜等，反正是金属货币，是物理的——可在《易经》上的解释变成了伦理，也就是仁、义、礼、智、信的"义"，"义之和也"。我们用经济上的话说，就是双方进行谈判，双赢；多方谈判，多赢；要达到和谐。有一方占大便宜，都不是对的，都不是中道，都是对世间之"义"的损伤，最终会伤到这个"利"。

追查到这儿，我就突然想到，是谁开创的《易经》呢？根据中华历史传统——无论是口耳相传或是文献记录，这一点几乎是公认的——是伏羲画卦开创的《易经》。它的流传时间很久远，在神农时期，有神农时期的《易经》，叫《连山易》，《艮卦》打头；到了黄帝时期，有《归藏易》（也有念guī cáng的，我把它念成zàng），《坤卦》打头；到了周朝，文王这个大圣人演《周易》，就变成了我们现在所说的《周易》。《易经》本身也是历代圣贤进行解读、作出贡献，它也不是死的。可是最初的初创，就是创建了中华文明。

我们在以前讲座当中提到过，我们中华文化叫作华夏文明，是起源于伏羲的母亲华胥氏，感而受孕，某天到雷泽去，看到大脚印，好奇，一脚踏进去，感而受孕。生伏羲——万世之圣。伏羲开创《易经》，使天地阴阳变化之道明白于人间，这就是文明开始了。"文"就是道，就是规律，"明"就是明白于天下。他通过这种二进制的方式让天下人明白道理。以前，人不是不存在，也不是没有生活形态，也不是没有组织方式，但在伏羲画卦以前，这个道理人们不知道——它虽然存在于天地之间，却并没有明白于天地之间。在他画卦阐述了这个道理以后，一个新的文明阶段开始了，所以我们把它定义为华夏文明的开创。

文化传承　追本溯源

现在很多人都认为黄帝有开创之功，但是我们从《易经》的传承史上就知道，他是一个传承者。就像我们讲座当中承认孔子是儒家创始人，这没问题，但他仍然是中华上古文化的集大成者之一。老子也是这样，翻开《道德经》的原文，尽管老子被全世界公认为道家思想的创始人，但是经文里面一再地出现"古之圣者""古之圣贤人""古之善修者""善为士者"……经文本身就显示他是一个传承者。而黄帝的老师是有记录的，是广成子。这样的话我们就知道黄帝仍然不是那个最终的起源，还要往前追。

今天我带的书比较多，都是给大家作证明。现在我们能看到的《史记》就是从《五帝本纪》开始，这也是为什么今天会依据这个稿本来讲。《五帝本纪》开篇从黄帝讲起，黄帝以前的历史没说——它造成一个非常非常严重的后果，就是我们现在通常所讲的华夏文明上下五千年——后来我了解到这些以后跟大家强调，应该说有文字记载的华夏文明是五千年！没有文字记载的华夏文明就没有了吗？当然还是有的！

为什么我对这样的传承有体会呢？这是我亲身的经历，后面会给大家慢慢介绍。

那进一步的问题就是：既然伏羲的母亲是华胥族的姑娘，谁记录了"华胥"？谁给这个华胥国取的名？华胥的"华"字，其繁体字要比简体字繁复好多，那么复杂的字是何时出现的？如果说当初这个"华"字就是描述一朵花的花形，那"胥"是什么意思？它代表的那个"月"跟月亮是什么关系？后来我们又说我们是华夏子孙、华夏文明……是依据什么说的？这全都是疑问。历史上——至少我们学的教科书上——根本就没提！这是我对历史文献的疑问。

随着阅读和各地讲学经历的丰富，我慢慢地发现在中华大地上近几十年来有各种文化遗址出土，证明八千年前已经出现了按照西方的史学传统也可以定义为文明的形态，那么，为什么我们自己不承认？

比如说粟的培育，现代考古发现，有文物证明，粟的培育历史已经是很清晰地展现在我们面前——是八千年前的[①]；还有水稻的种植，原来说河姆渡培育的比较早，在距今七千多年前，可是最近仍然有证据显示——在八九千年前，我们已经在培植水稻了[②]。

我们大连传统文化小组成员2018年去了甘肃天水的伏羲庙，也看到了展示的彩陶照片。彩陶上是有"文字符号"的，就是说不完全定义它为文字，也可以称为"符号"。那么，大家现在每天都在用的文字难道不是符号吗？符号不就是表意的吗？为什么刻在彩陶上的符号就不能叫作文字呢？这是很奇怪的地方。

让我最惊讶的就是至少八千年以前，出现的骨笛是七音阶的[③]。通常很多人都认为中国音乐是五音，我们说一个人唱歌不好听叫"五音不全"——宫、商、角、徵、羽丢一个，找不着调。但其实不是啊，我们有变调，加上两个变调一样是可以变成七音阶的。而且，一个姓朱的皇族在明朝已经把"十二平均律"用文字著作的形式公开地表述出来了[④]，这是全世界最早的。

在中华文化的历史上，我们确实是很早就进入了文明状态！为什么我们现在就说不出来？！说出来也不被重视！为什么我们现在只能承认说或者被承认说中国有三千七百年的历史？

[①] 刘军社：黄河流域史前粟作文化遗存的发现与研究，《农业考古》，2000年第3期，pp.42—44。其中开篇提及："黄河流域特别是中上游地区，是我国粟类作物的主要栽培区，至少已有八千年的栽培史。"

[②] 吴诗池和魏露苓：浅谈稻作农耕文化的内涵，《农业考古》，2005年第1期，pp.16—25。

[③] 中国科学技术大学科技史与科技考古系、河南省文物考古研究所、舞阳县博物馆，河南舞阳贾湖遗址2001年春发掘简报，《华夏考古》，2002年第2期，pp.14—30。

[④] 朱载堉：《律吕精义·内篇》中给出"新法密率"，详细可参考：徐飞，朱载堉十二平均律算法考，《音乐探索》，1994年第4期，pp.54—59。

大家看，这就是大地湾彩陶上的文字，看一下，像这样的符号是不是文字？

大地湾：8000年前的文字！

此外，中华民族的祖先早已经知道缫丝，就是养蚕、抽丝，开始有丝织品的出现。现代考古表明，八九千年前我们已经吃上大米饭、吃上小米了，我们已经有成熟的农作工具了。

八千余年　历史框架

所以，带着这些问题我就发现——华夏不止五千年！当时的证据就是看我的一位老师的讲话，他是一位很好的修行人，在全世界受到尊敬，他是徐姓的后代，他说自己的家谱显示，徐姓是黄帝的第二个儿子昌意的后代，到现在是一百三十七代。看到这条消息以后我特别震惊，一百三十七代，什么概念？我们也经常提孔子家的家谱，全世界都承认是真的，不是造假，传到"德"字辈儿七十七代，这徐家的家谱多了六十代，就是说至少要加上两千年，那四千五百年以前，岂不就是大约四千七八百年前黄帝那个时候往下数到今天吗？这是可以对接起来的，在误差理解的范围之内，是可以相信它是正确的。

恰好两年前的九月份，我在"楼门"的第一课，就是在北大哲学系的233教室上课，有一位兄弟，一看就不是我们的同门，下课以后主动找我，因为我在课上问了楼宇烈老师《道德经》的问题，他就送了我一本《姬氏道德经》。那一天，是我求学当中很特殊的一天，因为他清晰地告诉我伏羲历传到今年（2018年）是8134年，他是活着的传承人。

紧接着同一个月份，就是我刚去北大访学，大连的中国移动公司有一个全球通大讲堂，请我回来做一个讲座，我报的题目就是《华夏何止五千年》。当时就提出这么一个概念——我们的历史是五千年以上的。

又过了一个月，2018年10月，我上古琴课，清华的一位教授在讲课的内容当中给我们展示图片——七音阶的古笛——那是我第一次看到这个图片，所以就让我对八千年的华夏文明史有了更加坚定的自信！

在这之前，我自己也反复地研读《五帝本纪》。不是说因为《五帝本纪》是司马迁写的，我们就完全接受，里面还是有一些让我产生疑问的地方：比如尧、舜、禹和黄帝是什么关系？我一查，都是黄帝的直系子孙，按照《史记》的记述，我自己列表，舜是第九代，禹是第五代，这中间可能是哪一辈活得太长造成这种现象，这是可能的，但起码这个辈分上是有疑问的。在我们家的传承里，因为我母亲的关系，在她的辈分上，我还得管很多比我年轻的人叫老姥爷，就是我姥爷见到他还得认他为长辈，所以小时候我不太敢开口叫人，因为不知道差多少辈、怎么叫。我是"永"字辈，我父亲是"成"字辈，我爷爷是"汝"字辈，再往上还有"善"字辈、"吉"字辈，我称他们是太爷辈的，爷爷还得管他叫爷爷，这怎么叫？我们差了五六辈，但实际上我们生活在一个村子里。

所以，看《五帝本纪》的时候我就想，同时代人差好几辈的现象不是不能接受，也就是司马迁未必写错。

带着这些疑问再看《汉书》——这是当时汉朝政府颁布承认的稿本，而司马迁的《史记》是后来才被承认进入正史的序列。我看《古今人物表》，原来我搞不清楚黄帝之前到伏羲到底间隔了多少位天子，结果这个表上清晰地列出来了！从伏羲一直到黄帝，每一个名字都在上面，只不过缺失具体哪一年到哪一年。没有生卒年限我们会很遗憾，但仔细一想，也没什么可遗憾的，我现在就是连我爷爷哪一年出生的都不知道，更何况那么久远的华夏祖先！所以不求这个，我是求这些人名！名字那么复杂，那么有文化含义，是编的吗？感觉就不像编的！

恰好这时我有个机会去华山学习。古代学道的，背个褡裢，弄两个烧饼、带着盘缠上路，万水千山，现在我们不用，飞机飞到西安，然后坐高铁，没多长时间就到了华阴，山南水北为阳，华阴这个县城是在华山之北。然后去玉泉院报到，练功嘛。在玉泉院里面看到了吕祖庙，很小的一个吕祖庙，我们这种身高都得躬着身进门。我估计是建造的人故意的，管你什么人想见吕祖的像，要么跪着进去，要么鞠躬进去。左右两侧各有一个黑色的碑石，是他老人家悟道以后写的偈语，其中有一句，我在讲座当中反复跟大家讲——"一饮刀圭五彩生"。就是吞咽那个金津玉液，咽下去，然后你的五脏六腑……五行对应着五脏，金、木、水、火、土对应着白、青、黑、赤、黄，对应着肺、肝、肾、心、脾，他不说五脏如何健康，而说"一饮刀圭五彩生"。这是帮我打通上古神话最关键的一句话。

我还看过邵子的《皇极经世》，今天也给大家带来，我很少把这本书拿出来示人，尽管它是公开出版的。宋代的大师邵康节，他是布衣出身，但算卦奇准。如果他今天在场的话，您问他老人家明天中午我在哪儿吃饭，他会告诉你，有几个人，你坐在哪儿，几男几女，都是可以推算出来的。无不奇准，成为传奇，一千年以后还是传奇。所以《梅花易数》被很多人认为是易学的高峰。如果在座有这个传承人，那课后您最好是能不能接待我一下，如果能教我的话，多磕几个头都行，我跟您学。

我看完《皇极经世》这本书之后特别震惊，因为它是一整套的理论推演世界文明的发展，是处理六万四千八百年的历史。它说我们当下的中国，就是目前的中国，不是古代中国，仍然处于五会十二运之内，到2103年都主繁荣昌盛。为什么要有信心？因为这件事情一千年前就已经有人推算完了，当我出第一本书的时候，把这个章节删掉了，为什么？惊世骇俗。

文人嘛，还经常愿意写字，写着写着，写到了青铜文。我小的时候就愿意看唐楷，觉得这才叫书法。后来审美观变化了，现在看这个甲骨文还有青铜铭文，越看越漂亮，美得不得了！这本书法杂志也是我现在研究商代文化的一个非常重要的资料。铭文、甲骨文、彩陶文连接在一块儿。突然有一天我就想到，我们中华的历史可以通过每一部分都有坚实的证据和可靠的记录，然后合理地连接起来。

所有探究　终指伏羲

这就是我个人的经历，所以能够有这样的想法。大家看我下面的几段经历：

1. 太极—张三丰—老子—黄帝—广成子—道家传承—阴阳—《易经》—伏羲

学太极拳，我那个老师说我们是张三丰原式太极拳，他是第多少代。这个经历我给大家报告过。从思想来看，张三丰是真的；张三丰往上有老子，黄老之学在汉代是治国的指导原则，就是国家经济管理的指导思想；那黄帝也有老师，是广成子；广成子也不是中华的元祖，他也是个道家传承人；那道传的就是阴阳，谈阴阳的就是《易经》；谁把阴阳变化的内容最早说出来？就是伏羲呀！又追到伏羲。

2. 丹功—陈抟—吕洞宾—汉钟离—老子—黄帝—广成子—道—阴阳—伏羲

第二个经历就在华山，我们这可以叫炼丹，管它叫丹功，传你诀窍，然后让我们拜的祖师是陈抟。在这以后无论到哪儿见到陈抟的画像和刻字我都得跪下来磕头的。比如说去龙门石窟，不知道为什么那里就有陈抟祖师他老人家写的一副对联："开张天岸马，奇逸人中龙"，刻在石头上，那就得跪下来磕头，这是规矩。

在华山有一个二仙桥，陈抟和吕洞宾在那里会过面，可能也交换过心法。历史上公认吕洞宾的老师是汉钟离，他们这一脉传下来；而汉钟离是从老子那儿学来的；这中间还隔着尹关长，就是在函谷关做关长、早上起来练功见到紫气东来的那位。在道家里面这都是确切的传承。这就又回到老子的传承顺序当中，只要查到老子，我们就知道上面还有黄帝、广成子，然后道、阴阳，又回到伏羲。

3.《易经》—邵康节—吕洞宾—女娲—伏羲

我们看《易经》，《梅花易数》是邵康节传出来的，为什么叫《梅花易数》？就是邵子在前一天见到了一位女士，在梅花之下，就断定她会把腿摔断，结果第二天就真的发生了，大致是这么一个故事。他能通过花的下落，断定一个女孩子会把腿摔断，而且就真的按照他说的摔了。所以用梅花代表他的易学，叫《梅花易数》，名字起得很美。

邵子的易数，他把五行里面的"土"换成了"石"，很多人不理解，认为他这不是传统的五行观念，可是其他人认为自己是经典的五行理论，却没有他算得准。我们现在知道"实践是检验真理的唯一标准"，那听谁的？还是听实践结果正确的，所以邵康节成为大师，他这个五行是准的，他是宋代的。唐代时候，吕洞宾祖师"一饮刀圭五彩生"这个偈语告诉我们的都是五行学说。五行学说是很重要的，包括道家、医家，包括《洪范》的管理，五行观念都是极其重要的。

然后，我就想到了女娲炼石补天那不就是五彩石吗？既然那个"土"跟"石"可以互换，所谓炼石在哪儿炼呢？抟土，不就在中宫炼吗？那五行的方位，我们的脾胃——中宫的位置不就是土嘛。你看古代文献看多了，它有些时候不说是脾、是胃，它说土。现在你看一个老中医，他也说给你补补土，他不说补脾胃；给你补补水，实际是补你的肾，我们今天还这么用。也就是说这个观念传承几千年，你只要打通不同时代中间这个文字的局限，就可以慢慢地一直穿到头儿，所以我又找到了伏羲，因为女娲是伏羲的妹妹，她接了伏羲的天子位。这是第三个。

4. 医学—乾坤大旨意—抽坎填离—庄子《逍遥游》—《易经》—伏羲

学《黄帝内经》，我又入了医学之门。"火神派"郑钦安祖师一开始就论述了"乾坤大旨"，一提到乾坤，这不就说的是八卦嘛，八卦不就是《易经》嘛！你管他什么"抽坎填离"，让一个人五行顺转，那还是炼石补天、抟土造人哪！这个医学说的就是上古神话，上古神话隐含的就是今天让我们身体健康的生理秘诀、生理规律呀！这没什么神秘的，就是我们障碍在文字上，所以智慧死掉了。用禅师的话说，就是"一道白云横谷口，几多飞鸟迷归途"。

再看庄子《逍遥游》，也就能看懂了。这是"火神派"大师级的医生周元邠先生说的，我是2007年12月份在武汉见到他，他告诉我修行的秘诀就两个字：气化！我向全国的听众分享，修行的秘诀就这两个字——气化！能够"气化"你就掌握了化病的原则。因为气聚成形，凝结就成形，寒冷就凝结，温热起来就化了嘛，这就是物理规律呀！所以，现在我也看有一些文章说，让你的身体一直保持着适度的温热。锻炼、打坐就不容易得一些寒凉的毛病，这就是物理的道理。那谈乾坤、谈八卦，不还是《易经》嘛，又回到了伏羲。

5. 史学—古籍—《汉书·古今人物表》—伏羲

史学，这不用说了，《古今人物表》直接就指出太昊帝伏羲氏。

我自己个人探究的每一个角度，最终都指向我们的老祖宗就是伏羲，所以我认为中华文明的源头是十分清澈的，上古的神话不是骗孩子都不相信的神话，它其实是历史记录！慢慢地以讹传讹，传成了所谓是编出来的神话。如果你读通了五行学说，知道中国古代表述语言的特点，朝代之间的变化，你就能把她梳理出头绪来！中华文明的源头是十分清澈的，从八千年前到今天这个传承一直是活的！没有死过，没有断绝过！

所以，综合《史记》和《汉书》中华始祖代表人物表，我们这一次讲座，就是要从伏羲氏开始，讲女娲氏、共工氏、容成氏、大廷氏、柏皇氏、中央氏、粟陆氏（后面会给大家看某些文化遗址，我怀疑这个粟陆氏或许是最早培育出"粟"的天子，这个粟现在还存留在当地的遗址中）、骊连氏、赫胥氏、尊卢氏、沌浑氏、昊英氏、有巢氏（可能他改变了大家的居住条件）、朱襄氏、葛天氏、阴康氏、亡怀氏、东扈氏、帝鸿氏。

下面就进入了司马迁写的《五帝本纪》的时代。有一种理解，帝鸿氏在司马迁《五帝本纪》之前，是一个天子的名称；还有一种说法，帝鸿氏指的就是轩辕黄帝，只不过说法不同而已。这就是有争论了，我们不是史学家，可以存疑，至少我们可以把这个表列出来。后面就是神农，《史记》交代神农有八代。神农有火德，所以称炎帝。

黄帝原来姓公孙，母亲居姬水，所以据说又改姓了姬。文王姓姬，那文王就是黄帝的后裔。如果在座有姓王的，我们现在查，最明显的王姓一支是周平王的太子姬晋，为了天下能够不受水淹，跟他父亲争执，不要放水淹了百姓，结果被免去了太子职位。所以，今天山西晋祠那个地方纪念他，然后有了王家的祖姓。那王家的基因是来自姬姓，姬姓来自黄帝，再往上查……慢慢地，我们每一个人，你就自己找，总会找到上古的、元始的始祖。我们去河南看颛顼、帝喾二帝陵，正好庙门前面就有一面大白墙，上边写着百家姓，你找一下自己的姓在哪个位置就知道了。颛顼、帝喾都是黄帝的后代，都是慢慢地繁衍成好多姓。

不要说你姓这个、我姓这个，咱俩互不搭界，因为《自然》（*Nature*）杂志已经发表出文章，我们通过基因就能测算出哪个族群跟哪个族群在多少年前进行大规模的婚配，产生了哪一个族，这个基因里面就有显示。所以，将来可能我们的生物学家会把像中华文化这样传承比较连续的族群基因的图谱全部连续起来[①]。

后面尧、舜、禹就不用说了，进入了所谓的信史的阶段，《尚书》有记录，《五帝本纪》也有记录。

这就是我们讲座的由头。我跟大家报告一下，不是说一个学经济学的不务正业，怎么又涉猎到人家史学的田地里去了。我是从经济学、入门从经络开始，找到经营、找到经济，然后发现经济起源于《易经》的"利者，义之和也"，这就离不开伏羲、离不开《易经》了，慢慢地就发现，以前教给我们的历史是不完全对的，至少是可商量的，不能完全按照西方的历史观来处理。

伟大复兴　五者合一

中华民族的复兴是不可阻挡的，我对这一次复兴有一个量级上的评价，最简单的表达，叫高华、礼周、强汉、盛唐、富宋，五者合一。

"高华"，大家可能不明白，这是我起的名词。这次讲座造的最重要的一个名词就是"华朝"概念，我把大禹一直往上追溯到伏羲氏统一命名为"华夏朝"，简称"华朝"。以前没这个概念，为了方便称呼，

---

① 最近的研究可参考：Gao, Y., Yang, X., Chen, H. et al. A pangenome reference of 36 Chinese populations. Nature 619, 112–121 (2023). https://doi.org/10.1038/s41586-023-06173-7.

我们习惯了说是哪一朝哪一代的，由于过于久远，不知道该怎么称呼这段时期，提起来说不清楚，那就把说不清楚的、没有太具体时间标示的统一称为"华朝"。这样华朝连接着夏朝，就好解释了，就是最开始的两个时代，叫华夏，所以我们就是华夏文明，就是这样来的。

隔了一个商朝，然后有周朝，"礼周"，我们现在很多的习惯还都是周朝那个时候留下的，我们现在很多的礼仪观念还是周礼给我们留下的，包括中国人结婚的时候用红色，也都是周朝的遗留。

再往下，汉、唐、宋，这大家就能读明白了。"强汉"，犯我强汉者虽远必诛。"盛唐"，被称为古代社会的巅峰。"富宋"，是因为按照英国著名经济学家麦迪森在其专著《世界经济千年史》中的推算，在宋真宗咸平三年（1000年）时，中国GDP总量约占全世界经济总量的22.7%，人均GDP远高于同期西欧各国水平。

所以，我认为我们这一次崛起具有五合一的特征，会真正地造福全球。因为古代的天下被海围着，再往西、再往北，北面是苦寒之地，西面要么沙漠要么雪山，东面南面就是大海，地理范围之内已经是天下了。现在是一个球，是全球化的概念。

这就是我给大家描述的我们应有的历史观，要追查中华文明的确切源头，可能不那么精准，但是要找一个基本上不是胡说八道的、有点靠谱儿的观点，然后让西方学者去证伪。不要说我们觉得这个东西没证实，然后我们就不敢说了，好像不理直气壮，就像我们一再论证的，我们几乎都不知道自己八辈祖宗长什么样儿、叫什么名儿、有什么喜好，但他是我们的祖宗，为什么不敢承认？！中华文明起源的标志性事件就是伏羲画卦！

当下，曾经掌控世界的力量在动荡、危机、衰落、纷争；而我们在稳定、崛起、发展、繁荣。我们自己的历史要自己审视，不是听西方人规定说中国的历史是什么样子。说你是三千七百年，我们就承认是三千七百年吗？

基本观点　文明起源

这一轮讲座的基本观点大致如下：分三个部分，大约十条。

一、中华文明的起源

1. 华夏文明起源的时间要从五千年前推到八千年前。

关于中华文明起源的判断是首要的，我们华夏文明的起源时间要从大家熟知和熟用的五千年前直接推到八千年前，其中最重要的物证是后面会给大家看的考古文化遗址。随着我们系列讲座的展开，会为大家展示更多的资料和图片，如果有机会的话，我们明年可能还会再去游览一下各个文化遗址，到现场去看一看。

2.《易经》的起源是华夏文明的起点，标志性的事件就是伏羲画卦。他那一画是石破天惊，他那一画是盘古开天，他那一画让文明开始了。

3. 距今八千年前已经有文字，天子的名号和出土陶器就是明证。很自信地说，我们的文字在八千年前已经出现了，你可以说它比较简单，但是它存在！就像最近河南郑州朋友用我和老师的字给我们做了两个河南汝窑的杯子，带开片的，翠绿色，字是金色的，特别漂亮！我当时就想，假如说现在这个杯子跟着我一块死了，八千年以后，那个时候的人发掘出来，看到这个杯子，上面有文字，写着"山泉声"三个字，还有落款"永圣"——当然八千年以后的人能不能读得懂这个意思我不知道，就像我们现在不能完全读懂甲骨文一样——不知道能不能认识，但是知道这是文字：哎呀，居然出现了五个文字！那个时候的文字系统发不发达？大家能不能明白这个例子说明了什么？出现在器物上的东西，仅仅是当时文化极小的一部分，非常可能，甚至我就写一个字"妙"、一个字"静"、一个字"笑"，都可以，你能说当时就这一个文字吗？

所以，部分的东西出现在历史文物当中，你不能就局限在这一点，我认为这是现在考古解读方面可能存在的一个问题。

前两天我在微信当中，把许倬云先生批评大陆考古界的几段话拍成照片分享出来，他说考古做得非常精细，但是大陆考古没有宏观意识，不连接。前面给大家解释这么多，就是告诉大家，我们现在是利用已有的文献、文物和活的文明传承，把历史重新连接起来，重新拼接起来，重新构架起来，不是随意的，每一步都是很小心地考证，是努力去这样做的。

有天子名号——我认为这个名号不是人编的，因为编起来太难了——还有出土陶器，就是证明我们八千年前有这个文化。八千一百年前，伏羲画卦把这个"文"揭示出来，我们根据史书把伏羲氏一直到大禹称为"华朝"，这算是我们本次系列讲座最为创新的一个想法、一个观念，如果能够被接受，也可能会改变我们以后叙述中华历史的表述方式。因为以前从来就没有把说不清的漫长的一段历史统一做一个命名。

我们现在看到的《古今人物表》里面，天子的名称是统一格式，什么氏、什么氏，一直到轩辕氏，到了《五帝本纪》，基本上就有点靠谱儿了，有记录、有事件、有人发声。结合我们已经讲过了二十四讲的《尚书》，可以知道大致上已经形成了当时天子的巡视制度，各方群后就是诸侯国的诸侯长每隔五年要到中央去述职的制度，天文历法的制度，还有分工教育子弟、养马、管理山林的制度，包括法律制度。下面就是夏商周秦汉，三国两晋南北朝，隋唐宋明清今，再往后这就是常识，就不用说了。

然后，我特别要把马克思晚年的一段重要论述分享给大家。这是我第一次去清华大学政治经济学研究中心见蔡继明老师的时候，他给我的重要提示。马克思论述，东亚不适用原始社会、奴隶社会、封建社会、资本主义社会、共产主义社会这五段论①！马克思认为这五个发展阶段是根据欧洲尤其是西欧的社会发展史提出来的，他说东亚可能有自己的历史面貌和脉络。问题是以前没有人告诉我们马克思晚年有这个论述啊！只是告诉我们说唯物辩证法、唯物史观就是原始社会、奴隶社会、封建社会、资本主义社会一直到共产主义社会，就这样被标准化了，答卷如果不按这个答是得不到分的，是拿不到学位的。后来，我跟有国际史学经验的学者接触，包括林毓生先生，才发现原来这五段论是有问题的。若要表述一个连续的发展阶段，这个划分标准应该是一样的，如果划分标准不一样，然后把他们罗列在一块儿，这是有问题的。

我们看一下，原始社会之所以叫原始，是因为生产力极其低下，我们可以叫它生产力标准，就是物质生产发展不发展，这里面没提人的精神是什么状态。我可以假设，我们现在是发展到互联网时代、信

---

① 关于马克思"亚细亚生产方式"的论述，推荐参考：王向远，中国"理论东方学"与"亚细亚生产方式"七十年定位定性之争，《东疆学刊》，2019年第4期，pp.1—11，111。

息社会，有没有隐士隐在终南山的茅棚里面打坐？他的文明境界接近老子？很可能啊！我上过终南山，那里面有各种各样的修行人。虚云大师早年也在那里结过茅棚，打过坐。一坐半个多月，过新年了，有人去看他，一进院，雪地上有好多老虎脚印，大师还在里面打坐，用引磬引出来之后，一看有人来看他，挺高兴，说请你吃芋头，我刚煮的，一揭锅盖，都长毛了——半个月过去了。

第二个，奴隶社会，什么是奴隶？奴隶就对应着要有主人。我们说谁是谁的主人，谁是谁的奴隶，这是人身依附关系。所以这个社会形态的评价标准是不一样的。

第三个，封建社会，政体和土地制度。什么叫封建？分封建国，天子把自己的儿子或者是特别有功的像姜子牙这样的功臣，分封到各地建立自己的诸侯国，这叫分封建国，简称封建。

封建社会是根据政体和土地制度建立的名称，跟前面原始、奴隶社会评判标准都不一样了。

第四个，资本主义社会，是指生产关系。资本主义大生产，生产资料归谁所有，如何组织生产。

第五个，共产主义社会，是所有制和分配关系。

学者为什么对五段论有质疑？因为这个五段论的标准是不一样的！

我们不能挑完毛病，然后一点儿主见都没有。能不能整理出一个统一的划分标准？以下是钟式看法。

第一个，物质生产水平的发展：利用天然—人造工具—农业—工业。

如果说，以物质生产水平发展为标准，那我认为人类最初的文明就是利用天然，一切器物利用天然的工具。比如说这个骨头能够当锄地的工具，因为骨头是天然长的，仍然有文明的作用，但它不是人造的。我们现在有人造的牙线、牙签，我们发现以前有骨针，穿针引线也好，当牙签也好，这都是天然的工具。石头改造一下，变成砍砸器、切削器，这都是天然的，就材料本身，它不是人造的。像我这件衣服一看毛烘烘的，但这个丝是天然的，这就是天然的东西，它不是人造的。我们现在有很多人造的产品，的确良是人造的，现在人造的衣料太多了。

利用天然之后，就是人造工具。这个水杯是人造的，这就进步很多了。包括把铁炼出来，把铜炼出来，加上锌造成青铜，这就是革命性的变化。

然后有了农业长时间的发展，到了现代化的工业。这就是以物质生产水平的发展为标准。

第二个，精神觉悟程度的变化：根据体悟的境界划分三六九等。

精神觉悟程度的变化是很重要的一个变化。就说看待文明吧，一种文明是物质生产水平不断提高，这是文明在发展，这是一个路线；另外一种，我认为现在应该加入精神觉悟程度的变化。一念之间觉悟了，你说他是不是文明人？他可以穿得很朴素、很原始，没有什么时装、牌子的概念，但是他的文明境界很高，这也是文明的状态。

第三个，经济的状态：天然经济—农业经济—工业经济—信息经济。

落实到经济状态，我认为人类历史上一开始都叫天然经济，打猎呀、打鱼呀、捡天然的果子果腹呀，到后来慢慢地驯化、培育。驯化野兽，野猪变成家猪，野马变成家马，野牛变成家牛，这是驯化的过程。培育的过程，有粟，有水稻，有玉米。农业发展到工业，再往后又是常识，我们简单带过，因为我们的重点是弄清楚上古文化。

境界标准　寿数可证

二、文明的精神境界标准

4. 从道家修行的角度看，上古天子都是悟道的人士。

从道家修行的角度看，我认为上古天子全都是悟道的人士。因为从道家记录上看就是这样，从伏羲、女娲传下来的修行方法看也好，从道家传承的秘诀看也好，从传国的心法看也好，上古天子都是悟道的，全都是高人。

《古今人物表》里，班固把伏羲划成第一等，"上上"之人，然后其他那些天子比他低一等，成为"上中"之人，我认为是有道理的，但"上中"之人已经是极了不起了。

5. 上古天子的寿命长久。上古天子都是修道之人，寿命通常都在百岁以上。

6. 文明的起源判断标准，不能仅仅"唯物"，不能局限在"城市、文字、青铜器"，还要有精神"境界"。

西方对文明起源的判断标准有三个：城市、文字、青铜器，这是我最初了解到的最通俗的标准①。我认为不能仅仅"唯物"，还要看是不是有精神"境界"。这是特别重要的，否则的话一个反例就能把它推翻。现代人生活在有互联网、有无人机、有智能手机的时代，但可能他的精神观念还极其原始、落后，就知道吃喝拉撒，没有任何人类文明伦理上的追求，我认为他实际上就活成一个动物，是活在当下一

---

① 这是指英国考古学家戈登·柴尔德（V. Gordon Childe）提出的国家形成"三要素"：城市、金属和文字。

个物质文明极其昌盛时代下的一个"精神动物"。

7.华夏文明起源的判断标准：悟道、文字、城市、彩陶、农业。

我认为华夏文明的起源判断标准应该考虑如下几条：

第一，悟道。表明这个族群悟没悟道，可以是口耳相传的传统，就是有没有诀窍传承下来，有没有方法传承下来，口耳相传不立文字，到现在还有活的传承。

中国的禅宗就更是如此，不立文字，教外别传。所以出现了一个震古烁今的大师——六祖惠能——他是一个不识字的文盲。活生生地给你做一个示现，否则你不相信哪！你读书再多，你没他的境界。

第二，文字。这跟西方的标准是一样的，出现了文字说明我们表意已经开始了，记录下来了。

第三，城市。有人类社会的架构，城市已经开始繁荣了，而且是比较繁复的。

第四，彩陶。中国的历史又多了彩陶。"有虞陶唐"，就是那个陶寺遗址，"陶唐"这个名称本身就说明唐尧那个时代陶器非常发达。其实现在我们看，原来彩陶发展到尧那个时候已经至少三四千年了。

第五，农业。如果农业能够培育出粟、水稻这样优良的农作物，而且可以大规模地种植和储存，说明农业文明已经达到了一定的程度。

8.中国是唯一活着的古文明，她的文明形态、文明境界和文明标准要有独一无二的依据。

现在的中国是唯一活着的古文明。我们现在往上数，能够查到我们的原始家谱，能够查到我们姓的源头，能够认识我们古代的文字，虽然认不全，但还是能够连接起来。正因如此，华夏的文明形态、文明境界、文明标准就要有属于她自己独一无二的依据，不能由根本就没这么长又没这么丰富历史的西方史观来定义她，那是定义不了的。因为他见都没见过，怎么能给我们立标准？！

例证第一：上古天子寿数[1]

伏羲（太昊）"一画开天"在位111年；

女娲"造人"和"补天"的生命秘密（时年不详）；

炎帝 在位120年而崩，葬长沙；

黄帝 119岁，成而登天（在位100年）；

少昊 在位84年；

颛顼 78年；

帝喾 70年；

尧 在位70年，舜摄政，28年后崩；

舜 整整100岁。

上面提到天子的寿命很长，我们举这个例子，这个例证我们讲《论语》《黄帝内经》《管子》时都跟大家分享过。伏羲在位是111年，是"在位"，哪怕1岁继位，他也得活112岁；女娲抟土造人是让我们有再造之能，你生出来了，那仅仅是父母给你一个天然的身体，懂不懂得道家修行的方法？懂不懂得补自己的后天和先天？这就是高级的生命秘密，高级的修炼方法。

所谓高级是什么？你当大官、发大财、出大名，最后人生要谢幕的时候，到ICU去插满了管子，我认为那不是高人。真正的高人就是：半个月后我走了哈！那是高人。就像弘一大师那样，像陈抟祖师那

---

① 关于上古圣王的年代与寿数，存在很大争议。这里仅仅把各类文献与仍然存在传承的某种观点列示，供学者参考。

样，你接到书信的时候人家已经走了，而且告诉你哪天走。为什么留给你一封信呢？证明啊！增加别人的信心！这就是武当山那个道长跟我约定，说咱俩最好都活120岁，不是为了贪寿命，是给现在的同胞做个证明，中华文化里有好东西，我这样的都能活一百多岁。

例证第二：周朝诸子寿数

管子（公元前723—公元前645年）79岁；

晏子（公元前595或578—公元前500年）96岁或78岁；

老子（约生活于前571—前471年之间）100岁或160岁；

孔子（公元前551—公元前479年）73岁；

孙子（约公元前545—前470）76岁；

墨子（约为前479年—前381年）约98岁；

庄子（约公元前369年—公元前286年）84岁；

孟子（前372年—前289年）84岁；

荀子（前313年—前238年）76岁；

韩非子（约公元前280—前233年）48岁。

我们看，春秋的时候，这些大思想家们都比较高寿，但是比上古要短，就说明思考得太累，当时社会的纷争也严重。韩非子这是特例，是需要说明的，因为他被同门李斯嫉妒陷害，嫉妒他才华横溢，给毒死了，不是正常死亡。

例证第三：北宋诸子为何寿命较短？

邵雍（1011—1077）67岁；

周敦颐（1017—1072）56岁；

张载（1020—1077）58岁；

程颢（1032—1085）54岁；

程颐（1033—1107）75岁。

然后到了北宋，这些思想大师大多寿命较短，除了"二程"里面的程颐活了75岁，其他的都是70以下，张载还不到60岁。

这样我们就可以得出结论，文明的境界可以不受物质束缚。一个真正悟道的高人可以像济公那样，穿着破衣烂衫，趿拉着破鞋，拿个破扇子，但人家是真正的高明人。这是中华文化可以清楚解释的——文明的境界可以不受物质的束缚！还有一些人整天珠光宝气、名牌满身，但是一看呢，看不出贵气来，就是尽管在物质文明上好像很高，但其实精神境界很原始，就知道吃呀、喝呀……

在信息时代，有没有人过着原始的生活？有。你看，我举个例子：在裴李岗文化遗址出土了石磨盘、磨棒[①]，这个遗址距今八千年前，出土的这个东西是给谷物脱壳的，八千年前就有了，可是现在我们云南的独龙族和怒族的妇女仍然使用这个东西加工粮食。那我们身后八千年以后的人，再发现今天云南这一块出土的石磨盘，他就想这个地方还停留在裴李岗文化阶段？然后，我们现在吃的一些东西，如果对方告诉你这是用古法制造的，你反而愿意掏钱去买，对吧？最近发生的，什么都打出古法熬制的，什么九蒸九晒。当然我不是说他那个不好，古法炮制的你就觉得比现代化的大机器生产的要好。当年自己娘手工缝制的你觉得不好看，要买机器弄的，结果现在回来手工定制，花几倍甚至十几倍的价钱去手工定制，你说是贱呢？是贵呢？

---

① 参考：任万明等，1979年裴李岗遗址发掘报告，《考古学报》，1984年第1期，pp.23—52，137—146。

活的汉字　活的传承

三、活的汉字与活的传承

9. 华文（汉字）的发展历程：土石文、树叶文、竹木文、骨文、甲文、玉石文、彩陶文、青铜文、布帛文、纸张文和电子文。

文字对于文明的展现是极为关键的证据。我给大家罗列一个我自己眼中的中华文字发展史，就是华文（汉字）的发展历程。

我认为最初字是写在土上，最方便，拿个树枝就在地上写。后世家里没钱的母亲教孩子写字，也就是弄一簸箕沙子，在上面写，这是最天然的。然后，如果有刀的话就可以在石头上刻字，这些材料全都是天然的。最后接着往下发展，那石头上面挺硬的，突然发现某种树叶，这在上面刻一刻或者刷一点带颜色的东西也挺好。两千五百年前到三千年间，南印度即现在说的印度次大陆那面，有用贝叶写经的，大家听说过吗？到现在世界上有一些博物馆还存留着贝叶经，就是用树叶来写。我们古代也有人练书法，把墨写在芭蕉叶上，就是利用天然的材料来书写。这是怎么考虑的呢？就是方便，在没有人造的东西之前，利用天然的物质平面去书写。

高级一点的到竹木文，竹子木头刨光，然后在火上烤，把水分烤出去，叫汗青，是制作竹简木简的过程。到竹木文已经是一个比较发达的阶段，古代都是一卷一卷的，包括今天说你这一套书多少卷呀，还是用的几千年以前的称呼，因为那个时候真的是一卷（juǎn）儿，我们今天叫一卷（juàn）。现在准确地说应该叫一本，现在还是说几卷本，合在一块儿了，这就带着历史的信息。

然后是骨文，在天然的骨头中选择合适的，在上面写。这是陆地上的。能够打鱼、抓龟的，就在甲上写，我们现在叫甲骨文。我为什么把它分开呢？现在甲骨文成为一种称呼，专业名词，但其实我们的文字不能这么命名，这个甲和骨是书写的工具，就像我们说纸是书写的材料一样。

然后是玉石，比前面的土石要高级，专门指玉。我们现在刻印，最好是田黄石这样的。从《尚书·尧典》中我们知道，群后、诸侯到中央来述职汇报工作的时候，要验符，那个玉掰开以后，天子一半群后一半，拿过来一对，没有问题，验明正身，这才可以。所以，这个玉石上刻字，而且刻得最多的是篆字，古代那个字应该都是比较方正的。

上面全都是利用天然的材料书写，后面这个陶，就是人烧制的，人工已经加入进去了，这个文明阶段提升了。彩陶文，八千年前就有了，按照目前我们给出来的这个罗列方式：土石文、树叶文、竹木文、骨文、甲文、玉石文，是不是很可能在彩陶文之前就早已经有了文字？只不过这些东西都太容易腐烂，见不到了，幸好，商代的甲骨文还能留下。如果当年跟尧汇报工作的哪一个群后的玉符，哪一天"蹦出来"，突然出土了，经过考证，说是四千一百年前尧那个时代的，又是石破天惊的一个发现。

再往后，青铜文，这已经到了商代，就不用说了，后面的历史又进入了信史的阶段，不用我们论证。然后布帛文，像马王堆出土的《老子》帛书，就是这样的一个书写材料。再往后，中国发明了纸，对全球的文化发展作出巨大的贡献，被称为古代的"四大发明"之一——纸张文。

现在，我们进步到了就像今天在屏幕上的，这叫什么文？电子屏幕显示，不用写，敲进去，然后它给你显示出来——电子文。这是物质文明的发展，所以从在土上写一直到电子文，我们经历了大概上万年的历史。

10. 口耳相传的活的传统，是华夏文明传承的主要方式之一。

这是我亲身经历才能够相信的东西，口耳相传的活的传统，是华夏文明传承的主要方式之一。真传一句话，假传万卷书，老师真教你的时候，一句话就点透了，你明白了就明白了，功夫自己练去。

三个推论　三点看法

上面这十条基本观点，会推出以下三个推论。

推论一：隐士文化。说明文明程度极高的文化人可以不居住在城市，"天人合一，道法自然，农耕文化"。

推论二：禅宗文化。就是刚才举的六祖大师的例子，不依赖文字，但是一个人的文明境界可以达到圆满的觉悟境界，这恰恰是人类文明发展的最高境界。

推论三：陶瓷文化。陶瓷的发明，说明没有青铜器，我们一样生活得怡然自得。没有青铜器，我们一样进入文明世界。因为按照我以前了解的西方判断文明的三个条件——文字、城市、青铜器，好像没有这个东西，不能算文明，但是我今天得到一个陶、一片瓷，我很开心，跟有没有青铜器有什么关系呢？没什么关系。

所以，形成下面这几条对历史的看法。

第一，信古不能泥古。我们相信古代文献，就像彭林老师说的，我相信古人，因为古人撒谎的可能性比较小，但为什么又有那么多人说伪造古文呢？你相信司马迁，那为什么不相信《汉书》，也是同朝代的古人班固写的《古今人物表》呢？不能厚此薄彼，对不对？同样相信古人，我们现在就把所有值得相信的古人记录下来的东西当作基本可靠的东西去拼接，这是原始材料。

所以，信古不能泥古，还不能死心塌地，下这个结论可能还是有问题，将来又出土一批文物，说当年司马迁没看过，班固也没看过，不是人品不行，不是学识不行，是没见到过这种材料，就像有人说司马迁没看过甲骨文一样，他还没有我们现在见的甲骨文多，但你能说你的史学造诣比他高吗？

第二，疑古不能无古。在我们民国初年的时候，一批被现代人推崇为所谓史学大师的人，把中国的历史尤其是上古史，弄得完全推向了神话和传说。可靠的就是有甲骨文证明的，所以我们的历史也就三千七百年，从那个时候似乎就成定论了。你怀疑可以，但是你把我们这个可能的历史，甚至有文献明确记录的历史都给弄没有了，这就是走入了另外一个极端。所以，我在看顾颉刚先生的书的时候，就看得很不舒服，他有没有一点道理呢？也有道理。他认为是层层叠加的上古史，就是这个人拿过来说一通，那个人拿过来说一通，层层叠加，编出了中国的古代历史。不是那样的！

第三，我认为研究历史要综合文献、文物和文明，三重证据。我这个三重证据跟饶宗颐先生那个"三重证据"是不一样的，饶先生把甲骨文列为第三重证据，我认为甲骨文既可以算文献也可以算文物，它还是两重证据里面的。真正的第三重，就是文明，这个文明就是活的传承，传承人活着就印证了这个传承。

我们现在当然也可以去怀疑他是不是真的，但是这个人活着，他能跟你把这个历史说清楚，把这个经文给你背诵出来，那就是证明，这个东西就在活着传承。

而我之所以在前面给大家列出个人的六条不同方向、不同专业的经历，也就是让大家明白，我们现在所作的这个《五帝本纪》讲解，从伏羲一直到夏朝建立以前的历史，不是一厢情愿地就想为祖国好，哪怕编历史，也要编出一个长的历史，让自己有面子，不是那样。根本就是要恢复对历史的看法，下一讲我们接着讲。

感谢大家！下一讲再见。

（二）

庚子年十月廿一　2020年12月5日

导语：太多的古文化遗址证明，中华文化至少在八千年以前，已经有很成熟的农业、手工业……甚至音乐的水准都超乎我们的想象，所以说中华历史何止八千年！本讲作者推出两个新学科——中国宏观上古史和中国微观上古史。针对有些学者提出中国考古的局限，作者提出研究历史要运用综合文献、文物和文明的"三文主义"。

尊敬的各位同胞、各位同人、一直听我们讲座的各位同道：

大家上午好！

我们接着学习《五帝本纪》，今天是《五帝本纪》通解第二讲。

我们现在要做的这个讲座，是把很多的文献、考古遗址出土文物所提供的信息以及我们到目前为止所了解的中华文明活的传承综合在一起，来复原、恢复中华史观的一次努力。所以大家需要准备的稿本，除了《史记·五帝本纪》，还要准备一下《汉书·古今人物表》，如果有其他像《竹书纪年》这样的书籍您也可以备上。在课后，也可以根据自己的兴趣，了解一下最近几十年，尤其是近半个世纪以来，中国在考古方面的重大发现。所有关于中华上古文化的遗址，都在我们涉猎之内。为了条理，讲座的时候可能不会去讲解具体某一个遗址的材料，因为我们主要是为恢复一个华夏上古史的脉络，但是多一些细节的参考，您可能会更加理解我们这样做的目的。

九个观点　简单回顾

在上一讲当中主要介绍了九个观点，我们简单地回顾一下。如果今天有第一次来我们讲堂的同人，也可以了解一下我们第一讲阐述了哪些要点。

第一，对中华历史的基本态度：我们中国人的历史要由中国人自己来诉说，不应该由西方以西方中心论为标准，强加给中国人一个华夏文明史观，这是首要的态度。

也就是说，中国的文明史要由我们自己根据文献、文物和活的传承的文明来恢复、讲述、传承。历史事实的具体细节有可能会传错，但主要的脉络不应该错。这一点的依据我们多次跟大家强调。比如说，很简单，在座每一位同胞都不记得我们八辈以前的祖宗长什么样、叫什么名、有什么生活喜好、是不是读书、从事什么职业，甚至哪一年出生、哪一年去世我们都不知道，但他还是我们的先祖。也不是我们每一个人的先祖都能够被青史留名，有人给作传，记录下一生主要的功业。但是家庭内部流传的，比如说爷爷当年主要做什么，有什么样的贡献，这在家族里面应该被视为是真的，而不是编的。您想我们的姥姥、姥爷、爷爷、奶奶骗我们干吗？他可能会记错具体的时间，但所述说的主要事件应该是可信的。而且无论您姓王、姓李、姓张、姓刘、姓赵……百家姓任何一个姓，以这种述说的口耳相传的传承，其他毫不相干的外人无从知晓，当然就没有资格指手画脚，这是很简单的例子。

这是我们通过自己的生活经历来诉说，为什么中国人是这个星球上独一无二的、唯一还有活着的传承的民族，她的历史要超过西方人的想象。结果现在一百多年来，我们华夏炎黄子孙居然要听西方人讲我们的历史一共多少年、要分哪几个阶段、我们的文字到底起始于什么时候，这合理吗？显然是很荒谬的！

所以，我们的基本态度就是，我们自己来述说我们的历史，而且是基于相当充分的理由，基于活着的人起码能够接受的逻辑关系，依据文献、依据文物、依据可证明可验证的活的传承，严密地推理恢复出来。

第二，要以司马迁《史记·五帝本纪》、班固《汉书·古今人物表》以及考古发现的文物证据为蓝本或者依据——如果是文献，就是以它为蓝本；如果是出土的文物，就是以它为依据——态度鲜明地把中华文化的历史上溯至八千年前，从伏羲画卦开始。

这能解释为什么我们可靠的春秋时期的一些著名的诸子定义《易经》是中华文化群经之首。"之首"有两个概念，第一，从它起源；第二，它境界最高。我们现在回顾起来，无论从哪个角度来讲，一个是时间起源，一个是它的境界，它都是"群经之首"！

常听我们讲座就会知道，我们中华文化处理的是一个"道"字，道分阴阳。所以不知《易》不可以带兵，不知《易》不可以行医，甚至你尽孝不懂得基本的阴阳规律、人体之道的规律，想要孝道圆满也是不可能的。因为孝道是一个代表着中华文化人文修养、道德概念的代表性符号，代表性的做不到，那就相当于其他各个方面几乎都无从谈起。

所以，《易经》的重要性根本就不用我们去强调。但是现在很少有学者能够普及性地向同胞们传承《易经》。前些年台湾来的老先生给大家讲过《易经》，掀起过一通热潮，现在老先生不在了，那我们怎么办？

还好，像邵康节先生的稿本《皇极经世》和《梅花易数》还有公开出版。如果您感兴趣，定力足够，诚心足够——没有定力坐不住，不连续下十年工夫，门可能入不进去；如果光有定力，没有一定的诚心，不能感动，不能感动你就得不到真正的理解，全都想歪了，自以为是，那是很麻烦的。

所以中国文化里面有一个"诚"字，你是不是真诚，没有这个真诚心，你得到的东西就不入道，也不入流。这一点孟子说过，先贤们也多次强调，包括孔子的孙子子思在《中庸》里面强调过，"诚者，天之道；诚之者，人之道。"天道和人道，都离不开这个"诚"字。

第三，马克思晚年关于东亚不适用五段论发展史的论述，应该在新时代用于中华史观的恢复。

我们秉持了这样的观念，就面临着很多习惯了教材所给观念的人会产生的疑问。因为像我这个年纪，从中学开始学的历史教材，就是告诉我们说，人类社会发展的规律，从原始社会开始，茹毛饮血，从树上下来开始直立行走，变成所谓的猿人，然后古人，乃至于我们现代人。从原始社会进入奴隶社会，从奴隶社会进入封建社会，从封建社会进入资本主义社会，乃至于作为共产主义初级阶段的社会主义社会。

我已经给大家报告过，无论是近些年出现的学者对原稿的引用追溯，还是我访问清华大学中国政治经济学研究中心去看蔡老师，都提到马克思晚年关于东亚谈了一个意见，就是这个五段论是基于欧洲的情况总结出来的，东亚有自己的发展规律。既然马克思已经明确地说东亚不适用于五段论，那我们当然就应该在实事求是的基础上解放思想，根据中国的文献和文物来重新梳理中华历史。

第四，个人的独特的求学经历，使"口耳相传"的活的文明传承方式得以进入"学术"考察范围，为存活的独一无二的中华文明做证。

我作为这个讲座的主讲者，对所提出的观点、内容是要负责的。之所以讲述一下自己的求学经历，也就是说除了读书之外，我自己经历的人和事，明确地告诉我，中国历史的传承不应仅仅局限于文字和文物，还有活的东西在。正是这些经历，上一讲我列了六条给大家看，无论是学太极、学内丹功、学医学、学经典，全都证明着最后要上溯到老子，上溯到中华的道统，上溯到《易经》的传统，最后都归结到伏羲。这是我个人的真实感受，听完之后您也可能理解为什么我有如此强烈而迫切的学术诉求，要把中华文化的历史尽快地向同胞们讲清楚。这个讲清楚不是意味着从此一锤定音，这永远不可能，一定会有疑问，但是我们说大致上会差不多，在各方面的角度我们取最大公约数，大家认为可能这种推论是合理的……我们是通过这样的方式，来恢复我们的中华上古史认知。

最关键的是中华文化的传承，有一个"口耳相传"的传统，就是面对面老师直接点给你一句话，甚至叫"六耳不同传"，有第三个人在就不会告诉你。

有一些规矩，该守的还是要守，包括我现在也是。跟大家报告过，我自己认为现在没有资格收学生，做老师。但是在特殊的情况下，我会让同人在圣贤面前磕头，你肯把这个头磕下去，那我就告诉你一个方法，你自己练出来，那就是你的。比如说在孔子像前，你肯对他老人家磕头，那就是对中华文化的传承服膺，诚心叩头。杀人不过头点地嘛，人活着，跪下来，叩一个头，而这个孔子像代表什么呢？代表天地之间曾经产生过道德最高尚、头脑最清楚、为人最可靠的一些人的代表。不是给哪一个像、给哪一尊像叩头，是给所有的古圣先贤。就像当年我在书房里跪下来给书磕头一样，是愿意做所有古圣先贤的私塾弟子。老师活人不在了，但是他的书还在，读上几十遍、上百遍以后，透过文字，你能触摸到当年为了表达出这段文字，他真实的生命状态，当时是一个什么样的想法，这叫"思接千载"。如果你抓到了这个东西，就等于鸟透过白云回到了窝里面——回家了。

这就使"口耳相传"的活的文明传承方式得以进入现代所说的学

术考察的范围，就是很认真地去判断。这不光是我有这个体会，如果说现在大家有跟老师学习的，就能够对此深有体会。

给你一本书你看去吧，有一些古书，光查不认识的字，查字典你也得查好长时间。可是如果老师在关键的时候点给你一句话，你会豁然开朗，恍然大悟，一下子就觉得"听君一席话，胜读十年书"。这也不是骗人的，是真的。

还有些传承，完全跟文字无关。上一讲我们举了唐代惠能大师的例子，用现在的话说，他没文化，文盲，不识字，那怎么成了唐代以来举世公认的宗师？就是说明智慧的境界可能跟文字无关，也跟物质的发达与否无关，这个是我们一再强调和证明的。那么他就为存活的、独一无二的，还有活的文明传承的中华文明做了证明。

我多次在我们学习讲堂跟大家报告过我自己受到的震动。比如说在学拳的时候，老师说这是张三丰传下来的，我没见过这个人，他的书读得也很少，那他不存在吗？是不是值得相信呢？就是老师口耳相传，我告诉你这个姿势怎么做。在华山玉泉院，道长告诉我们说这个方法得自于陈抟祖师，那不就是活的传承吗？他不在了，但是他给我们留下了方法，这就是这个文明活生生地还在。

第五，通过对老子以来道家修行传承的代表性人物的修行心得分析，得出一切修行方法的实质都有"抽坎填离"的内容。如果您不读《易经》，不熟悉《坎卦》和《离卦》的卦象，这四个字听来如同天书，根本就不懂什么叫"抽坎填离"。但是如果你明白这些内容，而且有实修的过程，大道至简，一念之间，你就明白说的是什么意思。

所谓修行的方法，都是在推动五行顺转，金木水火土，落在身上就是肺肝肾心脾。得到这个方法，你就知道怎么样才能保证自己五脏六腑健康，脏腑健康了身体基本上是健康的。

但脏腑和我们的情绪、心志、真实的思想状态和道德状态直接相关！很多人一提起所谓心理作用就觉得好像不靠谱、不科学，挺玄幻，是那样吗？根本就不是！是"心"运转着我们的身体，是软件运转着这个电脑，没有软件它就是一堆零件而已！我们上大学本科的时候，最牛的公司叫Software（微软），比尔·盖茨横空出世，成为一代创业者的偶像，他推出一个操作系统windows，一直到今天还在用，那就是电脑之心，电脑的操作系统、思维系统。

我们在初中都学过化学吧？按照化学，一分析原子结构，大家谁敢说我这个原子就跟你不一样，有吗？看化学元素周期表，一种元素的原子都一样，分子式也是一样的，氨基酸的结构也是一样的，人人都一样，微观结构、微观基础都一样。那为什么人人都不同呢？长得样子不同、发声不同、才能不同、思想境界不同，是什么造成了大家的不同？就像建筑材料，同样是有砖、水泥、钢筋，那为什么建筑的式样，好像各个不同呢？是谁造成的？设计师的思维。然后由建筑师去实现，工程队把它变成了大家可见的东西。最初都是那个idea（观念），都是那个human will（人类意识）。我们多次引用哈耶克这句著名的观点——观念的改变和人类意识的作用使现在的世界呈现出这个样子。用到人身上也是一样，就是东西方都是一样的。

我们谈道家传承，找到他共同的内核——"抽坎填离"的运作过程，顺转五行的实质，是为了什么呢？是为了破解中华上古神话隐含的文明意义。否则的话我们谈上古，别人一听，中国的上古有什么文化，那都是神话，都是传说，当然就不列入科学的范畴。不列入学术考察的范畴，就不会让人相信。而且，如果你只是把那些神话当作神话，我们说，骗小孩子都不相信。可是，如果你用修行的实质方法去破解它，就是我们今天上午一个重点，去破解它，听完了你就会知道，原来这些神话里面隐含的都是中华文化里面的核心宝贝。我，也就是每个人，都可以亲身验证，这一辈子得到它的滋润、滋养，成为受益人，成为中华文化的一个活的传承人。那我们才能顶天立地地说：我们是华夏子孙！就是从华胥族的老祖母生了伏羲，从她那个时候开始，我们就是她的子孙。从此知道，什么是龙的传人。连伏羲创龙的图腾都是误传，我们讲完了大家就明白了。中华文化，从源头开始就是清澈的，而且是高明的、深刻的。

第六，基于这些分析，在上一讲当中，我们提出中华文化的十条基本观点，这是最核心的内容。还有三条推论：隐士文化、禅宗文化、陶瓷文化，都是推论出来的，为中华史学摆脱西方中心论，建立中华史学自己的独立标准，采用全方位的研究方法开辟道路。

第七，文明发展史不应该只考虑"可见的"或者"物质的"衡量标准。因为西方衡量一个文明是否存在，最明显的三条：文字、城市、青铜器。通过中国的历史，通过我们上面的分析，大家现在差不多能够接受，衡量一个文明更应该考虑"精神的"或者"无形的"智慧境界。

这是不能够放弃的，尤其是在谈论文明的时候，只看具备什么样的物质条件，大家认为这衡量文明是可靠的吗？一个艰苦朴素的人，你能说他的文明境界不高吗？这不很明显嘛！不能吧！不能说我不穿现代的名牌，我不用现代的智能手机，然后这个人的思想境界就不高？认识的文字就没有我们多？这显然是个反例嘛！所以，无数事实证明，可以帮助我们作出判断，这些人即使过着山林的生活，仍然是文化或者文明境界上的高人，甚至可能是人类文明境界上最高的层次。

给大家看一张图片，老先生生于1838年，走于1998年，160岁，是吴云青祖师，现在我们得叫他祖师。为什么给大家看这个呢？因为跟我们有点关系，传我功法窍门的道长是他直接的徒弟，从这个角度来讲，他相当于是我学习华山功法的师爷。

大家看他的头发，露出一个智慧的大脑门，但是人家的头发是在的，很茂盛，包括胡须，而且是纯白的，这种颜色就证明了身内没有杂质，能明白吗？没有杂质才会出现这样的容貌。如果在座的哪位男同胞一百岁以后修成如此样貌，那不用说，你坐在那里就有人给你磕头……

所以修到了，实至名即归；实不至去吹，有一天会吹爆了。你看他的头发，这是一个大修行人，因为肾，其华在发，其路在腿，腿迈不动了，说明你肾气虚了；头发如果掉光了，或者是油腻腻的，那说明想法不干净、不纯净，行为也需要反省。他这一头皓发就能够证明修行人真正的状态。

第八，无论社会形态还是文字发展的历史，都应该遵循统一标准。我们逐条分析过五段论，如果你说它是一个社会发展的历史，那标准应该是统一的。我们又把它用在中文书写材料上总结了汉字的发展历程，从土石文开始，朱竹木文、骨文、甲文、彩陶文……一直到纸张文，到今天我们在屏幕上看到的电子文，这才是统一的一个标准来叙述历史。

第九，根据《汉书·古今人物表》中一直有天子的体例，我把伏羲至大禹的历史阶段统一命名为"华朝"。这是我们这次讲座贡献的一个新概念，连接后面夏朝，统称"华夏"，作为中华文明的上古史开端。

为什么这样命名？因为伏羲到底哪一年画卦我们无从查考，现在只能说八千多年以前，是一个相对可接受的概念。但是他的母亲好像是没有争议的，在文献上、流传上没有争议。他的母亲是华胥族的姑娘，他父亲不知道是谁，因为是在自然界当中感而受孕。他母亲到雷泽去玩，看大脚印，踩一下，感而受孕，生了这样一个大圣人。也有学者认为，华胥那个写法跟我们后来称的华夏可能就是一个。这是古文字学上的考据上的问题，留给专家去做。称呼我们是来源于一个以"华"打头的姑娘繁衍的后代，这是没争议的。就像我们在汉族以前都是叫"华族"，也是没有争议的，都是从八千年前那一次伟大的感应开始的。所以，我们可以把它称作"华朝"，就像大禹的儿子把天子位传给自己的儿子，开始了中华历史家天下的历史，那这个朝代名叫什么？他原来部落或者诸侯国就叫夏，所以整个天下就叫"夏"。在后代也是这样，刘邦被封为汉王，当他做天子以后，自然而然地他这个朝代就被命名为"汉朝"，这是一个规律性的，所以我们把它命名为"华朝"。为方便称呼，方便介绍那一段历史，所以统称"华夏"。

这个做法，我认为也可以为抛弃西方史学观念"史前史"的概念奠定基础。历史就是历史，从哪一天开始应该很明确，有文献做证明，有出土文物做证明，我们不需要一个西方历史给我们的"史前史"——历史之前还有历史。因为他们历史特别短，考察着、考察着，原来我们定义的历史怎么又多出一千年？他就定义为"史前史"。这是没有头儿的，所以，我建议，我们现在所讲述的中华上古史不要用"史前史"，就是用"历史"。

五点内容　重点讲解

今天，我们讲的重点内容，主要包括五点：

第一，中国的考古证明中华文化至少有八千年的历史。这不是我们自己一厢情愿地说，而是太多的古文化遗址证明我们这个文化至少在八千年以前，已经有很成熟的农业、手工业，甚至制玉的工艺、音乐的水准……都超乎我们今天的想象，今天就给大家展现这个内容。

第二，根据这些内容，很自然地我就想到了两个新的学科，中国宏观上古史和中国微观上古史。这也是以前没有过的，在"华朝"之后，这是第二个贡献。

中国宏观上古史，是以宏大的视角，就像我们今天看地球一样，在天空去看中华大地各个遗址，把这些遗址在八千年左右的历史阶段中串联起来，拼接起来，综合地去描画那一段历史，叫宏观上古史。

跟它相对应的是中国微观上古史，微观是什么呢？这个遗址里面突然发现一个杯子，这个杯子是什么人用的、什么材质、当时为什么会有这种工艺、怎么做的……这是微观。然后由它推出来，用这个杯子的人在当时社会上可能有什么样的影响、什么样的地位？如果上面又有文字的话那就是国宝，哪怕一个瓦片上有一个文字符号，那都算是重要的文物。因为它可提供一个文化上的考证依据，非常重要。

包括名字，比如说伏羲的名字，为什么会取出伏羲这个名字？在伏羲之前为什么会有华胥国？为什么有华胥氏？那在八千年以前有那么复杂的称呼，文字是怎么创设的？如果你不相信那个时候有文字，说这是后人编的，那么他的脑洞为什么如此大开？看那么多古籍以后你就会发现，好像编的可能性极小。

第三，中国考古学的局限。这主要给大家介绍国际上很著名的一个学者，因为是我们华人，不需要听翻译，他直接用汉语表达，所以不会产生错译。他的观点对于我们汉语作为native speaker的人来讲就非常直接，因为他讲汉语，他又是西方学术界公认的大师，这样的话他的观点我们可以直接拿来做参考，去改进我们的学术状态。

第四，这是一个号外，就像我们看电影，小报童喊"号外！号外！"是突然发生的，以前没预计到，因为就在这周，习近平总书记在《求是》杂志上发表了一篇关于考古学的文章[①]，里面的论述对于我们现在的这次讲座有重要的意义。

大家都知道，准备一次讲座不是一天两天的事情，如果说总书记讲话以后，我们马上开始张罗，说我们要讲《五帝本纪》，要弘扬中华的上古文化，那我们叫响应号召，是吧？在这之前，前一周我们已经开讲了，在开讲之前不知准备了多长时间，突然开讲了以后，就在这一周，总书记发表这篇文章，让我们觉得我们做对了！上下有相应，这是一件非常值得高兴的事情。

第五，说了这么多，一个核心的内容就是给大家具体解说中华上

---

① 习近平：《建设中国特色中国风格中国气派的考古学　更好认识源远流长博大精深的中华文明》，2020年12月1日出版的第23期《求是》杂志。

古代表性神话传说里面的文化含义。实际上也就是给大家解说你这个身体怎么来的、怎么运作的、怎么保养。再说得实质一点，等于把修行的秘诀告诉你，你自己能不能修成那是你自己的问题，不是我们没有讲清楚。

解说清楚上古代表性神话传说的文化含义为的是什么呢？为中华上古史学科恢复扫清障碍。

看待历史　"三文主义"

在一百年前，民国时期出现了"信古派"和"疑古派"，这是我们上一讲的最后一个画面（指讲座时使用的PPT）。

"疑古派"认为上古史不可靠，全都是神话呀、传说呀，包括我们讲《尚书》，很多人都认为尧是传说中的人物，这让孩子一听，这东西都不可靠，听它干吗？再加上《尚书》又有什么《今文尚书》《古文尚书》的这种争论，导致中华上古史混乱不堪，让普通民众莫衷一是。我信谁的？好像都挺有名的。像著名的疑古派——胡适的学生顾颉刚——认为我们的历史是层层累加出来的，越往后，后世每一代人都往上加一点东西，慢慢地拼凑出来的这个历史。但问题是最近几十年我们考古有了重大发现，原来认为是伪书的，结果出现了历史文献证明这个书基本上是真的，说明以前有些怀疑的论述是不对的。

所以我们提出三个基本的对历史的看法：

第一，信古不能泥古。相信古人、相信司马迁、相信班固，这些人的写作态度是端正的，工作是严谨的，在学术上是值得尊敬的，甚至是伟大的学者，相信他们。但是同时也不能拘泥于相信他们，因为时间一长，一千年过去、两千年过去……都有局限。司马迁的局限是他没看过甲骨文，这是现代史学界公认的一个结果——不是司马迁能力不行、人品不行，是时代造成的。

第二，疑古不能无古。有怀疑的地方，你说这个地方我觉得他没说清楚，就像在《五帝本纪》中，我读多少遍一直有怀疑的地方，怀疑它，但是不能因为怀疑就把主要的内容扔掉，不能因噎废食。有怀疑不要紧，慢慢求证，甚至还可以搁置这个争议，等着出土文献，等着出土文物，等着能够给出可靠解释的高人出现。

就像老子之后，历代有人发现我们看到的《道德经》是混乱的《道德经》，起码是章与章之间不是那么符合意群关系、逻辑关系，所以要想把它整理完备，但成功了吗？都不成功。现在我们已经等到了有人说直接可以传承老子当年亲传的《道德经》。可是它能出版，是经历过包括人民大学哲学教授在内的一些学者和审稿比较严谨的编辑三年的考核，最后判定有出版的价值，端给大家，你自己去判断，我为此也写了一篇文章。

楼老师是研究《道德经》的著名学者，我自己也给大家报告过学习《道德经》的感受，我的书也出版了，不能说对《道德经》一点不了解。通过仔细读《姬氏道德经》这个稿本，我自己的判断是，他想编出一个意群相对符合逻辑，相对完整，然后又符合汉字发展历史过程的一个稿本，造假的可能性很小很小。举个例子，我们现在学《道德经》一翻开就是"道可道，非常道；名可名，非常名"，这是汉代文帝刘恒以后的表达。文帝叫刘恒，古代有一种"为尊者讳"的传统，就是不要直呼其名，甚至那个字就不要用。所以原始《道德经》的说法是"道，可道也，非恒道也；名，可名也，非恒名也。"这两个"恒"字用的就是刘恒的"恒"，但是因为到了汉代大家就不好意思——尤其是文帝影响还特别大，大家都很尊重他——就更加不愿意直呼其名，结果《道德经》就变成了"道可道，非常道"，用"常"去代替永恒的"恒"，然后把"也"也弄没了。中国古文字这种非常优美的、可朗诵的甚至摇头晃脑像唱歌一样来念的，就变成了小孩子倒头经式的那种直截了当的说法。因为原文是带着"之乎者也"，是"恒"字的表达。

还有那个"废"字，我们原来不看甲骨文，不看周朝的铭文，不知道古文字和我们今天的区别，现在看古文字通常要想一想旁边是不是需要加上一个什么偏旁。这儿我给大家举过例子，比如中国的"国"字，在青铜器上是没有那个国字框儿的，这都是古文字现象。你只有从甲骨文开始一直研究篆字，再研究到我们现在使用的汉字，至少三千七百年的文字发展史，才能读出来我们文字变迁的这个过程。掌握了这些基本的常识以后，我的结论就是：造假的可能性很小！

司马迁又说，老子出关的时候，尹关长说"子强为我著书"，留下了五千言，有史册记录。但是通过我自己的解读，我也请教过楼宇烈老师，我说那个时候没有纸，最流行的是竹简、木简，五千字用竹简、木简来记录的话，那也好多卷呀，卷起来，时间长了，有没有错简、混简的情况？老师说那当然有可能，历史传承过程中，当然有可能。整个内容可能不会发生大的错讹，但是前后关系，哪一个简是前面的、后面的，这个是有可能错的。

按照我们今天来写文章，五千字的内容重复好几遍的情况是很小的。比如说"生而不有，为而不恃，长而不宰，是谓玄德"，我印象中《道德经》里类似的表述起码出现过三遍，它像副歌一样重复唱几遍吗？重要的事情说三遍吗？不一定，有可能是错简。所以，因为传承的时间太久了，什么情况都有可能出现，但大体上是不错的。所以怀疑呢，不能把它弄成虚无了。不要跟着国外学者，否定中华的历史，否定她的长度，否定关键人物的存在性。比如说有些日本学者对尧舜禹的诬蔑，这我们都不要跟从。

第三，研究历史要综合文献、文物和文明，我把它称为中华上古史研究的"三文主义"，通过这三点几乎可以可靠地认定一个历史事件是不是能够进入学术视野。

重点文献　《汉书》《史记》

关于这"三文"，我们首先看文献，文献的连接。这也是我们讲座一开始跟大家声明的，这么讲的依据是什么？也就是文本、稿本，总得拿出一个文本，就是《古今人物表》。从伏羲一直讲到大禹，因为大禹之后就是夏朝，然后我国有一个"夏商周断代工程"，虽然有些人还在怀疑夏朝是不是真有其事，在文物铁证面前这种怀疑我们都懒得跟他理论。今天会给大家看一张中华第一爵的照片，我是到洛阳博物馆亲眼见了这位"第一爵"，所以跟大家分享一下这个照片。

第二个就是《史记·五帝本纪》。司马迁写《史记》，按照他当时的状态，是写"通史"，就是从他身处的汉武帝时期一直往前推，推到极处，写到他存在的那个年代，是一个浩瀚的工程，很伟大。可是他是从黄帝开始写起，黄帝以前少有记录，所以后人又在《史记·五帝本纪》之前补了一个《三皇本纪》，这就成争议了，因为它不是司马迁的原著。就像现在看《红楼梦》，传说后四十回不是曹雪芹原著，文采也差了一些，让我们觉得好像不如原稿那么让人舒服。但它毕竟是《史记》的开端，所以我们这次讲座就用最有代表性的《五帝本纪》作为讲座的名称，之所以叫"通解"，我们多次解释过，不是说我们有多么通，不是那个概念，是把它打通了，上通到伏羲，下通到夏商周，把这个文化精神拼接起来，串联起来。依据就是文献、文物和活的传承的文明。

司马迁作传的纪传体已经成为后世史书、中华史学的标准修史的体例。"纪"是指天子、皇帝；"世家"，大臣；其他低一等的，给你作个"传"。现在我们说写传，给一个人作传，基本上就是依据你的生平写出你的主要贡献、文化境界，可能会有一点虚构，但基本上史实不差，都是延续了司马迁这个传统。

可是，我们讲《尚书》时，我给大家提供过一个可以参考的观点，我认为《尚书》里面的体例才是纪传体的发端。比如说《尧典》，相当于后世的"本纪"，以天子为记述史实的主要对象，这不就是本纪的体例吗？只不过当时不叫"本纪"，叫"典"。我们也强调过，"典"是大册。一开始这个竹简、木简是有规制的，多长穿起来叫"册"，再宽一点长一点——这个大的册——叫"典"。记述地位比较高、事情比较重要的写在"典"上。所以我们今天说经典，"典"是非常重要的内容，也可以说是最重要的内容。所以我认为这是后世称呼的变化，到了司马迁那里就叫"本纪"了，叫"世家"了，叫"列传"了。

《汉书》也是如此，遵循着纪传体，翻一翻就会知道，后世大多数是修纪传体史书。只有宋代的司马光修了一个编年体史书，他的主要目的还不是修史，而是为了政治服务，为管理国家服务，所以叫《资治通鉴》。治，治理的治，主要是为政治服务，有了这样一部了不起的史书。

第三个就是以《竹书纪年》为代表的一类不入儒家正眼的纪年史书。它有争议，争议还很大，可是也有参考价值，如果大家感兴趣，可以自己买来做一个参考。

我的疑问是：这些历史文献在中国的文化传统里一直很好地保存着，在一千年、两千年间这些文献都很好地保存着，而且都被奉为经典，也没什么问题，怎么突然到最近这两百年就成为可疑的对象，好像很多内容都不值得相信了呢？这是我的疑问。

历史文物　石陶玉骨

说完了文献，我们再看文物，关于文物我列了五个对象。

第一，石文化。全世界把整个世界发展的历史，尤其是远古的历史，几十万年上百万年的历史，划分为旧石器时代和新石器时代，最初都是使用石头。

第二，陶文化。这个陶在中华大地上曾经非常普遍地使用。大家看马家窑，看大地湾，看一下那个陶片花纹就会知道，甚至尧的国号就叫"陶唐"。就像我们今天用外文来形容中国，有人说那个china，也表示瓷器的意思，大写是指中国，小写是瓷器，用一个代表性的产品来代表这个国家。那陶唐、陶唐，是不是说明尧时代陶的工艺既非常普遍，也非常高超？而且这个陶，我们今天都在用，尤其是爱喝酒的，见到一个陶坛子装的埋在地下的好酒，就大喜过望，那是好东西，通透性特别好。

第三，玉文化。现在我们说这个玉文化比陶文化还要早，今天会给大家看一张照片，是一万年前的玉，非常规整。在讲《尚书》的时候，尧、舜作为天子，巡视四方，然后其他四年，地方上的诸侯、群后，诸侯国的长官，到中央，也就是到"中国"去述职，报告工作。其中有一项仪式就是要验瑞，符瑞，瑞是劈开或者掰开的，那个碴口是唯一的，然后一对，正好严丝合缝，说明这是真的，验明正身，不是假的。述职之后，觉得没问题，再班给你，叫"班瑞群后"。相当于后世当官你得有大印，就是那个官印。这个传统，最初是从玉文化来的。包括我们今天舞文弄墨，写完了之后，煞有介事地盖上一个印章，这个传统可能有几千年。

第四，骨文化。在骨头上直接书写，这已经成为常识了，因为看到甲骨文的出土，就不用细说了。

第五，是洋洋大观的金文化。在金属上，尤其是青铜器上，刻上铭文，铸上铭文。

十几年前我们在巫山县，当地刚刚发现一个地下遗址，请我们进里边去看。当时作介绍的那个史学家说的一句话给我留下了特别深刻的印象，他说青铜上只要有文字，哪怕一个，就是国宝！一个文字都成为国宝，因为太重要了！

青铜给我们展现了那个时代的皇家气象和曾经的繁华。尤其是器型特别巨大的鼎，我们说都是皇室，甚至或者是有功于国的诸侯国的国王可能才用得起的。

一开始那个鼎可以是陶的，石头的，后来就变成青铜，变成国家的重器。我们之所以希望黄帝铸的鼎和大禹铸的传国宝鼎能够出土，就是希望那个时代的文物能够真正展现在我们面前。

现在给大家举个例子，"华夏第一爵"，有到洛阳博物馆看过的吗？我建议大家如果有机会去洛阳，找时间去博物馆看一下，它被称为镇馆之宝，非常精美，现场看比图片还要震撼。是微微有点发绿、青铜的那个颜色，而且那个乳钉纹看着很清晰。当时我的第一感觉就是，能铸造乳钉，就可以铸造简单的文字，这个是当时的一个想法。然后能设计出这么有现代设计感的东西，那一定还有其他的器械，会让我们觉得很惊艳。

这是夏代晚期的器械，你首先考虑到它的冶炼，对不对？在夏朝的时候，也就四千年以前，炼出足够适合做这种酒杯的金属，然后还得用模具，模具还得打造设计，经过一系列的操作，才能制作出这么个东西来。那绝不是说一两年就能完成的，做到这样的精美，也就是说这个工艺很成熟，它已经发展很长时间了。在古代不像我们今天，买的东西很短时间就更新换代，那个时代更新换代应该是很慢的。所以我们判断，这种工艺实际上在夏初，可能就已经出现了——那大禹铸鼎是完全可能的。

八千余年　文化遗址

现在我们就实打实地浏览一下，想象一下在中华大地上俯拾皆是、一些代表性的超过八千年的文化遗址。

第一个，河北武安的磁山，根据碳14测定出土的文物距今是八千零七十年[①]。

第二个，在河南裴李岗，距今约八千年[②]。

第三个，是在湖南省澧县大坪乡，有一座山叫彭头山，居然存在着像化石一样的稻草，存积下来，留到今天。碳14测定距今最晚的是七千七百年以前，最早的达到了八千年[③]。也就是说，八千年以前在湖南那个地方，那时的先人已经开始吃大米饭了。到今天，我们也在吃着大米饭，没有更高明的食物。除了稻子——换个样儿，还有小麦——吃面食，偶尔再吃点玉米面——调剂一下……还是这些东西。

第四个，还是在湖南，也是在彭头山附近，大概距离二十公里，有个孟溪镇五福村，有中国的土城建筑，八千年了[④]。想象一下，八千

---

① 关于磁山遗址测年数据，可参考：蔡金英，磁山文化的谱系研究，《华夏考古》，2021年第1期，pp.40—48。

② 关于裴李岗遗址的最新考古结果，参考：李永强等，河南新郑裴李岗遗址2018—2019年发掘，《考古学报》，2020年第4期，pp.521—546。

③ 陈铁梅、R.E.M.Hedges，彭头山等遗址陶片和我国最早水稻遗存的加速器质谱14C测年，《文物》，1994年第3期，pp.88—94。

④ 即八十垱遗址，可参考：瑞琪，《彭头山与八十垱》简介，《考古》，2006年第10期，pp.76—76。

年以前用那个泥土建筑城池、城堡。

我生在吉林的农村，那个村叫义和永村。我现在还能想起来，小的时候每家的院子，隔一段时间就要重新打墙。所谓打墙，就是就地挖土，然后把这个墙按照一定的宽度垒起来。两侧有木头，用绳子勒着，绑着这个土不散，把这个土扔上去之后，人上去踩，使劲儿踩，踩实了，再往上摞一层，再往上扔，再踩，大概是踩到一米多高。到现在，我印象当中还有这种土墙。就是到2020年的今天，在某些农村，依然还有这种土墙。

第五个，还是在湖南，这个叫玉蟾岩遗址，它出土的陶片距今约一万三千年[1]。也就是说，这个陶在一万三千年前就已经制作出来了。那我们现在好不容易发现一个大地湾的陶片，就上一讲给大家看的那个图片，上面已经有文字了，你觉得奇怪吗？这个陶已经存在了五千年了，然后在某一个陶片上，我们塑造上一个文字，这奇怪吗？一点都不奇怪！而且也不过分。

第六个，湖南舞阳贾湖遗址出土的骨笛。这个比较震撼，我第一次看这个是在北京大学访学的时候，现在说是前年了，最早出土的骨笛是用鹤的腿骨做的，而且是七音阶，距今八千多年，这是非常震撼的。

第七个，就是甘肃秦州大地湾的彩陶文字，八千年以前，上一讲给大家看过。

我们选两个重要的，一个是磁山这个遗址，一个是骨笛这个文

---

[1] 吴小红等：湖南道县玉蟾岩遗址早期陶器及其地层堆积的碳十四年代研究，《南方文物》，2012年第3期，pp.7—15，6。

物，展示一下，给大家看图片。

这个磁山为什么重要呢？因为著名考古学家夏鼐先生说，这个遗址的发现是中国新石器时代考古的重大突破。我们看一下，这里面到底出了什么东西？首先，是发现迄今为止最早的一块儿古玉石，年龄在10300年，为白色石英石制，质地纯净，呈半透明状，长65毫米，宽27毫米，高16毫米，各面经过磨制，比较规整。

也就是那时候已经有工艺了，今天看来这块玉石仍然很漂亮。我们可以想，玉石的硬度通常是比较高，除了我们现在所说的田黄石相对比较软，刻刀可以轻易地刻。再者我们现在有钢刀，容易刻——在10300年以前，那时哪儿有铁——现在的史实发现说我们用铁是在战国吧？距今三千年左右，再早都是青铜，金属的切割型器物，再往前都是石器、骨器，能够切玉或者打磨，怎么实现的？全都是问题。你这么一想，这就是中国微观上古史考察的内容。

再看这些出土的农具，看着好像是挺原始的，但其实到农村一看，那个磨豆腐的小磨石，没先进到哪里去。这个遗址最重要的地方，是发现了很多巨大的粮仓、窖穴，这些窖穴合起来储量可以达到十几万斤，那是什么规模？十几万斤的粮食，说明农业已经非常的发达和成熟，有这么大规模的储存。能储存的话，手中有粮，心中不慌，余下来的人就可以从事手工劳动，甚至艺术、文化。从网上能够查到的信息，它的绝对年代是公元前六千年到前五千六百年，那距今显然超过了八千年。

其中有一个房基，就是这个房基地遗址器物，这儿有一块儿土是烧过的，上面黏着一块儿席纹，席子，说明至少在七千年以前，这一带是编制苇席，就是孔子说的那种席地而坐的席子，七千年以前这就已经有了，因为是出土的文物，它不是文献记载，有可能吹嘘，这都出土了，就证明是当时的生活用具，是真的。

然后大家再看，它出土的这个苇席，距离传说中女娲补天的凤凰山很近，这也为女娲"积芦灰以止淫水"为何产生于凤凰山，作了注脚。

再看贾湖骨笛，一共挖掘出三十多支，是现在世界上发现最早而且保存最完整的管乐器，我们通常说管弦乐器是吧？在北京的时候，我的一个师姐说，她有一个战国时期的古琴，三千年了，但只剩下那块儿木头。琴弦——古代是没有现在这种金属弦的——都是丝弦，肯定早就烂掉了。她说要做事情的话可以把它拍卖，有人说值上亿。我不知道到底值多少钱，如果真的能考证，它是什么齐桓公或者管子一类的人用过的，值个大价钱可能也正常。

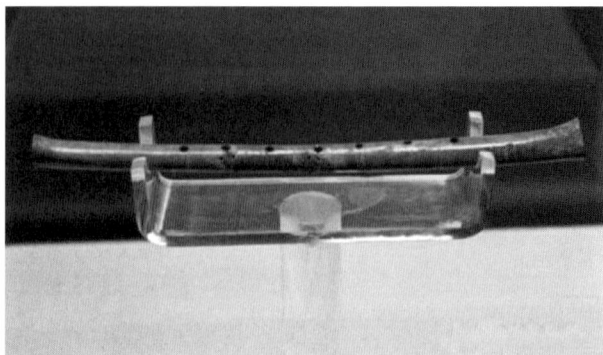

这支骨笛具备七声音阶，这个让人很震撼。用鹤的骨头做成，这个没啥可奇怪的，因为当时只能用天然的。鹤，就是所说的仙鹤，大长腿。关键这个东西是八千年前的，八千年前它的七音阶就能吹奏出现在的乐曲，你想象一下，当时这个音乐艺术水准发达到什么程度！

有音乐，就可能有曲子，有曲子它就能表达感情，这就是艺术。能把一个天然的骨头按照七声音阶钻孔——差一点那音是不对的，如果您弹过琴就会知道，相邻的两个键，哪怕差半音，按错了，别人一听——就是不会弹琴的人一听，这弹错了。这是怎么做到的？

文明传承　学科创新

讲完了文献、文物，我们讲第三个，文明的传承。

这个文明的传承，我们说是通过活人，口耳相传，这里面有活体的印证。就是现在，假如您看张三丰解释《道德经》，或者吕洞宾解释《道德经》，您觉得这个靠谱儿，那您就学他的。吕祖还留下来修行的《百字铭》，我们也跟大家介绍过，头一条，"养气忘言守"。我说我这老违反，一天嘚啵嘚、嘚啵嘚地给人讲，耗气呀！对于道家修行的人，不是闭关，就是闭嘴，眼睛也不看，这样才是真正的养气。"意动火工寒，开口神气散"，讲多了觉得自己脸都抽抽，就是耗气，就像气球撒气一样。

通过自己的传承往上追，这叫溯源，然后我们追到上古的神话和历史的《传（zhuàn）》说，这个传，我为什么打上zhuàn，这是我的一个看法，我认为传说最初就是《传（zhuàn）》上说。因为古代没标点符号，慢慢地神话传说和作《传（zhuàn）》就混到一块儿了。基于这些分析，基于对于文献的了解、对文物的解读，还有对活的传承的体验，我们认为现在可以到了一个新的历史时点，可以综合地恢复上古历史。这种角度，因为是把整个中华文化所有的历史文物、文献、文明传统结合在一块儿，所以叫作宏观上古史——中国宏观上古史。包括我们现在讲座的内容，如果将来可以总结成文字出书的话，一个可选择的名字就是"中国宏观上古史初论"，或者"刍议、刍论、概论"？

有宏观史就有微观史，就像我们现在说，西方经济学有宏观经济学、有微观经济学，道理是一样的。中华的微观上古史或者是中国微观上古史，它要精研一个文化遗址，一个时期的历史，比如良渚文化。

我在宁波团市委讲座的时候，那个年轻的团市委书记让我到余姚去看良渚文化遗址。有一块七千年以前的玉石，上面刻着图案，还有仿制的纪念品，我们带回来。像个鸟似的形状，不知道是代表着玄鸟啊、凤凰啊，还是朱雀呀，不知道。因为没有其他文字，但是这是七千年前的。研究这么一个地方、一个文物，就要耗费好长的时间，所以要把它作为一个学科来处理。

中国宏观上古史的学科任务，我认为是把分立在各个学科、各个领域、各种文献、各个文化遗址当中的文物和有活的传承、传承人所能够提供的史实连接起来，描画整体的中华上古历史场景，也就是我们现在这次讲座所要达到的一个目的——它是近现代以来中国史学研究从未有过的全景式"学科创新"。这有点儿吹牛，也可以算是自我表扬，但我认为并不过分——因为以前确实没有人这么做过。

靠谱的学者通常都很靠谱——靠谱到一定程度就不敢越雷池一步。就像一位历史学者告诉我说，他们念书的时候，哪怕引用一句伪《尚书》的内容就会被老师骂死，当然就不敢引用了，一辈子保持这个习惯。问题是我现在好像在各个学科当中跑，我也不算历史学科，所以"无知者无畏"，就有了现在的这种所谓创新，也许对打破原来的藩篱、雷池有点作用。

微观上古史的学科任务就是使用多种手段，比如用碳14测定这是什么？这是物理手段、科学手段。多角度、多学科精研各个上古文化遗址中的文物，将各个文献中的人、事、物可能提供的全部信息读出来，包括通过训诂、考据、考察，例如像伏羲的名字到底怎么来的，这都是微观上古史的作用。

这样做不是一时冲动，不是为了哗众取宠，是经过多年的思考和研究的结果，而且，我是通过追溯中国传统经济学的本质，这个经济到底从哪里来的？有一段时间叫深入经藏，就看中国的历史经典，逐渐地走到了今天这个状态，今天给大家报告的这些想法，都是一点一点地积累。

博采众长　开阔眼光

我们的经济学术界——后来发现是整个社会科学界——在近现代

经济长期落后下，不但失去了国际学术话语权，还缺少国际眼光，我们现在要打开这个眼光。所以，建议大家听一听像林毓生先生、许倬云先生这样从华人的学术圈走入西方主流学术圈，看遍了世界东西方的学术研究作出的评论。有些时候，一句话就把我们从某一个藩篱和局限中一把薅出来，你的视野就不一样了。

许倬云先生现在年纪也非常大了，在回到台湾大学给研究生讲课的时候，谈了对大陆考古学方面的一个评价，我摘录出来，给大家分享。由此您可能更加理解我现在为什么要给大家以这种方式讲座，为什么现在要恢复中国宏观上古史的建设和发展。

第一，广西师范大学出版社出版的《九堂中国文化课》。在第57页，许倬云先生有这样一句话，"大陆同人在考古学方面做得非常细腻，但往往缺少宏观眼光"。

如果通过我们这次讲座的努力，真的建立起了中国宏观上古史的学科，我们等于是对许先生这个批评的一种正面的回应。就是从此，不管大陆考古学方面怎么做，至少大陆有学者开始以宏观的眼光去处理中国上古的历史。

第二，第62页，"大陆的考古同人，顶大的缺点就是每个人挖一个地区，干一辈子活，却看不见别的。"就是一叶障目，不见泰山，还是对缺少宏观眼光的批评。

许先生认为：大陆考古分区、系、类型，根本就是今天的省区图、县区图，五千年的文化这么分是不对的！这句话是重点，就是我们要研究自己的文化，考古这么分是不对的！相当于什么？盲人摸象。我摸到了尾巴，象就是蛇；摸到腹部，象就是墙；所以，对中国上古史都觉得自己证据在握，言之凿凿，但是一说，在具备宏观眼光的人看来，全都是错误的。

第三，第62页，"我们要宏观地看，有人挖掘，有人解释。"我们现在这个课堂就是在宏观地看，他们在挖，我们在解释。而且我们的解释跟专业的史学家的解释还有所不同，因为专业的史学家不可能运用他们认为并不靠谱的什么所谓活人传承的那种东西。

第四，"做上古史，要能宏观地看变化过程。"宏观地看变化过程，就像我们说从伏羲一直往下全都是天子，统一的这种句式，什么共工氏、容成氏、栗陆氏、中央氏……

后面这些批评其实挺严重的。"做古代史，不能把中国看成一盘棋，它有无数盘棋。无数盘棋之间，有变化，也有相同。"（第68页）这个就是活的了，你不能说宏观地看，然后全国一盘棋给看死了，其实还是有不同的。

第五，第68页，"中国考古的新石器地层学、类型学，天下第一。"终于有一句表扬。这么多年没白挖，挖到这个地层里面，这个地形研究得非常仔细，天下第一。中国考古学者就这样挖了几十年，越挖越有感觉，作出了地层学跟类型学的惊人成果。但他们最大的问题是不会解释，最大的缺陷在于文献的使用。所以我们把文献列为"三文"之一，首先就是文献，然后才是文物，第三就要加进入活人的解读。我们等于是全方位地回应他的批评。

第六，这也是指出我们现在考古学课程设置的问题。第68页，"原因在于他们当年读书时（就是在大学时候，甚至包括研究生），考古学不读古代史，也不读文献。所以后来用文献时，要么不用，要么用错。"

第七，第68页，"做古代史，绝对要两手抓：左手抓文献，右手抓考古。"也就是我们说的前两个，一个是文献，一个是文物。这我们都不知不觉当中给他回应了，就是有我们这个课堂的存在，就等于出现了一个反例。那许先生再批评大陆的时候，只能局限在考古学，不能批评整个人文社会科学，因为我们已经作出了正面的回应，正在解决这个问题。

第八，第69页，"文献中的铭文和卜辞，一定要读。"我读这个内容是练习书法的过程当中，逐渐地发现那些铭文美极了！越看越美，美得不可方物！小时候根本就不想看那种文字，既看不懂也不觉得好看，好像歪歪扭扭，现在就觉得太漂亮了！

第九，第69页，"残留的东西，大家要用拼陶片的功夫去拼，拼到后来要凭感觉。""读任何科目，多多少少都是凭感觉的事。"

许先生认为正确的方式，大家看：

第一，宏观看历史，特别是中国上古史；

第二，文物和文献双手抓；

第三，考古要读史；

第四，读铭文和卜辞；

第五，拼接历史的"残片"。这一点一般人是不敢这么说的。如果是我自己这么说，不拉许先生来证明，很多人会批评我这种方式，但是因为有许先生，我可以堂而皇之地说，我们有了依据。

本周我看见《求是》杂志上发表的《习近平：建设中国特色中国风格中国气派的考古学　更好认识源远流长博大精深的中华文明》一文。

这里面我摘录关于我国考古工作重大成就的一些内容，大家看："一是考古发现展示了中华文明起源和发展的历史脉络……实证了我国百万年的人类史、一万年的文化史、五千多年的文明史""二是考古发现展示了中华文明的灿烂成就……是坚定文化自信的重要源泉""三是考古发现展示了中华文明对世界文明的重大贡献"。人类史，一百万年；文化史，这是考古发现的，一万年。这是史学的定义，我们在使用"文明"和"文化"的时候，跟它稍稍有点不同。大家已经知道，五千多年的文明史，这已经就是亮出底牌了，怎么认定我们的考古成果，怎么认定中华的上古史。

天人合一　龙的传人

提到中华文明对世界文明的重大贡献，我经常介绍的观点就是两位大师（钱穆先生和季羡林先生）认为，"天人合一观"是中华文化对世界文明的最大贡献。有些时候我们讲中华文化和中华文明对世界文化和世界文明——好像"文化"、"文明"这两个词经常交换着用，没啥区分——其实有点差别。

关于天人合一，这个图是《黄帝内经》里面的内经图，就相当于说我们自己的身体就是一个山河。

中华文化的构建原则是"近取诸身，远取诸物"，明白身体的道理，就会明白天下的道理。这八个字非常关键。

人怎么在天地当中生出来？是乾坤化育。然后，坎卦一阳爻落在离卦的两个阳爻当中，三阳爻，合之而成乾——就是天气——人就获得了一口气，这就是一气落于坤宫，变出后天世界，我们就生出来。所以，抽坎填离，就是让我们返回先天，恢复到完全健康的初生的婴儿状态。所以《道德经》里面老子问，"专气致柔，能婴儿乎？"我们现在天天胡思乱想，能专气致柔吗？这个后面会详细地讲解，现在只是给大家看一下。

从伏羲画卦开始，已经有八千年的历史。看过了那么多文化遗址超过八千年，真的有一万零三百年的玉石，有一万三千年的陶片，我们可以说八千年前，伏羲画卦好像不是什么石破天惊的事情，不是不可相信的事情，它很可能很正常。

关于龙的传人，是怎么来的呢？说伏羲取蟒蛇的身、鳄鱼的头、雄鹿的角、猛虎的眼、红鲤的鳞、巨蜥的腿、苍鹰的爪、白鲨的尾、长须鲸的须，创立了中华民族的图腾龙，"龙的传人"由此而来。是这样吗？我认为不是。

《易经》里面告诉我们，真实的含义是什么呢？"龙"指天地气交，阳气生人。所以天地、父母、阴阳——三元和合，我们就出生了。

有一个盘古开天的传说。我们解读的是盘古就是太初，伏羲一画开天，就是盘古开天，就是指这个文化的意思。

我们小组前年去伏羲庙考察，这是我在伏羲庙前

那位老祖母——就是生了伏羲的那位华夏族的姑娘——是不是"华夏"和"华胥"就是同一个，不知道，有待于考证，但基本上大家都同意伏羲生在华胥国。我们在现在的医书当中，比如"火神派"的祖师郑钦安的书中，能读到"乾坤大旨"，从哪里来的呢？就是从伏羲画卦开始的。告诉我们怎么样生成男的，怎么样生成女的，这些卦像我都没有标示图案，后面如果有兴趣，您可以自己去理解。

只有中男中女独得乾坤性情之正，你要是看乾坤二卦，才能够知道什么意思，人为什么能直立，你看像个杆儿似的，他为什么就能够立起来？就因为得的是中气。天经地义。

坎中的真阳就叫作龙，所以我们说先天之本就是我们的真阳。那怎么生出来？《黄帝内经》里面就说："天之在我者德也，地之在我者气也，德流气薄而生者也。"每个人都是这样生出来的。

这些经文都应该把它背诵下来。因为它很清晰地解释了我们人怎么能够生出来。

坎、离二卦的作用机制性命攸关。"坎阳肇始自乾元，一也；离阴肇始自坤元，二也"，这都是《易经》上的卦象，大家可以想象卦象，不懂的话可以回去做功课。"彼此互为其根，有夫妇之义。"上下交泰。"子时，一阳发动，起真水上交于心；午时，一阴初生，降心火下交于肾。"一降一升，进行交泰。"一升一降，往来不穷，性命于是乎立。"

后面所有的神话，修炼的都是身体这个"五行山"，能够周流不息，补你的先天和后天，都是抽坎填离，都是让我们补益元精、元气。

所以，我已经把神话里面真实的文化含义告诉大家了，就是通过易经画卦，看乾、坤、坎、离这四卦的运转，就能明白，人为什么出生，为什么活着，活着活到一半，突然明白了，就是文明。

神话不神　秘在修行

这个"抟土造人"，抟是动词，就是两种属性的能量，在中宫，土代表中，在中宫这个地方交汇，再造人体、再造人生，让你恢复健康，就是"抟土造人"——就是道家修行的秘密，再造新的人生。所以这不是神话故事。为什么是五彩石？就是跟五行相对应嘛。金木水火土、肺肝肾心脾对应着白青黑赤黄，炼的就是自己的五脏、五气、五行。所以补天是补先天，先天之本为肾，后天之本为脾，把道家秘密就告诉大家了。

为什么我们能知道？就是因为华山玉泉院吕洞宾祖师那个修道的偈语里面提到这句话，"一饮刀圭五彩生"，所以五彩石的光芒，那个唾液，金津玉液一咽下去，就生出来了，我们就可以弥补我们被消耗的不足。

"传说"本来是"《传》"说。我们有纪传体史书，这就是我的根据，大师们给春秋做《传》，《公羊传》《谷梁传》《左传》，是《传》上说的，古代说的传说，实际上就是这个"《传》"说。

我们把神话的文化意义和"《传》"说的实质的史学意义都已经说破了，那么上古的神话和传说就不再是骗小孩子都不相信的这种模糊的文化源头，就是一个清澈的文化源头！

再看"精卫填海"，倒过来这个词叫"保卫精气"，就是我们说它是个寓言的道理，就是保卫元精的意思。精足，百病不起。

它为什么是一个《离卦》的神话版？就是本来《离卦》是很朴素

的，很有文化含义的，为什么写成了神话呢？这个炎帝是在古代也被称为是太阳神，还是阳气，做主的。他的女儿——女代表阴，就是阳中有真阴，真阴它是要下降的，本于地嘛。本于地，它一定要往下去，本于天的要往上去。所以阴阳交泰，说来说去都是《易经》的道理。所以炎帝的女儿她一定要入海，就是我们阳气一定要往下来，就入我们的海底轮，要往下去。等于就是刚才跟大家介绍的降心火，下交于肾，心肾相交，水火既济，人就睡着了，人就健康了，人就能活着。

再看"嫦娥奔月"，如果你这个"常我"突然一下子有了女人在旁边，那就"奔月"了。月代表阴，就是你这个身体会越来越阴，也就是越来越寒、越来越冷。年轻人火力壮，扛造，年纪大一点就得多穿件衣服，因为火力不行了，所以这个"奔月"就是奔向阴寒之地。

月宫为什么叫广寒宫？这个里面编的都不是随便乱编，都是有文化的寓意在里面。吴刚呢？就说明没有了阳刚。也就是阳气受损，天天砍伐"桂树"，这个"桂"通贵重的"贵"，贵重之树，天天砍伐，辛苦得那个兔子不停地给你捣药吃，治病嘛！

然后，"夸父追日"，我们解释这个"父"，刚才记不记得这个"父"也就是阳，代表老阳，老子。大亏之父，也就是大亏之人，不管男女，他不一定指男的，也包括女的，大亏精气，大亏之人，也就是阳气大亏之人，就叫"夸父"。所谓的"追日"，就是要把那个阳气炼回来，你身体才能够恢复。人尽量不要"夸"，夸就是"大亏"，亏了之后，如果不及时回阳，就会死。

《庄子》的第一篇《逍遥游》，北冥有鱼，往南飞，大家是不是就明白了？也就是坎中的一阳，化鸟向上飞，南在上，心火，也就是炎帝。说来说去这几个故事都是说上下心火要相交，保卫你的元精、元气、元神。没别的，变着法儿地给你说，正面地说，反面地说，提出警告地说，就是让我们修行。

2007年12月，我去看周元邠先生，时年94岁，告诉我修行的秘诀就是"气化"这两个字，就在《庄子·逍遥游》当中。从此我就开始琢磨，回来翻书，哪有气化呀？没这个秘诀！后来才明白他说的逍遥的过程，抟土的过程，扶摇直上九万里的过程，就是起真水上交于心火的过程。

再看《易经》水火既济，再看《泰卦》，《泰卦》就是天在下面，因为本于天，它要往上走；地在上面，本于地，它要往下走；这一交泰就太平了，三阳开泰了。如果是《否卦》，正好阳在上，阴在下，结果呢？往上的向上去，往下的向下去，分离了，人天也分离了，水火也分离了，然后你自己的能量也分离了，既睡不着觉又不能够及时地水火补益，下面越来越寒，上面越来越热，《否卦》是死相，趋向于死亡，衰落。

说来说去，这个道理极其简单，一下悟明白以后，极其简单！

所以说冬天，尤其是女孩子，把你的脚脖子、膝盖、命门要全都护住了。不要到年底了，单位开什么晚会，就穿个晚礼服。现在的晚礼服，把后面抠的，从脖子一直露到尾椎骨，那真是你不得病没天理。受寒凉，请神容易，送神难，凉气进去你想请它出来，不那么容易，其实是很难的，挺遭罪的。

所以反反复复地跟大家讲，我这些年给大家讲的一个重点也是这些神话传说里面的文化含义，和盘托出，告诉大家，你能不能修炼得好，是你自己的事情。这就是上古神话传说当中的修行秘意，也就是说传说里面有传承。

　　华夏的起源清晰、清澈、伟大，去除传说的误解，解读出神话的秘意，是我们进行正史解说和传承的前提，不打消这些疑虑，很多人都不知道你这个想法从哪里来，为什么要这样做。所以通过这两讲，我们基本上把前面要解决的思想方法、研究问题的逻辑、我们秉持的观念，全部交代清楚了。从下一讲开始，我们就正儿八经地从《古今人物表》的第一帝，也就是太昊帝伏羲，开始讲中华文化的起始，"中国宏观上古史"的第一讲就开始了。

　　感谢大家！下一讲再见。

（三）

庚子年十月廿八　　2020年12月12日

　　导语：中国的历史要由中国人自己来书写，我们要恢复华夏史观，恢复一直流传的中华文献的历史记录。当然这里也永远存在疑问和争论。本讲作者梳理文献中的矛盾，提出关键问题；利用文物证据，推理历史逻辑关系；突破局限，全方位"活古"；综合各方信息，选择相信《汉书·古今人物表》，且推断八千年前中国已经形成"国家"制度。

尊敬的各位同胞、各位同人、一起学习中华上古史的各位同道：

大家上午好！

我们继续学习《五帝本纪》通解，今天是第三讲。您可能会看到，在《五帝本纪》下面我们加了一个括号，打上了"中国宏观上古史"这个名字。这个名字的正式出现，就是在上周我们讲座的时候，也就是说在我们的时空里面这个词汇历史性的第一次出现。跟它对应的还有一个"中国微观上古史"，那是非常细腻的考古论证、文献追溯。以后有机会，我们可能会就某一专题进行详细的论证。

总结两讲 温故知新

今天我们接着往下讲，温故而知新。请大家在头脑里过一下前两讲我们讲述的主要内容。如果在座有今天新来的同人，也就是以前没听过我们讲座的同人，可以补充一下，前两讲我们都主要奉献了哪些内容：

第一，中国人的历史，中国人自己来诉说。它隐含着就是要恢复华夏史观，恢复我们一直在流传的中华文献的历史记录，也结合着最近几十年地下文物的出土，给我们带来中华上古史确实真实存在的证明。

第二，我们根据这些文献、历史以及个人修行传承当中遇到的一些方法，经过可靠的历史人物的表达，一代一代地向上追溯，把中华的历史上溯到八千年前。

第三，由于我们在过去的一百年间几乎都是在起源于郭沫若先生研究中国古代历史的一些观念之下，包括我们从中学受历史教育，就很明确地以为中国的历史也是原始社会、封建社会、资本主义社会、社会主义社会乃至进入共产主义社会的这五段论。但其实呢，马克思晚年明确地表达了东亚的历史不适合这五段论的论述，东亚有自己的历史传统。

第四，我们把"口耳相传"的文明传承方式，就是老师面对面直接告诉徒弟我们这个传承是什么，不需要文字，这种方式列入我们对上古史"学术"考察的范围。通过我个人的不同角度的学习经历，在第一讲就跟大家汇报过，它可能比地下的文物、比地上流传的文献，更加可靠，因为是由活人一代一代印证传承过来的。当然，没有接受过这个传承的人，根本就不知道它在，也不容易相信它在。

第五，我们通过主要是活人代代修行的方法，破解了中华上古神话所隐含的真正的文明意义，尤其是对生命体建设的意义，这样就使我们中华文化从源头上清澈起来。

为什么说清澈起来？它不是一些虚幻的神话传说，它是真实的，每一个人都可以用自己现在的活体生命进行验证。明白了这个道理就叫作"文明"，所以我们才把华夏文明的历史推到八千年前，它是有确切的根据。

第六，基于过去将近二十年间，我本人学习中华文化，包括西方文化的学习积累，我们提出中华文化的十条基本观点和三条推论。

第七，文明发展应该考虑"精神的"或者"无形的"智慧标准，而不仅仅局限于文字、城市、青铜器这些可见的。

第八，无论社会形态还是文字发展的历史，都应该遵循统一标准。

比如说从原始社会到共产主义社会这五段论，我们给大家举例说明它的形成依据是不一样的，包括对文字发展阶段的判断也是不一样的。所以我试着用书写材料为标准，给大家罗列了汉字，也就是华文或者叫中文的发展历程，就是我们一直使用的文字，从最初画的符号，在土上、在树叶子上、在泥石上、在玉石上、在陶片上画下来的这些个文字符号，以书写材料为标准，一直发展到今天，大家在屏幕上看的这个叫电子文，到今天这样的一个统一的历史标准。

第九，这是我们这次讲座的一个非常重要的贡献，就是把伏羲到大禹的这一段历史阶段统一命名为"华朝"。就在我们刚才来的车上，《姬氏道德经》的传承人姬英明先生在微信上给我发了一段信息，他说我们这个判断"所言极是"，因为在他传承的历史上，我们所说的这一段历史，确切地讲是伏羲到黄帝叫"华黄三帝"朝代，那简称"华朝"是没有问题的。这是无意当中又得到了一个活的传承的印证。这不是说拍脑门，为哗众取宠，弄出这么一个名字，所谓华夏、华夏，把"华朝"跟"夏朝"统一连起来，这是我们的说法。但是古代从华胥氏贡献了伏羲这样一位伟大的圣人，最后，我们把他称为"华代"或者"华朝"，是有确切的历史根据的。

第十，就是我们这次讲座开讲的时候，我脑子里还没有这个意识，讲着讲着它就来了，叫作"中国宏观上古史"和"中国微观上古史"。它会改变整个中国历史看待中国历史源头的一件事情，也会改变整个世界历史对中国上古史研究的一个框架，就是他在东西方之间一定会产生一个学术上的影响。

第十一，在第一讲结束之后，我们已经知道习近平总书记在2020

年第23期《求是》杂志上发表了关于考古学文献的一篇重要文章，提出中国考古学实证了华夏百万年的人类史、一万年的文化史、五千多年的文明史。这等于是给我们这一次讲座做了一个历史性的定性，我为什么要讲？为什么值得讲？为什么做这件事情？什么意义？

第十二，具体解说代表性神话传说里的文化含义，为中华上古史学科的恢复扫清障碍①。

导论最后　四项内容

今天给大家报告的主要内容包括以下四个部分，今天是我们中国宏观上古史导论部分的最后一讲。也就是今天讲完以后，关于导论，为什么要讲这个，为什么要提出恢复中国宏观上古史需要采取"三文主义"——就是文献、文物和文明三者结合，进行合理地推断、拼接，用活的逻辑把它恢复回来。

这里面永远存在着疑问和争论。很多人可能一听这方面内容，连看都不要看；也有一些人认为你这是有道理的。

今天我带来至少五本书，内容比较多，但我认为也比较重要、比较精彩，所以尽可能地争取在这个时间之内分享给大家。今天第一项内容就是梳理历史文献当中我们发现的矛盾，提出几个关键性的问题。这些问题会促使大家去思考：为什么我们遗失了中华上古史？为什么对上古史充满着那么多的争议？然后在文献清晰记载的情况下，在出土文物已经几十年证明了的情况下，我们依然不敢提出自己祖宗

---

① 钟永圣：中华上古神话隐含的文明境界，《大连海事大学学报（社会科学版）》，2018年第3期，pp.72—77。

的历史；依然不敢以一种可靠的推理和逻辑关系建立起历史脉络；在这样的一个存在的条件下，还不敢去述说自己的历史，到底出现了什么样的问题？

第二，利用文物证据，推理历史逻辑关系。这是非常重要的，很多人可能会有疑问，有疑问我们就拿出证据，然后进行合理的推论。因为正常情况下大家推论都不会错，只要这个文物是真的。所以一般来讲，史学家争的就是你这个文献是否可靠。

我们现在多了一个证据，就是活的证据。有人说现代人不可靠，但是这个话你不能推到极致，有一个人可靠，你就不能说所有现代人都不可靠，这是论证上的反例。我们现在利用活的传承进行推论，这个活人算不算是文物，大家可以自己考虑。

第三，我们有信古的，就是相信历史上有记录的，我们就是有那样长的历史，我们就是有那样伟大的文明，我不怀疑它，这是比较极致的。也有疑古的，从宋朝以来，疑古思潮一直未断。最近这一百年，就是20世纪二三十年代的时候，中华文明几乎到了最低点……那个时候就怀疑，怀疑我们自己的历史，怀疑我们自己的文化，怀疑我们自己的经典，怀疑我们自己的传统。这很正常，因为穷得吃不上饭，过不下去，活不下去了，说你们家库房里面还有震古烁今的宝贝，谁相信呢？有的话，不就拿出来卖钱了吗？

所以这些年我们讲经典，经常遇到这样的诘难、诘问，孔孟之道——中国所谓传统文化要管用的话，不早就管用了吗？他能造飞机吗？他能造大炮吗？他能把反动统治推翻吗？他能把外国侵略者赶走吗？这些疑问听上去好像是有理，其实是缺乏全方位的历史考量，尤其是缺乏历史宏观视角的考量，才产生的一个极端认识。

　　所以我们提出信古和疑古都不能走极端，我们提出要全方位地复活，把古代的精神复活。人变成骨头了，但是那个留传下来的文字是当时活着的生命所要表达出一个传递自己解悟状态的这样的一个文字诉求。所以我们提出，透过文字回到当时那个生命状态。也就是说，我们现在读诵经典，就是要恢复当时那个伟大的人物他脑子里面突然悟到了什么，他的身体发生了什么样的震动和变化，为什么他用这几个字传递下来，让后人去传承、去了解、去修行。这是我们说的"活古"，而不是"泥古"。

　　泥古是死的东西，是胡适先生批评的那种故纸堆文化。批评得有没有道理？我认为非常有道理。那种故纸堆文化的研究方式确实没有用，只能显示你自己的所谓知识积累多而已，但是离开黑板以后，离开课堂以后，对国家建设、对赶走侵略者确实没什么帮助。这是我们研究古代文化的一个弊端，我们要把它改正，就是所有的东西都要把它激活。

　　第四，综合各方面的信息，选择相信《汉书》里面《古今人物表》的表达。

　　跟大家讲，我第一次看到这个《古今人物表》，非常的震惊。因为我们看二十四史以为中国历史就是从五千多年前的黄帝开始，在那之前，渺茫，一笔糊涂账，不知道时间，不知道人名。但是看到这个人物表，齐齐地罗列下来，从伏羲开始，一直到黄帝，每一代天子的名号都写在那里，那种震撼的感觉难以言表。只不过就是说，历史太长了，我们不知道他哪一年出生，哪一年离去，怎么交接的这个班，不知道。但是"帝王号谥"留下来，这个信息太重要了！

　　班固作为当时汉政府、汉朝廷相信的作者，公布的《汉书》是国家承认的正史。也就是说，它是那个时代，也就是将近两千两百年以前，我们的祖先认同的中国上古的历史，那为什么两千年以后我们突然就不承认呢？有出土文物证明说它们不存在吗？既然没有，就不能证伪！那我们姑且认同它是正史的记录！

所以断定八千年前中国形成了"国家"制度，否则的话不会有天子规格。那现在考古的证据支持我们这个论断，什么证据呢？就是发现的那些宫殿——因为当时是不会有钢筋水泥这种东西，但是有夯实的土，有遗迹，有火烧的陶。这种宫殿的规模告诉我们，当时已经产生了像王一样的设置，有这种礼仪，而且更为重要的是，成套的礼仪规格的玉器的出土。像良渚文化是七千年前，有成套的玉器出土。

玉器出土意味着什么？

我们学《尚书》，一下子就能想到《尧典》、《舜典》，我们也多次提过这件事情，天子在五年间是有一年的时间，春夏秋冬巡视四方，一个季度查一方，转一圈儿，叫巡视，巡视四方，各方的诸侯、方伯是要接待天子巡视的，这是制度。剩下的四年每一年各方诸侯和方伯都要带着自己的印信——那个印信是玉做的，叫验符瑞，符是符合的符。验符瑞是什么意思？就是你拿的这个玉器符合了，这叫符瑞。我们今天说符合——至少有将近五千年的传统。因为那是已经成熟的制度，是哪一天形成的——不知道。你汇报工作的时候，首先要验明正身，这就是印信，你拿着这个玉跟天子手中留的另外一半儿要对上才是。

所以我们说八千年前，中国已经有现代所谓的国家制度，当时仍然叫天下，中央天子所居的地方就叫"中国"。

源头清澈　流长有浊

上一讲结尾处，我们把中华上古神话从盘古开天——也就是伏羲画卦到女娲抟土造人——女娲炼五彩石补天；然后有炎帝的女儿精卫去填海了；有夸父追日，没追上；有嫦娥奔月，它什么含义……一直解释到庄子的《逍遥游》；解释到唐代吕洞宾祖师的悟道偈语——"一饮刀圭五彩生"；解释到宋初陈抟祖师，也就是我们在华山学道的时候流传下来的窍门……代代往上推，推出来，上古传承它本身就是一个文化的传承。这样，我们把中华文化从源头开始叙述的文化意义建立起来。

但是呢，由于时间太久远，而且不是每个人都练功、修行、修炼、修养，所以，对我们所说的，有两种情况：

第一，他没体会，就是身体没发生变化，也没感受到真实的益处，所以，不会相信。

第二，根本就没听说这种修行方法，听都没听说过，你让他相信也是比较难的。

尤其是我们现在的历史学是按照西方的那种分科的传统来学习，他会尤其怀疑。而历史学者、历史学家、历史专家是代表着这一个行业专家的意见，对大众是有着重要影响的。因为电视台一采访，报纸一报道，甚至国家找这个顾问，都是从这些著名的、权威的专业学者里面找，它给出的就是专家意见、权威意见，它会影响这个时代和大众，这是很严重的问题。

这一讲，关键就是要解决专家的一些意见。

第一，"文明"是否一定需要文字？以我的经历，我认为一般的专家会断然拒绝没有文字就进入文明这种观点，可是我们的论证，大体上应该是已经能够让一部分同人相信，其实没有文字的文明是存在的，也是可以接受的。我们举了六祖大师的例子，那是在盛唐，唐高宗和武则天都已经明确地下诏——我们还能查到历史文献记录，就是每个字我们都能够读出来——对他进行表彰，用现在的话说他是个文盲，不识字，怎么就成了"国宝"？这是唐高宗称呼的"国宝"。唐高宗时代，那是日本对中华文化崇拜得五体投地的时代，现在的京都和奈良就是仿造我们的唐宋建立起来的城市，到现在还是那个样子。能说六祖大师不是文明人吗？

我们农村里面通常说，你几年文化？把识字的人称作"文化人"，把识字称作"有文化"。新中国建立以后"扫盲"，扫的就是这个文盲，就是识字，对吧？那叫有文化。可是识字真的文明吗？以我们现在的概念，你真的觉悟了吗？你觉悟天道了吗？真的做到了觉悟上的天人合一吗？很显然，不能！你说我能把《道德经》从头到尾背下来，你就敢说你真的悟了吗？

《坛经》里面说，有个禅师念《法华经》念了三千遍，他悟了吗？没有！他有文化吗？当然有文化！是觉悟意义上的文明人吗？不一定。到六祖大师面前，六祖大师当然不识字，说你背出来听，背到第二章，说不用了，我给你讲这部经的主旨是什么。讲着讲着，言下大悟，这会儿磕头，头沾地了，明白了，这就是文明人，已经获得了，那个境界他已经知道了。那你说活生生的例子，唐代发生的事情，有历史记录，这不是假的，也没有什么争议，这不就告诉我们说，没有文化，也就是不识字，这个人可以是文明的。有一些识字的人，他可能是野蛮的，他可能是阴暗的甚至被人骂为禽兽不如，这是今天发生的事情。

那我们可不可以根据事实改变一下我们局限的、拘谨的文明判断标准？就是说有文字当然可以表明是文明发生了，但是离开了文字也是可能有文明和文明传承的，这不过分，这是我们要解决的问题。

粮食储备　古今一如

第二，在前一讲我们给大家看了图片，也解释了在河北武安（磁山文化遗址）有八千年前就可以存储十几万斤的粮食窖穴。大家想象一下，我们现在一个县城粮食储备有多少？就是以现在县城的规模，十几万斤在八千年前是一个什么样的概念？而且有储备，说明农业已经极其发达了，靠天吃饭，有那么大规模，他要是就产十几斤的话，需要建那么大规模的粮窖吗？这显然是很荒谬的，对不对？一定是有那么多粮食，才需要建这么多粮窖。

就像国家前几年补贴市场资金，帮助国家建粮库，因为打下的粮，如果不能有合格的仓储设备的话，粮食很容易坏掉，转过年就不能吃了，那就是巨大的浪费。我们现在这个事情，总理都要操心，这是国家大事。每年我们这些研究经济的都要看，巴巴地在《新闻联播》上看，在网上看，今年夏粮什么消息，丰收了？好了，不用担心来年会有通货膨胀很严重的情况，这是一个压舱石、稳定器，心中有粮，经济形势大可不慌，而且粮食是以后各种工业产品的原料，粮食产量大，价格相对就不会上升很高，就会稳定，是个压舱石，所以层层加码的各道工序的这种工业环节、工业体系，它的价格就会温和地上升变化，不会有通货膨胀。

有粮食储备以后，就意味着可以有闲，就不必整日为着明天吃饭而操心。有闲，人就可以做手工，就可以进行雕花，玉器、陶的设计，我们看到陶片为什么上面有花纹、有鱼纹、有各种符号？他要有工夫儿，有闲工夫儿才能做。

现在很多人让我写书法，我真是没闲工夫儿去写字，要闲下来，不闲下来写出来的字自己都不稀看。它可能剑拔弩张，因为反映的就是心绪。只有无意当中，哪天就突然阳光灿烂，然后没有什么事儿催着，自己觉得心境很美，这笔下去以后，那字出来也漂亮。我试了一下，无意当中写了"山泉声"三个字，河南的朋友看到了以后直接给她的闺密，她闺密就拿到窑里面烧制出来一个很精美的汝窑的开片的那种杯子，淡翠绿色的，非常漂亮，图片一出来，人人喜爱，无意当中形成的，这是有闲。你说我要是当时就觉得明天吃饭怎么办呢？这没下一顿，哪有心情说还拿起笔来写"山泉声"这样不着调的话，对不对？你得赶紧去想下一顿米。这就意味着，八千年前我们已经有充分的闲工夫儿去处理文化问题。

那么"神农"这个称号就让我很疑惑，因为一个没有争议的说法，他是因为发明了农业被称呼为"神农"，有了这个称呼。那神农距离我们今天多少年？按照《五帝本纪》，又说神农就叫炎帝，然后又跟黄帝打了起来，三战，黄帝得其志。又说神农是八代，那就从四千七百年以前数八代人，假如一代一百年的时间，八代八百年，也不过就是四千七加上八百年，是五千五百年的概念。那神农最初那一代距今是五千五百年，可是，八千年前人家就已经有储存十几万斤的粮食窖穴，是不是矛盾？那神农到底从哪一年开始，这是我的一个重大的疑问。

"三皇"所属 烧陶与火

第三，"三皇"到底是谁？三皇五帝——都这么说，指谁？不知道。

《尚书大传》里面说，"三皇"第一个是燧人。就是钻火那位祖先，拿燧木摩擦摩擦，生热，最后火出来了。就像我们今天，以前没有电，点蜡烛，你总得有火柴，以前叫洋火儿——就是最初我们国家连火柴都生产不了。随时可以用火，这是人类文明的进步。你想在几十年以前我们还用着这种火柴，现在就不用了。第二个是伏羲。伏羲不用说，给我们奉献了《易经》，画卦。第三个就是神农。有人说伏羲氏是燧人氏的儿子，就是燧人氏和华胥族的姑娘是一对儿，生了伏羲，这就是传说了，确实无从查考。但是伏羲和神农之间，我们看《古今人物表》，相距历史就非常的遥远。

还有一种说法是：有巢氏、燧人氏和知生氏，出自《庄子》。知生氏是不是智生氏，现在也不知道，但在《古今人物表》当中没有这个天子的名号，是不是哪一位的别称？也不清楚。那怎么办？存疑。就是各种说法都存疑。

还有伏羲、祝融、神农的说法，出自《风俗通义》。祝融就是火神，水神是共工，他俩打架，把不周山弄断了，我们说这都是隐喻。

伏羲、神农、黄帝，这种说法出自《三字经》。《三字经》大家都知道，形成的时间比较短，可不可信不知道。

第四，河北徐水南庄头遗址[①]。根据碳14测定，这个遗址距离现在是一万零五百年到九千七百年，比我们所定义的文明起始时间八千年还要早一千六七百年。

为什么这一讲要特别地提到它呢？因为在上一讲给大家罗列的大地湾、马家窑那些考古遗址文化当中出现了陶片，甚至陶片上带文字，这都不稀奇。问题是这里面有两种陶片，深灰陶和红褐陶，这就说明在一万年前我们能够生产制作陶器，制作陶器就得用火，关键在这儿！确切地说明在一万年前我们的祖先已经能够控制火，不能控制火的话，是不可能有陶器出现的——烧陶嘛，不能够掌握火的规模和温度的话，这个陶是很难烧制出来的。

那么，我们说燧人氏到底产生在何时？他被定义为中国祖先，掌握火的使用方法，他是鼻祖，那是不是就是说在一万年前，至少一万零五百年前，我们已经能够掌握火的使用。这么推的话，燧人氏就是在一万零五百年前，那燧人氏可能是伏羲的爸爸吗？现在我们是不是就几乎可以推翻网上流传的说法，说燧人氏是伏羲的父亲这种说法，对不对？我们是以文物来推断的。

因为称号起始点这个意义是不会赋予错的，说当初第一个用燧木钻出火的那个人称为燧人氏，他被认为是改变了人类发展的进程。他可能是无意当中发现这个现象，可是这个事情也像科学实验一样，是可重复的。你拿燧木进行摩擦生热，一样可以出火，就是钻木取火。那其他人就可以重复，这不就可以随时用火了嘛，随时用火你不就可以进行烧烤、吃饭了嘛。我为什么把"烧烤"用大一点的字体？就是

---

① 李君等：1997年河北徐水南庄头遗址发掘报告，《考古学报》，2010年第3期，pp.361—392，I0007-I0010。

请大家注意，我们今天还时不时地，尤其是夏天，一些喜欢吃大连食品的朋友，说喝两瓶啤酒，弄点烧烤，哎呀，这一天晚上过得非常惬意。但想没想到一万年前如果说弄个烧烤是什么含义？你想烧烤没有火是什么概念？这很现实。有了火以后，就是文明。

君火以明　相火以位

然后就会出现一个说法，这本书叫《黄帝内针》，最近比较流行，很多人去学，在这本书的第35页，第二章第四小节有这么一个题目叫"炎帝开创的文明"。"二火相加为炎"，中国人都能听懂这句话，但翻译成外文是很难的，他不知道，翻译过去他也不理解。

而且，这个火上下叠加，就是两个火摞起来或是两个火并列，这个造字法意义是不同的。我们没有两个"木"摞起来这种说法对不对？但是两个"木"可以并列，成为"林"字。五行是很有意思的，你想想金木水火土，有三个"木"，有三个"火"，有三个"水"，有三个"金"，还有三个"土"，五行这五个字都可以像"品"字形摞起来。但是两个呢，您想想看，有两个"金"吗？没有。有两个"木"摞起来吗？没有。两个"水"有吗？没有。能摞起来的，"火"和"土"，对不对？只有"火"和"土"，而且这"火"和"土"是相连的。（听众有人说"火生土"）对！

这一段讲给大家，如果理解了，大家就能理解中华"文明"！为什么我们仔细地给大家解释"文明"的概念，结合自己的身体，就是天人合一，而且中华文化的构建原则就是"近取诸身，远取诸物"，什么意义？这两段文字念给大家，如果您脑子不那么蒙昧的话，我想一下子就进入文明境界，因为它也很简单。

"炎帝据说是黄帝的兄长"，这是这本书里面的表达，我们不去考量，我们要了解这本书里面解释两个"火"摞在一块儿的生理含义。理解了它，您再回想我们上一讲后半部分给大家解释的上古几大神话所要解决的"起真水上交于心火"这个概念，然后"抽坎填离"的实质身体反应，就能明白庄子《逍遥游》，明白所有道家修行诀窍，明白《易经》里面"水火既济"的道理……反复说就是为了说明这么一点事儿，所以这个"炎"字大家要理解。

"中华文明之发端即肇于此"，我当然表示怀疑了，中华文明的发端不在这儿。但是说中华文明到了这儿有一次伟大的揭示，这是没问题的。

"炎帝之所以号炎，是因有火德之瑞"，这也没有问题，这是公认的。"要研究中华文明的发端，不能不从火德上着意。"

接下来书中引用了两段话，都是来自《黄帝内经·素问》。第一句，就是我们多次讲过的《灵兰秘典论》里面的，"心者，君主之官，神明出焉"。心火，居南方，为火，两个火摞起来为炎，称帝为"赤帝"，也叫"炎帝"。为什么叫"赤帝"呢？就是五行跟五色、五脏、五方、五音、五味相配，一一对应。所以心火是"君主之官"，记住"神明出焉"。你明白不明白一个道理，跟你的心火旺不旺、明不明直接相关。

下一句是《素问·天元纪大论》，你听这个名就非同小可，《天元纪大论》！下围棋的知道，中间那一点叫什么？天元。纪呢？纲纪的纪。《天元纪大论》，这个名就说明这一论是极其重要的！不读经典，你不知道中华文明伟大在什么地方。花一点时间，一本万利！

这里面引用的是这么一句话，叫"君火以明，相火以位"。君火要明，就是"神明出焉"的明，明白的明。相火，丞相的相，"相火以位"，位置的位。重复一下，君火要明，相火要归位，记住啊！下一段念钦安祖师"论君火相火"的时候，你就会想起我为什么特别强调这个相火要守位。不守位，上蹿，就是病症，明白吧？这是本义，这就是德，这就是火德。你该在下面负责某一摊的工作，你把它兢兢业业地做好，这就是相火以位，你身体不容易闹毛病。你做儿媳妇的对婆婆不好，就不是君火以明，就不是相火以位。你做下属的，对上级命令阳奉阴违，就不是君火以明，就不是相火以位。你以为你做得非常巧妙聪明，他不知道，对不起，你身体会留下你自己意识的操作痕迹，你会得病。所以我们说，伦理的过错一定会在你生理上反映出症状，"病者，过也"！

只有中华文化，能够实现跨学科，一以贯之。孔子说的，"吾道一以贯之"。你说我脑子里有一个想法，跟我身体上有病有什么关系？每一个人都雕刻着自己的身体，这就是四十岁以后要对自己相貌负责的原因。小的时候，你天生就这么来，那个时候的想法是儿童，儿童没有过多的妄念。所以人越天真越好，越天真，老得越慢；人越以为自己聪明，老得越快；像我们这种读书多的人也老得快，因为伤脾，伤脾就伤肉，思虑过多就把脾土伤了，这就是火过多把土烤焦了的意思，这就是五行在身体上的作用规律。

记住："君火以明，相火以位"！明白这一句话，人就可以入道，就可以归位。以后你就不要问我"为什么我这么倒霉，为什么我有病"？你就问这八个字，你明没明，归没归位！

老师在课堂上需要给学生教明白，这是老师的归位，老师的君火以明。没给人家讲明白，回去办班收学生钱，他未来的智商会越来越下降，他未来的运势会越来越糟糕，甚至会影响到孩子，这是中华文化从古到今给出的判断。你说有没有什么科学规律证明？对不起，如果要科学规律证明的话，等它证明出来的时候，可能我们都不在了。这些规律在经典上，老师传承告诉我们，我就记住了，而且受益无穷！就是你别再糊弄！该做好什么就做好什么！

所谓读经典就是让你入道，这是从古到今圣贤教你的圣贤之道，就是在正道上，在本位上，然后你就会有灵感。有人说我想不到，就像我在清华大学人文学院讲《黄帝内经》，有一个科班出身的当面就告诉我，我没看到，书上没有，我没看到。书上没有的，你悟不到吗？什么叫言外之意，你不懂吗？这就需要"悟"！书要能够把"意"表达得清楚，我还需要去向活人学吗？文字要能把真的"文明"的意义全部完整地表示出来，那就不需要我们讲了。为什么说"真传一句话"？火候儿到了，老师看你的眼神一下子到了，直接点一下，豁然贯通！从此三藏十二部留给他人看去，听没听说过这句话？"三藏十二部留给他人看"！为什么他不看了？他明白了，还需要看什么！不明白的人才需要吭哧瘪肚地在这儿皓首穷经，这不就是这样的一个结果吗？我们现在所要解决的问题，就是透过文字明白那个心意，这是我们反复强调的。然后反过来，当你明白了以后，你会发现，经文是真美！真精练！因为我们自己想要表达一下也无非如此。只不过就是换着法以当时代的语言把古代的语言解释一遍，如此而已。这叫印证，叫传承。

"既有火德之瑞，为什么不直呼火帝而称炎帝呢？"看，想到过这个问题吗？为什么不说他火帝？为什么说他为炎帝？为什么偶尔说他赤帝？这是有文化含义在里面，是让我们思考的。不思考就没有问题，没有问题就不会悟。大疑大悟，小疑小悟。

我们钟家在明代有一个人叫钟际明，读完了中国儒家的经典，仍然有一个问题解决不了，像闷葫芦一样闷了三天三夜，睡不着觉，那就是产生了无比大的疑问。后来这个疑问解决了，他成为明代四大高僧之一，他出家了，在家叫钟际明，出家叫藕益大师。

"这里的含义甚深，不从这里深入进去，我们很难体会到中国文化的韵味无穷。"有传承的人都会体会到传承里面文化的含义韵味无穷，讲不完哪，就一个字都讲不完，拎出八个字来讲一年讲不完，因为无穷无尽！这不是忽悠大家，就"君火以明，相火以位"，为了解释它，我可以从《易经》，就是从伏羲画卦开始，阴阳五行，所有这些古代的神话传说，所有关于阴阳的理论和实例，所有医生的杰出的案例，修行的体会，全都拿来做注解，全都是这八个字的注解，这八个字就是中华文化的高度概括的历史。所以《素问·天元纪大论》，你看这个名字，名字不是随便取的，就像我们今天能够产生"中国宏观上古史"这个学科的名称，也不是随便来的。

"将火分二途，并以君相命名，出自《素问·天元纪大论》……对火所作的上述名相及功用上的区分，实在是别开生面……火的作用一个是明能，一个是热能"，一个是照明，一个是取暖，对不对？我们说它能照明，真的就是"文明"，火的诞生，文明。

西方有没有关于火的传说、神话？有啊！普罗米修斯，他们的火是偷来的，对不对？天火是偷来的。中国文化跟西方文化一个根本性的不同就是，中国都是"人"自己来！取火，摩擦生热，这是现代物理实验，能明白吧？不是从神那里来，神也要通过人，有人才有神！

昨天晚上没干好事，你眼睛里就无神，有神也是邪神。你灵台清明，自己的心念里面是干净的、纯净的，别人一看，眼珠子倍儿亮，这就是有精神。有精神，人就精神焕发，《易经》的作用就有了，天人合一观的作用就有了，广义相对论的作用就有了。《坤卦·文言》那段话记得不？"君子黄中通理，正位居体，美在其中，而畅于四支，发于事业，美之至也！"这不就是诚意、正心、修身、齐家、治国、平天下，内圣外王的整个过程嘛！

所以，《大学》学的是什么？就是一念之间。很多人读我在秦皇岛讲的这个《大学》，今年一月份出的书，觉得读不懂，觉得不适应，为什么第一章用了那么大的篇幅去解释？你要知道，第一章那一段全读通了，人道就悟了，就通了；《中庸》第一段通了，天道就悟了；"大""中"通了的话，天人合一就可以解决了，至少理念上解决了，剩下的就是下功夫。

光明需要黑暗对应，"光明能照破黑暗，人处黑暗里，两眼摸黑，什么也看不见。"所以，火的意义非常重大，古代有火就有光明。

那么，它这里面给我们医学上的解释，也就是说居上的叫心火，居下的为相火，所以摞在上下，能明白为什么是"炎"了吧？我们刚才说了，五行这几个字，三个都可以摞，但是两个摞的，只有"火"和"土"。那么炎的意义就是一个火在上，一个火在下。

有一些女同胞通常问我们一些问题，我说那你手脚凉不凉？有的说凉。手心为什么叫手心，是因为手心辐射的是君火的温度，心脏的温度；脚心为什么叫脚心，是人体第二心脏，因为它辐射的是小肠的温度，在中医里心经和小肠经阴阳表里是一对儿，所以，脚心的温度反映的是小肠的温度，如果脚心凉，说明小肠的火力不够，不能温化，火力不能弹射到那个地方，就会出现腿脚凉，甚至有妇科病盆腔炎，反正诸寒诸症病气就这样来的。

所以，这两个火一定要保护住，一定要补足。为什么底下那个叫相火？它要归位。很多人不归位，请看"火神派"的祖师郑钦安先生的这本《医理真传·君相二火解》，注意呀，也就是解释"炎帝"，为什么两个火会摞起来，一个上一个下。

"君火，凡火也；相火，真火也。"看《西游记》，孙悟空被什么火烧了？三昧真火！那个真火对我们的健康极其关键！当然君火也重要，缺一不可，实际上是一气，一气化生的。

"凡火即心"，这很好解释，上面那个火就理解成是心。"真火即肾中之阳"，这一句话就是"文明人"说的，就是悟道人说的，能明白吗？能理解"真火就是肾中之阳"的人，他才合格！不理解这句话，修行不合格，理念不透彻。

"凡火居上"，这很正常，我们心脏位居中宫之上。"以统乎阳"，君火统阳。"阳重而阴轻也，故居上为用"，这是解释。

"真火居下"，我们把它称为"北冥有鱼"，称为"精卫入海"，真火是一定要下来的，否则底下这个海是寒的，北海寒凉是很大的问题。在人身上说"北"指哪儿？就是指下部嘛，从海底轮到丹田，下腹部，反正就那个地方，自己慢慢体会。

"真火居下以统乎阴，阴重而阳轻也，故居下为体"，这个火本身属火，居下要不要往上升？要！但是总往上吗？它还要下来。

"二火虽分，其实一气"，这又是悟道人说的。"二火虽分"，虽有功能，就像我们说心跟小肠阴阳表里是一对儿，器官上有分工，但是从人的功能上，从人活着一口先天元气上分，有区别吗？没有啊，其实是一气，这要理解。你理解了这段论述，你就能理解为什么我们都是一个人，为什么我们能生出五官、躯干、四肢，然后人人长得还不一样，能理解吗？你活的是一口气，然后你展现的这个形象却各个不同。

"诚阴阳之主宰也。如上之君火弱"，上面的心火弱，君火弱，凡火弱，"即不能统上身之关窍精血"，统摄不了了，就是君主没有足够的权威力量去统摄各个部门和臣子，会发生什么？乱哪，各自为政啊。"各自为政"从哪里来？中华文化"近取诸身，远取诸物"，明白身体的道理就能明白天下的道理。

"则清涕、口沫、目泪、漏精、鼻齿出血，诸症作矣。"控制不住了，火证不足。

"如下之相火弱，即不能统下身之关窍精血"，下面统摄不住，会出现什么？"遗尿、滑精、女子带下、二便不禁，诸症作矣。"大小便失禁，这说明下面的相火弱，而相火称真火，这个时候是有性命之虞的。一些老年人走之前会有大小便控制不住的状况，什么火弱了？相火。但是明白这一点，还不知道用药，所以不要碰到这种情况，就故作高明地给人指出你相火弱了。不能给出药方，就别吱声！不能给出解决方案，就别自以为高明！

"顾二火不可分，而二火亦不胜合"，就是它俩分又不分开，合在一起又不行，怎么办？"一往一来"，上面的下去，下面的上来，它俩就开始这么阴阳循环。阴阳循环就造成了什么？上古神话传说——"抽坎填离"。"离"就是指火，"坎"指水，坎卦中间是一个阳爻，我们这里刚刚解释了这句话，"真火即肾中之阳"，那个真火就是指坎卦里面的一阳，也就是那点能量。那点能量要保护好，不要嘚瑟光了，否则死得快。

"化生中气"，它俩一来一往，化生中气。经过中宫嘛，这就是我们解释的"两精相抟谓之神"。抟土在中宫，两种力量在中宫相抟，激发，叫抟土。这个功能好，人就有再生、再造之功，所以女娲把这个窍门传给大家，流传下来，简称"女娲抟土造人"。这是中华文化关于火和土、关于五行、关于阴阳、关于人体生理的一句话概括和表达。见到女娲像，我都得磕头，那才是文化始祖。

那炼石补天呢？炼五彩石补天就是传你五行顺转：先天亏，补先天；后天弱，补后天。我就是女娲炼石补天的受益者，因为天天开口讲话，"开口神气散，意动火工寒"，我是用消耗生命的方法去解释这个文化传承。"莫将容易得，便作等闲观"，要重视。反正总有一天我会闭嘴，不讲了，自己修去。

"如中宫不得二火往来熏蒸，即不能腐熟谷水"，有些人觉得我消化不好，说明这二火往来不畅，上下不通，"则完谷不化"，我在秦皇岛讲《黄帝内经选解》的时候，解释过这个：如果完谷不化，二火不能腐熟谷水，会出现什么？对，吃什么拉什么，不能腐化嘛。所以首先咀嚼要很认真，有的老师传，咀嚼要三十六下，再咽下去，大家可以试，然后下去就容易消化。为什么说病人喝点粥有利于他恢复？火弱呀，有利于他消化，慢慢恢复，都是这个道理。那我们为什么不一开始就吃容易消化的东西呢？怎么有利于健康？这就是道理，从这里就出来了。"完谷不化"，吃苞米拉大楂子就是"完谷不化"，消化不了，不能够腐熟。然后还有痰湿，还有膨闷胀饱，就觉得自己这个胃胀，吃点东西就觉得堵得慌，便秘，"诸症作矣"。

"如上下二火俱不足，则在上者，有反下趋之症，如心病移于小肠，肺病移于大肠是也；在下者，有反上腾之病，如虚火牙疼，咳血喘促，面目浮肿，喉痹之类是也。"说得很清楚，阴阳表里那一对儿，要么上往下转，要么下往上转，这转移为什么会发生？为什么这么转？为什么这个关系？你慢慢体会，看中国的书，全能够解释清楚，说这个人得病，会发生转移，如果你书读的多了，从这个器官上判断，你就能够推断、预断，他本来是心脏上有病，你可以预断他小肠即将发生病变，或者小肠的病转到心脏上去，有些时候心脏的病不是在心脏源起，是小肠源起。

"其中尤有至要者（这是救命的，大家要听），有阴气上腾而真火不与之上腾者，有阴气上腾而真火即与之上腾者，此处便要留心。若上脱之机关已露，其脉浮空，气喘促，尚未见面赤（面红）、身热、汗出者，此阴气上腾，而真火尚未与之俱腾也。"与之上腾是什么样子呢？就是面红、身热、汗出，这个时候真火欲脱，人要走了。

"凡见阴气上腾诸症，不必延至脱时，而始用回阳，务见机于早（这是一个高明医生要做到的），即以回阳镇纳诸方投之，万不致酿成脱证之候矣。"这是第一种情况。

第二种情况，"亦有阳气下趋而君火未之下趋，有阳气下趋而君火即与之下趋者，此际不可玩忽。若下脱之机关已具，其脉细微欲绝，二便血下如注（便血），或下利清谷益甚"，就是二便控制不住，而且不消化，出现这种症状再加上四肢寒那就麻烦了，四肢没寒，说明君火没下来，要寒就麻烦了。"病至此际，真欲脱也。"所以，"凡见阳气下趋诸症，不必定要见以上病情，而始用逆挽，务审机于先，即以逆挽益气之法救之。"

注意下面这句话，"盖从下而竭于上者，为脱阳，从上而竭于下者，为脱阴。"就是阴阳二火，这两个火还化生两个土，所以两个土可以摞起来。君火化生凡土，君火又称凡火，化生的土也是凡土，就是胃。底下那个真火化生真土，就是脾，五行当中只有这两行，这两个字，可以上下摞起来。为什么可以摞起来？因为身体就是这个结构，汉字是悟道的人画出来的反映天人合一境界的符号，要仔细研究汉字！

种种疑问　矛盾重重

第五，伏羲到底有没有父亲？我们刚才已经推了，如果前面这个遗址——南庄头遗址——是真的，那我们就怀疑，至少不相信，燧人氏是伏羲的父亲。因为一万年前我们就能够熟练地控制用火烧陶了，跟伏羲推断距今八千年差了两千年，不符合历史的文物证据，所以我们不采用这种观点，以后有人论这个燧人氏是伏羲氏的父亲的时候，你就举出这个例子，这是我们根据文物得出的结论。

第六，伏羲到底是什么地方人？多数认为是甘肃成纪，但是也有认为是其他三个地方——江西吉安、河南商丘、河南焦作。

第七，女娲是他妹妹吗？如果是他妹妹的话，为什么女娲跑到陕西凤翔去了？这都是疑问。历史留给我们很多传说，我们现在要把它化成史实，那就要通过文献去论证，通过文物去推断。我觉得推不出来，所以存疑。

第八，五帝是历史概念还是五行概念？这个挺重要的。

我们历史上有两个五帝概念，一个五帝就是这次讲座主要依据的稿本的来源——黄帝、颛顼、帝喾、尧、舜这五帝，这是历史概念，人物概念。

为什么还会有五行概念呢？刚才我们说了炎帝也叫赤帝，因为心，南方，属火，色赤，或者叫红帝。那同样你推断其他四行就产生了青、黄、白、黑，五帝。

所谓的青帝，属木，居东方，在人体为肝，对应的季节为春，所以肝在春天的时候气旺，"医圣"张仲景有大小青龙汤，东方有青龙。我们曾推荐大家去看无名氏写的《内证观察笔记》，在春天的时候，您打坐，观察自己的肝的系统和东方木星进行能量交换，见到的场景就是青色。它不是人随便编出来的，说东方就是青色，这都是天人合一境界下的"事实观察"。

你说，谁观察出来的？

我们的老祖宗观察出来的。

我不信！我观察不出来！

你一天天脑子里面乱七八糟，食物也乱七八糟，想法也乱七八糟，也不打坐，也不站桩，也不修行，也不净化自己的灵魂，就像一团浑水始终在那儿搅动着，你能像清澈的水里面呈现图案吗？它为什么要让你看呢？觉悟的人有一句话形容，叫"洞开"。

"洞开"就是你坐在这里面，这个东西（房屋、墙壁）限制是没有的，现在哪种物理学能解释呢？逐渐靠近的就是量子力学，光量子，尤其是量子感应。

这是青帝，以此类推，到了秋天，你打坐进入境界，肺脏的系统跟天体当中的金星进行能量交换，见到的能量场是白色。现在冬天了，北方，属水，色黑，进入无名氏所说的《内证观察笔记》的境界——跟天体当中的水星进行能量交换，产生的那个能量就是小黑珠，黑色的。所以"天布五行，以运万类"，"医圣"张仲景说的这句话在古代是我们结合天文学、生理学、心理学、伦理学，一理贯通的自然科学。古代的验证方式跟今天的这个验证方式不太一样，是用身体做实验室，不是在外面建一个实验室。

第九，炎帝真的是神农吗？大家认为这个问题值不值得提出来？两个火我们已经解释了，但神农的贡献是农业，如果说最初的那一代神农，就是被命名为神农的神农，他是一个悟道的人，很有可能，但是我们无法确定神农是不是炎帝，这个称呼怎么合并的？不太确定。

第十，宫殿规模、礼仪玉器、粮食储备已经显露出"国家"制度，为什么不敢承认？

古籍所记　明确清晰

大家看《淮南子·主术训》里面的一段，"昔者神农（前3245—前3080年）之治天下"，明确给出了起止的时间，您看一下他活了多大岁数，按照这个显示，他老人家活了165岁。他管理天下的范围"南至交趾"——这是有确切地理概念的，这本书里面介绍的《淮南子》，中国文史出版社出版的——所谓"交趾"这个地名现在也有这种说法，是指我们今天两广和越南以南。

"北至幽都"，幽都的解释没有明确，但是我们听小说，看历史，知道幽州是哪儿吧？（听众有人说：北京。）对。所以你看，南到两广、越南，北到北京燕山一带。

"东至汤谷"。"汤谷"有可能是衍生字，我们学《尧典》的就会有这个印象，当时也给出了国家天文观测的四个点，东方日出是不是

就在这个谷？用的是这个字吗？有没有记得的？（旸谷）

"西至三危"，"三危"没有解释，是不是指西部的三个大高山？不知道，我估计可能是物理极限，就是人登不上去了。实际上在五千年前如此大的范围已经包括了我们现在给大家介绍的所有的古文化遗址，有印象吗？我们举出来的几个八千年的例子，河北、湖南、河南都在这里面。

再看《淮南子·览冥训》里面给出的黄帝（前2717—前2599年），您看黄帝他老人家活了多大岁数。我们正常情况下说黄帝是119岁，在鼎湖登天，白日飞升，"然犹未及伏羲氏之道也。"这句话很重要，黄帝那么伟大，他治天下取得了怎样的功业，中间的省略了，最后一句，然而还没达到伏羲氏之道也。

《淮南子》当时这个评价说明了什么？说明了在两千年以前，我们当时的古人评价黄帝伟大不伟大？极其伟大，很了不起，各方面都很了不起，可是还没到伏羲氏这个道也。

看一下史学大家李学勤先生的观点，黄帝之前基本上都是神话传说，文献记载几乎没有，可以说是"史前时期"。我说他这么判断这是严重受西方史学和疑古影响的观点。

还有许倬云先生，许先生在《九堂中国文化课》里面第68页有这么一句话："李学勤先生，一位了不起的人才，聪明绝顶，前一阵子提出了'走出疑古时代'的口号，可是童书业先生老早就走出疑古时代了。"这个论述是什么呢？第一，承认李学勤先生的学术贡献非常了不起，人的素质也高，聪明绝顶，但是他提出"走出疑古时代"显然是晚了，因为早已经有人走出疑古时代了。这是许先生的判断。

再看这个顾颉刚"层累地造成的古史"。郭沫若认为"的确是一个卓识"，觉得这挺了不起。冯友兰肯定他疑古的史料审查。有没有道理呢？是有道理的。就是顾先生提出中国古代尤其是上古史是由人为的层累地造成的古史，不是真正的古史，被当时的历史大家、哲学大家都认为是一个远见卓识，了不起的贡献。所以这个"二重证据法"我们觉得还是有局限的，不是能够完全解决我们要解决历史问题的最终的那个方法。

再看这位张岂之先生，原来是西北大学校长，后来被清华大学历史系聘去做教授。清华的人文学科是后建的，这大家都知道，因为1952年院系调整以后，它实际上就变成了一个大工学院，民国时期建立的人文传统就断掉了。在八十年代的时候，大概是开始要建设一个全面的清华，尤其是北大百年校庆……所以在那个时候清华加速了人文传统的恢复。张先生受聘于清华历史系。那么在他的一个论述中认为什么呢？就是司马迁《五帝本纪》的文字来自有关文献，不是谁杜撰的，他作为太史公，他是根据文献记载下来的，而且与民间传说往往一致。

这告诉我们一个什么样的看法呢？大家注意这红体字，也是我们前两讲给大家论证过的，就是民间传说，如果它不是历史书传上说的，它也不一定都是胡说，不一定都是杜撰。重大历史事件的传承，可能会有添油加醋、以讹传讹传错了的地方，但是它的核心主旨是没有问题的。就是根据张先生这个看法，文献记载和传说往往是一致的。其实他的论述也非常精彩，但这里不给大家细说了。

这是我们展示过的甘肃天水彩陶上的图片，八千年前能够烧陶，烧陶意味着熟练地用火，而且能控制规模和温度；八千年前，有大规模粮食储藏；八千年前，陶上有这些文字符号出现；八千年前，我们有玉器。而我们上一讲给大家展示最早的一个玉器，是一万零三百年前的，到八千年前，玉的雕琢和使用至少已经有两千年——就是现在文物呈现给我们的已经有两千年，这意味着什么？我们推断陶文可能不止八千年，这就是我想反击西方人，包括本国的一些学者认为，甲骨文证明中国历史三千七百年，然后中国就三千七百年的历史，这种逻辑能站住脚吗？显然是不合适的，对不对？文字的产生能是短时间形成的吗？而且甲骨文是如此成熟的文字！

我给大家报告过，如果您写书法的话，随着审美的境界变化，从一开始喜欢楷书、隶书，慢慢地你会发现那个篆书和青铜器上的铭文，甲骨上的文字简直美极了！它绝不是一两百年之间就完成的。所以我们认为文字的产生可能更早，不止于八千年前。

然后有一种传说，说燧人氏（我们刚才论证过燧人氏是大约一万年前）那个时候造了陶文，这是我们见到的中国文字最早的，说在一万年前在陶文上可能就有，所以文字的演化历史非常长。

我还一直有个疑问，如果说伏羲之前没有文字，那么华胥国这个名称怎么来的？怎么被记录下来的？要知道我们现在用的这个"华"是简体字，所谓正体字也就是繁体字那个"华"是一个"花"的文字的变形，对吧？等于描述一个花儿一样，是图画，是很复杂的一个图形。

那么这个"胥"呢，也不是一个简单的文字，应该是一个比较复杂的表意文字，能是很短的时间就形成的吗？以我们现在的认知，你就想用一个符号向人表意，想象一下您会怎么做。就是假如说没有任何文字，管它什么中文英文，全都从脑子当中清除，我就想自己画个图，把这个意思传递给别人，您怎么做？这是文字的起源嘛。我把这个意识表达给他，大家一看都懂。比如画个圈点个点，这就是日，都懂，画一个弯月，这都懂，对不对？画一个水形，表示三点水，这都懂，这就是表意。

"口头传承" 不可忽视

所以我们仔细地论证，我们文化的源头是从画卦开始，然后《易经》的实质，那个意念，可能没有今天这么多的文字表达，但是口头表达可能有了，就是语言已经有了，至少画出图来，您都能懂，然后就揭示阴阳变化，再有五行变化，这个道家传承一直到今天。

我们的结论就是"口头传承"和"文字传承"对中华文化都极其重要！而且"文献传承"一定比"口耳相传"要晚，这是很自然的。先有口头传承，然后才能有文字，甚至有些时候口耳相传比文字传承更可靠。

现在连《道德经》的真实面目我们都弄不出来，以为是这根竹简混到了另外的一卷当中，产生了今天这个面貌。那以前呢？所以再举六祖大师的例子，也就是中国独特的禅宗文化，最初传过来这十六个字——"正法眼藏，涅槃妙心，不立文字，教外别传。"不是不传给你，是特别传的一个方式——意会，叫"离言说相"。它本身就不让你说，因为你一说，导师拿戒尺"啪"的一下就打过去，闭嘴，让您回过身去悟，要"离文字相"！您看，这是很反文化规律的，"离文字相"让你达到最高的文明境界！

由此我们推出，我们的历史研究是有历史局限的，这是中国文化出现的独有的现象。假如有一位历史学家，他同时又是禅宗的大师，中华历史研究会不会突破这种局限?

我们再举一个例子,这是我亲身经历的,当年赵导让我给他那个纪录片写主题歌的歌词,我写完了传过去。后来,善媛跟我第一次见面就告诉我,拿到词以后,她五分钟就唱出来了。没有您想象的,说用简谱还是五线谱打出谱子来,然后再对着唱,没有。看着词,直接唱出来,五分钟结束了。然后到徐华晟先生的工作室里面,把《莲心曲》的曲子就录出来了。

通过这个,我就问大家一个问题,是先有记谱方法,还是先有歌曲诞生?我和沈阳音乐学院的徐占海教授还合作过一首歌,我就问他,您创作的时候是怎样的?他就告诉我,先在钢琴上弹,哪哪哪,弹,弹出一个合适的曲调,哎,这个节奏不错,记录下来,再弹,主旋律固定下来了,然后再用音乐的结构添点序曲,后面再丰富一下,凑成了一首完整的曲子,这么来的。

换句话说,我们的论证没有一个固定的标准,说必须先有谱,然后才能唱,对不对?包括中国古琴的简字谱,一定是先有曲子,因为简字谱,有的说是唐代以后、宋代以后才有。那老早以前怎么传?老师弹给你看,直接教嘛,对不对?你现在学钢琴也好,学古琴也好,老师是先让你看谱不看琴吗?有这么教的吗?就像我们学计算机,当年就吐槽,手里没计算机,让我们在黑板上抄这个软件操作的程序,这怎么学?最笨的嘛!有了计算机,小孩就鼓捣,几天下来就熟练了。

这帮助我们说,历史不是依赖文献、文物才有,很多东西不是说先有文字才能证明历史的存在,而是先有历史,后来才有了文字、文物,或者说这个文物就是历史物化的产物。那我们执著这些内容,只能失去历史,得到的是历史的碎片。挖一个坑,这个历史就这样,那就是盲人摸象。每一个局限的文化遗址，都是相当于在中华文化这个整体的大象上，你摸摸鼻子、摸摸耳朵、摸摸尾巴、摸摸腿……这就是我们为什么把这次讲座叫作中国宏观上古史的原因。

历史研究 人为局限

还有，历史研究中的人为局限——人也有局限。

一个是个人见识的"陷阱"，包括我们现在，你很容易就以我现在能够接受理解的正常情况去推断，您这个对不对，这个正常不正常、合理不合理。古代能这样吗？我不相信。您是以您现在接受的一个局限的文化视角来推断古代——您完全都无法想象的一个时代，能对吗？这就是个人见识的"陷阱"。

还有时代赋予人的"陷阱"。形成一个"主流"观念，然后你就不去考虑其他的可能性。比如说，主流观念当时给我们就是"五段论"——原始社会、奴隶社会、封建社会、资本主义社会到社会主义社会，你就不去想我们的封建社会，分封建国是什么时候？夏商周才是分封建国嘛！

所以有疑古，有信古，我们也有解古释古的。疑古从二十世纪二三十年代开始。

我的态度，就是我们要尊重古代的文献、文物和文明。有的，我们就相信他，如果他是像司马迁和班固这样的大史家，如果没有确切的文物证明他记错了，那我就相信他的文献。

然后有一些确实有疑问，比如说《五帝本纪》里面，这个传承关系、时间关系，不是说他是司马迁记的，我就完全相信，也不是这样。就像我今天给大家展示的，我觉得燧人氏不可能是伏羲的父亲，那我就从文物上推断，如果燧人氏是一万年前的人物，那个时候早就用火了，一万年前跟伏羲那个时代要差两千年，他能活两千年，然后两千年的老人还能生孩子，那我太想见他一面了！

所以最终，我们要"激活"古代的精神，为活人服务。不是"故纸堆"文化，要做到古为今用，否则我们的研究成果，仍然是胡适先生批评的那种"故纸堆"文化。

那么，论述到现在，我们再一次看看《汉书》这个《古今人物表》：

1.伏羲氏；2.女娲氏；3.共工氏；4.容成氏；5.大廷氏；6.柏皇氏；7.中央氏；8.粟陆氏；9.骊连氏；10.赫胥氏；11.尊卢氏；12.沌浑氏；13.昊英氏；14.有巢氏；15.朱襄氏；16.葛天氏；17.阴康氏；18.亡怀氏；19.东扈氏；20.帝鸿氏、神农氏（八代都叫神农氏，亦称炎帝）、黄帝、颛顼、帝喾、尧舜禹。

这是班固先生给我们后世子孙留下来的一个极其宝贵的资料！否则的话，这个名字就让你发挥想象，说从伏羲、女娲往下你开始编，编十几个名字，然后串联到神农这个地方，跟《五帝本纪》连起来，你能编出来吗？没有任何依据你怎么编？我们是通过绵延不断的道家传承，上溯，破解了人体的规律、道家修行的方法，然后才发现宋朝的修行表达、唐朝的修行表达、汉朝的修行表达、先秦的修行表达……以至于伏羲画卦，说阴阳，说道的变化……是一个传承！那就是活的传承！

我上北大第一课就遇到姬英明先生——《姬氏道德经》的传承人，这也是一个很奇妙的机缘。他告诉我，这个伏羲的传承，在当年（2018年）已经是8134年。

现在的追溯，可以说是通过读经，结合历史——历史的文献就太多了，文物就太多了——合参的结果，我们把它推到当年那个"悟处"，那个"悟处"就是文明的起始。

司马迁他老人家也有局限，他是不是修炼道家功法我不知道，没见记载。现在的历史学家说他没见过甲骨文和陶文，因为当时没有出土。可是他见过我们没见过的史料。当然他没有碳14测定的科技手段，这是我们现代人比他高明的地方，这些都不是他的学品和学问的问题，是时代造成的。

上下贯通　恢复史观

现在结论就出来了，我们现在上通伏羲，下通夏商周三代，把这一段历史恢复出来，就形成了中国传统文化的恢复，在向司马迁致敬的同时，扩充《五帝本纪》，向上追溯到伏羲画卦，向下申明尧舜禹时期是中华正史，夏朝的存在不容置疑！

我们要建立起中国人自己的华夏史观，不要听西方人那些概念，像"史前"这种概念是很荒谬的！建立起中国人自己的天下观、国家观。因为八千年前，我们就有类似这种制度，这是我们现在的判断。从《尧典》我们知道，四千年前肯定有国家，八千年前因为有礼器出现，所以我们断定这是有国家管理制度的。

为什么这些内容会变成神话？为什么这些词汇会出现，障碍了我们？我们要正确理解这些词汇。"五行山"，就是指我们的身体；"不周山"，就是说明经络不通，打开周天就说明经络通畅；"女娲补天"，就是上古修行的这些天子告诉我们的修行方法，修行的秘意，还有人体进步用文化表达，会形成什么样的体系。

一个概念，豁然贯通，用文字是表达不完的，文字永远没法完全呈现文意！大家试试看，是不是这样？所以通常都是什么？意会！

什么叫意会？我这个"意"在脑子里有，但是，你又没修到直接读我这个"意"，不是说一下子把内心全部"拷贝"过去，你得听这个人说是什么，我通过文字讲着讲着，你突然一下"哎呀！明白了！"就是这么个过程。你明白以后，这个文字可以不要。

所以我们说，通过学习建立自信，然后进行应用，建功立业，助力中华文化的伟大复兴。我们学习自己的文化才叫传承，我们弘扬自己的文化才叫发展，我们重振自己的文化才叫复兴。

感谢大家！下一讲再见。

（四）

庚子年十一月初五　　2020年12月19日

导语：《五帝本纪》是司马迁写《史记》的开端，从黄帝开始记述，而现在的历史资料，尤其是近些年考古，使我们发现中国的历史比《史记》记录的要长。本讲通过分析《古今人物表》序文提出判断，从伏羲画卦绵延至今，不是传说，是真实的历史！作者根据划时代的重大贡献，把"三皇"定义为：燧人氏、伏羲氏和女娲氏。

尊敬的各位同胞、各位同人：

大家上午好！

我们今天接着学习《五帝本纪》通解，从第二讲开始，也叫作中国宏观上古史。今天是第四讲，也是我们今年冬至进入冬藏之前的最后一讲。常听我们讲座的同人就会知道，每年到冬至，我们讲座自然停止，至少三十五天的保精期，保护自己的元精、元气，涵养元神，来年开春，有一个很好的精神状态。春生、夏长、秋收、冬藏，一年一个轮回。

个别要点　重新回顾

第四讲，我们就进入了《古今人物表》的学习。

《五帝本纪》是司马迁写《史记》的开端，他是从黄帝开始介绍。而我们现在的历史资料，尤其是最近这些年的考古，使我们发现中国的历史比记录的要长。这样，传说当中的一些历史有逐渐恢复的可能，不是全部能恢复，而是在历史典籍当中、传说当中形成的一些文化印象可能会得到印证。

我们的讲座是通过"三文"主义，就是我们定义的文献、文物和活的文明，也就是传承——现在还是有人传人、"口耳相传"的这个传统——来共同去连接起我们自己的华夏文明。

经过论证，尤其是考古的证据，我们有充分的理由把中华文化的正史从一般所说的五千年左右上溯到八千一百年前。然后我个人的学习经历也特别地奇妙，就是到北京学习，楼老师课堂上第一课就遇到了有活的传承的姬英明先生。那是2018年，他告诉我说，当年是伏羲历的8134年，非常精准。然后回过头去看我们自己的历史，经过各个线条的总结，我们开始把从伏羲一直到黄帝3420年，在姬先生的传承里面，这个数字是非常精准的，3420年，伏羲到黄帝。

这一次从讲座开始，我们把这一段历史称为"华朝"。我以为这是我们自己的一个灵感、说法、概括，为了表达的方便，但就在我们第三期讲座进行之前的那天早上，姬先生给我在微信上留言，实际上在他自己的传承里叫作"华代"，或者简称"华邦"。这是一个很正常的称呼，所以我们并不是标新立异，也是有传承的支持。

我自己回想对于中国的历史，如果说有一个文化上的贡献的话，那就是我通过自己在学习活的道家传承的过程当中，把流传于历史上的中华上古神话里面的文化含义、文明意义揭示出来。听着是神话，但是里面其实是真的历史。如果没有人点破，可能一直就这么流传下去，虚无了中华的历史，搞乱了我们文明传承的真实内涵。然后通过现代的历史学家代代的努力，我们也得到一个判断，就是很多的传说其实常常与文献记录的精神是一致的。

司马迁和孔子，一个从《五帝本纪》开始，一个从尧开始，来叙述中国的历史。不是说中国的历史就从那里开始，而是他们出于自己的判断——这个判断是在当时的历史条件下作出的。我们现在有所谓的科学技术，比如说碳14，我们能够精确地推知一个文物，它出现在历史当中距离我们现在是多少年，这比我们的先人要进步好多。所以我们有可能作出他们当时作不出来的一个追溯。

通过现代的这些手段，我们跟大家详细地作了一个说明，就是我们应该跳出历史文献来看待历史，不是说有历史文献的才是我们的历史。恰恰相反，文献只是对历史的一个呈现，可能呈现得完全正确，也有可能挂一漏万。

我经常以活着的例子为标准来思考这样的事情，你让我马上就回想最近这一周发生的事情可能还好一点；过了四十岁以后，你让我想最近这一个月的事情，那恐怕得静下心来；现在你让我想一年以前的事情，我就得翻我的微信记录，哪一天，到底发生了什么事情，有图，有真相。但回过头去看，你是完全地、准确地、全面地表达了、记录了当时的历史事件吗？不能，我认为不能。比如说某一次学术会议，你记录的只是你眼中的这个会议，你分享给大家的是你的所见所闻，你的判断。同样参加会议的人，另外一个人的记录是他的所见所闻，也就是每个人都有自己的局限。那么我们就不能够仅仅依靠历史文献来看待我们的历史，我认为这是很正常的。但是有了文献以后，我们可以去拼接、推知，想象中合理地复原当时的历史情景。就像司马迁，他写的《史记》一直被当作信史，里面的很多文章被选进了语文课本，当作文学标准的范文让我们学习，让孩子们学习。长时间我特别奇怪，这是编故事吗？尤其是夜半无人，两个人的谈话，他是怎么记录下来的？写得栩栩如生。这就是所谓的历史文学，也就是在历史当中是允许这样的推测。

我们通过这次讲座，来了灵感，就出现了两个学科的名字，一个中国宏观上古史，一个中国微观上古史。我们依据很多微观的历史发现，可以确切地帮助我们进行划时代的研究。

燧人取火　意义重大

本来，我一直搞不清楚燧人氏和伏羲氏的父子关系，这是谁记录的？如果燧人氏是伏羲氏的父亲的话，那么传说当中华胥氏的姑娘，她就不是感而受孕，这就出现矛盾了。可是考古告诉我们，大约在一万零五百年到九千七百年间有燧人氏存在的证据，因为当时已经有成熟的烧制陶器的技术。

我们在以前的讲座当中跟大家分析过，能够成熟地烧陶就说明可以自如地控制火。而定义燧人氏是因为他钻燧木取火，也就是历史上、文明史上第一次有一个伟大的人物，可以人工取火，想用火的时候，经过摩擦就可以有。我们判断它是一个伟大的贡献。可能当时的人也非常震撼——以后真的不用再生吃了……能够用火把食物做熟，在历史上是一个评价极高的事件，缩短了消化，使人可能免于一些现代人所说的寄生虫的危害，因为用火就给消灭了，更有利于人的健康。而且更利于人的生活，火有温度，还能照明，使人类真的进入了一个"明"的状态。因为它是一万零五百年前就有的，所以我们推测燧人氏实际上是在这以前，也不是说第一天发明了火，第二天就能够烧陶。我们知道这都是有一个发展过程的，他要很好地掌握这个火，掌握它的规模，控制它的温度。

昨天晚上，我看到大连的一个朋友在朋友圈上晒自己出窑的一些陶制品，有的烧坏了，有的还勉强可以。也就是说，我们都已经在一个互联网非常发达的信息时代了，人工去烧陶依然不能保证想烧什么样就烧什么样。

河南的朋友把楼老师给我写的题字烧到竹节杯上，把我自己写的"山泉声"三个字，隶书，烧到一个很巧妙的，我不知道那叫什么器型，都是汝窑开片式的，淡淡的翠绿色，非常漂亮，看到图片的同人都喜欢。所以我们应大家的要求就想复制，可是我一打听，也不是百分之百就能全部复制成功。即使是现在我们的工艺很成熟，你仍然不能保证它完全是你期望的样子，那在当年就更加不容易了。

但是在《古今人物表》上并没有把燧人氏作为天子罗列上去，所以我们今天的讲座会根据在上古时代我们自己文化当中出现的重大贡献、技术进步为依据，来重新判断传说中的"三皇五帝"的"三皇"到底是哪三位，我们会给出一个判断。然后就进入《古今人物表》的学习。换句话说，我们根据考古的进步，把传说中的历史人物断定为中华文明真实的先祖，他们不是人编出来的，也不是传说，是真实存在的历史人物，只不过我们现在说不清楚他到底哪一年，但是他们的存在是没有问题的。

大家现在就可以共同想象一下，如果在我们的生活当中没有火是一个什么状态？我们现在做饭已经不像我小的时候，真的是要抱柴生火，烧大锅，贴大饼子，熬白菜豆腐粉条等东北的名菜。在城市里大家以前是用瓦斯罐，现在又换成了天然气。但天然气还是火的利用，也就是说这个能源还是火。包括用电，电也是能量转化过来，用煤发电，用太阳能发电，用风力发电，用水发电，总之要进行能量转化。

在一万零五百年前，人类已经掌握火的使用，我们把它判断为人类发展史上的重大事件，具有里程碑的意义。这个意义是把人和其他动物分开。我们想象一下，你认为最聪明的动物，它会不会钻木取火？它会不会用火？会不会把自己的食物烧熟？

　　然后近万年的人类发展史当中，有什么发明贡献可以跟自由地控制火的使用相提并论？这里有五个选项——金属冶炼、用电、X光、飞机、互联网，但我都不确定，这些贡献是不是可以跟火相提并论，这个大家可以自己作判断。

　　比如说在文明史上有重大意义的青铜冶炼，我们现在看到一个青铜铸的鼎，那喜欢得恨不得趴在玻璃上盯着看几个小时。在当时，如果能够采矿，然后冶炼出来，整个工序需要多长时间？怎么做的？我们今天这种大型的叫钢厂也好冶炼厂也好，当然是比以前进步好多。问题是我们现在的技术好像进步了，但是那种设计上的理念的东西真的就比过去做得好吗？看一看故宫里面一些伟大的作品，我经常听到解说员在屏幕上说，现在的工艺美术大师都不太确定或者是很怀疑当时是怎么做到的。就像我们给大家展示文化遗址当中一万零三百年前那张图片，一个玉器，打磨得很规整的白色玉块儿，我们现在能想象出来吗？是怎么切割的？怎么打磨的？按照现在的想象，当时无非就是有几块石头而已，怎么做到的？有金属吗？不清楚。还有那个骨笛，是怎么做的？我们现在拿到一块仙鹤的腿骨，说在上面凿七个孔，容易，可是这七个孔能够和音阶精准地对应上，这就不容易。孔大孔小，彼此之间的位置，都会影响这个音律的变化。然后这个孔打得又合适，又不把骨头凿碎，是怎么做到的？这全都是问题，就是当时的技术是怎么弄实现的？

　　如果您到中原地区包括山东地区去旅游，还可以买到一种陶做的乐器，是叫埙吧？传说这个埙谁发明的？伏羲。琴和瑟据说也是出现在那个时候。在我们正史当中都不被承认，认为就是传说，不可能。可是九千年前有骨笛，我们就反问，八千一百年前，为什么一个伟大的人物不可以创造另外一种乐器？这是很自然的嘛。骨笛如果正好是九千年的，到八千一百年已经过了九百年，就相当于我们现在看苏轼这么一个历史空间。苏轼生于1037年，到2037年我要团结1000个博士，1037个喜欢苏轼的朋友们，一共2037个人共同纪念苏大学士。将近一千年，我们会觉得好像很远了，那这九百年间，我们在苏轼的基础上，在某些器具上取得一点进步算不算正常？所以有了骨笛，我们就可以大胆地去推断，伏羲那个时候发明乐器，不可能吗？完全可能！

伏羲画卦　揭示天道

说完"火"，我们再看伏羲的贡献。哪一种版本都不否认伏羲画卦。我们说"传说"和"文献"常常是一致的，那么就认定确实是他老人家做的事情。

那画卦是什么意思？它是揭示天地阴阳——事物变化的规律，也就是"道"。阴阳变化的规律，阴阳变化的机制，这种机制不但存在于自然世界、物理世界，也存在于我们的身心世界。更重要的是，我们自己的身体依然符合这个规律，然后我们彼此之间的关系变化，也可以用它来刻画，这是令人感到最震撼的事情。

你说我现在做不到，我不相信，不需要你相信。我早就明白一件事情，我自己做不到的事情，不等于别人做不到——任何事情。打篮球转七百二十度，转三圈，然后把球扣进篮筐，对于我来说是不可能的，但是你看NBA的录像，就会发现这是真实存在的。别人可以一百米跑进十秒，甚至接近九秒，我说累死我做不到，但是有人能做到。依此类推，你做不到的事情，有很多人都能做到。包括我们这个眼睛，累近视了，瞪眼睛看远处那小字就是看不清，但是有视力特别好的，奔这儿一坐，读给你听，你看不见有人看得见。我们体检的时候，一些色盲的同学那个6和9他就是读不出来，看成了别的。我在旁边觉得挺奇怪，那么清晰的东西，他为什么就看不出来？反过来一想，你不明白的事情有人明白，这道理是一样的。

所以宋代的邵康节，举例子说，明天中午你和谁吃饭，几男几女，你坐在什么方位，他都给你推算出来。以布衣名扬天下！但是宋代的大师寿禄都短。所以我们学《易经》，从来不给人推算，偶尔自己用一下。古代的那种用法比较繁复，拿草夹在手里面一次又一次地测完之后，慢慢记录下来，这几爻之后还可以测变卦。或者用筷子也可以，拿一把筷子就开始算。现在由于印刷的进步，我用的方法比他们都简单，闭着眼睛一翻，是哪卦就是哪卦。当你不动心的时候，一翻就是。而且用它可以推算大规模的变化，比如说世运，这是可以做到的。但为什么推算完之后很少有人把它公开，就是因为"察见渊鱼者不详"。

所以对于我们讲座，两年前就有人问，你什么时候讲《易经》？第一我不能讲《易经》，水平不够；第二够了以后，也不知道能有一个什么样的传承、变化。如果有人当场问，我明天要做什么事、怎么样，你说你是告诉他还是不告诉他？说准了，麻烦了，你以后日子没法过，顾客盈门，一个学者变成算命先生了；算不准，人家会骂你，算不准你讲什么《易经》！这是一个矛盾的事情。所以明白人都不想惹麻烦，都不会说。这是我们一想就能明白的事情。就像一个真正的富人，他不会满大街地说，哥们儿兜里有钱，精神病才会这样。学问深的人看我们实际上是很可笑的，有几个钢镚儿就当富豪，读几页书就以为自己是学者，人家是不吱声而已。

所以简单地说，伏羲画卦用我们目前的语言形容，叫"解码世界的秘密"，你觉得很神秘的东西，他已经把规律给我们指出来了。这件事情是极其伟大的！用什么方式可以说呢？就是你给出定律，这是可以说的。这个定律，他算，是这个结果；你推算，也是这个结果；也就是说，符合科学的要求，在相同的条件下可以复制，会验证同一个结果。我们把它列为人类文明发展史上的重大事件。这是第二个。

女娲抟土　再造人生

第三个，我们再看，我们说这种阴阳变化的规律，不但可以应用于世界，而且可以应用于人身，使我们知道人体运作的机制。揭示到这个程度，那天人合一观就出现了。就是我们观察世界有八种现象挂在天地之间，叫八卦，那么人呢？人跟这八种现象是什么样的关系？最后得出来结论，是一个"合一"的关系。

不同时代的人会有不同时代的表达。比如说这个道理到了东汉末年，"医圣"张仲景就表达为"天布五行，以运万类；人禀五常，以有五脏"这十六个字，说的就是天人合一观。

在天地当中，自然界当中，有五种动态的功能，这是自然分布的五类属性的功能，那人呢？人也在这个运作规律中。道家修行，古代修行人有一句话，叫"跳出三界外，不在五行中"。你真有本事跳出五行吗？不受这个金木水火土这五种性质的功能的束缚吗？

以前我们介绍过，在翻译《中国经典经济学》的时候，我和鲍勤博士说过几个基本的概念，其中就包括这个"五行"。我说"五行"不能翻译成five elements，不能翻译成五种元素。因为元素周期表都已经进步到一百多了，你说中华文化伟大，然后翻译过去就是five elements，西方人会怎么看？那不是在人类文明的初期，幼儿园阶段吗？才五个？它之所以叫"行"，就表示是动态的、是变化的。

我们应用到身上就会知道，通过医圣的这个表述，我们自己所有的器官实际上就是五行的表现。观看一个人，如果你能用五行去看，就等于透过现象看了本质。我们解释过吧，眼仁儿为什么是黑的？因为表示的是肾精，中间是一汪水，这汪水如果没有土的克制，水会散的，所以黑的外面又一圈儿褐色或者说土色，克制着这个水不散；那土也得有克制的，所以褐色的外面那一圈儿呢，是天青色，代表着木，克制着土不散；那木也得有克制的……相生相克是一对儿，不是相克就不好，要达到中和的状态。过于生也不对，生太多也是泛滥，我们自然界叫生态平衡，这是很简单的道理。眼睛也是这样，金克木，所以天青色外面是一大片眼白。那眼白就可以随便了吗？也不可以。眼白之外，扒开眼皮里面是一圈红，代表着火，火克制着金。那火就没有克制的吗？由水来克制。整个这一圈儿，你就看一个人的眼球，就知道了五行、五色、五脏之间的关系。这就是中国的文化给我们揭示出来天地自然是如何以一以贯之的规律存在。

从我们现在掌握的历史传说、历史记录、历史文献、道家传承，谁把这件事情说得最为清楚，被当时的人感恩戴德一代代传下来呢？就是女娲，被称为娲皇。传说中最著名的两个词汇或者两个故事，一个"抟土造人"，一个"炼石补天"。通过我们破解上古神话，"抟土造人"实际上就是抽坎填离的过程，再造人生。

每一个普通人，当你活到四十岁的时候，多多少少你会感觉到自

119

己的体力大不如三十五岁以前，尤其是不如三十岁以前。所以今天在这里听课的，如果有不到三十岁，不到三十五岁的，那您是很幸运的，因为我们说这件事情就提醒您早一点进入中国道家的修炼传承过程，保护的是自己的生命。不要等到体力衰了，病情显示出来了，才后悔没早点进行努力。连孔子都遗憾，"加我数年，五十以学《易》，可以无大过矣。"这句话我们应该尽可能地往前推，运用到自己的身上，叫治未病、治未乱，早做打算、早做准备，这是高人的基本条件。

"炼石补天"，是修炼的炼，修炼什么？修炼五行啊，修炼五脏，修炼我们这一口气。一气化了三清，上焦、中焦、下焦，然后还有化回五脏六腑，十二官，十二经，三百六十五络，组成了我们整个身体。你把自己观明白了，进行修炼、烹炼，用吕祖的话说，"半升铛内煮山川"，让水火既济，水土合德，阴阳平衡，气血通畅，营卫通调，你就五行顺转，一辈子不闹毛病。关键是不但活得长，而且活得健康。这件事情被清晰地传递出来，对于人的生命，对于人类的文明有多大的贡献？有再生父母那么大的意义！所以叫"造人"，再造人生。

我们把这种修炼生命的方法称为道家的传承，一直传承到现在。它可以使我们每一个人明白自己身体运作的规律。外面那八卦怎么变化你可以忽略它不管，你说我就管自己，把自己管好了天下太平。可是如果不知道这个作用的规律，盲修瞎练，可能还会出问题。本来一百岁的寿命，可能五六十岁的时候就交代了。它不但让我们体会出生命的宝贵，还能够体会到生命的自由，它是不是很伟大？有没有一种文明的揭示比它更重要？

在我学习的过程中，以前也跟大家介绍过，有几次教训，都是大家熟知的。有一天网上传主持人李咏去世，五十一岁，我一想比我大五岁，人已经没了，有名，有财力，但救不了命，不能太累，所以那天不学习了，逛校园。去年十二月份，跟我同岁的、在京都大学拿完博士回来的史老师，很好的一位古文献研究方面的学者，在北大文研院做邀访学者，在访学期间去世了，跟我同岁，所以那一天我说我也不学了，放松。

再仔细想一想，无论颜回是活了三十多岁还是四十二岁，不管哪个说法，我已经超过颜回的寿命了。这是自己跟先贤比较。那身边的很多人是不是还在犯着戕害自己生命的错误呢？还是这样！会改吗？不一定。总觉得自己的明天还存在。乔布斯在斯坦福大学毕业典礼上那个讲座全世界闻名，有一句话他引用说：如果你把每一天都当作生命中最后一天，总有一天你会发现，它是真的。就是这一天真的是你生命最后一天，就是这一天一定会到来！如果真这么想的话，人的活法确实会不一样。

所以无论遇到多么重要的讲座，到了冬至，按规矩就是休息。

昨天我对"日出而作，日入而息"这八个字又有了新的领会。太阳升起来你就干活，简单地说，"日出而作"，"日入而息"，太阳落下去了，你该休息了，不要再点灯熬油，熬的是生命的油。炼石补天的方法你没掌握的话，那点儿油烧干了，就没有了，烧干了，人就死了。

所谓"炼石补天"，它是一个真实的生命过程。我可以给大家报告一点我自己的体会，因为我长时间游走在体力消耗的边缘，无论是写稿子还是讲座，包括以前熬夜，武当山那位道长说是与我相约活一百二十岁，以我现在的状态，能活八十就不错。如果再不收敛的话，那六十多也快消耗得差不多了，这是以正常的情况下来说。可是，有些时候一念对了，你就会发现口水就来了，就是所谓那个金津玉液就出现了。它真的就是那个"活"字，源头活水。讲话讲多了会口干舌燥，为什么会口干舌燥？也就是说你生命的能量已经在降低了，如果是源源不断的活水，那就是长寿的象征。这就是我把女娲炼石补天意义揭示出来，把人体的水火能量烹炼好，对人类健康的伟大意义。

厥功至伟　定义"三皇"

所以总结一下，我们说燧人氏钻木取火的划时代意义、伏羲氏画卦开天的伟大意义和女娲传授道家修炼方法的伟大意义，我认为是上古三大"科技"革命。能源利用、文明揭示或者说叫科学道理的揭示、基础道理的揭示，以及人体生理学的揭示，是文明进程当中的三个伟大的贡献。依据这三种贡献，我自己把"三皇"定义为：燧人氏、伏羲氏和女娲氏。

其中，伏羲是没有争议的，哪一个版本都带着伏羲。其他的版本就不一样了。比如说在这个中华书局出版的《史记》当中，在《史记正义》里面有一个介绍说，太史公依据《世本》和《大戴礼》把黄帝、颛顼、帝喾、唐尧、虞舜定为五帝。然后孔安国《尚书序》，皇甫谧《帝王世纪》以伏羲、神农、黄帝为三皇。就是说历史上的说法是不一样的，我们现在给出这么一个说法，是根据文献、文物和活的文明来定义——他在历史上有伟大的贡献就会被人铭记，具有这样的历史地位。

下面这些方法大家看，这是我们通过考古遗址确切出现的东西，可以得出结论，烧陶这是有火以后才会有的技术；居住条件的改善，现代说法叫建筑或材料科学；粮食仓储以及材料的加工技术，好像都没有上面燧人氏能源革命、伏羲氏文明肇始和女娲氏修炼方法这三个伟大，所以我们把燧人氏、伏羲氏和女娲氏确定为"三皇"。每个人可以按照自己掌握的文献、了解到的文物和自己修行过程当中获得的真实感受，来评判到底哪一些文明贡献可以算作你心目当中排前三名的最伟大的贡献。也就是说，我们是以功业来命名的，自然地青史留名。

这样，我们就把《古今人物表》再加上一个人的名字，就是燧人氏。他的境界可以列为九等当中的第几等呢？我认为至少可以算作上中，也就是第二等。可能在文明的程度上，他揭示的这个程度要比伏羲弱一点，但他这个伟大的贡献可以跟其他那些作为天子流传下来的名字一块儿列入《古今人物表》。

为什么这么添呢？是受了在我讲《道德经》时候的一个启示。《道德经》里面有一段经文，大家已经很熟悉了，叫"失道而后德，失德而后仁，失仁而后义，失义而后礼"。随着道德水准的层层下降，从道到世间的礼法，也就是我们现在所说的制度、规矩，必须是人为的规定，才能够束缚人的行为，约束人的想法。但是礼之后就没有了吗？跟人讲礼，这还是国家没介入的情况。都不讲礼了，有没有评理的地方？就要到法治机关对吧？就要讲法了，所以"失礼而后法"，"失法而后暴"。失法，法都不遵守，那面临的是什么？结果只能是一个"亡"。就不要谈文明文化了，已经没有了，所以这是底线。

　　所以文明以上，我们古代就是到礼为止，我们今天把礼法放在一块儿，但法更多地是有国家层面的介入。中国古代社会是礼治，就是不到法的这个程度，人自然地就会规范。如果说再往上讲仁义、讲道德，那这个社会法律仅仅是一种预备。就像对一个高尚的人，每天反省自己的思维、言行，法律对他有意义吗？不能说没意义，但基本上存在不存在好像跟他无关，因为他根本就不犯法。

　　修到圣人的境界是什么样的境界呢？就是孔子说的"七十而从心所欲不逾矩"，不但行为不犯法，连念头都不违反天理、人伦、道德，这就是修行的极端境界。就像我们说节省能量的极端行为是什么？连眼珠子都不转动，转一下眼睛也是要耗费心神和能量的，尽管微乎其微。为什么道家修炼的人会活得健康活得长？他懂得节约呀！他不但建设一个节约型的社会，他还建设一个节约型的身体，身体的运作机制是节约的。

　　我们看一下一个现代流行的英语词汇：History。History是一个正式的说法，就是指历史。它是英文两个词的合词，一个是his，一个是story，连起来就是"他的故事"。所谓历史就是讲"他的故事"，那我们现在所做的事情也就是在讲自己老祖宗的故事。所谓的故事，要是以文言的角度去看，它不是我们今天所说的文学情结，是过去真实发生的事。就像我们说故人，梅艳芳有一首很好听的歌，叫《似是故人来》，好像是老朋友来了，有朋自远方来，不亦乐乎？但故人是假的吗？故人是过去相知、相了解的真人。那么现在流行的这个说法"讲好中国故事"，实际上就可以说成是"讲好中国的历史"。我们现在的主旨想法就是这样，把我们自己的历史认认真真地讲好。

学习序言　书契号谥

如果后面的同人看不清前面的文字，现在就可以看《古今人物表》，我们看它的序言。

自书契之作，先民可得而闻者，经、传所称，唐、虞以上，帝王有号、谥。

辅佐不可得而称矣，而诸子颇言之，虽不考乎孔氏，然犹着在篇籍，归乎显善昭恶，劝诫后人，故博采焉。

孔子曰："若圣与仁，则吾岂敢？"又曰："何事于仁，必也圣乎！""未知，焉得仁？""生而知之者，上也；学而知之者，次也；困而学之，又其次也；困而不学，民斯为下矣。"又曰："中人以上，可以语上也。""唯上智与下愚不移。"

传曰：譬如尧、舜，禹、稷、契与之为善则行，鲧、讙兜欲与为恶则诛。可与为善，不可与为恶，是谓上智。桀、纣，龙逢、比干欲与之为善则诛，于莘、崇侯与之为恶则行。可与为恶，不可与为善，是谓下愚。齐桓公，管仲相之则霸，竖貂辅之则乱。可与为善，可与为恶，是谓中人。

因兹以列九等之序，究极经传，继世相次，总备古今之略要云。

"自书契之作，先民可得而闻者，经、传所称，唐、虞以上，帝王有号、谥。"这是序文的第一段。

《古今人物表》不是说只是一个表，前面还有一段非常重要的序言，班固说明了自己是依照什么样的标准来编制这个表的。

他说，自从有了"书契"这种人类的做法以后，就是自从有人可以写字、刻画符号表达意义，结束结绳记事，不是系个绳子来说明当天有一件重要的事情，而是可以书、可以刻。那个"契"加上金字旁，就是锲而不舍的锲，跟刻画的刻是同源字。就像我们说古代有刀笔吏，什么是刀笔吏？翻译成今天的对应的词汇就是笔杆子，耍笔杆子的人就是刀笔吏。因为过去要在龟甲兽骨上又烧又刻，或者是在玉石上刻。自从有了这种记录，是这样的意思。

自从有了记录，以前的那些人，就是"先民"，我们现在的人能够听闻到的，在经上记录，在传上记录，有名号留下来的，"唐、虞"就是"尧、舜"，一个是陶唐氏，一个是有虞氏，唐、虞以上，这些帝王都有"号"、有"谥"。

号，是在名以外的一种美称和敬称。我们说中国人都有名字，今天说你叫什么名字，其实就是一个名，这个以前我们讲座当中说过。然后，我就说，你可能有名，但是没有字；你有名有字，可能没有号。我现在都有，姓钟，辈分是永，名字叫圣。这是我从小出生以后父母就给取的，也不是我后来改的。字是我自己取的，就是明白了中国文化以后自己取的，叫求己。所以有些老先生知道以后他不叫我名，叫求己。这就等于是尊敬你，因为成人以后，不直呼其名。直呼其名有两种情况，一种是老师可以直呼其名，这是以示亲切，这个是允许的；再一个就是父母，可以称孩子名。古代是连皇帝都不轻易称呼属下的大臣的名字，就是无礼，不礼貌，称字，或者我们看戏看小说，叫爱卿，很肉麻的。

通常你成人以后朋友送给你一个字，这个字和你的名是意义相关的。比如说张飞，字翼德，翼是翅膀，翅膀的德行是什么？它能飞，所以张飞叫翼德。刘备，字玄德，为什么叫玄德呢？备是周备。我们引用过唐代孙真人的一段话："百行周备，虽绝药饵，足以遐年；德行不克，纵服玉液金丹，未能延寿。"就是德行周备，即使不用服药，也可延年；要是德行不备，纵服金丹，也没有用。就是缺了德，什么都不好用。那个"德"才是真正的聚宝盆，才是我们生命当中最重要的如意宝珠。

大家送给你一个字，以后就不称名，称字，这是一种尊敬。等你混到一定程度，有地位、有官爵、有名声，连字都不称，称号。说这个人在江湖上有号，号称什么什么，那就是已经混出名声来了，叫号。

我没什么名，但是取了一个号，叫本一，就是不二。有一段时间不是流行说这个人怎么这么二，反着来，不二，就是本一，就是本来，本来混元一炁。可以叫本一先生。说起来有点附庸风雅，但这也是传承。别人一听你这个名、字、号，它就有一个传承在，就能判断你读了哪些书，接受了哪些文化观念。然后通过你这些名、字、号，知道你的命、运，你喜欢什么，不喜欢什么，大致上就能判断出来。

有些名号取得非常优美，比如说关羽，字云长，一听起来就好像美极了；诸葛亮，复姓诸葛，一个亮，叫孔明，卧龙先生，一叫孔明，就感觉到这个人很有智慧。

大家不妨查查字典，请教请教老先生，自己在名字之外再取一个字，取一个号，慢慢地培养自己跟古代文化进行衔接的这样一个真实的生活状态。你等自己选择完了以后，再慢慢地去体会我们那些敬重的古人，他们字号什么意义，这是不一样的。比如说苏轼，字子瞻，后来他把自己的号变成了东坡是吧？东坡，就是贬官实在没收入，别人给他一块地，那地叫东坡，于是他就成了东坡先生，比本名好像流传更广。然后他的住址还有一段时间叫雪堂，大雪的雪……这讲起来就有意思得多了，就此打住，要不说不完。

"帝王有号"，每个帝王都有号，原来在讲尧的时候我跟大家说过，比如说，他名叫什么？放勋，大禹曰文命，这是他的名。我说那尧、舜、禹，这是什么称呼？现在明确了，都是他的号。他是什么氏呢？从出生的角度他属于哪一氏（zhī）呢？陶唐氏、有虞氏。他本身的称呼在他成为天子以后，又成为司马迁《五帝本纪》里所说的国号，相当于后世某一朝这个皇帝的年号。我们现在把伏羲一直到大禹之前的这段历史统一定义为"华朝"，那么每一个天子都会有他的名号，就是这样来的。

后面这个"谥"，是盖棺定论，这个人活了一辈子，有什么功业，有什么行为，给他一个"谥号"。这个我们就比较熟悉了，比如说隋朝的第一个皇帝叫文帝，这是评价很高的。汉武帝的爷爷是汉文帝，爸爸是汉景帝，这都是很高的评价，所以有"文景之治"；他叫作武帝，是因为有功业，北击匈奴，国力强盛，所以叫武帝。隋文帝的后面是谁接的？炀帝，你看这一个字的评价，就完蛋了。

宋朝谁发现苏轼以后特别兴奋，跟皇后说这下可为儿子找到将来的相才——就是丞相之才，可以帮着他打理好国家，不用担心了？宋仁宗。宋仁宗出世是有故事的，是大人物降生到人间，反正是民间传说很多。然后跟着他而来的一大批文武将才。看《宋史》，那些在历史的江湖上有号的人，一大批都是跟着仁宗来的。在仁宗之后很少有一个皇帝能够像他那样获得如此高的评价。

我们有些时候会形容说这人怎么神叨叨的，你看，就有个宋神宗。这一个字的评价在古代就是春秋的精神，就给你定义了。我们今天其实也可以是这样，盖棺定论，不到盖棺的时候不能定论。

所以，要重视一下自己的称呼，有名、有字、有号，更尊敬的呢，就称你的书斋名，连号都不称。书斋叫什么名？喜欢竹子，你给自己的书斋起名叫"竹斋"，那人家就说"竹斋先生"；你说我家门前两棵松树，我这个书房就叫"松斋"，那就叫"松斋先生"；梅妻鹤子，就喜欢梅花，我这书房就叫"梅轩"，轩辕的轩，人家就可能称呼你"梅轩先生"；这是非常尊敬的称呼。我们有些时候读一些"经史子集"，那个"子"是某一个重要学者的文集，有听说过《五柳先生集》吗？他家住那个地方可能有五棵柳树。

像我们黑石礁，有一个小饭馆叫"三棵树"。我读硕士的时候有一天半夜累了，给当时三个学生打电话，因为他们告诉我，你写累了可以找我们。我确实饿了，想去吃点东西。上哪儿去吃？新疆大盘鸡？我说不喜欢吃。他们说那去"三棵树"，我说"三棵树"是什么东西？三个学生给我一通嘲笑，你是不是东财的？"三棵树"不知道！

这就是以周围的标志性的风物起名。这个传统很久远。包括我们的"邻居"，把它发扬光大。居住在山口，然后"山口"就为姓了，后世有一个女士出了大名，叫山口百惠；家住在一个山脚下，上面有竹子，就叫"竹下"；上面有松树——"松下"。这就是你居住的地方概括出一个特征，就成了姓了，这都是带有远古特征的。

给大家介绍一下我自己的书房，可能看"国学大讲堂"的人早就知道，叫"井外天书屋"。为什么叫"井外天"？因为我是个农村人，没见过啥世面，好像井底之蛙，要警告自己、提醒自己，外面天大着呢，人外有人，山外有山，天外有天。所以别人一听"井外天"，大概就知道这个人是想警示自己不要做井底之蛙，多向高人学习，会有这个意思。也许我努力的时间长了，将来我的文集会被编辑成《井外天先生集》，就像《五柳先生集》一样。作传，类似《五柳先生传》，那就是《井外天先生传》，就不称名了。

当然，如果是公务员的话，那有可能就称呼你的官名。像杜甫，好不容易做了一个工部员外郎，就叫《杜工部集》。这就是文化，这就是敬称，你直接说"杜甫诗集"，这在古代是不礼貌的说法，但今天已经都习以为常了。我们今天看到的什么《李白诗选》《杜甫诗集》《苏东坡诗词选》都是直呼其大名。

帝王留名　子言为依

"辅佐不可得而称矣"，前面说的是帝王有号谥，留下名来，但是辅佐他们的人不知道了。这是很正常的现象，我们说，假如说中学百年校庆，对于一些老教师而言，他们通常会记得某一届的代表。比如说1990年，我刚上高中，我们高中那个第一名叫沈亮，考入了北京大学。那儿很多老师谈话，这是我亲耳听过，沈亮他们那一届怎么怎么样，对不对？连第二名都不记得了，一提就是沈亮那一届。所以，为什么我们史书上叫"本纪"，就是以皇帝那个名来作"纪"，他就代表着这个天下，最高，他是元首，一个时代，从古到今都是这个现象。

"而诸子颇言之"，虽然说"不可得而称矣"，这些后世的诸子对这些辅佐帝王的人还是颇有言之的情况，还是在说。

这些天子的名号"虽不考乎孔氏"，就是虽然孔子好像没有对他们进行过精详的考证。孔子做的就是整理《尚书》，是从《尧典》开始，尧以前没提，他说的是这个意思。

"然犹着在篇籍"，就是还是把天子的名称记录下来，有这个

《古今人物表》，大家现在就可以看。

"归乎显善昭恶"，这就是他做这个表的文化含义，"显善昭恶"。通常我们现在受到的教育，就是别人好的事情你可以给他发扬光大，做得不好的事情不要说。这是很多现在尤其是所谓有老师教的，就是不要谈论别人的恶，因为谈论他的恶就等于是在你心里过一遍，就会被污染一次。但史家当时是说"显善昭恶"，一方面好的要表扬，另一方面恶的要惩罚。

"劝诫后人，故博采焉"，这是他解释我为什么要干这件事情，经传上没有的东西，只留下一个帝王的名号，为什么还要排。

下面，因为孔子具有重要的文化地位，一连串地引用了孔子的原话。

"孔子曰：'若圣与仁，则吾岂敢？'"因为我们在这个课堂上花了几年的时间讲过《论语》，所以我们不详解。这句话出自《述而第七》。谈到圣人的境界还有这个仁的境界，孔子是自谦的，"吾岂敢"。我们现在通常客套"请您指教"，客气的一方"岂敢，岂敢"。现在这种说法还在用。不过，我自己体会很大程度上流于形式。上海复旦大学一位老先生，给我发文章很客气地说"请您指教"，人家都八十多岁了，本科是中科大的，那我只能是回答"岂敢岂敢！我先学习"。这种话、这种表达到现在依然活着。

"又曰'何事于仁，必也圣乎'！"这是《雍也第六》里面的话。能够以仁的境界标准来做事的，只有圣人是这样的要求、这样的标准。否则的话没有那么严格，就会放松自己的标准做事。

第三句，"未知，焉得仁？"大家注意看，这三句话里都有这个字——"仁"。弟子们问老师什么是"仁"，每个弟子得到的答案都不一样。

在《季氏》里面孔子说："生而知之者，上也；学而知之者，次也；困而学之，又其次也；困而不学，民斯为下矣。"

"生而知之者"，这个人像天生的，什么都知道，八岁就悟道，"生而知之者，为上"。"学而知之者"次一等，已经不错了，学就能学明白，现在已经算是比较罕见的了，有些人学一辈子也不明白那个根本道理，怎么讲，讲不通。我遇到过这种现象，好像还不在少数，你以为已经讲得很清楚了，再一问，从根儿上就没听明白。我们就得反思，是不是我们根本就没说清楚。第三个就是"困而学之，又其次也"。他不是自己主动去学，遇到困境困难了，没办法了，逼着上路，困而学之，又其次也。

我们现在好多学生被弄得对学习失去兴趣，说本来一家其乐融融，一到辅导孩子作业，先是女子单打，后来是男女双打，可怜孩子。

前天我又看一个视频，现在这个视频的推送我也不知道什么规律，一开机，手机上新闻下面第三条还是第四条就是视频。看一眼是什么呢？好像是这个孩子在网吧里面打游戏，被父母抓到了，真是男女双打，父亲为主，打得那个孩子哀号。然后底下就有文字飘过来，有一句话是说，听这个孩子的声音就知道这个孩子已经废了。我想这是有道理的，这个孩子不是一个轻易就能够学进去或者上路的孩子。通过人的声音是能够判断出很多情况的。修为好的人的声音，你能够听出就是五脏六腑进入中道的状态出现的一种声音，是很动人、很好听的，不能太尖、不能太破、不能沙哑。所以有好的声音，现在说叫老天爷赏饭，比如说能唱歌或者是能做主持人，总而言之是很有魅力，人们也愿意听他讲的东西，这个是修为的结果，大部分人都是天生的。

再下一等"困而不学"，已经很艰难了还不肯学习这个道理，"民斯为下矣"。

不瞒大家说，作为一个研究中国传统经济学的，我这半年一直在调查我们的经济状况，尤其是东北和江浙、广深，就是跟长三角、珠三角的对比，现在又多了成渝经济圈和华中地带。我的结论，我们现在东北地区这个经济复苏不是很乐观。我提交的报告名字有点儿学术的味道，我认为就是要"培育市场经济意识"，就是他脑子里没有市场经济意识，这是学术的语言，翻译成大众的语言就是，他脑子里根本就不知道……后面的大家意会就可以了，因为我还在东北生活着。

我最难过的就是看到网上的视频，一个吉林人到大连来旅游，走之前买海鲜，就在我们这大菜市买龙虾，眼睛看着活蹦乱跳的龙虾装箱运回去，回到家里，是臭的，是死的，是变了颜色的，气得那哥们儿宁可花高铁票也回来理论。这种手法看似聪明，实际上是毁了自己一世的财运！跟他说"人在做，天在看"，这种道理，他不懂。

我越来越敬畏"天人合一"这四个字。你说没人知道，我告诉你天人合一，你心里想了，天就知道，因为天人是合一的。你承认也好，不承认也好，你心里只要有这个念头就"上网"了。这个意念只有现代物理学才给我们揭示清楚，你这个念头一产生出来，瞬间就遍满空间，你自己不知道，还以为就是在自己的脑袋里面，不对！那个量子感应就是当你的意念一波动，瞬间在这个宇宙当中就存在。你说怎么传递的？不知道，自然地就存在。什么人都能够捕捉到？就像我们捕捉这个空间的电信号一样，拿一个合格的电子产品，收音机、电视机一调台，直接就收到。大家想这是奇怪的吗？不奇怪。我们现在这个时代理解电子信号是很正常的，就在我们这个空间，有无数个频道的信号，这个信号里有声光电色，各种各样的情节，各种各样的人在展示着，不对吗？这我不是说胡话呀，现在就存在着。为什么你不知道？因为我们现在不想知道，不需要知道。需要知道的话，我们现在就有这种能力和设备，凭空就能接到信号，就能解读。它怎么传递的？你说就是无线电，这是科学。但是在古代有个人打坐，坐在那儿就能知道。你说胡扯，我今天可不敢说这句话，他不是胡扯，只要静下心来，静下心来是能够做到的。

人体的生命本身就是一个发射器和接收器，然后古老的修炼方法就能帮助你进入一个不可思议的状态，人这个信息是可以解读的。你在和比自己修行境界高的人相处的时候，你心里的活动他是知道的。

灵感怎么来的？后来看南先生解释说，一阳来复，是子时；二阳来复，丑时；三点钟的时候，就是进入寅时，是三阳开泰的时间，你该睁眼睛了，这阳气到一定程度眼睛自然打开，您就醒了，这是阳从阴里面出来，又活了。睡觉是阳要入阴，就是我们这个精神要和这个阴的属性能量合二为一，一合上去，睡着了。

有些人说总是后半夜失眠，我们会问几点失眠，说一点到三点，那你肝出了问题。一到那个时候就醒，那我们会接着问，你最近这半年或一年肝区有疼痛吗？要是有的话建议您早点检查，可能肝上长东西了。因为一到肝经值班的时候，阳入阴入不进去，自然你就醒了，这是阴阳的机制。

不小心又说多了，还是说这个"困而不学"，要学，学才能明白，学完之后你才能知道问题出现在什么地方。您糊弄别人，其实就是糊弄自己。我一再地解释中国经典经济学，无论您承不承认，它是通行天下的，从古到今，从东方到西方，都好用。

举个例子，2008年经济危机之后，德国两百多个世界驰名商标的企业，营业的利润几乎没怎么下滑，甚至有增长。为什么？不可替代。产品质量好、声誉好。消费者减少消费，其他的可以不要了，但是德国的产品还是行销世界，因为质量好。

再举个例子，日本的小寿司店，你要想吃，得提前一年预定。现在预定，得明年这个时候你才能吃得上，当然价格是很贵的。可是从来不因为生意好，就降低标准多作出一份，这就是精益求精的精神，我们现在就缺乏这种精神！

刚才提到"山泉声"那个杯子，很多人都特别喜欢，那我不能独享，就跟朋友商量，能不能多做一点，作为我们中心和国学大讲堂的一个礼品。多做的话，制作可能难一点，但还是能够满足一部分人。我说做咱就做好，再做一个精美的包装。这个设计者就是以前我给大家介绍过的徐嘉璐硕士：我给她写了"万福源于自控"，她很勤奋，仅用三个月的时间就考上了华南理工大学研究生，现在已经是华南理工大学的老师了。我请她设计的包装，设计稿已经出来了，我觉得很漂亮。做个盒子，然后再装上一个大家喜欢的杯子，这是一个很好的精益求精的例子。我们要做就要让人感觉到舒服，不糊弄，一拿起个东西就极其粗糙，这就没意思了。

"又曰：'中人之上，可以语上也。'"孔子说了，你要先判断对方，然后再说话。所以孔子是有因材施教的资格和能力的，很多人做不到这一点，对牛弹琴——其实有些人不如牛。

"唯上智与下愚不移。"这是《阳货》篇里面的。最上的和最下的这些人很不容易改动。"上智"是目标坚定，看透了世间幻象，明白——用我们当前的话来说——叫"保持战略定力"。用十年、二十年、三十年的时间，就像我现在的想法——用三十年的时间，我可以把中国经典经济学推向全世界（掌声）。三十年之后，我七十七了，比我老师还年轻十岁。如果有幸的话，再努力十年，那就可以看到它的成果。

"下愚"就是不进盐晶儿（东北话，形容人倔强，不听劝），你怎么说，他就坚持他那个想法——如果这个"下愚"利用好了，也可以出上上的成果。

例说上智　神奇出生

下面这个比较重要，"《传》曰"——这就是我以前跟大家说的，从前的古文是没有标点符号的——这个传（chuán）说的"传"字在这里面读zhuàn，就是"《传》上说"的意思，也就是历史书上说的意思。

"譬如尧舜"，也就是圣王，这些人是什么样的品质呢？像"禹、稷、契"这些人，"与之为善则行"，这些大臣辅佐他，跟他一起做善事，就行得通。"鲧、驩兜"这些被列为反面、反派了，"欲与为恶则诛"。这些圣王是一个什么样的状态呢？你跟他做好事可以，你要想为恶，那就是死路一条，就会被他杀掉，这是上智上等。"可与为善，不可与为恶，是谓上智。"就是只能做善事，你在他的任上治下，不可以为恶，这就是属于上一等。

我这是特别强调，"《传（zhuàn）》曰"不能当成"传（chuán）说"。

然后我们解释一下"后稷"——以前的讲座中说过这个人——他

的名字就是弃儿的弃。他的母亲生了他以后，把他扔掉，但是扔到水里面他不沉，扔到路上牛马不踩，就像是天生有神命一样。这个母亲是炎帝的后人，姜姓，封到"邰"，所以他们就叫作"有邰氏"。那有熊氏是不是那个地方就叫作"熊"，所以叫有熊氏？封到夏就叫有夏氏？这好像是一个规律，封到虞地，就是有虞氏。

有邰氏是帝喾的正妃，履巨人迹生子，同华胥生伏羲是一样的。也就是这个后稷是怎么出生的呢？是他妈妈有邰氏看到一个大脚印，好奇踩了一下，感而有孕。是不是和伏羲氏的出生是一样的？华胥氏那个姑娘到雷泽去玩，看到巨人迹，大脚印，踩了一下，感而有孕。所以我们把它当作神话是吧？

再看下一个例子"契"，他母亲叫简狄，是有娀氏，是帝喾的次妃——夏商这两代的先祖，全都是帝喾的后代——她沐浴，有黑色的鸟堕其卵，吞之，生了这个孩子。这是很奇怪的，一个鸟蛋落下来，吞下去，就有孕了。孩子长大以后，辅佐大禹治水有功，舜帝命他为"司徒"，这是很大的官员，三公之一。"徒"就是指学生，"司徒"是管后代教育的。把他封到商，赐子姓，就是孔子的远祖，这大家有印象吧？我们讲《论语》的时候说过。盘庚迁殷以后，商朝又称殷商，是有这个历史，以前叫商。

大家看一下，为什么这些人的出生都不"正常"？用我们现在的话说，都不可理解是吧？而我们这一次讲座是基于文物的，是真实的人类生存，在这个文化遗迹上可以看到用火，看到制陶，看到大量的仓储，然后我们能够种粟，有水稻，有小米，这就是人类生活。而这些神话一样的出生方式是怎么回事？所以中国的上古史就不被相信，写出来也不被相信。

　　然后我就突然想到了那个三太子（哪吒）。大家都知道，他是怎么出生的？他妈妈生出来是个肉球，对吧？他爸爸是陈塘关的总兵李靖，一剑把这个肉球给剖开了，他蹦出来了。这是小说上写的，我们看小说，觉得这很正常。但是，有一天——这是我真实的感受——我看这个《虚云和尚全集》——南怀瑾先生题写的，是中州古籍出版社第六册的第三页——我自己大为惊骇！惊骇什么呢？

　　大家看："和尚字德清，号虚云，原籍湖南衡州，父某某，母某氏。其父于前清同治年间，以武功任福建永春协。年老无子，夫妻求嗣于永春观音亭观世音菩萨，亭僧漫语之，曰：'苟宰官倡修某某桥，即可得嗣。'从之，桥成，其母果有孕。及期，生下血胞一团。母惊悸而亡。父以为不祥物，置之床下，已三日矣。游走江湖者，过其门，父举以询。曰：'此吉祥之物也。非菩萨应世，即世间大人物。'父命为剖之，强而后可，则依然男也。父乃命其庶母养之。口不茹荤，少即吃素。"

　　能不能看清楚？大意是说他的父亲叫什么，他的母亲叫什么，是干什么的，都是福建的，原籍是湖南。年老无子，然后就去求子，于永春观音亭求菩萨，这在当时是很正常的。有个"亭僧漫语之"，就好像是有一搭没一搭随便就说那么一句，说你是当官的，如果你把这个桥修了，你就能得个儿子。他父亲听话，就把这个桥给修了，然后他的母亲真的就怀孕了。怀胎十月，生下血胞一团，就是跟哪吒的出生是一样的，生下个肉球，他母亲惊悸而亡。好不容易怀孕了，要给萧家（因为他俗家姓萧）留下一个后人，结果生出一个"怪蛋"，惊悸而亡，母亲就去世了。他父亲以为是不祥之物，置之床下三天，"有走江湖者过其门"，他父亲拿着这个"肉蛋"就询问，然后人家告诉他，"此吉祥之物也"，如果不是菩萨应世，将来就会成为世间的大人物，就是不出家也一定是世间的高官。父命人剖之，是个男孩，就出生了。然后由他的姨母也就是庶母养之。"口不茹荤，少即吃素。"

这是虚云大师出生的情况。我最惊骇的就是，这不跟三太子一个生法吗？《封神演义》里面记录的可能是真实发生的。

然后我们再看另外一段，这个说得比较清楚。

"虚公名古岩，字德清，后改号虚云，湖南湘乡萧氏子。父玉堂，知福建泉州府。母颜氏，年逾四十，无子，祷观音大士得孕。父母同梦一长须者，青袍，顶观音，跨虎而来，跃上卧榻。父母惊醒，闻异香满室，遂诞公。公初坠地，为一肉团，母夫人大骇且恸，以为今后无复望举子矣，遂气壅而死。越日，有卖药翁来，剖团得男。庶母王氏为育之。"

说他名叫古岩，字德清，后改号虚云。我刚说完名、字、号，虚云大师这全都有。原来我们称呼虚云，您以为是称呼他的名吗？不是。字吗？也不是。它是号，虚云大师这是号——根本就不称他的名字，这是尊重他。湖南湘乡人氏，跟曾国藩同乡。父亲叫玉堂，母亲是颜氏，这个让我们很感动，因为是颜子的后代。"年逾四十，无子"，上一页叫"年老无子"，到四十无子。"祷观音大士得孕"，也是向观音求子。虽然叙述有文字上的不同，但故事情节大致上是一样的。"父母同梦一长须者"，父母做了一个梦，一个长着长胡子的人，穿着青袍，头顶上有观音像，骑着虎而来，"跃上卧榻"，就惊醒了。随后"闻异香满室，遂诞公"，他就出生了。

"公初坠地，为一肉团"，这是一样的，就是不同的人记录是一样的。"母夫人大骇且恸"，就是受惊吓，真是郁闷而死，"以为今后无复望举子矣"。你想在那个时候，正常情况下我记得好像是二十多岁女子要是不生育的话都已经很晚了——清朝末年的时候十多岁就生孩子。

"遂气壅而死"，真的就是亡了。"越日，有卖药翁来"，这不是江湖人士，这个说得详细一些，是卖药的，"剖团得男"，剖开以后，得一个男孩，庶母是王氏，姓王。

这个文章录自中国社会科学院馆藏本《虚云老和尚事迹纪略》，原书扉页有朱守拙的题字。也就是说，这个事并不是胡掰，是有不同的人记录，然后又被多个人认证，保存在中国社会科学院里面的一个馆藏本里面。

什么意思呢？神话未必是神话。我们觉着是神话，在当时可能就是真实的情况，别轻易地一棍子打死，说这是胡诌八扯。看了这个确实让我特别地惊讶，就是他的出生为什么是那样？后来我又看到一篇文章说——这是佛学的书籍说的——说八地以上的修行人出生是这个方式，就是不被沾染，不沾染母亲之血，所以完整地包在一个肉团当中。这是给大家介绍一下，因为涉及上古这些我们的祖先出生不正常，一棍子打死，说这都是胡编、胡说、胡扯，那恐怕是也不对。就举虚云大师的这个例子给大家一个提醒，未必不是真事！可能记录上细节有差异，有可能是真的。就看将来再出土的文献，再出土的文物和我们活的传承上，又有其他的传承人怎么说。

说完尧舜禹，再看反面的恶人，夏桀和商纣，龙逢和比干这些人要与之为善，就被杀掉。于莘、崇侯这些邪臣想要跟他作恶，则行。是不是两个极端？一个是上智，一个是下愚，他把两个极端说清楚了。

然后再说"中人"，什么是"中人"呢？像齐桓公这样的就是中人。这都是典型的案例。管仲给他做相，他就能够称霸诸侯。这个侍人竖貂，就是我们说的宦官，"辅之则乱"，就不得好死。可以为善，也可以为恶，就是"中人"。我们现在好多这样的人啊，你本来给他教得好好的，明白了？明白了。回去做。过两天，哎呀，我又去学习了，又跟着别人跑了。

"因兹以列九等之序，究极经传，继世相次，总备古今之略要云。"把上智、下愚和中人都举个例子，让大家明白，然后每个档次里面再分三等，划分为九等。

我这里再提醒大家一下，不要瞧不起人，这些人如果专一的话，很可能有上上的成就。

"文化"源头　伏羲贡献

大家再看，我们分析了序言就知道，从伏羲画卦绵延到今天，不是传说。虽然被当作传说，但它应该是真实的历史。

我前两讲曾经给大家展示过这个《古今人物表》，现在我们是学习它。

从伏羲、女娲、共工、容成、大廷（这个"大廷"我现在也考虑他是不是读"太"。因为这个"大"在古代实际上——就像文王的母亲——我们说太姜、太妊、太姒，你看到的字都是"大姜、大妊、大姒"）、柏黄、中央、粟陆、骊连、赫胥、尊卢、沌混、昊英、有巢、朱襄、葛天、阴康、亡怀、东扈到帝鸿。有的说帝鸿氏就是黄帝，也就是轩辕氏。如果帝鸿氏是黄帝的话，那么神农这又接续不上了，因为神农被列在帝鸿氏之后，所以我还是相信班固的这个说法。

成熟的国家管理制度起源何时呢？从国家起源的角度上来看，虽然《尚书》从尧开始，我们能看到天子巡视的制度，看到诸侯述职的制度，以及在述职的时候验符瑞，验明真身，而且有礼仪，这个已经非常成熟了。

再从文字角度上来看，文字的创设起源于何时呢？其实燧人氏的时候，就有了创设文字的说法，也就是一万年前，创文字这种活动就已经开始了。到伏羲画卦，说是书契的开始，这都有说法。而真正大规模地造字，是黄帝的时候，有仓颉造字。到秦始皇统一文字，以至于我们今天字体的演变，这是一个长达万年的历史过程。

伏羲的贡献主要有这么几个方面：

第一，画八卦，这是公认的贡献，没有争议。

第二，创文字。有些人认为这个不像甲骨文那样没有争议，但我们断定他结束结绳记事，创立文字，这完全有可能。因为如果燧人氏那个时候就已经创陶文，那么两千年之后还没有发展吗？应该是有一个正常的发展才对。

第三，结渔网，教大家渔猎。

第四，创乐器，琴瑟和鸣，且有陶埙。我认为九千年前有那么精妙的七音阶骨笛，可以演奏现代音乐，那么过九百年乃至一千年，伏羲能够用陶制作出乐器，发明琴瑟，是有可能的，不一定就是误传。

第五，定都城在陈。他已经是天子，开始管理天下，封地任官，而且封禅了泰山。我们找不到当时的陶片或者是什么化石，如果将来有出土的文字，哪怕是一个文字，慢慢考证，能够证明这件事情，那都是伟大的突破。

第六，最关键的是，制嫁娶。他制定了男女对偶，反对近亲的制度。所以我就特别怀疑传说中的所谓他和女娲近亲结婚，我特别怀疑这个事情，但没有否认的确切证据。

第七，始姓氏。他通过姓氏，就是男女对偶，反对近亲，他制作这个姓氏，就是让大家区别你是不是近亲，用这个姓来区分。以养的动植物为姓，你养熊就叫有熊，养虎就叫虎；以居所为姓，什么松、竹都可以；然后以官职为姓，司马、司徒……

第八，龙图腾。我们揭示过，实际上就是《易经》的内涵，天地气交为龙。我们都是天地气交、天地氤氲、男女构精、万物化醇的产物，每个人都是这样。这个话出自《易传》。《易传》传说是孔子及其弟子所著，也就是说，我们的圣人解释《易经》的内涵就包括了天地气交。龙的传人是一个什么样的物理过程，这已经告诉我们了——天地气交曰龙，人生立命之根。人秉天地正气而生，这就是《坎卦》《离卦》所以为人生立命之根。这段文字多次给大家展示过，所以不必详细解释了。坎中的真阳就是龙，我们就是由那个阳气生发出来的，用现代的观念也解释得通。

所以我认为那种所谓取各个动物组合成"龙图腾"可能是误传，就是产生神话以后，以讹传讹，把神话传得越来越像传说。我们今天把这些传说的迷雾拨开，恢复成故事的本来面目，找到可资相信的历史。

有了前期的这些基础，就是大规模的农业、粮食仓储，实际上已经摆脱了以前所谓的"血缘群婚"的原始状态。有了这些制度，应该是一个成熟的文明社会，否则的话不会有如此大规模的仓储。

女娲的贡献总结成四条：教导人修炼自身、节制过分的欲望、慈悲对人以及母仪天下——对人类有巨大的贡献。实际上就是我们反复给大家揭示的，起真水上交于心，降心火下交于肾。它代代传承，一直传承到今天。

中国古代就有天人合一的传统，前一句说世间事，下一句就是身体；前一句说身体，下一句就是世间经济。无论是《易经》还是《黄帝内经》都有这样的一个表述。那么到了庄子就更加明显，把这个修行的过程写成了《逍遥游》，把两精相抟的过程解释成鲲化为鹏，由北方向南方飞的过程。就是让大家修炼，说来说去就是让你修炼。

我之所以能够突破这一点，找到解读神话的突破口，就是因为去华山看到吕祖这句话——"一饮刀圭五彩生"，女娲炼"五色石"，再读"火神派"祖师的书，读"医圣"张仲景的书，逐渐地就理解了古代神话传说里面到底是什么意思。

另外，洪水到底指什么？洪水未必指外面那个洪水，我们自己本身那个无可抑制的欲望，在古代的书中常常就被说为洪水。而且道家的一些书上经常说，这个水就是指自己身体"淫欲"之水的那个水，不是外面那个水。

修行人遏制这个水是什么意思？甚至《在〈诗经〉中修行》那本书里面，一个修道的人士明确地说，所谓大禹治水指的就是人体肾精元气那个水，不是外面的水。所以多看书就会多给我们一些文化上的提示，更深刻地理解天人合一观。

我们今年的讲座就到此打住，大家好好地涵养自己的身心，体会抽坎填离的过程，体会女娲的慈悲心，把文化化入身心才是文化人。

感谢大家！下一讲再见。

（五）

辛丑年元月十六　2021年2月27日

　　导语：本讲主要分析《汉书·古今人物表》中天子名号的意义以及名号背后的文字创设、文化传承和文明体系。通过作者的分析讲解，这些天子名号不再是一个个简单陌生的名字，而是变得生动而亲切，跟我们今天有着千丝万缕的联系；一些古国的名称也不再遥远，因为流传至今已经变成我们的姓氏，我们的存在就是他们的延续，中华民族的历史绝不是虚无的！

创新要点　简单回顾

今天正月十六，是我们牛年的第一讲。我们好不容易熬过了去年的庚子年。

讲之前有个事要跟大家说明，我们是学习中国的传统文明的核心经典，至少我从老师那里获得的一个认识就是：如果你犯过的所谓错误，当场有人跟你计较一下，那以后不会再变本加厉；如果没有人跟你计较，那它就存在于这个时空，在你以后的人生中它早晚会找上你，积累得多了会产生严重的后果。所以，有人提意见，那今后我就不管了，所谓自己做，自己负责。比如说讲座中手机又响了什么的，以后我就不管了，你自己的情况自己负责。大家可能也听过古代的一个故事：一个退休的高官，大概是像参知政事、副丞相一样，回到老家，碰到一个年轻人当面顶撞冒犯，大人大量地不计较，后来年轻人犯了死罪，就被砍头了。这老人家反省自己说，不如我当时跟他计较一下，让他知道不能随便地就违反什么纲常啊、法律啊，他有敬畏之心，就能收敛，收敛以后就有可能好好做人，这样至少不至于被砍头，没有了改过的机会。我要说明的就是这个意思。

所以修到一定程度，你会发现，生活当中，别人对你好，好不好呢？当然好，等于是明须良朋提醒，说明你做得对，有人赞叹。别人对你不好，那也好，为什么？消业障。这就是中国传统文化里面的一个基本的常识，所以两方面都要感恩。学到后来呢，那其实内心里面好也不着，坏也不着，这样大家都相安无事，就进入中道，就是恰好是那个状态。

下面我们开始学习《五帝本纪通解》的第五讲。我们这个讲法跟照本宣科、逐字解读的那种有点不同，是上达中华文明史起源的探索。前面四讲已经跟大家分享了一些观点，我们简要地温故一下。如果没有跟我们一起学习的同人，有些概念听来可能会觉得奇怪，所以再简要地说明一下。

第一，就是我们根据史书记录的规范，第一次提出我们历史当中"华朝"的概念。就是夏朝之前到底怎么称呼，不知道，然后我们经过考古文献两重的论证，再根据我们史书记录的一些待遇礼仪得出这样一个便于阐述的概念叫"华朝"。如果连起来的话，它和夏朝在一块儿就可以代表"华夏"，这个"华"不再是形容词，代表的是一个历史阶段。它也不是空穴来风，它可以简称为华胥族的一个概念。就是从伏羲画卦开始作为华夏文明的起始，那我们就可以当作华朝的开始，因为伏羲的妈妈是华胥族的。

第二，从此我们要破除华夏文明中关于神话和神话传说的迷雾。我们自己不要再跟着人讲，一提尧舜禹就是传说中的人物，不是这样的。他们是什么呢？是我们自己的祖先！

日本人、外国学者，他这样讲，他爱怎么讲怎么讲。就像我举例说明，我们在座的每一个人，无论你多么长寿，你肯定没见过自己的高祖。但如果有人突然跳出来据此说你没见过你的高祖，所以你高祖不存在，你高祖不是人，你会不会揍他？你会不会骂他？会不会跟他理论？他们这么做实际上是一种很失礼的说法！不要打着什么历史学术研究的名义，诋毁中华文明的源起。因为这个世界上，只有中华文明现在还活着，是连续传承的文明，他们理解不了这一点，甚至是羡慕嫉妒恨，那我们就不管了，我们自己要把自己民族的历史保护好。

如果能有家谱的恢复，那当然更好。现在我们在一些阿姨的帮助下，也看到孔子的家谱。从孔子两千五百年以前一直到现在将近八十代了，有说七十七的、七十八的，我觉得小孩子那一代应该有八十代，这就是一个连续着的传承。

今天我们主要还是往前推，就是通过天子名号再往前推，推到伏羲，他的名字有什么意义。

据说王国维先生1925年在清华有一个演讲中就提到过，即使是神话传说里面也有"史实素地"。我也举例子讲，我们爷爷讲述他们爷爷的经历，就是我们高祖的那些事，能说全都是传说吗？能说完全不可信吗？不能啊！我的爷爷跟我讲他的父亲、他的爷爷的一些经历，残存在我脑子当中的，那就是我们钟家的史实啊！尽管我叙述不清楚那是哪一年哪一月，但是有某一个事情，如果别人问起的话，那我确实能够说就真实地发生过。比如说我爷爷的父亲水性很好，在当地可以下水多长时间不出来，这是从小讲的，那我就知道他确实有这样的一个本领或者是习性，这不是传说。每个人应该都有类似的经历，就是自己家族当中传承的一些事情。学习《五帝本纪》，我们看太史公最后的发言，也会看到司马迁通过田野调查发现，在一些老人家、长老那里得到的一些口头转述的历史传说，其实常常是和文献当中讲的是一致的。

第三，我们提出中国宏观上古史和中国微观上古史的学科概念。提出这样的两个学科可能会改变中国人研究自己历史的面貌，就不再是完全依照西方的传统，尤其是西方中心论的一些观点来看待自己的研究、自己民族的历史。

我们现在主要进行的是中国宏观上古史的研究。微观史的研究，比如说，一个鼎、一个竹简它到底是怎么来的、怎么产生的、什么内容，那就是属于微观，就是一个专题，甚至可以搞一辈子，那就是微观上古史。我们现在还没有那样的条件，或者是所获得的机缘能够就某一个阶段、某一个器皿、某一个人物进行微观的、细致的、深入的研究，现在只是打一个框架出来。

第四，依据对人类贡献的标准，确定我们自己所说的"三皇"。实际上这个事情就是我们自己所说的，当你的研究思路、研究方法改变的时候，我们就可以得出一个跟以前不同的结论。

我们这一次讲座跟以前不一样的就是根据瓦片——就是中国人烧的那个陶片的出土时间，推到一万零五百年前，得出燧人氏一定在这之前，因为要用火嘛，这是常识，然后可以很直观地推断出燧人氏是在一万零五百年以前。那么即使是一万零五百年那个时候的燧人氏也比伏羲要早了两千四百年，也很古了，几乎相当于我们现在看孔子。

第五，经过这样的叙述和研究，我们发现，所谓的《易经》传统，也就是儒家传统和道家修行的传统，包括女娲传给后世的炼五彩石的传说，通过修炼五脏重新改变我们的精神面貌、再造人生，叫"抟土造人"。这就是道家的修行传统和医家的传统——也就是《黄帝内经》的传统，其实就是一个。中华文化源头看上去好像是百家争鸣，万紫千红，其实就是一个传统，一个核心。

天子名号　首解伏羲

本讲的主要内容是接着第四讲。第四讲主要是跟大家解释了《古今人物表》的序言，班固把为什么、根据什么样的标准把秦以前一直到伏羲主要的历史人物划分成三六九等，做了一个简要的解释。如果能回忆起来的同人应该知道里面引用了孔子多处的观点，换句话说，虽然《汉书》和司马迁写的《史记》在待遇上有所不同，《汉书》是汉朝中央政府承认公布流传的，但是实际上两个人秉持的史学观点的核心依然来自孔子的学说、孔子的观念甚至孔子的标准。

根据这些天子的名号，我们解读一下，在当时那么古老的情况下，有这样的名字是不是说那个时候我们的文字创设已经走向成熟，已经有了一个比较明确的文化传承——我们的文明体系形成的时间是比较早的。

在这个叙述过程当中，大家自然地就会感受到有一些古国的名称不再是离我们很遥远，而是觉得很生动、很亲切。甚至某一些在现场或者将来看到视频、听到音频的同人，因为你自己的姓和其中某一个古国的国名相同，你就会知道原来自己就是从那个远古流传下来一直到现在的，你是活生生的存在，印证着那段历史不是虚无的，我在，我的祖先就在，那个感受就会不同。比如说如果有姓这个扈三娘的扈，有姓诸葛亮的那个葛，现在单姓的就叫葛，有姓粟裕的粟，有姓季羡林的季，有姓大连的连，都是古国的名称。怎么来的？我们下面就开始叙述。

首先，还是看伏羲。关于伏羲氏，我们现在至少能够看到四种写法，那个宝盖加上一个必需的"必"，它是个多音字，做姓的时候一定要读成fú，所以也有写成这个"宓羲氏"的。我查《王力古汉语字典》对这个"羲"字的解释，说它是一个人名的略称，那就是指伏羲，也就是伏羲单拿一个字就是"羲"，就指他老人家。然后再找这个《说文解字》——这是一部很伟大的著作，从字源上来解释中华文化，很权威。《说文解字》的作者是汉代的许先生许慎，这也是大师级的人物。我们现在动不动地就把某个人解读成什么大师，其实跟古代这些先贤们比真是差得太远了！无论是人品还是学问，我认为都差得很远。

在《说文》当中解释这个伏羲的羲字，说是在"兮部"，这个"兮"字我们在《楚辞》当中常见，它是一个感叹词。但最重要的解释是："羲，气也。"

我们练气功要的是那个气；我们打坐要畅通的是自己体内的血脉之气；引导我们血液在体内流行的是气；我们活着呼吸，一呼一吸，赖以生存的也是气；孟子说的"吾善养吾浩然之气"，也是气；我们学习《庄子·逍遥游》，北冥有鱼，然后由鲲化成鹏，其实就是道家所说的炼精化气，炼气化神，神会"荣华"我们的容颜……如果精向下走失，漏失掉，那你可化的气就少，这种气不充实，那人的气力就小。就像吹气球，如果气很充实，它会很坚硬，是一个正常的状态。无论踢球、打球还是拍球，里面气瘪了，那就不是一个正常的状态。所以气很重要，我们现在养的就是这个气。道家修行就是要求人日常要节约、要闭关、要闭眼、要闭嘴。我现在的问题就是闭不上嘴，说得多了，就耗气。

"气"如此宝贵，在当年，它有另外的一个发声，另外的一个字形来表示这个意义，这就是"羲"。如果您感受到这个字有什么样的文化含义，那您今天上午就没白来：就是要理解伏羲的羲是"气"，这很重要，非常重要！甚至后面我们的论述你都可以自己去推演。如果伏羲的这个"羲"是"气"，那前面加上一个"伏"字，把气伏下来，有没有气沉丹田的意思？看《易经·乾卦》第一爻，一阳来复，第二爻呢？依次上升，什么潜龙勿用、见龙在田……逐渐地阳气多起来，这个气在增长、在恢复。

首先，他告诉我们，人的这个阳气要潜藏、要潜伏。说一个人气定神闲，那做事情就有谱儿，就靠谱儿。说一个人写字的时候，神完气足，说明状态比较好，书中有道。

我在南京的时候，一个老先生告诉我说：书法，你不要看他的技巧，要感受字里面是不是有气！如果没有气，它只是一个形象的展示。那位老先生写完字以后，他就用手去感受一下，当时跟大家讲，如果说有震动，就能检测出你这幅字值钱不值钱。正是他，在我给南京军区某部讲座完了以后告诉我说，你这种讲法把能量都给出去了，所以你讲座时间要控制在一个半小时之内。

和高人相处，如果我们本着一个孩童之心、求学之心，那获得的就比较多。以怀疑、傲慢这种想法去看，你就得不到。你觉得自己高——因为道是向下的，上善若水，它有个潜藏的作用——所以就得不到。我就感受，其实要想得的多，那就是诚意正心做老实人，唯谦纳福，如果虚怀若谷，那将来就会成为大海。

慢慢涵养　以达"文化"

他告诉我说，他自己研究《黄帝内经》第一篇《上古天真论》就研究了三十年，下功夫。我当时想这也是一种潜藏，就是把自己的意念潜藏在某一部分经文当中，慢慢地涵养，养得足了，就豁然贯通。

我以前跟大家讲过我们学习经典的三种方法之一，就是以经解经，其中每一句尤其是关键的语句，都是开门的钥匙，是关键，掌握了它，你就可以打开整个宝库。

现在人读书就像是读小说，那种只看情节的读法，一拿起经典，我看不懂，放下，那就错了。如果经典让你像读小说一样，从头捋到尾，一天半天就完成，甚至个把小时就完成，要么这个经典不是经典，要么你是传说中的"再来人"，这书当年就是你写的，你编的，你又来了，所以全在你脑子里，一下就过去了。这两种情况都不可能，或可能性极小。所以我们读经典，要把自己的杂念、妄念放空，使自己的心气沉潜下来，阳气潜藏，潜龙勿用，慢慢地涵养。等到有一天，你的意思和经文完全融合，豁然贯通，我们以前说过，你就是一部有血有肉的、活着的经典。你说出来的意思表面上和经典语句不同，但实质上是相同的。人就化了，这就是"文化"。

我们解释什么是文明，文明的"文"，你要把它加上绞丝儿旁，就是纹路的纹、纹理的纹。在古代大家都知道，在青铜以前，我们最重要的发明、用火制造出来的一个器具就是陶器，对吧？有彩色的，还可以有图案、有字。那么，在这些东西上印着的一些符号给了我们很大的文化上的信心。当你把它打碎了，它会自然地出现一个纹路，打破砂锅问到底嘛，对不对，那个"纹"就表示是规律，你看上去曲曲弯弯好像没规律，但实际上是有规律的，是一种自然的规律。对吧？就像把闪电拍下来，你看着它好像是乱七八糟，但仔细观看那个闪电的脉络，它也是有自己的规律的。那是自然的规律，就叫作纹路、纹理、纹道。把绞丝儿一拿掉，一变成文化的文，很多人就迷糊了，就不知道怎么解释了。你可以理解成就是道，就是规律。

那么，文明是什么？就是这个规律被知道了，就是明，明白了，明白了这个"文"，就是知道了这个"道"。明白了吗？你知道不知道？知道。你知道哪个道？天地本质之道，大道。悟道，悟道以后你要行，就在天地之间，要行。

所以，我们这个身体，血肉做的机器，是行道之具，载道之器。你在天地之间就是一个活的、表演什么是道的一个机器。要这样看待自己，你这一生就是有功德的一生。就不再是别人活一辈子可以成圣成贤，然后我们一身瓦砾——就不是了，你也成圣成贤，因为你就是"道的显示器"。这个词熟悉吗？我们把身体定义为"天道的自然显示器"，你做对了，它给你显示出你有德相；你做错了，显示出缺德相。反正无论什么相，都是天人合一。你有什么样的内心，就产生什么样的身体，得到什么样的身体状况，就有什么样的天、地、人、事、物的世界，这就是天人合一观——就是钱穆先生说中华文明对世界文明应该有的最大的贡献，这就是"文明"。

那什么是文化呢？当你明白了这些道理，你不是口头去说，就是小和尚念经——有口无心，然后把道理讲给别人听，拿尺子量别人的行为做法而不修理自己，你就不是真修行。真修行，没有挑别人毛病的，"若真修道人，不见世间过"。像子贡方人，孔子告诉子贡，你真有闲心，我改我自己都改不过来，你还有闲心去说他人，哪有那个闲工夫？自己很忙呢，分秒必争。这就是"文化"，就是你用那个道，用那个规律，用彻底的道理，根本智，把自己"化"了，你就是"文化人"。不是认几个字，得个学位，发一个"纸壳子"，就是文化人了。那个东西就在世间骗骗人，在真正的道人眼里、文化人眼里，可能一文不值，真是可能一文不值！

世间人各有各的追求，就是你走你的阳关道，我走我的独木桥，大家各取所需。但什么时候能看出高低来呢？临终的时候，是真是假就显露出来。你装可以装一辈子，但其实在高人眼里装不了一辈子。我们这个解释纯粹就是一个物理的显像。尤其在中国道家，这都是一个基本的功夫。一眼望去，你的气色灰暗，就是连基本的健康都没有，连正常人都做不到，还装作有道、装作高人。那就太可笑了！

我经历过一次这样的事情，就是我初次跑到南宁去见刘力红老师，正好赶上一个论坛有位某著名高校的教授，上台就说，我是教授，我是博导，我带了多少博士，我们谈什么健康管理……当时我就看前排的几位老前辈、中医里面的大师——这些老人家都不动声色，就听着他在上面胡吹海侃。过了一段时间，某名家后人悄悄地说了一句话，她说：你看讲座的这个人，脸色灰暗，他自己都不健康，他还来讲健康管理。这就是"被人觑破，一文不值"。

看他那个脸色我就知道：第一，起居时间不对；第二，心里的想法不对；第三，行为不对。所以才面色黑漆漆。但是，居然可以大言不惭地在那么大规模的学术会议之上谈我们怎么管理健康，真是好搞笑的事情！

中国文化不是这样，老子在《道德经》里说，圣人行不言之教。你不用说，别人会看，会有一个评判，你真实的状态是隐瞒不住的——高人一眼就能望穿。因为你在物质世界——我们现代科学所说的物理世界——你身体散发出来的那个光，一望即知。你说我不能看到这个光，但是我能感受到场能——你慢慢地感受一下自己的身心状态，如果你逐渐变得清净，要想体验一下某个场能的状况，那是很清晰的。这就是南怀瑾先生说，他们几个弟子就是喜欢在虚云大师的周围打坐，什么道理？那个场能和谐。

你一定会有这样的感觉，有些人一见面就烦；有些人一见面就亲切，莫名地就觉得这是好人。什么原因？物理造成的。就是你自己具备的波的频率和他那个波的频率是不是相应！能相应，就是同路人、同道、同人、同志、同心、同德；如果不能，那你们就是两路人，话不投机半句多，一说就两拧。

我们回过头来看，刚才把什么是文明、什么是文化、什么是文化人告诉大家。中国历史上真的修道人是不需要用嘴去说我达到什么程度，别人就会知道。就像我们有一个老师，他在香港，他走世界的时候，就碰到一些年轻人，穿着职业的僧袍，拿着证书让他给做印证，印证自己是活佛。我们老师说，你有此一念，就是假的，不需要别人来印证。那现在我们有一些仪式上的印证是什么呢？有历史传统，是为了方便接引人，让人产生信心，而且要反复地核实核对，要经过验证。如果不是这样的情况，那大家就看他的功业好了。无论你说得天花乱坠，我们都可以忽略，关键看你做得如何。

下面来看这个"一阳来复"。中国汉字现在的发音跟古代有很大的变化，不同的方言也有很大的变化，音韵学是一门很深的学问。我们简单地说，有一个观察它的发音的方法，就是观音法门。伏，二声；复，四声。这两个字在音上有天然的联系。感兴趣的可以就中国汉字的发音，回去查一下资料，看一看不同的发音意味着什么，有什么差别。

我们接着往下讲，就是这个名字和他的命运是相关的。有一个耳熟能详的话，不知大家是不是听过，叫作"名者，命也"。

我刚毕业不久，去旅顺北路民俗老师家，向他请教。我说，老师我怎么感觉这么多不顺呢？他说，按说你小小年纪也不应该如此，可是，你名字取大了，叫"圣"肯定要磨炼你，所以会不顺，然后你又赶上一个钟家的"永"字辈，考验会更加严格。所以那时候我就开始忙活着改名，找个笔名。因为户口簿已经改不了了，从小学一直到大学毕业……这个所有的证书上都已经改不了。改来改去，终于有一天服了，我也不改了。名者，命也，就认命吧，你就是这个命。

怎么做呢？把它担起来，该干什么干什么。担起来就是一份功业，有了这个功业，就可以传递文明。把文明的概念向世界传递清楚，然后让大家被这种文明化掉，都是文化人，就真得了。

文化人就是得道人，就是真人，就不再是虚假的。是真人，是文化人，那叫发扬光大。每一个人得到的都是真的文明，这就是天地的本义。在物质上，他有物质能量，物质形态；在精神上，他隐含着文明的含义，有智慧的生命会把她发现出来，那就是文明。

我们定义这一次文明的开始就是伏羲他老人家突然有一天悟道，哦，原来是这样子！所以开始用阴阳爻机制把她画出来，让大家明白。所以，一画开天辟地，文明开始。从此，华夏进入了一个文明的时代，进入了一个文化的过程。

本来是天地混元一气，大家根本就没什么概念，没有天地概念，没有男女、阴阳，甚至没有好坏的概念。这一画之间，清浊划分，就有两仪。一气化三清——这是道家的起源，常识性的概念。然后有四相，两仪生四相，有金木水火土五行，还有六合，最后产生八卦，还有六十四卦，可以推演天地事物的发展。

伏羲氏，名字有这样的一个文化含义，我们今天把它揭示出来，大家就算是知道了。

太昊帝称　汉朝认可

然后他还有一个称呼，就是在《古今人物表》里面，如果大家带着《汉书·古今人物表》可以看一下，他有个称呼叫"太昊帝伏羲氏"。

"太昊帝"这个称呼从何而来？首先是帝，现在我们都熟悉，就是指天子，指皇帝。但古代通常是用单音词形容描述，比如我们现在说这个人很慵懒，那慵就是懒，懒就是慵。对于我们现在人来说，皇帝它就是一个词，已经不去区分什么是皇、什么是帝了。现在突然说什么是帝？是不是有天地之德、有大化天地、大化天下之德才称为帝？人们已经不追究这个了。反正他是最高领导人，古代的最高领导人就叫作"帝"，文化的含义没有人去追究。我们现在要打破砂锅问到底，要把那个"文"揭示出来，所以有这样的追问。

《古今人物表》里面，以太昊帝伏羲氏开始，作为我们华夏文明的起始，就是他是第一个被奉为天子的人物，而且是经过汉朝廷认可颁布的史书。大家想一下，汉朝从我们现在看是属于强汉，对吧？强大的汉朝。文化经过整理，也可以说是很发达，也有众多的大师出现。如果这个史书没有一定的依据，它会作为权威的正史由朝廷颁布吗？我们想一下，现在如果新中国颁布我们的党史，这党史由谁来写？你想一想，写完之后，有没有审核的？有没有校对的？然后怎么出版？这是最近发生的事情，我们党要进行党史教育，是吧？然后有简明的党史教程出版，都是权威部门、权威人士从事这个工作。全党全国人民都得按照这个稿本去学习、去认识，那要经过多少人的审核，光起草大纲可能就得讨论好多遍，然后由这个领域里最权威的——不是一个人，至少是一个小组，甚至是一个委员会，抽调各个大学、各个科研院所的人士共同来完成，这是我们能够想到的。那汉朝政府不一样吗？所以，"太昊帝"这个称呼安在伏羲氏之前，是在两千多年以前的汉朝已经被当世的朝野承认无误才颁布的，这是很正常的事情吧？那为什么两千年以后我们不承认了呢？我们是依据什么样的标准就不承认了呢？

为什么这么问呢？因为连尧舜禹都说不存在，是传说中的，那伏羲不就更是传说当中的了吗？我们为什么费这么大的口舌和力量，用这么大的规模去追溯这段历史呢？就是要把华夏文明、中华文明从源头上厘清楚。该说的道理我们是要说清楚的，否则的话，我们跟国际上做学术交流、教给孩子中华历史时就变成了"权威"说的。现在的权威都是指西方来的，或者受西方中心史观影响的，说尧舜禹是传说中的人物，不一定是真人，甚至不是人，那就是传说中的什么部落。一提部落，我们想象的好像这些人就是披头散发、茹毛饮血，画一画他们的形象，几乎就跟现代最流行、最时髦、最性感的一些明星穿戴似的，把几个关键点遮住了，而且是用大树叶子，能裹个兽皮就不错了。如此看待我们的祖先，合适吗？我认为是不合适的！今天就是解决这个问题，希望能讲完。

增加偏旁　理解古字

我们读古书，经常要有一个意识——这个以前讲过，今天要着重地讲一下——你要经常考虑某个古字是不是可以加上一个偏旁去理解，否则的话，你找不到那个原义，古今变化它就自然这么来的。所以"天帝"和"昊帝"之间，我就考虑，这个"天"有可能就是加上一个日的"昊"，它俩的意思差不多，这个"昊"就是指广大无垠的天，深远无垠的天。所以"天帝"和"昊帝"在古代很可能是一个词汇。同理，这个"王"上面也可能缺了一个白，就是那个"皇"。后世虽然区分得太明显，上古时期很可能是一样的。

我举几个实例。读《道德经》，最初你会发现，"大道废，有仁义"那个废，不是我们现在写的这个废，看到的是没有广字旁的那个"发"。一开始看着会觉得很奇怪，不适应，因为我们读现在的文字读多了，看古代的就稀奇。你应该反过来，当我们常读甲骨文，常读西周的金文——就是铭器上的那些文字，再看我们今天的文字，你会觉得挺奇怪，怎么就变成这个样子！你可以试试，大家回去做实验，整个这一周或者一个月，你就看甲骨文，就看西周的铭文，过一个月以后，你再看看我们现在的文字，谁是谁的祖先，谁是爷爷，谁是孙子，你就搞清楚了。

比如说在西周的铭文中，你经常会看到一个类似"或"的字，如果你就把它读成现在的"或"，那你就疑惑了，解释不清楚，因为它其实应该是"国"字，就是要加上这个国字框儿。中国的"中"字不像现在写的那么简单，还飘着两个小旗，那个是中，有印象吗？国字没有这个国字框儿，那也是"国"。

然后，这个"共"字，注意，在很多情况下，你可以去理解成"洪"，洪水的洪。

《尚书》我们讲过二十四讲，讲《尧典》的时候出现过这个"章"，还有印象吗？它可能是少了三撇的"彰"，那个"平章百姓"，要读成"便章百姓"，有没有印象？有通假。

我们讲《论语》四年半了，有没有印象，"道千乘之国"的"道"？其实是"導"，我们现在简化成"导"，等等。读古书，你要注意有一个意识，某些字理解不了的时候，加上一个偏旁试着理解一下，读一下，可能一下子就读通了，找到了原义。

所以，我们根据对这个字的理解，因为有"帝"的出现，就说明有了一整套的制度，对不对？你不能说一个人我就称帝，那大臣呢？"帝"本身就是一个制度的最高的一个代表，他出现就说明已经有了一个成熟的制度，他是最高领导人。那个时候，也就是八千一百年前的时候，我们的华夏文明已经产生了一个现在的概念，叫一个"统一"的领导制度。不管你属于哪一个氏，已经有诸侯国了，已经有这样的概念才会有"帝"。

然后我们再看：天—王—皇—帝—上，实际上是具备同一实质所指。叫领导人为天，有没有这种说法？有；称呼他为王，也有；称他为皇，也有；称他为帝，也有；称它为君上或者上，圣上，都是从古代来的——就是指那个最高领导人。

那么我们再看：太昊—太极—太阳—太阴。有太昊帝，"昊"就是广大无边，找不着边，到极致了。所以再看这个太极，我们打太极，打的是啥？不就是打我们那个道嘛，转动的是我们的阴阳，调整的是我们的阴阳平衡。阴阳平衡了以后，用中医的看法，你就没病。执两用中，你就中和了嘛，中和、和气就是一个人正常生活的必需的状态。所以到极致的时候，那个阳也有太，阴也有太，然后从我们生活的这个日、月、地系统来讲，两大极致，一个太阳，一个太阴。有拜太阳的，也有拜月亮的修法。

伏羲羲和　发展变迁

伏羲这个名称，我们大家都知道，还有"羲和"，出现在《尚书·尧典》里面。有的说是羲氏与和氏，有的解释是一家，那么到底是一家还是两家？这又是个疑问。

在隋唐以前，有人认为羲和是重黎之后，我查的资料说这是一个误解。重黎是楚国神话的宗神，这是书上的解释。但在《汉书·古今人物表》里面——就是我们现在正在讲的这个人物表——给出了史学的权威解释。现在我们就仔细看一下羲和概念的变迁。

在《山海经》中，羲和是上帝的妻子，她的儿子是太阳，也就是说她是太阳的妈妈，是生太阳的女神，就是羲和。

《楚辞》当中羲和是给太阳驾车的，是太阳的司机。就是古代人看太阳在天上走，想象当时是有个人给他驾车，给他开车的这个司机就叫羲和。不过《楚辞》是以文学面貌出现，我们不当作史实，只是了解这种观念。

《吕氏春秋》可以当作一个学术著作，再看一下在《吕氏春秋》里面，羲和不是女神了，他还是生太阳的妈妈，但变成了男性的官员，和生月亮的妈妈——女神常仪——一起变成黄帝的部下，一个管着日，一个管着月。

在《尧典》里，羲和演化成四个人或者六个人，有不同的说法。四个人的说法，就是羲仲、羲叔、和仲、和叔，一共四个人，分别到东、南、西、北四个方向去校正天象，敬授民时。六个人的说法，就是羲氏、和氏四个人，再加上仲和叔两个人。

伯仲叔季，季是老小，中间不管是七个叔八个叔都叫叔，老大就叫伯，老二就叫仲，这是唯一的，然后从老三到老四，都是叫叔，最小的那个就是季。

在《胤征》里，就是《夏书》里，羲和变成了夏仲康部属的一个历法官员，沉湎于喝酒玩乐，最后被处分了。这就是羲和概念的变迁。

我推测这个羲和就是伏羲氏的后裔。为什么这么讲呢？因为伏羲的贡献太大了，彪炳史册——他开创了我们这个文明。只要是华夏文明范围之内的，都得认他为文化的祖宗。先不管你的血脉是不是有联系，是不是有基因上的联系，文化上他是老祖宗。那么在古代社会，子嗣，也就是自己的后代从事祖先从事的那个行业是很正常的现象，看《管子》，都是子承父业那样的。包括现在日本有好多老的小店，都是一代代传承的百年老店，店面不大，一代代做，做得很精，这是中国古代就有的传统。

那你想伏羲这个人有着开天辟地的贡献，然后他的子孙依然研究阴阳，研究太阳、月亮变化的规律，是不是本身他就是干一个事？只不过就是随着历法的发展，农业的需要，好像更加细致，衍生出了我们现在所说的天文历法，进行统计这些工作。所以我推测，可能就是伏羲的后代。因为单讲"羲"也就是一个人的名字，后来就可以成姓。

这件事情，历代天子都重视，所以他们家可能是有家传。到了汉末王莽篡权复古——这是很有名的一段历史——他又把羲和拿出来作为官名，这就能看得出来羲和在古代社会的影响。

这是一个推测，从羲而来，就是伏羲的羲是不是羲和的祖先，羲和是伏羲的后代。另外一个推测从伏而来。我们都知道伏羲开创《易经》。最近大家学习《尚书》，可能了解一个人名，叫伏胜。他也是博士，但他这个博士和我们今天的博士概念是不一样的，为了尊称他，也称他为伏生，就是学生的生。伏生是一个敬称，相当于我们说孔丘为孔子一样是敬称。我很奇怪，为什么不称他为"伏子"，叫他"伏生"呢？就是到汉代为什么这个敬称会有变化呢？这是另外的一个议题，我们先不讲。

然后看"伏羲—伏胜"这两个人，伏羲开创《易经》；伏胜保存并传承《尚书》；他们会不会有联系？一个活生生的人，他总不是凭空而来的，对吧？他一定是有传承的。那"伏"这个姓从哪儿来的？我认为最早早不过伏羲，所以很可能伏胜的远祖就是伏羲，他们变成了两氏（zhī）。伏羲母亲为华胥氏，伏羲之后，这一氏（zhī）称伏羲氏，秦汉以后姓氏不分，可能变成两个姓。

秦汉以前姓氏非常严格，秦汉以后，人口发展得多了，同姓都可以结婚，就是两个姓张的，两个姓李的，两个姓王的，男女都可以结婚，但在秦以前，这是不可以的。女子是姓名连称，男子没有这么讲的，男子都是氏，你的氏和你的名联系在一块儿——没有姓和名联系在一块儿的。没有这个常识，很多做学问的人都会犯错误。

这是关于伏羲的名字的推断，大家可以共同地思考，还可以进一步地研究。如果我们找到伏家的家谱，羲和家的家谱，我们就可以跟他去进一步地探讨。

"女"字结构　取名方式

伏羲之后，这个天子叫女娲，我们现在有称她为娲皇，还有说女娲娘娘，这些都是大家熟悉的称呼。

我现在列出了一些跟这个词构词法相同的名称，都是公主、王妃一级的：女娲、女禄、女溃、女皇、娥皇、女英、女趫。

女娲不用说了，看女禄，她是颛顼帝的妃子。她生了一个著名的人物——老童，我们通常读成lǎo tóng，但其实这是误读，丢了一个偏旁，在历史上应该读成"耆童（qí tóng）"，耆宿的耆。他娶了一个媳妇，叫娇极，老童的妃子娇极生了重黎。我们刚刚讲了，这个重黎前面有一个误解，所以重黎是真实的人物，不管是一个人还是两个人，他是真实的人物。他是颛顼帝的孙子，不是神话当中的神——时间久远有可能被捧成神。

再看第三位，女溃，这个名字起得很有意思，崩溃的溃，她是谁呢？是陆终的妃子。陆终这个人现在知名度不高，但括弧里面大家一看就知道了，女溃是祝融的儿媳妇，也就是说，祝融的儿子叫陆终。为什么说祝融有名一点呢？因为他是传说中的火神，他和共工打了一架，打架的过程中，把不周山的柱子撞断了，支撑天的柱子断了，天塌下来，形成了西北高东南低这个中华大地的地势。然后，天上的水（甘肃那儿有"天水"）下来，把大地淹了。人们在大水之中，谁救的呢？女娲。女娲炼石把漏的天补上，这个水就下不来了，然后下面的水排到海里，这就是当时传说的那个故事。一个水神，一个火神打架，其实就是我们现在所说的心火和肾水，在中宫抟土相交。

当时的天子叫帝喾，颛顼、帝喾、尧、舜、禹，这个顺序要记住。所以就知道了这个女溃的生活时期，她是祝融的儿媳妇，她生了六个儿子：老大昆吾；老二参胡；老三很有名，是著名的长寿专家彭祖；然后是老四会乙；老五这个名字特别搞笑，叫曹姓；老六，他最小，叫季连。最小的就叫季连，实际上他的名字就是一个字"连"。

但是后来"季"也成了姓。北大有一个著名的学者叫季羡林。我们东财金融系有个女老师叫连英琦，就是这个连，大连的连。

你看，现在我们是不是可以把目前生活在我们周围的活生生的人跟很古、很古的那个名称联系起来？因为都是一个汉字，中间串联起来的话，一定会找到他们的关系。

所以，一个女字加上一个字，这种取名的方式，就是古代皇族、天子的妃子通用的方式。总结出来有个统计规律性，所以，我判断"女皇"本是人名，这不是判断，因为有个人就叫女皇，是尧的妃子。她是散宜氏之女，如果你看辅佐文王的那些大臣，其中有个著名的人物就叫散宜生。当文王被商纣王囚禁起来，散宜生和其他的大臣搜集财宝、收罗美女敬献给商纣王，把文王赎回来。尧的妃子就是散宜氏家的姑娘，嫁给了尧，就叫女皇。我们现在一听女皇，可不是一个真人，是指女性的皇帝或者女性的天子，这是一个变化。

那么娥皇、女英，大家更熟悉了，尤其是喜欢吹笛子的或者做尺八的。在南方有一种竹子叫湘妃竹，就是舜死了以后，这俩妃子哭，眼泪滴到竹子上，泪迹斑斑，就变成了湘妃竹。

一个娥皇，一个女英，都是舜的妃子，是尧的女儿。我就想，尧真是下了血本儿，为了试验舜的人品，把两个姑娘嫁过去。所以其实是岳父把天子位传给自己的女婿，这是我们讲《尚书》时得到的概念。娥皇和女英是陶唐氏的女儿。这个陶唐氏也有说叫伊祁氏——这个祁姓在生活中也是比较多的。

下面这个女趫是谁呢？是大禹的妃子，涂山氏女，她生了一个著名的儿子叫启。启是开创夏朝的天子，从启以后，天子位就传给自己的儿子，所以认为夏朝是中国第一个王朝。但现在看，夏朝以前我们还有各个朝，只是我们的资料不全了，不知道当时是怎么称呼的。

《尚书》原始规模三千多篇，古代不便于保存，可能为了方便教学，有的老师从中拿出一百篇，用这一百篇教学，理解纲要。就像我们说《黄帝内经》部头太大，我们只能选讲；《管子》部头太大，不能通解，只能选讲，道理是一样的。当时就有《尚书》选读，可能是这样，就形成了"百篇本"的《尚书》。

但遗憾的是什么呢？我们大部分的历史被扔掉了或者是散失了。所以，我就发愿，希望在这个世间的某一个地下，很特殊的情况下，有一批我们现在根本想象不到的记录《尚书》的那么一堆东西，不知道是帛书、竹简还是铭文，反正有那么个物件，至少保存百篇本的《尚书》，让我们看一看中华历史整体的一个大纲和框架，我们不奢望三千多篇的《尚书》都出土，起码出土个百篇，让我们看一下。这不是我一个人的想法，这是很多老的史学家一辈子梦寐以求的一个想法，就是发愿，让它出土。

由此，根据这种命名规律，大家是不是可以得出这样的一个结论，女娲一定是真实的人物。往上推，女趣是真实的，女英是真实的……一些真实的人，然后再推女娲这个人名，她能是假的吗？当然，这是我们现在思考问题的一种方式，对于很多人来讲，看了这个论证，也仍然认为我就相信她是神话传说……但至少我的思路是这样，我的存在就证明着我爷爷存在，我爷爷的爷爷也存在。然后，我们再往上追查，可能在钟家的历史上，有赵钱孙李周吴郑王，各种姓氏的姑娘嫁进来，所以说中华民族是一个统一的血源体。

得出这样的称谓规律以后，我们有一个判断，女娲这一称呼是具有传统的，她的血统是高贵的，应该属于皇族，因为这个命名方式就是这样。

然后，我又根据这个命名的规则，分析从女娲一直到现代姓名的方法，大家看是不是有共同的规律。女娲、女皇那种称呼我们分析过了，然后再看有确切历史记载，这是真实存在的三个人名。

第一个，邑姜。邑姜是谁呢？是周武王的妻子，姜太公的女儿。她本身姓姜，就叫作邑姜。

第二位，宣姜。是宣公的妻子，姓姜。是姓姜的女子（都是公主了）嫁给一个叫宣公的王侯做妻子，她这个名就叫宣姜。这种起名的方式跟前面立上一个女字（表示母，表示跟男相对的最高的女性领导人），后面加上一个字，是不是一样的命名方式？

第三位，庄姜。这个人非常有名，她的名在《诗经》中保留下来。她是庄公的妻子，这个庄公就是卫庄公。她父亲恰好也叫齐庄公，因为齐那时候还没被田取代，就是姜太公的后人，所以还是姓姜。姓姜，她这个名称就变成了"庄姜"。也就是你的夫姓，或者是君主的名号，取一个字，然后加上自己的姓，就变成了她自己的一个称呼，就是这个规则。

到了近代，我们没有名字的姥姥、奶奶，她们自己没有名字，这些女子，就是一个姓。你姓姜，嫁给一个姓姬的先生，那你就叫姬姜氏，这个大家熟悉吧？如果姓李的嫁给姓王的，这叫王李氏，以此类推。那我奶奶姓王，嫁给姓钟的，正常情况下，假如说我奶奶没有名字，那大家的称呼就是钟王氏。

更现代的叫法，女子开始有名了。那就叫姬姜月娥，如果恰好他的先生姓林，她本身姓郑，那我们就更熟悉了，现在是行政长官。这是活的呀！那您看，这个命名的规则，跟女娲的命名规则没有联系吗？这是不是一个传统还在活着，只不过表象变了。

《诗经》描绘　美妙庄姜

我们看一下《诗经》里面描写的庄姜是什么样子。

"硕人其颀，衣锦褧衣"，说明她身体长得很修长，脖子也修长，穿着锦缎，而且有披风，那个褧衣就是披风。

"齐侯之子"，齐庄公的女儿。因为古代的"子"本身并不是特指男的，男、女都叫"子"。

"卫侯之妻"，卫庄公的妃子。

"东宫之妹"，她是齐国太子的妹妹。

"邢侯之姨"，就是邢国诸侯的小姨子，姨姐。我们现在说这个邢侯跟卫侯就是连襟。

"谭公维私"，这个私就是姐夫妹夫，是古代的称呼。也就是说，这个谭公也是一国的诸侯，跟她是什么关系呢？叫他姐夫。

这是表示她的身份和地位的尊贵，出身皇家，下面描写她的美貌。

"手如柔荑"，又柔、又软、又白，因为这是一种初生植物那个白的状态，很嫩。

"肤如凝脂"，就是脂肪凝固下来，又白、又嫩、又润。

"领如蝤蛴"，这个"蝤蛴"是一种虫子，现在叫天牛吧？天牛的幼虫，又白又长。美女是以脖子长、白、细为美，不像到唐代是以肥为美，那个时候还是以"领如蝤蛴"为美。

"齿如瓠犀"，"瓠犀"，就是葫芦籽，形容牙齿既洁白又整齐。

"螓首蛾眉"，"螓"是一种飞虫，她的首是又方、又大、又宽阔。就是她不但美，而且头型长得还好，额头饱满、方正、宽阔，这绝对是一个有智慧、有福德的相貌。

福相——我们通常所说的叫天庭饱满，地阁方圆，下巴不是尖尖的。现在有些人整容，要整成一个尖下颌，那其实是没福之相。下颌要方正，就像基辛格博士形容尼克松的那个面相，说他下颌宽大，是掌权的象征。

"蛾眉"，不是蛾子那种眉毛形象，是指它的触须，那个触须是又长又细，形容女子眉毛是又长、又细、又黑，是这个意思，不是那个蛾子本身。

"巧笑倩兮，美目盼兮"，这一句出现在《论语》当中，有一个很不满的弟子问孔子是不是形容过分了，孔子的回答，大家可以自己回去查《论语》看。这个"倩"字，我们现在笼统解释说就是美，其实有一种解释，说这个"倩"专指一笑以后出现的酒窝。

你看，世间长得特别美好的东西都被她占全了。脸型好，头型好，脖型好，手型好，肤色既白又润又细，笑起来还出现酒窝。

姜姓出美女，这是我上高中时候听到的，恰恰在我高中的时候就有一个女神级的女同学，恰好姓姜，很多男学生见到她以后就口吃，走不动道。那时候我就听说"姜姓出美女"，但也没有明确的概念，等到看这么多春秋时代的诸侯国的国君娶的都是姜家女子的时候，才发现那可能是真的，就是基因特别好，因为太公修得好。

"美目盼兮"，这个"盼"，你看叫"目分"，或者叫"分目"，这个字就是黑白分明，该黑的地方特别黑，该白的地方特别白，明眸善睐的样子。眼神一忽闪，秋水长天，就把人美得不得了。

这是《硕人》，《诗经》里面写庄姜，形容当时的那个状态。

女娲天子　真实不虚

也就是说，通过这个命名的状态我们就知道，从女娲一直到今天的名字、称呼，我们是遵循着同一个历史传承，实际上是没有变化的。

那么就应该从今天开始恢复对女娲的正确认识：

第一，她肯定是真人，不要怀疑，既是真实的历史人物，也是道家真人，她的修为是非常高的，女真人。真人应该是不分男女了，但是我们强调一下。

第二，她具有帝王的身份，她就是当时的天子，接伏羲，然后她就是女皇，也可以称为女王。

第三，《说文解字》里面说这个"娲"是古代的神圣女，她可能出生就天赋异禀，可能有什么瑞相。像三太子那样，一出生就一肉球，剖开以后就是一个三头六臂的娃娃，这一生给世间带来无尽的福德。像虚云大师一样，我们上一讲解释过，他的出生让我震撼，我一直以为三太子的出生就是神话，原来在人间是可以真实发生的，虚云大师就是这样，活了一百二十岁，给我们中国的文化界带来巨大的影响。

看她神圣在什么地方？《说文解字》里面说她是"化万物者也"。我们刚才解释了什么是文明，把"文"那个规律、那个道，揭示到天地之间，叫"文明"，然后每一个人受到这个文明的启示，把自己"化"了，成为一个真正的"文化人"，就是万物被"化"。

第四，郑玄解释了，"女娲，三皇承伏羲者"。

本来，我一开始以功业来把女娲填到"三皇"里面，以为是我们得

171

出的结论，等我查到郑玄的解释之后才发现，原来人家已经定义女娲就是三皇之一，是承接伏羲的。所以你看，在无意当中，我们得出了一个跟汉代大师郑玄一样的结论，说明我们某些推论还真不是胡来。

大家回顾一下，这是《汉书·古今人物表》前两个中央天子的名称，伏羲和女娲，我们都已经非常详尽地推论过了，当然这个详尽只能是相对的，因为每一个天子的名号，我们都可以写出一本书来，就是推断他这个名字的起源、意义、影响。

共工容成　大廷柏皇

第三个就是这个共工，也可以叫洪工，但是还有第三种可能，就是这个"工"是不是"贡"少了一个贝的偏旁儿？这也不是胡来，因为我们有《禹贡》，对不对？那么为什么古代就没有这个治水的人，他也治过水，他也产生过相同的贡献呢？大禹治过水以后，华夏大地就再也没有水灾了吗？其实中华民族跟水斗争，从远古到现在一直是这样。

大自然就是你利用好它，那就是人类的福德；利用不好它，那就变成灾难。都是靠人力，我们不是像西方的传说，靠上帝。我们都是出现一个伟大的人物领着全体人民，万众一心，去建设一个伟大的文明形态。

所以说提示大家，可以想一下有没有"洪贡"的可能，依据就是有《禹贡》、有《洪范》，这都是真实的《尚书》的历史记录。

第四位，容成氏。我把容成氏和广成子并列，因为广成子是黄帝的老师，大家都知道，这个是毋庸置疑的，如果黄帝存在，那么广成子当然存在。

还有一个很重要的认识，就是广成子的寿数，到底活了多大，有很多传说，有人说他一千二百岁，对于很多同胞来说那就是胡扯。我记得在一次讲座当中我给大家举过宝掌禅师的例子，从周代一直活到唐代，这是中国历史上有记录的人，活了一千多岁——千岁宝掌禅师。为什么叫宝掌？因为是攥着一个珠子出生的，这是真实的人物。

我的疑问就是容成氏和广成子是一个人还是两个人？因为容也有广大的意思。商代还有个容成氏，我在访学期间有一个朋友送给我一本书，北京白云观传出来的，我记得就是商代的容成氏编写的。那商代有容成氏，古代就应该有容成氏，对不对？继承而来的，同一个氏。然后我就想起"容嬷嬷"是不是就是他的后代？有姓容的，也有姓成的，都变成单个姓了。

接下来这一位叫大廷氏。我的疑问是："大廷"是人名还是穴位名？大廷还是大陵，还是太廷？就是这个大，是太还是大？不知道？中医体系的穴道的名词是怎么来的？廷是庭院，陵是陵墓，都跟人有关，一个是跟活人有关，一个是跟逝去的人有关，那为什么叫这个名字？就是这个穴道，比如说这个为什么叫百会？底下为什么叫会阴，那中间为什么叫神阙，神阙下面为什么有气海、关元，关元调过来就是元关呢？元旦的元，关口的关。为什么艾灸这个穴位对男女都特别好？是长寿穴，三大长寿穴之一。你可以试试，在不烫到自己的前提下，男士可以试一下，用好的艾灸条——买艾灸条的时候一定要舍得花钱，买那个真的、时间比较长的艾灸条——灸自己的关元，稍稍忍受那个烫的感觉，看身体的下焦是不是会有变化？如果女性有宫寒的状况，包括出现什么子宫肌瘤啊、寒凉的各种症状，在非例假期间，安全的情况下也可以灸这个关元，自己试一下，看看是不是温暖、温化过来。我们现在的行当——天文——发现一个小行星就可能以人名来命名。那么古代是不是也可以，第一个扎这个穴位的人，给他取名字，也许有这种情况。

接下来这位叫柏皇氏，柏树的柏，皇帝的皇，柏皇氏，你想象一下，一个茂密的柏树林是个什么样的场景？想完之后我们再看《论语》当中这段记载，鲁哀公问社于宰我，"社"是指社稷坛，宰我回答说：夏朝在社稷坛上种的是松，殷商是柏，就是松柏，我们经常说松柏常青，为什么选松和柏？那就是希望这个江山社稷万古长青，不断绝。所以你看很多墓地等庄严的地方，现在仍然种松和柏。

但殷周之间有个巨大的制度变化，这王国维先生论述过。

"周人以栗，曰：使民战栗"，周朝在社稷坛上种的是栗树，好像使民畏惧，有这样一个威慑的作用，当然他是这么一说。然后，"子闻之曰：'成事不说，遂事不谏，既往不咎。'""子"当然是孔子了，听了之后就说，这个成事不说，你不要谏言了，这事已经都过去了。"遂事不谏"，都已经完成了，木已成舟，不要再有谏言了，因为谏言也追不回去了，我们不能穿越，对不对？"既往不咎"。

所以这个柏皇给我们什么样的提示呢？同一种物品是否反映同一种追求？都喜欢松树的，那可能对国家的想法是一样的，长青嘛，松和柏是差不多的，所以，商代的精神追求是不是就是柏皇氏的复兴？因为同样种柏，同样以柏来代表着自己的核心精神。我们今天有国旗、有国歌，还有国花是不是？那社稷台上那个树是不是就可以叫国树？商代和柏皇氏应该大约相距四千年，就相当于我们现在继承尧舜禹那个时期的文化精神。我只是提出一种假设，因为无从考证，柏皇氏他姓什么？他妈妈是谁？他的额头是不是宽阔？不知道。但是他命名的这个规则，就是以自己居住地或者喜欢的物品为原则。

中央粟陆　骊连赫胥

下面这一位更加明显，叫中央氏。中央那只能是一个，我们说河南地区叫中央，至今还叫中原，它是整个中华地区的一个"天下之中"的位置。河南现在还有一个世界文化遗产叫"天地之中历史文化建筑群"，疫情过去之后，可以寻祖，回河南老家看一看。

尧舜时代，天子的居住地就已经叫中国，司马迁写过，说舜"之中国，践天子位焉"。后来周天子所居住的地方叫"周国"，也叫"中国"。后来的中央政府办公的地方叫中书，还有变成枢纽的枢——中枢。目前就叫中央，目前这个中央和古代那个中央就是一个字不差，这样看来，"中央"这个词已经有七千多年的历史了。

这是前七位，我们根据名字来推演文化含义，看不大出来传承关系，就是各有各的福德，以章明德，按照司马迁在《五帝本纪》里面那个原则，我们只能单个地来追寻它的意义和文化含义。

第八，叫粟陆氏。看《汉书·古今人物表》，还有另外的一个说法，叫粟陆氏，就是夏商周松柏栗的那个栗。大家看一下这个历史发展，夏商周将近两千年，在这两千年当中，这三种植物"松柏栗"代表着国家的精神。所以我就有这么一个想法，往前推，推历史，就是在以前有个柏皇，以柏树来命名，那么后面再出现一个栗树来命名，是不是他俩同一个规则？命名的规则都是一种植物或者一种图腾，代表着精神的那个植物。今天你就可以叫什么松皇、松路，对不对？你的书斋也可以叫松斋、松屋。松屋好像是日本的一个小店，我们家去日本的时候走着走着，要吃饭，这个小店就叫松屋，进去吃，就围着这么一圈，都是当地的一些日本人，老年人居多，不过蛮好吃的，就叫松屋。

是不是有一种逻辑上能说得通的可能？就是前后同样的一种说法。但如果不是栗，是粟米的粟，我认为也解释得通。中国古代这个粟米是我们中华原产的物种，我们一直吃这个粟，而且在古书当中称它为嘉谷，很养人，是小米，也叫嘉禾，禾的这个子粒。嘉禾，如果大家喜欢看成龙影片的话，对这两个字也很熟悉，嘉禾影业对不对？那你看 "嘉禾" 这两个字的历史背景就非常久远了。原来是谷物，后来就成为姓，现在这个 "谷" 也是单独的姓。这个 "粟" 也成为姓，著名的将领，神州第一大将粟裕，指挥了淮海战役，善于以小吃大，以少胜多，一战成名。至于姓陆的就太多了，就是粟陆氏这两个字最后都变成了姓。但是无论怎么样，我得出结论，就是有这样的一个名字，天子的名字，就说明当时的农业已经成熟。

接下来，叫骊连氏。这个 "骊"，纯黑色，表示马，是一种良马。那他是不是驯服良马的天子？在那个时代如果有特别好的马，对交通是一种革命性的贡献——人跑和马跑差了好多倍。

上一周在交通台讲《史记》，司马迁为什么会遭遇腐刑？就是因为汉武帝向大宛国要良马，大宛国王不给，然后派兵去打，将军叫李广利，是他大舅哥。打完这个大宛国，获得了良马，汉朝政府的军事力量就等于配齐了，就开始对匈奴开战。也是李广利带着李陵出兵，打到今天内蒙古乌兰巴托的地方，李陵带着五千人，深入敌军，结果被单于八万骑兵包围，那怎么打？最后只能战败投降了。汉武帝问司马迁你怎么看？司马迁就说他未必真投降，他可能找机会还是要效忠于汉政府。汉武帝大怒，给他处以宫刑，这么来的。

所以这个马在古代非常非常重要！秦之所以能崛起，就是因为他的祖先养马，在养马、驯马、组织马进行大规模地征战方面，他是专家。就相当于我们现在说，如果你是导弹专家、航空母舰专家，那你在军事上就是一个顶级的专家，需要保护的。

考虑到黄帝是有熊氏，那么他可能是对培育特种马有自己的独到之处，所以叫"骊"。

我们再看这三个字：骊、俪、丽，马字旁，单人旁和下面加个鹿字，这三个字在汉字当中都有成双成对、并列的意思。现在的词，比如说，伉俪。我想起来去厉以宁老师家，我把书送给他，然后老人家就问我你太太叫什么名字，我当时很奇怪，后来才知道，厉老师和何老师的习惯就是，赠书他夫妻合署名字，厉以宁何玉春，非常地尊敬。即使我们是后辈，他依然要把你太太的名字跟你一块儿写上赠给你，叫"贤伉俪"。我们现在才搞清楚伉俪啥意思，并列、对偶、夫妻、两个人，是这样的。

那么，"骊连"如果按照并列解释，我们一方面把它解释成马并驾齐驱，那就成为阵仗，是军事上有巨大的进步，交通上有巨大的进步。

但如果按照我们刚才给大家一再分析的方法，这个"连"加上一个草字头，它又是莲花的莲。如果不作马解，作并列解，那么变成两个莲，那就跟修道直接相关。大家以后多看道书，就知道莲花的意义。我们每个人到最后都是莲花生，莲花生出来的。

下一个天子叫赫胥氏。这个蛮有意思的，我说这又是一个有复兴之意的天子，因为华胥是我们整个华夏民族的始祖家族。在伏羲那个时候，它就是一个诸侯国了。如果华胥和赫胥放在一块儿，而华胥又是在前的，那么赫胥是不是就有使动用法，使华胥氏再次成为盛世的一个天子，复兴华胥家族。他也和邑姜、庄姜、宣姜的称呼同一规则。

尊卢沌浑　昊英有巢

同样，尊卢氏，如果说今天把它理解成是动词，那就是好像尊敬姓卢的。但我认为"卢"在古代更应该解释成酒器，或者是表示屋子的那个庐，叫尊卢，这都是我们的推测，没有定论。因为我们找不到真实的器物，上面就写着"尊卢"两个字，然后碳14一测定，距离我们今天将近七千年，就是历史上有个尊卢氏，这个天子的一个器皿出现了。现在什么都没有，就留下这么一个名字，记录在《汉书·古今人物表》当中。我们就根据汉字本身可能传递的规则，来推测当时的历史状况，猜测它的文化含义，今天的主旨就是这样。

所以我认为这个名字和陶唐氏同一规则。尊卢和陶唐是一个规则，如果它是酒器的话。前面这个"尊"是酒樽，喝酒的东西，代表那个时候可以制造酒器文明。尧时代的陶器大发展，虽然陶到尧那个时候已经存在将近六千年了，可是到那个时候，工艺上可能有改进，有大发展，所以叫陶唐氏。一看商朝，大部分的青铜都是酒器，那时候喝酒应该是非常普遍。所以我们曾经以青铜的酒器著名，后来以瓷器著名。那个china，不大写就是表示瓷，也有说那是"秦"的发音，都是考证出来的一种说法。

如果是"庐"，那可能就是在住房改善方面作出重大贡献的天子。

接下来这位叫沌浑氏。这个词不是贬义，因为混沌在古代是指天地未开，回到自然的本来状态、自然状态，那个是混沌。它掉过来什么意思，没太搞清楚。我们只能解释，就是天真无知、般若无知、无所不知。现在后世有这样一种解释，就是这个人看上去闷闷的、傻傻的，但是大智若愚。《上古天真论》也是这个意思。那由于都是三点水的字形，所以原意也是水势浩大。是不是他那个时候又发了大水，他给治理了，所以纪念他？

在他之后是昊英氏，"昊"，我们前面讲太昊帝的时候解释过，深远无边，广大无极。"英"，就是花，英、花、华，这三个字在古代其实是同义，也都表示精粹，随后就引申出杰出、超群这个意思。

后来这个"英"就成为姓，在汉代有一个很著名的人物叫英布，大家看《汉书》可以看看他的传。

接下来，到有巢氏。巢，古国名。现在还有个安徽巢县，这个古国是被吴国灭的，现在还有巢湖对吧？有巢县，有巢湖，那这个巢最早就可以追溯到这个有巢氏。

有巢、有熊、有娀、有邰、有蟜，同一个命名的规则。有熊当然是指黄帝了，在河南新政；然后有娀氏之女简狄我们多次说过，帝喾次妃，吞了黑鸟下的蛋，就生了契，这就是商代的始祖，这个地点在蒲州，山西永济；有邰氏，姜原，帝喾的元妃，履巨人迹，生了弃，是周朝的始祖。少典国的君主娶了有蟜氏，生了黄帝。

我们说有巢、有熊、有娀、有邰、有蟜，在古代——就像我们刚才比较女娲的那种命名方式——有一大堆这样的命名，这是当时文化一个普遍的现象，应该形成了一个文化体系。这说明我们在国家命名、民族命名、个人命名上早已形成一套稳定的文化体系，但我们今天不研究它，你就觉得很奇怪。今天上午尽管时间短，但是这么一比较你可能会得出个印象，这种命名在那个时代大规模存在，司空见惯。

朱襄葛天　阴康亡怀

看朱襄氏，我们湖北有襄阳、襄樊是吧？"襄"本身就是有高、上、举的意思。加上各种偏旁去理解，加金字旁儿，有镶牙、镶金；加提手旁儿，有攘除、除去的意思；加马字旁儿，骧，是良马或者在前面的马，这是看这个襄字。那朱呢？它其实是株洲这个株，古代解释"朱乃株之初文"，它俩可能理解成同一个字。那朱襄，你也可以理解成红色的马，有没有这种可能？有吧。就是骊连我们刚才解释过，如果是红色的马的话，那他是不是由原来培育黑马、骊马现在变成了朱马？也有这种可能。我们把各种可能都拿出来，不是说胡思乱想，是有文字上的发展规律的。

葛天氏，这个葛，草字头就表示一种植物，葛还是古国名，我们都说了好几个古国名了，这古国现在都不存在，但在当时都存在。那跟这些天子一定是直接相关，因为我看周朝的历史就是这样，你看司马迁的列传也是这样，它都是有一个创始人，然后流传多少年之后福德尽了，没有了，消失了。剩下我们现在的子孙不知所踪，不知道未来，其实也不知道起始，所以曾子告诉我们说"慎终追远，民德归厚"，那要追查一下。

这个古国到了汤那个时代，"汤始征，自葛载"，汤先灭了葛伯，把这个国家给灭了。到商朝的时候被灭，那也就是存在了好几千年的古国。我推想，葛天氏的后裔很多，繁衍多了，就出现了诸葛。后来诸葛就变成了一个姓，就是专门一氏（zhī）就叫诸葛。那么这一氏（zhī）

给中华民族奉献了一位很伟大的人物，很有名的人物，就亮了，然后有《出师表》这种作品。现在的单姓姓葛的，发三声，不是gé。

葛本身是一个藤本植物，古代所穿的那种粗布、细布都来自它。我们也可以推断在葛天氏那个时代，他发明把葛织成丝、织成布，然后人们的衣料丰富了，改变了，所以叫葛天氏，也有这种可能。

接下来这个叫阴康氏。阴是山南水北为阴，"康"，有可能是这个"糠"，也可能是这个"穅"。"康"本身有安乐、丰盛的意思，康庄大道。《尔雅》里说"五达为康，六达为庄"。

康圭，就是王侯之间宾主相见，客人奉献宝玉给主人，主人要把它放在殿台之上，这是当时的礼宾规则。

他叫阴康，我到现在没有一个明确的解释，什么重大的贡献要取这样的一个名？这是存疑。

在他之后是亡怀氏。都读成"无怀氏"，可是，你要查《广韵》和《集韵》，并没有标注这种发音，就是在古代的字典中，其实它并不读"无"，怎么出现的"无"？不知道。没有这种说法，我们还得追汉字的原意，它和那个"忘"是同一个字，那就是可以念成"忘怀氏"。如果是"忘怀"的话，那让我太震动了，那就是完全无我的意思。忘，三过家门而不入，无我，忘我了，全部投入全心全意为天下人民服务的工作当中，是这样的天子，叫"忘怀氏"。

在《诗经》当中有《南山》，这个《南山》里面"既曰归止，曷又怀止？"把"怀"解释成"来"，那么也可以理解成"无来"的意思。无怀，忘怀，忘了我曾经来过，那就很有禅意了。我本无来无去，如去如来，来也未来，去也未去，空怀其音，空念其人，谓无怀氏，忘怀氏。

东扈帝鸿　始祖表终

东扈氏，这是以地名、方位来命名的一个世族，和城邑相关，还是古国名。与夏后同封，和启大战于甘，大家有印象吗？人家也是古天子的后代，被启给灭了。夏商周诸多古国都是在黄帝以前就出现过，所以再说我们以前不要一提就是传说、就是部落，好像茹毛饮血，不是！我们的古文明非常早！现在要恢复。

"扈"单独成姓，小说里面有扈姓，现实当中我碰到的很少。

总结这些天子的名字，大家就得出一个通常的概念，就是都成为古国，然后慢慢地都成为一个姓，到今天还都存在，这些姓都存在。

帝鸿氏可能是第一个把"帝"写进名字的天子，这种命名规则都是这样的，什么帝喾、帝尧、帝舜，它表示广大无垠，虚空混沌。

基本上我们把神农以前的始祖表讲解完了，大家看一下，除了天子的名号，好像没有任何历史资料证明他们的存在，可是我们分析这些名字的功德的时候，就会发现他和我们今天有着千丝万缕的联系，我们完全可以通过古文献，甚至通过出土的文物，把他们和我们今天活生生的存在串联起来，使中华文明的历史活起来。

下一讲我们接着讲。谢谢大家！

（六）

辛丑年二月初一　2021年3月13日

　　导语：分析《古今人物表》可以看出，表中上古二十位天子，班固只把太昊帝伏羲列为圣人，但他又不是"五帝"之一，何人才能称为"帝"？"昊"字有何寓意？声成文为"音"，"心"中有"音"为"意"，如何观察自己的"心音"？如何去"会意"？作者以"音"入手，引导大家学会"观照"自己。

尊敬的各位同胞、各位同人：

大家上午好！

今天是《五帝本纪》通解的第六讲。到今天为止，我们把司马迁《五帝本纪》之前的，记录在《汉书·古今人物表》当中的重要人物介绍完毕。也等于是通过我们的努力，解答了一下司马迁为什么要从黄帝开始写《史记》。因为在历史传说当中，我们是"三皇"和"五帝"并称，"三皇"应该是在"五帝"之前。可是我们在通行的司马迁《史记》当中，看不到有"三皇本纪"的说法。后面有历史学者做了补充，就是在原有的《史记》稿本当中，增添上了后人补写的《三皇本纪》。但因为它不是司马迁本人写的，又存在着争议和不确定性，所以好像也不入主流。

我们现在比司马迁有优势的地方，就是我们有现代的考古，有现代的挖掘技术和测定技术。所以尽管我们比他晚了两千多年，但我们有可能根据现代的文物、文献和科学的技术，推断出原来历史上那些先祖们大约处于一个什么样的历史位置。这是前五讲当中我们所做的一点努力。

简单说明　释疑解惑

今天首先跟大家解释一下，我们在阅读这些古文献时产生的一些疑虑。虽然在讲解当中，从逻辑上推断，大家可能也会认为这样说是对的，可是在进入帝鸿氏以后，尽管文献比从伏羲到帝鸿氏这二十位天子的介绍资料多了一些，反而是更加疑虑重重。我们还是不能回避，要直面这种材料发生矛盾让人产生怀疑的情况。

然后，再进一步地说明司马迁为什么不写《三皇本纪》，因为他有一个重要的原则——存疑则缺。

第一，就是关于"五帝"的概念。我们通常的想法可能是，他们是存在于中华历史当中的五位帝王，五位天子，但其实在我们自己的文化当中还有一个"五方"的概念，就是东、南、西、北、中，在中国古代配合着五行观念，各有其帝，也可能是"神"的观念。后世的文献把这"五帝"和真实的人物混在一块儿，使我们读文献的时候经常发生一些张冠李戴。举个例子，比如说我们一提黄帝，就以为他一定是轩辕黄帝，但其实不是。我们今天把这个情况也跟大家介绍一下。

第二，又涉及《易经》的传承。虽然我们按照《皇极经世》的推演，就是宋代邵子邵康节先生的推演，整个文明的生发过程，从起源、发展、顶峰、顶峰的持续，然后衰落、下降，一直到重新进入蒙昧状态，文明理念的消失，按照中国《易经》的推断是十二万九千六百年，分成两段就是六万四千八百年。我们现在这个时段，尽管我们说上下五千年，好像时间很长了，其实我们现在正是处于历史发展的高峰期，就是处于中段。往前看有六万多年，往后看还有六万多年，这个文明才会按照推演再次进入混沌蒙昧，等待着下一次的萌生。

那我们还是很幸运的，就是在我们目前这个时代，大家还能接触到比较完整、比较透彻的文明概念，这对于我们的生命状态，尤其是按照古代的观念，把自己的后身解救出来还是极其重要的。

第三，华夏文明是独一无二的。华夏文明跟我们现存的其他世界上的文明是不一样的，我们只能按照我们自己文明的发展逻辑来看待自己的文明，来珍视自己的文明并传承自己的文明，在这个过程当中使自己得到受益于文明。

伏羲称圣　何以为"帝"

首先来看一下，我们在前五讲当中，通过这些著名人物的名号，也就是伏羲到帝鸿氏二十位天子——我们没有文献说明他们一定叫天子，可是按照《古今人物表》的排列标准和正常史书叙述的礼仪规格，推断他们为天子。在这二十位天子当中，班固只把伏羲列为圣人，就是表中把人分为上、中、下三等，每一等当中又分上、中、下，三三见九，九等。只有伏羲是上上之人，为圣人，其他十九位全部列入了第二等上中的档次，也就是仁人，仁义礼智信的仁。

如果各位同人手中有《古今人物表》的话，可以分析一下，看一下，越往后世圣人越少，越往后世仁人和贤人越少，就连第三等人都少见，这是让后世很惭愧的一件事情。就是说为什么我们越学越倒退，越往后越不如上古的天子具有道德上的高评价？我们失却了什么才使如此众多的人口，仍然推不出一两位圣人、十几位仁人、上百位贤人？很难哪！大概只有后世被列为盛世大治的朝代，才能出现一批文武将星、明君贤臣，才差不多能跟以前的上古有一个比对。所以我们读这个《古今人物表》的时候，可以想象一下为什么会出现这种情况。

在这个表当中我们还特别地注意到伏羲有一个称号叫太昊帝，而其他的都没有，就是从女娲一直到帝鸿氏都没有什么帝的记录。虽然我们在庙里面、在民间的口述传统当中，听说到"娲皇"这样的称号，但是不是在古代庙号当中、史书文献当中直接记录了这种称呼？还找不到确切的依据。那我就产生一个疑问，当时伏羲他老人家得的这个太昊帝的称号，是当时就有还是后世人推他后封的？比如我们现在有些地方有关帝庙，大家知道这个名称，但很显然关羽在世的时候是没有"关帝"这种称号的。

《史记》一开始就给大家解释了什么叫作"帝"，在中华文化上对"帝"字有一个严格的定义和解读。按照《史记》的"正义"里面郑玄所做的一个注解，他是这样说的："德合五帝坐星者，称帝"。就是作为人，你的德行要和五帝坐星相合，这是古代的观念。就我们刚才说的，我们现在一谈"帝"就想到是皇帝，就是哪个朝代的天子。在古代还有另外一个解释，就是跟天上这五方的神、星相相关，你得德行达到跟他们能够相合的程度才能叫作"帝"，这是一个。也就是说你不一定是血统天生的"皇二代"，你爸爸是皇帝，然后你这一辈子又成为太子，它不是这个概念。只讲德，这是在原始的意义上。

然后在《坤灵图》当中，有一个解释叫"德配天地，在正不在私，曰帝"。德行和天地相配，仰，对得起天；俯，对得起地；德配天地。在正不在私，在公不在私。换句话说，这个人的德行就达到人间的极致，与天地齐光，不能说齐寿，因为早晚要死。只有这样的人，大家才称呼他为"帝"。

那我们就得到了一个概念，他未必是我们现在想象的拥有天下，是一个政治制度推出来的，不是。后世大家评价他，这个人德行是很了不起的，然后给他一个"帝"的称号。所以可能关羽是属于这样一种，大家佩服他，慢慢地就演化成了"关帝"。包括现在经营企业，我们去一些不是很大的饭店——就是一些民间的企业——一进门，往往都是有一个关羽关云长的站像或者坐像，很威武，拿着一把大刀，是我们后人推举他为"帝"。

那伏羲是这样吗？我的结论是，他两者皆有。他在世的时候，距离中华文明现在在地底下能挖掘出来的陶片到伏羲画出卦来揭示文明的含义，大约过去了五六千年了。我们这块土地上的人民，我们的先祖，一万三四千年前已经知道制造陶器。这个上两讲我们分析过，要制造陶，首先得会用火，而且能够控制火，甚至能掌握火的温度，才能把陶烧出来。到八千一百年左右，伏羲画卦开创华夏文明，有《易经》传承，那五六千年过去了。大家想象一下这个发展的过程。

我认为到伏羲那个时候已经有"国"的概念，这是我们跟西方不一样的地方。当时怎么称呼不知道，但现在我们分析它的规制已经有类似诸侯国的概念。很早以前，现在说九千年以前我们就有农业，有稻子。到伏羲出现已经是有了很长时间的人类文明生活的传统，这是一个过程。所以我认为伏羲是一位天子，大家服膺于他的能力和德行，他有这样的一个地位。

但现在来看，很显然他不被列入"五帝"之一，那不被列入"五帝"之一，肯定就属于"三皇"之一。这个传承特别久远，我们前面几讲已经分析了，根据对人类文明的贡献度，我们断定的"三皇"第一位是燧人氏。因为发明火，人工掌握火，想要就可以有，从生物界来讲是一个重大的技术发明。所以燧人氏为"三皇"之一，这不是我们单独推断出来的，有历史文献已经认为是这样，有这种说法。

那第二位毫无争议，就是伏羲列为"三皇"之一是没有争议的，其他两位到底是谁是有争议的。

第三位我们列的是女娲，因为女娲是把天人合一如何落实在身体上传给大家。所谓"抟土造人"是我们修行当中，利用中宫进行水火既济，进行烹炼，把自己的身体炼好，五行顺转，那就是炼五彩石，也就是炼石补天。补天，既补先天也补后天，就把我们肾的系统和脾的系统都补足，这叫炼石补天。所以人掌握了这个法门，不光是四十岁有一个添油续命的机会——当然越往后越难，就是那个锅快要烧干了没油的话，你想接着往里添，还不如趁着它有的时候往里添。大家能明白这个意思吧？就是年轻人尤其是小孩儿，就是童子功，那不是成年人说想撺上就撺上、想获得就可以获得的。

所以我们得到的结论就是，伏羲应该是一位天子。然后他的帝号，从他的德行和能力上看也应该当时就有，这是我们的推断。如果当时没有这种称号，也就是当时的汉字还没造出"帝"这个称呼，这个"帝"是后来的，他当时没有这个"太昊帝"的称呼，可是后人给他一个尊称，命名下来，这也是有可能。两种可能都有。我们怎么去推断呢？我们看史书，当年武王把天下安定下来之后，尊称他的父亲姬昌为文王，这个历史是没有疑问的，也就是追封，是这么一个情况。

"昊"字寓意　发音起源

接下来，我们以前问过类似的问题，就是既然叫他太昊帝，那他和第十三位的天子昊英氏是什么关系？

我们想象在七八千年以前，至少五六千年以前，也就是在黄帝的史官仓颉还没有大规模地提升我们现在这个文字系统之前，所谓的华语就是华夏族的文字到底发达到什么程度？我们现在很难见到文献资料，现在能见到的就是陶器上的文字，现在有一些史学家还不敢称呼它为文字，叫它"符号"。因为我不受史学的限制，我也没有史学专业的名誉可丢，所以我就大胆地说，那根本上它就是文字，它是可以表意的。在那样的一个时代，制造出像"昊"这样的一个字，一个日一个天组合在一块儿，而且它的发音还不是单元音，已经是一个比较复杂地拼出来的音。那发展到这样的一个地步，这个称呼之间有没有联系？这都是我看书产生的疑问，这个疑问不是凭空来的。后面我们给大家展示相关内容的时候，会进一步地解释。

我们看这个"昊"字，如果说在"人"上面有一个天，尤其是在"大"上面有一个天，是指事的造字法，或者说会意的造字法。我们可以理解，就是最初的人上面，怎么称呼这个天？反正它在您脑袋上面，指事一下，画一下，好，这个可以理解。那个日，大家看原始的那个日，就相当于是画一圈，后来再加一点，表示整个天空当中有一个太阳。慢慢地变成方块字，古代是圆的。这我们也可以理解，就是说画画，这文字最初你说它是图形，那就是图形，我们到现在说方块字，它基本上还是由图形演变过来的。慢慢发展有六书——象形、指事、形声、会意、转注、假借。可是为什么会出现"昊"字？这我一直在想。有天有日，然后天上面摆一个日，其实这是一个重复的概念，就是天和日是个重复的概念。它专门表示什么呢？就是说晴天我们能看见太阳这种场景。这是我们从字面上来分析，它好像表示是个晴天，那大阴天的话根本就看不着太阳，他不会用"昊"字去形容这种象，卦象的状态不是这样。这个字本身就表明，晴朗的天空有太阳——也可能有云，但是那不是强调的主要部分——主要就是晴朗、光明、广大、温暖，甚至里面包含着智慧。用一个天和日，它们各有确切的所指，不能形容人的作用，所以造出这么一个字。

其实后世把尧称为太阳，这我们分析过，汉字当中那个拂晓的晓，天亮了，就是一个日加上一个尧，就是把尧比作日，像太阳一样。《皇极经世》里面推演，尧时期就是我们这次文明的一个高峰。

造出这个"昊"字，我想是不是专门形容人的某种状态，除了表示天空那个状态，更多的是文化含义，说明这个人在社会当中具有一种晴天里面的太阳的作用。

我们说过，有一首歌大家都熟悉，"北京的金山上光芒照四方"，还有"东方红，太阳升，中国出了个毛泽东"，它这个意思就是说，这个人对我们整个的族群贡献极其大，就像太阳出来普照天地万物，它取这样的一个作用。所以伏羲画卦有开天辟地的伟大作用，这一画开辟了文明的天地，人们不再糊涂，不是在那个混混沌沌当中生活，不再是一种纯粹动物性的生存，所以这是文明的开始。

理解了这一点，我们就会发现在中华文明发展的历史上，在伏羲出现以前，我们的先民在这块土地上已经生存了很长很长时间。按《皇极经世》的推演，那应该是生存了起码五万年了。现在有进化论说我们是从猿、类人猿演化而来的，但我们现在看历史，不承认这种说法，至少我不承认，爱谁承认谁承认，我自己的祖先就是人，怎么来的可以再考证。有一种说法是说，是从光音天上转生过来的，那聊备一说，它有很合乎哲理的令人信服的一种逻辑，你不能证伪，就不能否定它，所以也是存疑，当作一说。大家可以了解一下人是怎么从光音天上转化过来的。

这个"昊"字又让我想起汉字发音的起源。就是我们为什么有这种发音？为什么发这个音，叫它为hào？大家想过没有？

这个音是很奇妙的。我们现在面对面，我在讲，表达的是一个意思，大家在听对吧？然后竟然能听懂。如果我口齿清晰，发音准确，大家就一定会听懂我在说的是什么字什么音，然后根据这个音就能明白这哥们儿到底想表达一个什么意思。这个音是怎么来的？我们现在发音是很复杂的，汉字起码几万个，也就是如果一个音一个音地发，你要发几万个不同的音。几万个不同的音再进行排列组合，我们学过数学的就知道，那是大得无法想象的一个天文数字。所以人的思想，人类的文明，就变得越来越复杂。已经发展到了你一辈子在某一个专业领域里面想成为一个专家都很难，因为内容太多了，皓首穷经不一定学得完。那怎么办？我认为一个好的办法，就是你直接回到它的源头，不在细枝末节上纠缠，直接从源头上理解文明的生发。回过头你再看各个学科，学起来就可能是高屋建瓴，知道来龙去脉，知道方圆大小的这样的一种居高临下的轻松感，就不会像以前那么痛苦，也明白自己往哪个方向去。所以这是一个极其重要的问题，我们不妨花几分钟的时间来讨论一下。

在《史记·乐书》当中有这么一句话，我在十几年前看到后，印象极为深刻，在以前的讲座当中也跟大家介绍过，就是"声成文谓之音"。

我们发声，打个喷嚏都叫发声，但是你打喷嚏有意吗？没有。"阿嚏"一下，然后别人就能听出你今天下午干什么，是这样吗？肯定不是！对不对？就是简单的，受凉气了，身体自然的反应，发出一个声音，就这么简单。这个声音里面就不成文，它仅仅就是一个声，这能区分开对吧？或者有人打我一下，我说"啊"，就这一声"啊"有没有意思？（听众意见不一）对，这里面就不一定了。有可能我就是自然反应，"哎哟"，类似这样的一声。但是也有可能这里面表达了痛苦、表达了惊愕、表达了意外，甚至表达了埋怨，对吧？一瞬间的事情。

追溯起源　观察心念

那我们现在，你问没问过："我"从哪儿来的？回家问妈妈，这傻孩子，你是我捡来的。在哪儿捡来的？在后山草棵儿里捡来的。等你学了生理卫生课之后，妈妈骗我，我是你生出来的。慢慢就懂了人从哪里来，从胚胎来的。那胚胎是怎么形成的？追根溯源，说父精母血，还缺个什么？三缘和合，缺了你那一念。你动心那一念，你不动心你来不了，你一动心你就来了，就出生了。那你动的是什么心？太关键了！你动的是人心，你来到人的世界。我们读古书，尤其是读中国禅宗，包括宋代的《宗镜录》，永明延寿大师写的，"伏以真源湛寂，觉海澄清，绝名相之端，无能所之迹。最初不觉，忽起动心"，"哗啦"一下，"唰"的一下，"嗖"的一下，各种形容词其实只是在形容，只有你自己悟明白，看清楚它是怎么样的一个缘起，你才能把自己搞清楚，我们是怎么来的。

我们现在讲历史，讲《五帝本纪》，为什么不直接从黄帝开始讲起？因为黄帝以前还有。找"三皇"，然后发现"三皇"以前还有。有燧人氏。燧人氏以前还有没有？不知道了。追到头儿，慢慢地我们就理解，原来任何东西都有起源。了解这个起源，就等于把我们从哪儿来的这个问题搞清楚了。那把过去搞清楚了，未来怎么走，要不清楚的话，你就是对过去还没搞清楚。这大家不知道听没听明白？就是知道我们是怎么走到今天的，你肯定就知道了未来我应该往哪儿走，哪一条道是我们应该走的。这是一个很清楚的逻辑，就是知道规律，你就知道如何是对我自己最好，自利嘛。

我们研究经济学的，得想办法，最低成本、最高收益，让我自己能够获益，这是现在大家一开始接触经济所了解的含义。但我们现在被很多杂乱的东西干扰着，摸不清主要的方向，那我们就梳理一下：什么才是对我们最主要的。

你不知道你从哪儿生出来，就意味着你解决不了自己这一辈子如何平安下场的问题。你上场了，吆喝一阵，表演得好与不好，怎么评价无所谓；在场上折腾了一通，能不能很好地获得满堂彩地去下场休息，这是很重要的！很多人都没明白这件事，没搞清楚，下场很惨，这就赔了。因为有很多机会，甚至每天无时无刻都有一些重大的机会在提醒着我们，你要醒过来，但我们还是懵懵懂懂地在台上睡觉。

观察缘起，就让我们知道怎么来的。你动的是什么心，或者你安的是什么心？现在叙述清楚了吗？非常快，这个速度非常快，快到我们自己可能看不见。但是自己的智慧，也就说你那个"心眼儿"，我们这个眼叫肉眼，你有没有"心眼儿"？说这个人挺长心眼儿的，你那心眼儿是闭着呢，还是睁开的？你的心眼看没看见自己的本来面目，文明的起源？说文明的起源跟我什么关系？它和我们心底里面那个念头直接相关！你能观察清楚自己的文明起源，你也应该清楚自己生命的起源。那各种表象，你都不会受到迷惑了。所以再快，我们自己还是能够捕捉它，因为它是我们自己心里的东西，你生出来的，你不知道吗？

就像我有一位师爷，有个妈妈问他——因为他是个大孝子——就问：王孝子，你看我这孩子怎么样？王孝子反问他：你当妈的，你撺的皮儿，你包的馅儿，你煮出来的，你问我怎么样？你怀他十个月，你念念之间都加了什么样的意念在这个孩子的"生产线"上？你问我？

所以我们为什么要努力地给女孩子最好的教育呢？中华文化里为什么会有太太的传统、会有母仪天下这种概念呢？为什么会传到今天不断绝？就是让女孩子明理。一个明理的女孩子称为淑女。她不是穿什么名牌，网上团购奢侈品，称作名媛，那都胡扯，虽然跟外在形象有关，但本质上没有任何关系。是看心地，明白的人叫淑女。这我们论证多少次了，有淑女才有贤妻，有贤妻才有良母，有良母才有孝子贤孙，才有我们这些天下的男男女女，社会上各行各业的人才出现。

有人——按孔子说的，人在政兴，"为政以德，譬如北辰，居其所而众星共之"——广义相对论的作用就来了，你这个物质虽然是物质，但是是活物，是生物，你改变，你的时空世界就改变，整个世界就变化。你向良性去修行自己，这个世界就向繁荣昌盛文明去转变，有秩序，和谐，让人感觉到我没白来这个世界。如果相反，阴暗、自私、卑鄙、下流、无耻、腐败，就会让人觉得这个世界不值得留恋，好人就走了。所以我们自己在塑造着我们自己的世界——因为物理的频率是一样的，物以类聚，人以群分，你心里产生什么样的念头，你就会发现跟周围什么样的缘分是相应的。

大周末的不去郊游、不去玩耍，跑到这里来，要听一场讲座，为的是什么？这就是选择。西方经济学里有一个专业概念叫机会成本，这两个小时，你选择坐在这里，机会成本是什么？就是这两个小时你不做这件事情，做其他无限种可能的事情里最大的收益的那个，被你放弃的收益。比如这两小时，你去拍领导的马屁，可能会升官；你去琢磨一个合同，可能会赚钱，都放弃了；到这里来，你的收益是什么？这是我要负责的地方，不能让大家白来。

在我们追查中华文明缘起的时候，也同时看一看文字的缘起、发音的缘起，最关键的是找没找到自己生命的缘起。

既然能发出声来，说完就没有了，古代是没有这位兄弟的（指摄像机），对不对？它亮着灯，说明有电，能把我的形象和发音全都记录下来。将来网上一放，有人就可以想什么时候听就什么时候听，想听几遍我就没脾气地在那个视频里面永远给他说。活人就不行，钟老师，你再给我讲一遍。我就会说，凭什么，我困了要睡觉，这种事情是经常发生的。

我是怎么观察清楚这件事情呢？就是我听敬善媛的碟。她对我也特别尊重，我到北京，她把自己的房子都空出来，她跟她的助手到隔壁小区去住。这是最高的礼遇了，把家倒出来让你住。可是我能好意思说，我现在想听歌，你给我唱一个，那是不行的。可是我在家里面，我放多少遍你就给我唱多少遍，而且每一遍都不走样，对不对？这是现在科技能做到的。

观察这个缘起，把这个东西记录下来，这叫什么？所以文字也是一个技术系统，能够让人一看到这个东西就能复制。比如说中国古琴的简字谱，一看上去好像无法认识那么复杂的字，但是你知道它的规则以后，这个左手是哪一个指头弹哪一弦，右手哪一个指头弹哪一弦，都标示得很清楚，你就知道了，然后你就可以复制，只要我们看谱子弹琴，都是这样的道理。所以有声音，慢慢地我们人类又繁衍出文字，对吧？又是缘起。就是由一个很简单的事情"哗啦"一下就变得越来越复杂，然后里面有规律，后来的人，你要想了解这个系统，你就必须遵守它。

我们中华文明的起源是悟得了一个天道，天地变化的规律，所有悟明这个规律的人，都是华夏的子孙。就像我在几年以前开始讲座，我说我理解的龙的传人：什么是龙？天地气交曰龙，悟清楚这个道理的族群都是龙的传人。因为我们都是在太阳天地系统当中生出来的人，既然阳气叫龙，天地气交曰龙，那我们就是龙的传人。所以这不是一个图腾的结果，而是一个文明悟道的结果，悟到了天地之间怎么会有生物，我们的生理机制是什么，阳气在人体当中的作用是什么，只有把这个道理解释清楚了，才叫华夏文明。而且给你六十四卦，让你去推演，不但知道自己这一生的运势，还知道组织、国家的运势，天下的运势，这就是文明。

那在这个系统里，你又不知道这个系统的规矩，就相当于你学英语没学明白，然后说也说不出来，写也写不出来，听说读写译都一塌糊涂。你作为华夏子孙，也不读经典，也不读历史，也不磨炼自己的语言，说也说不出，领导让写篇文章，也交代不清楚，这都是把自己的生命浪费了。

纯净身心 解放自己

十九年前，有一个老板问我，说老师（很多老板都去找个老师）要我念这个"唵嘛呢叭咪吽"，念来念去，感觉小和尚念经有口无心，没啥作用。你能告诉我什么意思？我说这个意思，今天晚上咱在这儿开始讲，到明天早上也讲不完。但是，因为大总持嘛，总是一句话能说清楚，你就简单地记：身莲花保持意。也是六个字，这是梵文的语法，有倒装。把正常的语言顺序按照中文调整一下就是，保持你的身心像莲花一样（圣洁、干净，出淤泥而不染）。我说这个能不能明白？他说这个能明白。那你念的时候，你就想一想干过哪些缺德事，说过哪些缺德话，赚过哪些黑心钱，把这个东西反省过来，你身体里面的浊气、阴气、病气、毒气就"呜呜呜"地往外冒，就走了，你就越来越干净，就出淤泥而不染了。你不肯承认，谁赚黑心钱了？我现在好着哪，都是天下人的错，我从来没错。那你把喉咙喊破，念这个东西也没用，因为你不当真，没合在一起，你没有真正地观自己的身心状态。你能反过来观察到念头的起源，这才是真用功。

所以我们可以试一下，身体干净需要洗澡，心也是需要沐浴的，这个东西就是给我们的心洗澡，沐浴一下。不但洗身还洗髓，是真的，别不当回事。

因为越是容易得到的东西大家越轻视，跋山涉水，背着的不一定是干粮，还有背着佛像上山的。然后有的师父一上山，你背那破铜烂铁干什么？当时都吓死了，这哪是破铜烂铁呀！让他放下，放下那种执著。想法不对，他没有仔细观察自己的音，你的心地是不是干净。倒有一份愚诚，这个诚心倒是挺诚的，衣服都能湿透了，背个"东西"去，但是他不知道放下自己内心所有的阴暗。这个难哪，大家想一下，这容易吗？

我们在封闭学习的时候，老师说：说吧，做过哪些亏心事？出了门是不准讲的，严格地要求，你要发誓不准讲的。在那种场合下，把自己心底里面所有的肮脏、见不得人的想法全部倒出来，他是不是干净了？干净以后再也不做阴暗之事，他是不是永远是个心地光明的人？他就不会闹毛病了，他的场能就变了。

人这个心的力量是极大的，我们是自己把自己弄得人不人鬼不鬼的，闹毛病。"疾"是情绪上有错误，"病"是方位上有错误。所以所有的疾病都是在伦理上有过错，你伤害了自己。身体是道的显示器，这句话是我说的，我发明的。得病并不完全是坏事，辩证法，两面看，它是显示了你在伦理上有过错、有昧道的地方，有不明天理的地方，做错了。做错了没关系，改呀，改了就好了。你心里改了，心里干净了，那个病毒病菌的生产车间就断了原料，就饿死了。

有些人说"我被医生判了死刑"，那你自己谁做主啊？主明则下安，找你那个做主的心念，你自己不做主，被别人做了主，你身体能安吗？所以出毛病。

三祖见二祖之前，一身的毛病，后来也没找医生，全好了。怎么好的？放下了，不再难为自己了，也不再把各种文明的系统拿来苛待自己，要死要活找不着出路，真正地解放了，成为"解放军战士"，真是把自己解放了。否则的话都是五花大绑，把自己捆起来。连卢梭都说：人生而自由，却又无往不在枷锁之中，被各种思想的枷锁束缚着，捆绑着。你想想看是不是？

我们刚才给大家追寻发音的起源，追寻到我们被各种各样专业的系统塑造着。到了一定程度，你要登舟上岸的，你要把这套系统放下。不是没掌握，掌握了可以放下来，你就真正地成为"解放区人民"，那才是自由自在的天。

下面这一句话为啥说"无色声香味触法"呢？我们追寻的是"声"对不对？由这个"声"成"音"，突然想到还有这么一句经文：无色、无声、无香、无味、无触、无法。应该是分开来这样的，高度凝练是"无色声香味触法"，这六个都没有。

不知道大家有没有观，我们刚才追寻的那个音本来有吗？没有啊！出来它也是没有的，当下就没有了。在我们现在的这个空间，这个灯和那个灯的光，十几盏灯、几十盏灯的光有障碍吗？光光相接，有障碍吗？没有。你咳嗽的声音，和我发出来的讲述的声音有障碍吗？同时在这里传递着，有干扰吗？没有，你听得见吗？听得见。最简单地，所有的信号都集中在这个空间，你想看哪个台，只要调准了，一定是那个台，现在的技术无比清晰，高清的，不受干扰。怎么做到的？如果你把自己当作一台非常精密的仪器，现在我就想调一个台出来，你能不能调得到？一定能调到啊！为什么现在调不到呢？心里不静，乱糟糟的。所以就看不清楚，也听不清楚。

听到了以后怎么办？管他怎么办？放下呀，不想听了自动地就没有了，很神奇的。

所以当下它有吗？你不能说它有，因为你看不见，听不见。但是你想的话，还真能听得见，看得见。可是真有吗？说出来就过去了，当体就是空的。能体会到吗？现在这一个多小时过去，跟你进来的时候一样吗？不一样了。我们的好多细胞在体内都已经更换掉了，过了。你的想法跟刚才来的时候也不一样，你可能觉得我本来听的是《五帝本纪》，怎么讲到这儿来了？怎么讲声音的起源来了？到底哪一个是"帝"呀？你那个"德"跟那个"帝"相不相合呀？我们作为他的子孙，能不能对得起他啊？什么叫"德和天地"呀？这个"帝"怎么来的？伏羲给我们画这个卦有什么样的作用？

表达"心意"　多种途径

说到现在，我们表达心意的途径已经可以分类地说出来。通过声音，能说；通过语言，能写；通过行为，能展现，就是作出来让大家看；也可以画，画出来；但关键是汉字里面有一个造字法，叫会意字，让你去领会，感通，明白，最重要的"心心相印"。

对中华文化的理解也是这样，今天最重要的解释就是关于《易经》传承你怎么去理解。因为我当初在桂林雁山园封闭学习的时候，看到一个鸟飞上枝头，我一下子理解了八卦是立体的，是活的。那一天以后我再看《易经》的书，跟以前不一样了，是立体的，是活的。包括阴阳鱼，都要把它按照立体的，甚至球体的状态去理解。我们本身就是阴阳，就是道的显示器。

由此，我们可以掌握推知古代的途径。虽然好像有很多的争论，历史学家和考证学家莫衷一是。可是，我们通过自己真实的生命状态去感悟的话，可以给他第三种证明，就是活的传承的证明。不仅仅是通过文物，不仅仅是通过文字。当你悟通了，悟到了，甚至你一下子就捕捉到了当年太昊帝伏羲氏悟明天地规律的那一个状态。那你也能画出卦来，是一样的。而且这样的捕捉，就是一"会意"——全体接收，它的传承是没有遗漏的。当你感通到以后，就会圆觉无漏。

我说给你听，你执著于语音；传给你一本经书，执著于文字。就是"一道白云横谷口，几多归鸟迷归途"。你会障碍在音声相上，说老师当时就是这么说的；你会障碍在文字相上，会重复、会背诵，但是未必理解经文的原意，一变化就不知道了。像我们小的时候，老师在黑板上讲例题，懂没懂？懂了。好，再写一道题，会不会做？哎？明明道理懂了，为什么不会做？还没真懂，还没熟练。意思很相近，真懂了的话，无论出什么样的题都能答得上。所以"物传"不如"心传"，就是靠物质传承下来的，不如"心传"传得更加可靠。

可是，按照我们现在的学术传统，承认这一点吗？不承认。由此，我们知道中国的禅宗是不是很可贵？这才能理解为什么他们那种不立文字的传法原来是最高明的、最圆满的传承方式。

《坛经》说："外不着相为禅，内心不乱为定。"因为《坛经》是由一个中国本土人说出来的，不是翻译的。它变成了一个本土文化，这个话就是很准确的，你内心不乱，就是自己心产生的"音"和"田"（自己的心产生的"音"为"意"，产生的田为"思"），"意思"都是非常清楚的，那才叫定。文字是相，声音是相，所有物质相为"色"。声音相，闻的味道都是一种相，不要执著。

六祖的得法弟子怀让大师告诉他的弟子马祖——就是那个回家看母亲，传说祖师回来啦，左邻右舍一看，这啥祖师，不就老马家小三嘛。就是"得道不还乡，还乡道不香"的那一位。当年马祖在山上练习禅定，就是外不着相，内心不乱。怀让故意去表演，知道他是要得法的弟子，就是老师找学生。说，大德在这里面干吗？图什么？干号号地在这儿坐着？他说，图做佛呀！就是要觉悟嘛。我们今天一提"佛"字，就是要"彻底明白"的意思。那"彻底明白"是个什么东西呢？就是智慧，就是觉悟，察到缘起。

怀让说那好吧，然后，他自己找个砖头就在马祖前面"嚓、嚓、嚓"地磨。马祖就问他，你老人家这是干吗？他说，我要做个镜子。磨砖头能做镜子吗？！他说既然磨砖头不能成镜子，你在这儿坐着就能成佛吗？这不打回去了吗？很有力的。那你说怎么办？

修学是没有形象的，你要坐禅呢，禅无定相。你在这儿坐着要成佛，佛本身也没有定相。大家今天要把这个执著破掉，没有定相！经文明确地告诉你，"若以色见我，以音声求我，是人行邪道"！很多人修学传统文化，学得就像南先生说的，一脸的佛相、圣相、道相，穿着道袍，眼睛一闭，那都不是，没有固定形象！我们今天教大家缘起追查，从声音上追查，从文字上追查，从念头起源上看自己的心相，就是看自己的本来面目，就是把所有这些束缚全部打破，你才能够找到那个"帝"——德和天地，那个本来的东西。每个人都可以做啊！别不敢承当，每个人都是可以成帝的、成祖的，但是你不敢承当，你就得不着。方法已经有了，思想已经告诉大家了，就看你敢不敢去承当。

回到刚才的故事，马祖就问，那我怎么做才是？他说你赶牛车的时候，车停了，你是打车还是打牛？你坐在这里面自己没有明白，是身体的问题还是你脑子的问题？就是主明下安的意思嘛，主没明的话，身体能对吗？牛车不走了你打车，牛能走吗？这不就是身与心的比喻嘛。所以，告诉他一个偈语，所谓的偈语，就是修行的总纲——"心地含诸种，遇泽悉皆萌。三昧华无相，何坏复何成？"心地含着各种种子，你心上起那一念，无论是声音还是文字，都是种子，遇到合适的缘分，遇泽，就是水，都会萌发。

所以，我们自己的命运都是自己搞的。你产生一个什么念，你就开始种种子，知道吗？都会开花结果的。知道了这一点，今天晚上是不是种莲花就取决于你自己了。

那个本质——三昧华、无上正等正觉、彻底的觉悟、道，都是无相的！不要执著。哪个坏了？哪个成了？本来就有啊，各个现成。今天来的没有一个是坏的，就是你本来的那个所谓的本性，没有一个是坏的，也不用成，因为本来也不缺。

讲到这儿就知道《易经》的伟大了吧？《易经》伟大在什么地

方？它告诉你：什么相都是变动不居的，这叫"变易"。叫"易"嘛，在日月之间，我们说过甲骨文的那个"易"字，就是上面一个日，底下一个月，不是今天这种写法。阴阳之间变动不居，在相上看，没有一件事情是停下来的。

但是我们要认识这个规律，万物归纳成八种卦象，挂在天地之间。简单地归纳就是两仪，阴阳，"一阴一阳之谓道"，这是《易传》上说的，孔子替我们概括了。非常简单，简单到极处，大道至简，你搞复杂了，你就把自己搞迷糊了，给别人讲就是装神弄鬼。一定是讲得越简单越好，让人当下就明白。你才能够不缺德，作为讲者才能不缺德。

其中还有个不变呢？大家要自己找，那叫"不易"，这就是《易经》的伟大，它能接住禅宗！

变动的世界，它还有个相续的相，我们要知道。任何一念都有缘起、发展和消逝。身体是这样，细胞是这样，行为、身体、关系、家庭、组织都是这样，国家、天下、世界、宇宙、时空都是这样。

万年血脉　五方五帝

今天给我们留下来上万年以前的蛛丝马迹，我们知道自己的血脉吗？姓张、姓李、姓王，你的祖先从哪儿来的？哪个家族跟哪个家族进行的交流、和亲，你知道吗？你姓的姓，你的名称，你的符号，你的印记，都带在身上，你知道吗？

我们举个例子，"葛天氏"，唯独这个姓就变成了三声，姓葛。我们上一讲和这一讲的主持人都姓葛。这个姓有多长时间？我认为至少六千年。至少六千年，就跟这个葛一定是有关系。

葛本来是一种藤本植物，纤维可以织布。什么时候开始织的呢？大家看一下现在考古的最新发掘，西安半坡遗址骨针281枚，那个针孔最小的0.5毫米[①]。半坡遗址离我们几千年？

磁山遗址出土的是七千多年以前的纺轮[②]——那时候就能够纺织了，那原料不是麻就是葛。那时候还没有丝，因为丝据说是黄帝的夫人嫘祖发明的。1974年青海乐都柳湾遗址出土的纺轮有一百多枚，这是考古发现的，假不了。那说明什么？说明《诗经》"葛之覃兮"（《葛覃》）这首诗歌里面说的，什么沤麻呀、织布呀，有粗布、有细布……有多长时间了？至少七千年以前就出现过那样的场景，因为这已经能够那么精细地缝了。

我现在穿的这个褂子，是河南民族品牌皇绣宫罗老师给我做的，这块布是日本人八十年代在丹东定制的。你说它是麻还是棉？一看，很粗，但实际上这个质料非常天然，人穿着舒服。所以，这个褂子不简单，非常讲究，这个布很难再有！

有个古老的相术叫"麻衣相术"，不知道大家听说过没有？那个"麻衣"是怎么来的？织出来的呗，都是人造出来的。所以我们的祖先，我们这个文明到底有多远？你不追查不知道，一追查吓一跳。

读《诗经》，以为三千年前西周那个时候就很古老了，李白写的《古风》读来也很过瘾，但其实中国的诗歌传统描写的场景，应该是

---

① 西安半坡博物馆，链接：http://www.hues.com.cn/yishujigou/bwg/show/?N_ID=6612。

② 神秘，留给世人无尽的遐想，《齐鲁晚报》，2021年3月24日，链接：https://epaper.qlwb.com.cn/mobile/qlwb/content/20210324/ArticelA14002GN.htm。

七八千年前的场景，甚至上万年都有可能。

葛天氏的年代，那个时候就应该开始纺织这个葛藤上的纤维，然后制作衣服。我们的祖先穿衣应该是很早的，而且为后世丝绸的发明提供了纺织的基础。技术都是一代一代地更新，由粗到精细这么来的，不是突然一下子就会缫丝，就会织丝，就会织丝绸，都是有历史传承和基础的。

刚才提到过，一万三千年前就有陶。然后到尧的时代，陶唐时代，中间有上万年的时间跨度。但是我问，今天一个女子穿着麻衣或丝绸的衣服，拎着一个陶罐，她很"上古"吗？她甚至很时髦啊！

追到现在，我们就知道了这个"帝"是啥意思？有德。给天下人带来不但是道德上的益处，还有技术上的突破。每一个皇帝、天子都不容易。

为啥提到帝鸿氏呢？因为有一种说法，说帝鸿氏就是黄帝，《山海经》当中说有一个帝叫"帝江"，这个"江"就是那个"鸿"。我们上一讲特别罗列出一些古字，看古书缺少偏旁的字要注意。所以，第一行那个"江"你要理解成是"鸿"，这个"帝江"就是"帝鸿"。

《左传》文公十八年里面有一个注解，说这个"帝鸿"就是黄帝。

《庄子》里面说："中央之地为混沌"，中央之帝为黄帝，合起来那个混沌之地、鸿蒙之帝就是黄帝。

所以，我们得出结论，处中央、色黄，所以叫黄帝，那个中，是指五方，古代代表着一种方位的概念，五行的概念。鸿蒙、混沌都表示中央，五方各有其"帝"，中央帝居中央为"帝鸿"，因而是黄帝，他并不是特指轩辕黄帝。

"随众生心，应所知量，循业发现，宁有方所？"随着我们自己的心，我们有一个所知的能量、范围，遵循着自己的喜好、秉性去开展的这个世界，怎么会有一个固定的方所呢？这就是天人合一观，这也是广义相对论。这四句话是一个偈语，来自《楞严经》。说的就是每一个人，当下就是你世界的中心，哪有固定的方所？！你想在大连就在大连，想去北京就在北京，你在任何的地方心里也可以想跟你有缘的地方，都是变动不居的，怎么会有固定的？但只有你找到了那个"如如不动"的自己，那才叫作"中"。河南话说zhǒng，正好，"中"就是正好。

这是五方帝的概念，五方各有五色帝。

东：青帝（青龙，木气，肝）；

南：赤帝（和炎帝同一方位，朱雀，火气，心）；

中：黄帝（并不是单指轩辕氏，混沌，土气，脾）；

西：白帝（《早发白帝城》；白虎，金气，肺）；

北：玄帝（玄武，水气，水神，肾）。

罗列出来，大家看一下，五方跟我们的五行、五脏直接相关，是配合在一块儿的。所以，中间这个黄帝并不是单指轩辕氏。

到现在，我们解释清楚了什么是"五帝"，也给大家概括了什么是"三皇"。再往后你就要搞清楚，他是通称黄帝还是特指的黄帝。司马迁写的那个黄帝是特指的，《五帝本纪》是从特指的轩辕黄帝开始的。

所以，方位与颜色这个文化含义我们要搞清楚，才能看中国古代的古书，理解中国文化才不至于走偏。

中医，也不是中国的医学，是中道的医学。你恰恰要整体性地、圆觉性地悟明那套体系，才是中医，才是道医。

神农氏有八代，在帝鸿氏之后，可是我们看这个《古今人物表》

没有交代。这八代是司马迁在《五帝本纪》当中交代出来的。所以，我们把这些疑问都揭示出来。

通过六讲，我们解释了为什么有"三皇"，但是司马迁没写；为什么有"五帝"各种说法不同；我们把五方产生五帝的概念和特指的黄帝区分出来，交代给大家。

后面有两个很奇怪的存在，一个是列山氏（列山氏又叫魁氏、连山氏、烈山氏），一个归藏氏，他们分别代表着《易经》传承的一个阶段，可是司马迁没有做明确的交代，在《古今人物表》上有。一个《连山易》，一个《归藏易》。

根据《皇极经世》的推演，因为这个《易经》是一脉相传下来的。这个推演，去年（2020年）叫"明夷卦"，上面为坤，下面为离，就是说火被阴性也就是地遮盖住了，光明难以施展，局面非常艰难。今年（2021年）变成了"贲卦"，上面为山，多了一个阳爻，希望好一点了，但是还没到那个关键点，就是今年还要在过去的局面之上看到光明，不过，仍然要等待一些时日，这个危机才能彻底过去。这是根据《连山易》《归藏易》一直到今天的《周易》，推演出来的。

这就是我们对轩辕黄帝以前的历史简单的追查。孔子他老人家被说为"删诗书"，我们认为不是，他应该是整理，不是删掉了。他可能也没看到三千多篇的《尚书》原本，所以也是一个残缺本的整理，不过还好有一百篇。我们现在只能看到二十八九篇和后来填补上来的四五十篇。司马迁见到的三皇文献，因为有疑问，所以他没写，就从《五帝本纪》开始写。

下一讲就进入《史记》的原文，从轩辕黄帝开始。

感谢大家！下一讲再见。

（七）

辛丑年二月初八　2021年3月20日

　　导语：本讲进入司马迁《五帝本纪》的正文，介绍轩辕黄帝的上半部分；同时又给我们介绍了"自然五帝"和"历史五帝"两种"五帝"的概念；且将两种"三皇"的说法合二为一；另外，总结出七点华夏文明的标准，强调西方文明没有资格评论华夏文明！

尊敬的各位同胞、各位同人：

我们接着学习《五帝本纪》第七讲。

开讲正文　　两种"五帝"

通过前六讲的内容，我们等于是把黄帝以前的历史做了一个简单的交代。着重跟大家解释过，我们的出发点是依据中华史观，依据我们自己文化传统当中的史料，再采信目前有公信力的考古成果，加上我们接触过的道家活的传承，来复原、恢复我们自己的传统史观。

到这一讲，我们真正地进入了司马迁《五帝本纪》的正文。接触到正文，对于我自己而言，发现还不如前几讲更容易处理。虽然好像文献稍微丰富一点，但是矛盾、纷争、不同的看法也多了起来，而且大家还都各有依据，就包括"五帝"的说法，我们现在能查到的，几乎就不下五种，各有古代典籍提到他们自己认为的有哪个五帝。所以我们这一讲能把黄帝这"一帝"说清楚就不错了。

前六讲相当于是处理我们现在采信的这一个"五帝"的说法，就是根据司马迁所采信的这个说法，以及"三皇"的历史做了一个介绍。对于现代史学界而言，我们可能是冒天下之大不韪，提出了一个"华朝"的概念——对于部分史学家来说，这是属于胆大妄为的做法。因为他们的做法是见不到证据、没有文字可考、没有文物可依凭，是不能下断言的。但我着重地跟大家解释过，我们的出发点是如果不能证伪，就相信我们的祖师、我们的先祖所传。你说口头传承等于没有依据，那我们提出反对的例子，就是禅宗根本就不讲究文字，很多的技能、修法都是六耳不传，通过师父直接告诉弟子这样传承下来。虽然说经过这么长的时间，流传的过程当中可能会发生讹误，听错了、写错了、转述转错了，这很可能。但是其中的主旨核心，我们认为可能就是真的，这是我们的基本出发点。

如果大家手头有稿本就可以看一下，注解的学者比较多，现在拿到的比较权威的版本是中华书局出版的《史记》。要读《史记》，根据李学勤先生的解释，如果没有宋唐三位学者留下的三本书，就是《史记集解》《史记索引》《史记正义》这三本书，我们几乎读不懂《史记》，或者说很难弄清楚很多的说法。当时作者写书的时候，有些资料可能是常识，是不需要转述和记述的，但时间长了以后就丢失了。就像现在我们写文章的时候，是不需要去论证某个学科的常识，大家就约定俗成的。但过了这个时代，后代人只看你的文本，就未必会知道你省略的那个背景，所以这三位学者给我们留下的注解就非常关键。注解里面每个人采信的资料、观点，有相同的，有不同的，这就是我们读古书所产生的麻烦——因为我们也不知道哪一个说法更加准确。

今天我们讲座的内容着重给大家区分开在中华历史上"五帝"的两种概念，这是我最近在总结我们的历史时提出来的新观点，因为还没看到以前有文献有学者这样讲。就是"五帝"的说法分两种：一种是根据五行产生出的五个方位，东、南、西、北、中，然后每个方位各有一尊神主管着——古代的观念就是如此。东方，色青，为青帝；南方，色红或者赤，叫赤帝，因为南方属火，所以也有把赤帝和炎帝混在一块儿的说法，这我们大体上能理解，也可以接受；居中央的为土，色黄，所以称为黄帝，这个黄帝跟轩辕黄帝完全是两个概念，它是根据五行、五个方位推出来的，带有神的意味；西方，叫白帝，属金，色白，所以叫白帝。

我们从小就学一首脍炙人口、耳熟能详的古诗（《早发白帝城》），但未必能想明白这个白帝庙、白帝城是从哪一年哪一月发展而来的，"朝辞白帝彩云间"，这是一句话就过去了，很少能有唐诗的注解给我们解释清楚"白帝"从何而起，"白帝"到底是指谁？是神还是人？还是被神化了的人？现在一些做餐饮的店一进门，就供着关帝，很威武的形象，说要保佑发财，所以他又变成了财神。一提到财神，我们都知道，本来财神在历史上姓赵，赵公明。慢慢地你就会发现，流传得一广，时间一长，很多本来是很确切的人就变得模糊起来，要注意这样的一个历史现象。

那北面，色黑，属水，我们说应该叫黑帝，古代的发音就是那个两鬓苍苍十指黑（hè），那个黑不读hēi，读hè。上一讲我们举杜甫的《春夜喜雨》为例，给大家念过这一首诗，就是古今的发音已经发生了很大的变化。我们现在看一个字，江浙一个念法，港台一个念法，到底哪一个是真正的宋音、唐音甚至是商音（商朝的发音）？再往以前，伏羲和黄帝是在甘肃那一带，那现在甘肃的口音和那个时候的口音是不是一致？这完全都变成了一个好像不太可考、考证之后也未必能让所有人服膺的现象。这个黑（hè），到今天我们标准话几乎完全就是黑（hēi），但感觉北方这个"帝"要称呼他为"黑帝"好像不太雅。我们说一个人心黑，是一个很严重的贬义词。恰好中华语言很丰富，既然不叫黑帝，就有个称呼叫"玄帝"。玄就是指黑色，这个黑色还带着点红，黑中带红，就解释成玄色。那到底是一种什么样的颜色，可能我们得看到那种原始的颜色或者布料，说这个就是古代人所说的玄色，我们才能够懂得。因为今天我们这个衣料上的黑色，跟古代那个可能就不一样。

也有称玄武大帝的，搞风水的经常说那一套，大家也耳熟能详，但具体什么玄妙说不清楚。左青龙东方，右白虎西方，南朱雀，北玄武。它（玄武）的形象是一只龟，也有的画出来是龟蛇缠绕。那到底是什么样？按照道家书的描绘，你得打坐，进入定境，你观察到什么，就是什么形象。你画出来，没亲眼见到那个形象的，他自然就不知道。所以现在的历史学者，我既尊重他们那种科学考证的态度、严谨的标准，但我也觉得他们有一个重大的缺陷——这可能是大多数历史学者共有的——他们并不打坐修行，并不进入我们道家传承的站桩或者打坐的状态，然后察觉身体和所观测的现象发生的一些变化，这个传承他完全没有接触过，所以完全不懂，结果就造成一个K字形，就是你说你的，我说我的，一个往上一个往下，两条道，彼此还都互相看不上。我们这种讲法，在严谨的历史学者看来，那简直就是胡诌八扯。而有过这种道家传承的，有过一点点修行体验的会觉得，你虽然是严谨，可是你缺少了很重要的一部分，你不知道当年伏羲女娲体会阴阳、传下修身法门，然后代代祖师进行验证、验证之后又有自己的体会……到后来文字越来越丰富，书写的手段越来越方便，解释记录的内容就显得越来越丰富——这也造成了一些学者，比如说顾颉刚先生，认为我们的历史是层层累加的历史，就是原来没有那么多说法，结果查文献到后世，就越积累越多，那就说明是后人编的，好像是也有道理。但我们讲了这么长时间以后大家就会知道，这也可能是一种误解。因为以前产生的那一个意念，就是我们追查你心地当中产生的一个意念、一个想法——古代的记录可能就一个字，像谥法一样，一辈子的功业给你一个字就交代了，盖棺定论，但现在写悼词起码也得一千字以上，所以完全不是一个概念。

那么这个"五帝"，是我们历史上根据五行，然后观察人与天地的关系，就是司马迁所说的"学究天人之际"，产生的一个综合的文化概念，也就是自然界当中存在的一个文化概念叫"自然五帝"。那我们现在学习《史记》讲的这个"五帝"是有真实历史人物存在的，是五位天子叫"五帝"。按照国外的说法，这又不靠谱了。为什么呢？因为你们夏朝存在不存在都还两说，何来的"五帝"？只不过就是一些传说而已。所以我们为什么讲《尚书》讲了二十四讲，中间又插播《五帝本纪》？就是为了和西方史观做一个相对而论的说明，等于是告诉我们的同胞：我们的史观我们自己来梳理；我们的祖先我们自己来"讲述他们的故事"——这个"故事"不是后世编故事会的那种故事，是说过去发生的事情——可能会有错讹，但我们是本着严谨的态度、庄重的心情，根据文献、传承、考古的发掘，进行综合推断而来。这个就叫"历史五帝"。所以两种"五帝"概念，一种是"自然五帝"，是从文化概念上推出来的；另外一种就是我们现在开讲的"历史五帝"，就是五位天子，都是历史人物。

黄帝身世　解说少典

黄帝者，少典之子。姓公孙，名曰轩辕。生而神灵，弱而能言，幼而徇齐，长而敦敏，成而聪明。

"黄帝者，少典之子。" 这显然就是人，不是方位上的文化概念、五行概念、自然概念，不是那个神的概念，是特指这个人。

但是，他一出生就叫黄帝吗？显然不是，这是已经有了这个伟大的称号以后，我们追溯他的生平，意指他，就这么来的。就像我们今天说，"至圣先师孔子者，叔梁纥之子也"，要是按《史记》的写法，应该这么交代吧？可你要说至圣先师是谁？这都是后人的称呼，在孔子出生的时候是没有这种说法的。尽管他活到十七岁的时候，鲁国的权臣已经看出他是圣人的种子，告诉自己的儿子，将来你要跟他学，听他的指导，可是当时是没这种称呼的，所以这是后来有的。但今天我们知道，一提这个黄帝，如果没有做特殊的说明，就是指轩辕黄帝，少典之子。那显然应该说这个少典不管是男是女，黄帝是他（她）的儿子，这是不会错的。古代这个"子"，也指女，但显然现在我们知道黄帝是男的，这就没有疑义了。

接下来要解释的是少典是谁？我们通常会刨根问底，按照西方的说法，人是上帝创造的——《创世纪》里面是这样写的。然后就有人抬杠——那上帝是谁创造的？就像我们说我们断定了华夏文明从伏羲开始，不是伏羲以前没有，从考古学上来说，至少还存在着五千年，因为那时候可以烧陶了——我们论证过，烧陶就要用火，显然进入了文明。

可是，按照《皇极经世》的推演，在那以前还有六万年，也是人类史。结果现在我们的考古证明说，在我们的土地上有近百万年的人类史，但只是动物性的生存。以前那六万年都没有记录，都不存在吗？存在！可是，要讲文明，我们详细地解释过"文"是什么，有这个概念，是从伏羲画卦开创《易经》传统，揭示天地阴阳两仪变化规律，这是我们的文明开始。所以定义文明从这儿开始。

那少典呢？我们现在看三家注解，少典是一个国，也可以称少典氏。所以这位轩辕黄帝是出自少典国或少典氏这么一个族群。就像我们说伏羲的母亲是华胥氏的姑娘一样，伏羲产生于华胥族——古代的称呼就叫华胥氏。但这位老祖母没留下其他任何记录，只知道她给我们生了伟大的开创了《易经》的人文始祖伏羲，其他的不知道。

我们也无法考证中国的史官的传统到底是何年何月设立。现在能明确地记录什么是史，在春秋时代是很明确的。而且史官分左右，一个负责记天子的言论，一个负责记处理国政的大事，所以分左史和右史，形成了《尚书》和《春秋》。但问题是我们现在看到的《尚书》太少了，原来的规模三千多篇，现在只看到二十八篇，再加上被反复证伪的《梅氏尚书》，我们能看到的真假合在一块儿也就四五十篇而已。所以大部分的历史湮没了。

没有证据的东西就不存在吗？就是你没听说过，又没看到任何证据的事情就没发生过吗？显然不是。就像我们今天断案，好像没有任何蛛丝马迹，可是案件发生了，这在今天，这是一个再正常不过的社会现象。有一些案子很难查，好像做得很奇妙，查起来很难，有的甚至几十年以后才破案。那何况是几千年以前的事情呢？这就是我为什么特别强调，对于中华的历史千万别跟着西方的标准跑，他们说不存在，我们就说不存在；他们说没有证据，我们就存疑。我是反过来的：没有证据证明我们这个不存在，我就认同历史书上记载的就是我们的历史，这是我所采信的华夏史观。没有证据证明《古今人物表》当中所罗列的天子是假的，是不存在的，那我就相信班固写到《汉书》里面的、汉朝中央政府认可并颁布天下的、一个朝代公布的正史！那是一个朝代认同的史学标准，为什么过了两千年我们反而认为那个东西不存在了？不但他们不存在了，夏朝也不存在了。说来说去，显然存在着不合理的逻辑。

"三皇"说法　合二为一

解释"姓公孙，名曰轩辕"的时候，又是一大堆互相矛盾的论证，我们先放下，先看下面这几页。这是上一周我突然产生的一个想法，我也不知道这灵感怎么来的，反正记录下来，报告给大家。

关于"三皇五帝"，虽然我们无法说服全世界，说服史学界，说一定是这样的，但我们给出了一个可信服的标准，前六讲我们论证了哪"三皇"是我们所采信的，这一讲，我们开始讲司马迁所采信的"五帝"的学说。"三皇"的说法众说纷纭，我结合考古学和道家传承，认为关于"三皇"的两种说法其实是一种，是可以合二为一的，下面解释给大家听。

一种说法，根据古代的文献，说"三皇"是指天皇氏、地皇氏和人皇氏。很多人解释说先有天皇——先有天，然后有地，然后才有人——听上去也很合理。但我现在的解释是反过来的，是先有人皇。另一种说法就是我们推断的，根据对人类的科技贡献所采信的一个说法，叫燧人氏、伏羲氏、女娲氏这"三皇"。

那么为什么说先有人皇呢？大家看我们在历史和民间上一直有羲皇和娲皇的说法。当然这两种说法也未必就是伏羲和女娲在世活着的时候就有的说法，也有可能是后世加上去的。就是"皇"这种说法或者"帝"这种说法也有可能是后世加的，但是这个说法时间很久。按照这个命名的规则，伏羲氏称为"羲皇"，女娲称为"娲皇"，各取一个字，那燧人氏是称什么？正好就叫"人皇"。燧人氏的贡献就是人工取火，不再是要等着野火烧起来或天打雷把树木击着了——出现这样的难以控制的火，人类利用一下，不是那样的。现在他已经掌握了如何取火，你想用，找到合适的木头摩擦，就可以生火，这就是燧人氏的贡献，人类开始进入用火的时代，所以称为"燧人氏"。那么取中间这个字，就是"人皇"。根据现代考古陶片出现的时间是在一万三四千年以前，所以我得出的结论是，"人皇"这种称呼可能要早于其他两个称呼，最早出现的是"人皇"。

然后有伏羲画卦的阴阳观念，这个阴阳观念就产生了男和女、天和地、阴和阳，所以"天皇"和"地皇"一男一女。从我们现在的角度来看，现在的史学界有新石器时代和旧石器时代的区分，也有母系氏族和父系氏族的历史划分。越是接近我们的时代，就越接近于父系时代。母系时代距离我们更遥远，也就是要再往上推，上古说了算的是母亲，因为可能还都不知道父亲是谁，这是母系社会的特点。那么自从伏羲画卦以后，这件事情是比较清楚的。

后面这些天子，除了女娲，共工氏、容成氏、大廷氏、柏皇氏、朱襄氏、浑浑氏……我们都假定是男子，一直到神农、黄帝现在说的"五帝"，很少出现女皇。整个历史上再也难以出现像母系氏族那样，好像连续都是女子做部族首领甚至做天子的情况。在我们最近这两千两百年的历史之内，只有两位女皇：一个是吕后，八年，虽然没有采用帝号，但她是真实的女皇，由她来处理整个朝政；一个是武则天，后世改了国号又称皇帝的，再也没有了。

这样综合看起来的话，所谓人皇氏、天皇氏、地皇氏和燧人氏、伏羲氏、女娲氏，在某一标准下或者说在《易经》的标准下，是可以重合的。

何为"大人" 何时讲《易》

《易经》里面有一个"大人"的说法。什么是"大人"？大人是"与天地合其德，与日月合其明，与四时合其序，与鬼神合其吉凶"。南先生曾经解释，所谓的"大人"就是我们这样的普通人——只不过你要修。因为我们白天出来活动，并没有跟日月颠倒，我们在天地之间遵守着天地之间的规范，那我们当然就与天地合德。所以这"大人"并不是高不可攀，每个人只要道法自然，自然地也是"大人"。在我们可见的古代史中，称呼有地位的官员为"大人"——现在我们看古装剧，官员之间互相称呼某某大人。

再往前就是君、君子，春秋时期称为君子，而且几乎是在进入现代以前，女子称呼丈夫都是叫夫君，女子等于是服侍的角色，管内不管外。像昌意的夫人叫昌仆，仆人的这个意思是不是从哪儿来的？还需要考证。

这告诉我们，每一个人都是《易经》所称的"大人的种子"，就是你未必会达到大人、仙人、真人、至人——像道家所说那样的境界，但是本性上完全具备。你要是听教，肯听老师的劝告，认真修行，完全可以做到。

德配天地者，就是"帝"，这就是评价。所以我们说这些帝号很可能是后世的人加上去的。后世的人评价，他真厉害，所以称呼他为"帝"。就像我们民国有著名的大师，像印光大师，大家都知道，陕西人，一辈子就在上海讲过一次讲座，因为他口音比较重，所以他劝化世人、教化世人的手段就是写。现在流传出来的叫"文钞"，因为他是写信回答大家的问题，这也是历史条件造成的一个现象。可是在他圆寂以后，被后人、被弟子们共同推为净宗第十三祖。活着的时候没有"祖师"这个称呼，去世了，大家推断他，这个人修得高，所以给他一个"祖师"的地位。很可能"帝"也是这样来的。

它意味着什么呢？它意味着就是明道、明君、明主这种称呼，从中华文化上来讲，和《易经》的传统是直接相关的。作为一个领导人，明白道理，然后又领导天下，在《黄帝内经》所说的道理上和《易经》所揭示的阴阳本质上，其实是合二为一的。

所以有人问，如果给大家开书单，尤其是给年轻人开书单，学习中华国学，时间又短，选两本代表作，选什么？就这两本。但《易经》按照姬英明先生的说法，我们看到的只是原本《易经》的四分之一——我们这个时代的人很可怜，大部分见不着真经。那只能是首选《黄帝内经》，因为它经历过唐代、宋代的总结，我们现在看还相对容易一些。《易经》很多内容，如果你不是悟通了或者有老师直接传给你，你自己就是看市面上流行的这个《易经》的原文，我敢说一百个有九十九个看不懂，看着看着就没意思了，放下了。因为背下来也没用，解释不了，反而看后面的《易传》《系辞》觉得流畅，这个能读得懂。

我们通过《易经》了解华夏文明是比较可靠的，因为这是正传。而且它不是公说公有理，婆说婆有理，而是人人可验证，这是最关键的，它是很准确的。

但是又有另外一句话，"善《易》者不卜"，明白了《易经》以后，"易为君子谋"，不是君子的人，你给他卜那么多东西干吗？明白了天人合一的道理以后，明白了广义相对论的道理以后，明白了德本财末的道理以后，你算它干吗？"但做好事，莫问前程"就行了！而且时间长了，你心里自然有感应，这事儿大体上怎么样心里会清楚的。如果有意外，那就接着做好了，总有一天你会解释清楚或者是观察清楚为什么是这样。

这是中华文化代代努力——有高人做验证，有老师教，再加上自己体会才知道——原来我们有着一个如此伟大的传统，还不被今天所普遍认知——我认为再往后一千年三千年也仍然是只有少部分人会体会得到。它这里面隐含着天地自然运转的规律，包括人。数据太大了，我第一次感受到这个东西的时候，产生一个想法，就是把全世界最了不起的计算机全部联网，把计算能力全部用上，然后把一个人的数据全部输进去——那计算机就死机了，这数据是无比庞大！现在产生了量子计算机是不是能处理这个问题？我也不知道。

现在我们看儒、释、道经典中，最令人不可思议的就是释家经典中记录大目犍连能一夜之间知三千大千世界里面一切生物的数目。这我们敢想吗？你让我一夜之间准确计算大连有多少人口都算不过来，更何况要把大连附近临着的渤海、黄海里的鱼类，地上的生物，鸟类，冬眠的没爬出来的青蛙、蛇全算进来，那怎么算？这就不可思议！我们现在人犯的一个最大的毛病，就是以自己的见识、心灵状态、智慧觉悟的状态，去推断他人的状态。后面我们会解读，现在的史学家也是这个问题，就是以他自己掌握的资料和见识，来推断古代一定不会发生什么，你说的那些"一定"都是一些传说，就是胡说八道。

但我们在这一系列讲座中给大家举了虚云大师出生的例子，我为什么感觉到震惊，因为小的时候看《封神演义》，看到哪吒三太子的出生——它本身就是神话小说，听来以后，噢，原来还有这种出生方式，出来的时候就包在一个肉球里面，得拿剑劈开，一个小娃娃才蹦出来。神话嘛，所以就当神话听，当神话读。你突然见到说一个活生生的人，就在我们近代，然后活着的一些法师还是他亲身教过的弟子，印证过这件事情根本就不是假的，有好几个途径印证它就是真的……你说这对人来说得有多震撼？他出生就是个肉球。他母亲是一个高龄产妇，好不容易求来一个孩子，生下来是个"怪蛋"，郁闷死了。所以虚云大师一辈子的痛苦就是生而不见母，最后从普陀山开始三步一叩，叩到五台山，要报答母亲之恩。内心的痛苦有多深刻，对于觉悟的人，他产生的那种动力就有多么澎湃、庞大、深邃。这是我们无法体验的。

通过这些人、事、物，我们就知道这个伟大的传统我们不能够了知，但是要敬畏它、要尊敬它。因为它可能含着自然的道德、伦理、秩序和规律，你不懂，别人可能懂。

在规律里面我们贯通一下，听音乐的那个乐律同样是规律。音乐那个节奏，你看着是人谱出来、记录下来的，但同样是天地之间自然的纹理律动，它是自然产生的。所以派生出人类的法律，就是规律和乐律是同一道理，然后派生出人类社会的规律。就是天道化为人伦，我以前解释过，当你体悟的时候你会知道，那种自然秩序一定会转化成人类的制度和秩序。它是有规范的，是讲礼仪的。只有讲礼仪才是一个文明社会，只有讲礼仪才是一个文明人。最近中美高层战略对话，大家可能看了，杨洁篪同志说美国人：我们认为你们会遵守基本的外交礼节！换句话说你们连基本的外交礼仪都不讲，他根本就不是文明人！

体会"帝"音 系统推断

上一讲分析过发音，让大家去体会，为什么叫"帝"这个音？并给了它最高的跟"皇"是一样的一个相匹配的地位呢？我想来想去，突然发现天地泰卦"地"在上。大家注意！根据《易经》的辩证思想，天地"泰"卦，恰恰"地"在上！因为它在上，它本于下，所以它要往下去；天，它本在上，但是它在下，所以它要往上去。这样就是上下交通，交通是天地气交，阴阳相合，互相交汇，和合共济，水土合德，中和有德，成为大成！

所谓土德，是水火相合成为土。所以你说黄帝的黄这里面隐含着多少道理！就是因为他是黄帝，所以他讲述的医学道理，和老师一块儿讨论的医学道理被称为"中医"。因为居中——取中和的道理——其实也可以叫"和医"。

大家再注意一下这个 i 的发音。为什么叫"帝"？我们给出了一个出自《易经》的解释，有天地，这个"帝"跟天地的"地"就是同音了，它为什么在上，你就看天地泰卦会有一个解释，至少是聊备一说。易、一、义、极、本纪，都跟这个 i 的发音直接相关。

这样的话我们就知道，整个《易经》应该是中华文明综合考量人类社会现象和自然现象——并且两者相合产生"三才"，就是天、地、人——根据综合的变动情况进行分类、推演，找出规律，进行系统性地推断的产物。所以有了《皇极经世》这本书，大家要看，因为毛主席说，知道历史就可以知道未来。《皇极经世》给我们做了案例，如何用干支纪年配合着卦象，用元会运世的时间概念——十二万九千六百年、六万四千八百年、两千一百六十年、三百六十年、六十年、三十年——准确地推演历史变化，这不很震撼吗？这个推演推到宋朝为止，因为他就是宋朝人。往后有没有推断呢？那显然是有的。但大家能看到吗？几乎是看不到的。为什么是这样？这就是刚才我跟大家讲的，你知道了都不能说。

至于市面上流行的那些什么《推背图》，是真是假不知道。很多人都感兴趣这个事情，到底哪一年发生战争？有什么样的灾祸？尤其是去年，全球面临着重大疫情的时候，这些学说又被很多人翻出来。良莠不齐，不要轻信。我的采信标准就是——是不是见经传——你要说你采用的是《皇极经世》的推演，那我们就一起验证。验算嘛，你得出个数据，我给你验算一下对还是不对，验算完了，也是同样的结果，这就像科学实验一样，相同的条件下能得出同样的实验结果，这就已经验证了，这就是科学上的证实，我们这个推演也是这样。所以感兴趣的要老老实实学习《皇极经世》，还有配套的一本书叫《梅花易数》。

史学缺陷　"公孙""轩辕"

现在史学逻辑的缺陷，第一，没有证据就不存在。你们夏朝没有文字证明，没有文字留下来，所以不存在。弄得二里头考古队队长那位许教授，都不敢断定夏朝一定是存在的。

第二，没有文字就没有文明。这在前几讲当中我们论证过，没有文字依然会有文明，否则六祖就没法解释了。在中国发展到一个高峰的阶段，出现了六祖，不识字。你要想让他讲经，你得先把经文念给他听，他一听，就能听明白，听你念，然后就知道这个经的主旨是什么。

第三，文字、城市、青铜器到现在仍然是文明的标准。网上也会流传一些文章，好像是言之凿凿。但是这个我们已经说过至少两次了，这个标准不能够判定文明，尤其是不能够判定中华文明、华夏文明。我们可以举例子，先师颜子（唐代以后先圣是孔子，先师是颜子，颜回），他老人家弄个瓢喝水——还不是用我们这种精细的瓷碗——瓢饮，用一个竹器——箪食，居陋巷。那时候应该有文字，但好像不在城市，应该是乡间，他也没有使用什么青铜器，那他的生活状态不文明吗？他是孔门当中公认得道的人！所以历史研究不能以现在的思想状况、认识来臆测古代的境况，不能这么推演。不能证伪，就不能否定。

然后我们再看黄帝这个姓，说他"姓公孙，名曰轩辕"。能称呼他为公孙轩辕吗？按照李学勤先生说，这就闹笑话了，绝不能这么称呼，因为先秦的男子称氏不称姓，女子才称姓名。上古八大姓什么姜、姬、姚、妫……都是表示你的母亲是谁，发源于母系氏族，知道妈妈而未必知道父亲。

举个例子，我们通常说周公，名字就是元旦这个旦，周公旦这种说法大家听说过，但是你听说过周公姬旦吗？我们现在倒是说武王叫姬发，文王叫姬昌，这是现代人的说法。当时应该不这么称呼，就跟周公的道理是一样的，他是称呼为周公旦。现在的叫法可以叫姬旦，但在当时人家不那么叫。

就是这段话，"姓公孙，名曰轩辕"，然后就有学者解释，公孙、公孙，先有公后有孙。公是什么呢？比如说齐桓公，齐国的君主叫公。公是什么？爵位。我们讲《尚书·舜典》的时候说过五种爵位，五种爵位有五种玉器相配。进行述职合符、玉器验证的时候，有三种垫布，公侯一种垫布，伯一种，子和男一种。这是我们讲《舜典》的时候叙述的，说明那个时候已经有很完备的礼仪规范。

所以这个"公"是爵位当中的第一等。它还沿用到近古，比如在我们现在所说的秦汉以后，叫"三公"，这种官员是最高的，有点类似于我们今天所说的政治局常委，正国级。那么"公"的孩子，简称公子，这个词熟悉吧？现在我们也说，你家公子，其实那是恭维你。但是在古代某种情况下这是真实的称呼，就是他父亲真的是国公，一国的国王，而且爵位是比较高的，比侯还要高，相当于王，王公大臣。齐桓公就是属于爵位最高的。他为什么不说"侯"？"侯"就低一等了。你看西周到东周，如果说这个国君称呼为某某"侯"，那他就是第二等的爵位。还有"伯"，还有"子"，没听说过"男"——至少我没见过资料。称呼某某"子"，那就已经是小得不能再小的国君了，就那么一小块儿地方。

"公"的儿子叫公子，他的孙子叫公孙。但是公子——至少我现在的见识——还没听说它成为一个姓，但公孙就成为一个姓了。

有不同的意见说，黄帝姓公孙这个不可靠，为什么呢？因为在黄帝那个时候，还没有公的称呼，何来公孙？这是他的理由。好像很合理，为什么这么讲呢？因为只有到尧的时代，《尧典》里我们才能够见到公、侯、伯、子、男五种地位不同的爵位。所以这是一种说法。

"名轩辕"，这个轩辕的称呼大家可以看《史记》，《史记》里面对这个说法有一个解释，我们可以共同地温习一下。为什么叫作轩辕？有的说他制造了轩冕之服，所以称为轩辕。

冕服，我们讲《尚书》的时候给大家描述过，今天我特意穿西装。西装是敞开的，系上扣，它这俩衣襟是对等的。但是，中国古代的汉服是右衽，"吾其被发左衽矣"，左衽是反了，我们正常是右衽。右衽是什么意思？右在下，是左在上，穿汉服是左面压右面。为什么呢？左为阳，左肩膀上是太阳，右肩膀上是月亮，一个太阳一个太阴，是这样的。所以，应该是日在月上，就是《易经》的"易"的写法。我们的服装是有文化的，穿反了就说明你不是文明人，你不懂。那么，这个说法有什么样的作用呢？它对整个古文化有重大的影响。这个冕服，你出去的时候，别人一看你穿冕服，就说明今天有重大的活动，否则的话不会穿正装。正装怎么来的？就是庄正的服装、庄严的服装、华美的服装。最初的那个华美，不是我们今天说的奢华的意思，它是文化的精华，展示出自然之美——但现在这意思已经走样了——我们的衣冠服饰在文明当中是蕴含着自己民族的文化产生的。

现在有人在网上公开吐槽，吐槽到我已经无话可说，就是你一看那图像就目瞪口呆。说为了中西合璧，把那个比基尼的服装和唱京戏的冠冕合在一块儿。大家在网上看到过这个图片吗？好像最近发生的，一群好像刚从泳池里出来的女子，头上顶着唱京戏的是王冠还是凤冠霞帔，就这么一个组合叫中西合璧。那岂不是让人哑口无言、目瞪口呆！

到底什么是文化？我们只能说，自己明白道理以后，你展示出来什么就是什么。行不言之教，然后传给自己的子孙。就是我们对自己负责就好了，如果周围的人感兴趣地问，那我们就解释一下，不问那也就如此了。

这就是一种说法，是因为他发明了轩冕之服，所以称他为轩辕。另外一种说法，说他是在轩辕之丘。皇甫谧是晋代人，说黄帝"生于寿丘，长于姬水，因以为姓"。在山东那个地方。注意呀！他又姓姬了，因为他在姬水，所以他姓姬。这种说法比较靠谱，因为这是古代取姓非常普遍的一种做法。就像我们说有一个学我们文化的国家，造出了类似松下、山口、野田、竹下这样的自然环境的姓，跟着我们学。

"居轩辕之丘，因以为名，又以为号。"是这样来的。出生在哪儿呢？叫寿丘。那孔丘的名字怎么来的？跟他的出生地有关。孔子名丘，字仲尼，因为他妈妈在尼山那儿祈祷。祈祷以后生的孩子都很奇妙。想要小孩还没有小孩的人可以学这一招，就是你到底想要一个什么样的孩子，甚至可以写到纸上，一条也行，十条也行，你期望这是一个什么样的孩子，认认真真地想，写到纸上。然后你崇敬谁，就去找谁。当然我们已经形成了一个比较成熟的文化传统，叫送子娘娘也好，送子观音也好，还有求妈祖的，也许有求女娲娘娘的。不管是崇敬谁，你把你写的这个东西郑重其事地汇报一遍。上香、磕头、供水果，然后回家，再学习文王母亲的做法，静养。然后你看生出来的这个宝贝是个什么样的，也许真能给中华文明再贡献一个伟大的圣人。

我们有一个老师——我接触到多个传统——其中一个就是如何教好女孩子。这个道理多次跟大家报告过，就是有淑女，有贤妻；有贤妻，有良母；有良母，就有孝子贤孙；有了孝子贤孙，按照孔子论证的，因为人在政兴，有好人就有好的世界，心净则土净。有好人，就有国家的强大、繁荣、富庶、文明昌盛，很简单。

那么，整个国家的希望，未来的源头在什么地方？电视上流行说不要让孩子输在起跑线上，然后我得出一个"起跑线"，大家还记得吗？真正的起跑线在母亲未出嫁之前的心地上。这个孩子还没出嫁，受的什么样的教育，品性是不是纯良、是不是洁净，这不但关系一家的幸福，还关系国泰民安。因为你生一个好孩子，给世间带来什么样的运势？你生一个搅闹时空的孩子，依据他的能量大小，世间事件会发生不同的乱象。

古国姓氏　流传至今

再看，黄帝，有熊国国君。他在做天子之前，也是一个诸侯国的国君，就是小的天子，叫国王。那我们现在就能得出结论，在黄帝之前，天下已经有好多的诸侯国。就像我们举例说，现在看到的古国，就是帝鸿氏以前这二十位天子名姓当中，朱襄氏、骊连氏……都是古国名。厉山氏也是古国名。所以，我举例子，为厉以宁先生写学术大传的时候，我考察过这件事情，追溯到厉山氏或者列山氏，厉山氏、列山氏其实都是一个源头。到今天还有这个厉姓，很遥远的。

那更遥远的，我们听到伏明霞得跳水冠军的时候，可能并不感觉到有什么特殊，但你想没想过，伏姓从哪里来的？伏羲。我们讲《尚书》的时候，必定要提到一个人，秦末的博士伏生，那想没想过伏羲跟伏胜什么关系？伏胜跟伏明霞有没有什么关系？

我们现在追家谱，你姓孔，能不能查到你是孔子第多少代孙，家谱上有没有显示？姓姬不用说了，姓王的话，你跟姬晋太子是多少代的关系？姓吴，你跟文王的大爷吴泰伯有什么样的关系？以国为姓，产生了吴姓。那本源其实是姬姓，一段时间变成吴氏，就是吴的家族变大了，又成为姓。

秦汉以后，姓氏就不分了，像现在大家都是统一地问"你姓什么"。如果姓李，那你跟皋陶什么关系？知道吗？皋陶是历史上我们公认的、有记录的第一个大法官。理，审理，理案子的理、经理的理、总理的理，后来衍生出木子李。有人考证说这两个 lǐ 发音相同，意思相同，都出自皋陶。

所以，一追查，我们现在几乎每一个人都跟上古从姓上就有联系。我就注意到《自然》（*Nature*）杂志上的研究，也跟大家报告过，就是用体内的DNA基因往上推，追查往上一千年或两千年之内，你的家族跟另外一个DNA的体系是什么时候进行联姻的，这是能够推测出来的。如果这种技术在未来的一段时间变成一个很简单的常识性的技术，就像"碳14"测定一样，那是不是我们每一个人耳朵上扎一滴血，就能打出一张图表：你这个血液里面显示的DNA谱系，在一千年前跟一个大姓，比如说苏家，和苏轼家有过联姻，两千年前和董仲舒董子家有过联姻，两千五百年前你家有一个祖上嫁入孔家……

汉代班固以后，就没有再出现《古今人物表》了。上古有，现在就没有了，人太多，装不下了。那我们可以自己修，你可以找自己的家族的谱系——如果数据足够大。未来可能也有量子计算机的发展，所以不怕数据大。每一个人都有一滴血输送到一个科学中心，每一滴血里面都会画出你自己的DNA图谱，然后一个相近的图谱就能够推测出你家跟他家在历史上某一个时段，是产生过联姻的。那就看这个样本的指标，你姓什么，你姓李，他姓王，那这两家是有联姻的。如果恰好你又有家谱，就能推测出当时这两家谁娶了谁家的孩子，谁嫁给谁家。这也是一种历史研究的可能。

出生灵异　成而聪明

"生而神灵"，黄帝这个人出生就很灵异，但怎么灵异没有介绍，反正是很神。也许类似虚云大师那样，出生以后有很多瑞相，什么出彩虹啊，满室异香三天不去呀。以前我见到这种说法都是嗤之以鼻，现在见到这种说法就是存疑，既不否定它，当然也很难完全相信。

"弱而能言"，弱，原来以为是"弱冠"，但后来发现这不对，这后面还跟着个"幼"。所以是刚出生就有瑞相，就是婴幼儿期吧，这么解释。"弱而能言"，也就是说他很早就能说话，比较聪慧，说话比较早。

"幼而徇齐"，徇，有一种解释，通"恂"，说明这个人从小就比较温顺、恭谦，而且遵守规矩，执礼如仪。

"长而敦敏"，等到年长的时候，那就是至少按照古代的标准是二十岁，算成人了，"敦敏"，敦是敦厚，德行比较厚，不刻薄、厚道。这为他后来被称为黄帝展示出了种子的原因。因为土德要容纳四方，所以敦厚，而且他聪敏、敏捷、果断、睿智。

"成而聪明"，这比较有意思，我们看《黄帝内经》的开篇《上古天真论》是"昔在黄帝"，中间这都一样，或者是有一个两个字的差别，最后叫"成而登天"。因为《黄帝内经》在至少战国的时候就已经成书了，显然是在司马迁之前，但司马迁没有用《黄帝内经》这一段原文，而是把"成而登天"改成了"成而聪明"，这就是他老人家自作主张了。

"成而登天"是什么意思？传说中黄帝是登天了，还留下大脚印。但现在也有人说那都是传说，他其实还有真实的"原冢"，不是我们去拜祭的那个"衣冠冢"。也就是说，他还是老老实实人间的一个人，也没有登天，还是葬在了人间。

我们无法把那个"原冢"挖开呀，就是现在的手段还不能在地外就能勘测这个墓里到底是不是黄帝的真身，我们还鉴定不了。假如说有可能的话，将来有一种什么手段，去这个"原冢"里面——虽然说已经是几千年的遗骨——看看能不能用某种技术激活他的DNA，验证一下。但这都是我们的猜想或者是妄想。

至少司马迁是不认同"成而登天"的这种说法，就改成了"成而聪明"，勉强解释它有道理。"聪"，就是耳朵好用。尤其是年龄大了，耳朵仍然好用，就是一百岁了，耳朵不用助听器，不用你在底下说一声，我就这样支棱耳朵"啥——？"不是那样的，你轻轻地说，这头就听见了，这叫"聪"，就耳音极其灵。"明"，不像我们这样，念几页书把眼睛都搞坏了，视力好为"明"。

通过他的出生，我们看一下，这里面的争议有多少。"黄帝"我们解释了。然后"少典之子"，"少典"是男是女不知道，哪一国的国君，哪一代，都没有交代，但都这么说，那我们就姑且认同好了。姓，就产生了不同的看法。姓"姬"是比较靠谱儿的，姓"公孙"有人论证当时根本就没这个姓。但问题是如果司马迁在西汉的时候认为没这个姓的话，他不会这么写。

司马迁是一个见识很广博的人，看的书也多，他老师知道的也广——像孔安国，这是孔子的嫡孙，十一代；传他《公羊春秋》的是董仲舒，那是一代大儒；再加上他的父亲司马谈本身又是太史公，所以司马迁听到的上古史的内容，就比我们今天很多人要多得多。他能轻易地犯这种错误？我还是存疑。

"轩辕"，给大家解释了。这就说明在历史上很多事情，到今天有很多的说法，如果没有确切的证据，我们只能采信某一种或者全部存疑。只是我们特别强调，如果没有西方的那种标准下的证伪的文献、证据出现，我们就认定历史上写的基本是可信的。这是我们的基本出发点。

重新制定　文明标准

华夏文明的标准——从现在来推断中华文明，不能用西方的标准来看，我们要自己建立起来相关的观念和标准——大家看：

人工取火。显然在黄帝以前，早就做到了这一点，已经超一万年了。

烧制陶器。当时不但能烧制陶器，到黄帝的时候已经有铜鼎了，后面我们会见到经文。

纺织衣料。从葛天氏那个时候，他既然能造出这个字，说明"葛"就已经存在了。现在发现的纺轮等纺织工具，九千年以前——伏羲以前就已经存在了。纺织的衣料从葛到黄帝的夫人嫘祖发明的缫丝——然后就穿丝绸。

制作乐器。九千年以前的骨笛，贾湖骨笛是一个确凿的历史文物。八九千年以前已经有那样精美的乐器，那传说当中伏羲造琴瑟能是空穴来风、没谱儿的臆造吗？所以我相信琴确实是从那个时候造的。因为在一千年前已经有了符合现在这个七音阶的骨笛，再造出琴来不是什么无本之源的事情。

制造工具。这不用说了，在我们改革开放以前，在农村仍然能见到唐代的那种曲辕犁，好像这一千多年来我们没什么进步。但通过这件事情也能解释——这也是尝试——可能在更遥远的古代，一种工具一直沿用两三千年。

我昨天在朋友圈看到龚应恬导演从新疆背回来两个陶罐子，他就喜欢这种带有古风的东西——我看好像还不如马家窑烧的那个精美。怎么解释？那一万年前烧制的陶，我觉得大概也就那样，看不出任何精美的东西，就好像是用一团泥，然后弄出了一个水罐子，而且烧造的温度显然也不是很高，看上去还是像泥，还不是有很细的陶质那种。你说（毕竟）从制造最初的陶器到现在一万多年了。

修炼方法。在女娲之前，这个方法传了有多长时间？有没有积累？不知道！我们只能说女娲确实传给我们抟土造人的功法，就是修炼中宫，调理脾胃，水火既济，五行顺转，然后五脏健康——弥补我们的先天和后天。

最后变化规律（参天地造化，彻宇宙玄机）。写出二进制的卦象，把天地人事万物变化规律弄出来。在黄帝那个时候，这些东西已经不是什么了不起的东西。

以上七点，人工取火、烧制陶器、纺织衣料、制作乐器、制造工具、修炼方法、变化规律，这是我们总结出来的华夏文明的标准，我们要建立起来自己的标准。

我们这个文明，她的精神状况跟物质状况，不是按照今天人们想象的标准匹配的，不是说物质很落后的那个时候，它的精神文明就不发达，不是这样的。你能说拍现代电影的导演，家里面陈列着那么古朴的罐子，就说他物质很落后，然后精神也很落后吗？显然不是啊！

我们周围很多人都是这样的。

我上一讲穿的那个土布衣服，是20世纪八十年代日本人在大连订的，这跟大家解释过，你能看到我那个褂子，说我不是现代人吗？或者说就是八十年代的人吗？本身我们目前大量的现实就证明着——所谓精神的状况和物质的发达它有可能不是你想象的那种所谓的匹配标准。

所以，西方文明没有资格评论华夏文明——因为他不懂得道家的传承，也不懂得《易经》，而且他们的文明传承是断裂的。现在有大量的资料证明，西方的一些文明是编出来的——一些证据确凿地显示是编出来的东西——日子过得好了，开始编排自己的文明历史。

我们之所以如此强调，就是提醒大家必须摒弃西方的史学观念，不要落入他们设的陷阱，因为如果夏朝不存在，根本就不会有三皇五帝；没有三皇五帝，就没华夏文明，就这么个逻辑。因为没有三皇五帝，就没有黄帝——肯定不管哪一种说法，五帝都包含着黄帝，都抛不开黄帝——没有黄帝就没有《黄帝内经》，没有《黄帝内经》就没有中医——那怎么活过来的？打开中医就是全部中华文化，就是天人合一观。所以不能顺着他们这个思路，必须反过来。

黄中通理　是谓黄帝

大家看这个《易经·坤卦》里面说"君子黄中通理，正位居体，美在其中，而畅于四支，发于事业"。"黄中"是什么意思？一个意思，色黄，位置为中。有一个位置可循吗？没有，你的心中就是这个"中"。你在哪里它就是"黄中"，要通，要通那个理。

　　所以"鸿蒙、混沌"这些词都是表示"中央"，看古书不要被它蒙蔽了。庄子写的混沌，你要明白庄子有所指，那个中央大帝，你也给他凿出七窍来——就像我们今天都有七窍吧？你那个本觉就被凿死了。现在明白过来，你要恢复它。

　　五方各有"帝"，中间的这个中央帝就是"黄帝"，这个解释过，再复习一下。所以区分开"自然五帝"和"历史五帝"，我们才能够把轩辕黄帝是真人这件事情解释清楚。至于经文当中存在的各种说法，如果你理解了我们有"自然五帝"和"历史五帝"这种说法，也就不觉得这些经文都不靠谱。因为在写作的时候各有所指，我们能区分开，就能够搞清楚什么是通称的黄帝，什么是专指的轩辕黄帝，就不会把通称"诸博士"和某一位具体的"朱博士"搞混了。

　　中医，是整体性的医学，是道医。这一点特别重要，经过我们的解释，我想大家应该对它有一个充分的了解。再提起中医，它为什么叫"中医"？是因为中医成学这本书公推为《黄帝内经》，而《黄帝内经》表示的，黄帝有土德，有居中央之义，所以《黄帝内经》的医学可以简称是"中医"。那我们为什么不称"黄医"？是有道理的，因为后来"黄"这个字被用歪了，所以是"中医"。理解了这个含义，才能够学通什么是"道医"。理解不了这个道理，很多治疗的方法在病人身上就不起作用，因为它是关闭的。用我们一个老师的话说，就是没有必死的个性就没有必死的病，死性难改，只好死。如果肯听劝，本性活了，一听就明白，要"中"，才能够把自己救活。

　　对于"五帝"各种不同的说法，比如伏羲、神农、黄帝、尧、舜；太昊、炎帝、黄帝、少昊、颛顼；少昊、高阳、高辛、唐、虞等，我们可以把它视作什么呢？就是在过去没有现代考古方法，没有道家传承的情况下，他听到的和看到的典籍是不一样的。并且，这些人都有帝的称呼，那就选取其中五个，论证他的观点，好像这也无可厚非……不争论了，给大家展示了这些可能产生的纷争之后，我们还是聚焦轩辕黄帝。

"母曰附宝，之祁野，见大电绕北斗枢星，感而怀孕。二十四月而生黄帝于寿丘。寿丘在鲁东门之北，今在兖州曲阜县东北六里。生日角龙颜，有景云之瑞，以土德王，故曰黄帝。"

黄帝的母亲有名字，叫"附宝"。我觉得这个名字非常好。少典国国君应该是娶了这么一个妃子叫附宝。

"之祁野"，之，就是到。祁野，在座有没有姓祁的？这个姓相当古老，古老到在黄帝未出生之前就已经有了这个字，有了这块儿土地，也可以说有了这个诸侯国。

"见大电绕北斗枢星"，这是很难见到的天文现象，北斗一共七颗星，我们在解释《尧典》的时候知道这七颗星各有名字——在勺子头上的那颗就叫天枢。大电，我们现在说有闪电，因为那时候没有人工发电，肯定是天空中自然产生的。至于为什么出现这样奇妙的天象，不知道。就是有一道大电绕着这个天枢星，就见到这么一个场景，怀孕了，叫"感而怀孕"。这些上古天子的出生，或者商周先祖的出生，都不是太正常，很奇异。

"二十四月而生黄帝于寿丘"，说明生于寿丘这件事情好像是没有太大的争议了，但是怀孕二十四个月，这件事情对于我们现代人来说，不靠谱儿，因为我们只能接受十月怀胎。"寿丘"在什么地方呢？这上面解释说在鲁国的东门之北，也就是今天兖州曲阜县东北六里——曲阜那个地方。那就很有意思了，黄帝生在曲阜，孔子葬在曲阜。

"生日角龙颜，有景云之瑞，以土德王，故曰黄帝。"是这么来的。这些话不需要解释。他是有熊国君，他当天子，是在河南新郑。你看出生在山东那块儿地方，然后当国君是在河南新郑这个地方，也就是说，他出生成长，有了一个挺大的活动空间。

武力平乱　确立疆土

轩辕之时，神农氏世衰。诸侯相侵伐，暴虐百姓，而神农氏弗能征。于是轩辕乃习用干戈，以征不享，诸侯咸来宾从。而蚩尤最为暴，莫能伐。

"轩辕之时，神农氏世衰。"这就又有矛盾了。如果您看《古今人物表》，帝鸿氏之后是炎帝神农，没有交代神农是八代。可是司马迁写《五帝本纪》交代，神农氏有八代。八代有多长时间呢？按照李学勤先生说，我们古代三十年为一世，平均算，那至少二百四十年。所以在黄帝之前有八代神农氏，而黄帝距离我们现在大约是四千七百年——所以我们说五千年的华夏文明还不足。李学勤先生说，既然前面有神农是确切的，那么加上这八代神农，三八二百四，四千七百多年加两百四大约五千年左右，就合上了，差不多五千年左右，然后我们称炎黄子孙。

可是在这中间，按照《古今人物表》，还有列山氏和归藏氏。根据《古今人物表》的规制，这种记法，我们认定这两位应该是天子。那好像没有这么明确交代，所以又得存疑。

关键是这两位是不能够忽视的，上一讲给大家简略地说过。因为在列山氏的时候，也可以称连山氏的时候，那个时候的《易经》是以《艮卦》开头。然后到了归藏氏的时候，《易经》是以《坤卦》开头。我们现在见到的《易经》叫《周易》，就是不叫《连山易》也不叫《归藏易》，叫《周易》，也不是伏羲画卦的时候那个先天《易》。这个《周易》现在大家都不太搞得懂，那么以前的那两个可能更不太搞得清楚。但是《易经》的传承告诉我们，这件事情本身有很大的可信性，在那两个人的时代有过重大的贡献。《易经》能是轻易就变化的吗？能在几十年间就产生那么重大的变化吗？我又表示怀疑。列山氏到底几代？归藏氏到底几代？没有交代，所以只能存疑。

"神农氏世衰，诸侯相侵伐，暴虐百姓，而神农氏弗能征。"天子如果虚弱的话，诸侯就强。这个形势很可能是完全真实的。为什么？我们想一想东周后期，也就是战国时期，周天子已经不能够控制各诸侯国。诸侯国之间呢，就开战，就开打。大国欺负小国，打得乱七八糟。所以后来说"春秋无义战"。打到后来就剩七个国家了，所以称"战国七雄"。当年武王建立西周时期，分封的国家至少有七十一二个，姬姓的国就有五十一个，还有太公这样功与天齐的大臣也封了国，大小不一。我们现在好多人的姓，在当时几乎都是一国。你说姓曹有曹国，姓滕有滕国，齐、鲁……这都是著名的。几乎可以说我们现在在座的绝大多数人，你只要有个姓，你当初那个祖先就有一块儿封地，只不过有大有小、有肥有薄。

所以，如果天子运势下降，诸侯就互相打仗，这是一个通病，那当时也应该是这样的。打仗从来都是百姓遭难，这都不用解释。天子管不了，总得有人出来主持正义，所以谁出来了呢？就是我们这位主角，轩辕黄帝。

"于是轩辕乃习用干戈，以征不享，诸侯咸来宾从。而蚩尤最为暴，莫能伐。"

"习用干戈"，就是开始养兵练兵，整顿军备。"以征不享"，就是征伐不能按期如礼、如仪地祭拜天子，上供，不听话的。

"诸侯咸来宾从"，有个人说天下乱所以要树起大旗，主持正义，小国就开始跟着他干，就要附庸于他。如果不跟着他会怎么样？就被灭掉了，就挨打，这是很正常的道理。

而当时有这么一位，"蚩尤最为暴，莫能伐"，谁都打不过他。有学者说这是把中华文化里面最难看和最难听的一个名称给了他。也有人考证这个蚩尤就是阪泉氏，后面有个"阪泉之战"，其实就是跟蚩尤打仗。

炎帝欲侵陵诸侯，诸侯咸归轩辕。轩辕乃修德振兵，治五气，蓺五种，抚万民，度四方，教熊罴貔貅䝙虎，以与炎帝战于阪泉之野。三战，然后得其志。

"炎帝欲侵陵诸侯"，这句话我表示怀疑。上一句说神农氏管不了，然后这一句话又转换成炎帝，神农也被解释成炎帝，就这件事情，我是表示怀疑的：炎帝到底是不是神农，他俩是不是一个？

要"侵陵诸侯，诸侯咸归轩辕"。上面说他管不了，然后诸侯暴乱，互相打仗，百姓遭殃。他"侵陵诸侯"是什么意思？侵，是侵略。如果他是天子，天子叫征伐。这个词用得就很有意思，这是我不能理解也解释不了的，所以不解释，我们还是存疑。"诸侯咸归轩辕"，上一句已经说了，他起来以后很多诸侯就归顺他，跟着他干。

请大家注意这几句话，"修德振兵"，前面这两个字非常重要。如果就是凭着武力，他是不会让这些诸侯咸归的。

"治五气"，这个"五气"有一种解释就是说不是五种天地自然之气，是后世《诗经》所记载的那个《国风》。是仁义礼智信，有风气的意思，是用仁义礼智信这种道德教化去治理国家，教化人民，这个道理好像是蛮有史学的意味。

"艺五种"，艺，是园艺的艺，有栽培、栽育的意思。五种，就是上古时期我们叫黍、稷、菽、麦、稻五种。现在的考古发掘，像余姚那个地方的河姆渡，七千年以前，已经有成熟的水稻栽培。前六讲当中，我们反复地介绍过，大概在九千年左右，我们已经有了像现代水稻培植那种稻叶，有的说是野生的水稻。但这毕竟很早就有了，黍、稷、菽、麦、稻都有了，大豆也有了。

"抚万民，度四方"，这不用解释。后面这个要说一下，"教熊罴貔貅貙虎"，貔貅现在想发财的人整天摸着它，为啥呢？只吃不拉，只往里进不往外出。这可能吗？财富在天地五行中属水；它是流动的，正常的一个积存。所以积存不动，那是不会发大财的，财要活动起来才能发。但是为什么他教这些野兽呢？哪一种解释都不能说服我。有的人说好像是图腾，他的军队就以这些东西为标志。我有点不相信，姑且存疑。

"以与炎帝战于阪泉之野"，这就更麻烦。有的说炎帝跟黄帝都是少典之子，那哥俩儿怎么打仗？还有的说炎帝是黄帝的父亲，他娶了个妃子生了黄帝，我认为这也比较离谱儿。如果黄帝是一个以儿子的身份跟老子打仗，三战取代他父亲的地位，那中华民族后世不会尊他为人文始祖，他也不会让人这么服气。所以这些说法我都不接受。可是确确实实好像是他跟炎帝被记录在这个地方打了一仗。到底怎么回事？这个地方存疑。

"三战，然后得其志"这蛮有意思的，有意思在什么地方？因为我们在近代史上，就发生了三大战役之后国家初定，辽沈战役、淮海战役、平津战役。也是一个文明之内，两大势力对决，战略决战。那当时三战是不是也具备这个意味？因为三战后得其志，得其志是什么？你是前任天子，他是后任天子，他本身还有诸侯国的身份，慢慢地发展势力，壮大，然后战略决战，打三战之后，谁得志？黄帝得志，他成为天子。

蚩尤作乱，不用帝命。于是黄帝乃征师诸侯，与蚩尤战于涿鹿之野，遂禽杀蚩尤。而诸侯咸尊轩辕为天子，代神农氏，是为黄帝。天下有不顺者，黄帝从而征之，平者去之，披山通道，未尝宁居。

他成为天子之后，蚩尤这哥们儿不安顿，作乱，不听。"于是黄帝乃征师诸侯"，就是从各地再调兵再打，跟他又在河北这个地方打了一仗，禽杀，灭了他，"诸侯咸尊轩辕为天子"。

本来打炎帝的时候，就已经应该是成为下一任天子了。可是有人作乱。就像周朝刚建国不久，周公又得东征东夷，平定叛乱。最后为了稳定东方，开始建洛邑，就是今天的洛阳。因为当时的都城太靠西了，不能够辐射到东方，所以又建了个东都。那我们再看黄帝的那个时候，太相像了。他当了天子，然后有人不听，那就打，大战之后把敌人灭了，取胜了之后，他就成为天子，正式代神农为黄帝。

"天下有不顺者，黄帝从而征之，平者去之，披山通道，未尝宁居。"还有不顺的，征之，一直到打服了为止。

"披山通道，未尝宁居"，每一个朝代的建立，你看汉代，刘邦这一辈子虽然当皇帝有几年，不停地就是亲自出征、出征、出征，还在白登山那儿被围七天，差点儿就没出来。要不是陈平给他出了一个馊主意，但后来变成了一个好主意，就是拿金银财宝貂皮这些好东西去贿赂单于的妃子，枕边风一吹，那单于也昏，放了。

接下来的这一段论述就特别重要，就告诉了当时黄帝的版图。

东至于海，登丸山，及岱宗。西至于空桐，登鸡头。南至于江，登熊、湘。北逐荤粥，合符釜山，而邑于涿鹿之阿。迁徙往来无常处，以师兵为营卫。官名皆以云命，为云师。置左右大监，监于万国。万国和，而鬼神山川封禅与为多焉。

"东至于海，登丸山，及岱宗。西至于空桐，登鸡头。南至于江，登熊、湘。北逐荤粥，合符釜山，而邑于涿鹿之阿。"东面到海，所谓丸山这个地方，说在山东的临朐，到达泰山；西面到空桐，就是甘肃，"登鸡头"；"南至于江"，至长江；北，叫荤粥（xūn yù），"北逐荤粥"，不能读成hūn zhōu，因为据说这就是汉代的匈奴。在各个朝代北方的这个民族有不同的称呼，这个荤粥就是汉代的匈奴。"合符釜山"，这个釜山不是今天朝鲜那个釜山，是河北的一个地方。

"迁徙往来无常处，以师兵为营卫。官名皆以云命，为云师。置左右大监，监于万国。万国和，而鬼神山川封禅与为多焉。"

"迁徙往来无常处"，根本就没有一个既定的位置。他的官名以"云"命名，设左右大监。也很让人怀疑，就是那个太，因为古代这个大，像太姜、太任、太姒都是写成大，就是这个左右太监，但和后世那个宦官完全不是一个概念。"监于万国"，它相当于是今天的巡视制度，就是监察各个诸侯国的。这叫什么呢？监察御史、御史大夫？不知道。反正就是等于监督管理的，就像现在我们国家的这个监委会，是取这个职位。"万国和，而鬼神山川封禅与为多焉，"这是古代的制度。

获宝鼎，迎日推策。举风后、力牧、常先、大鸿以治民。顺天地之纪，幽明之占，死生之说，存亡之难。时播百谷草木，淳化鸟兽虫蛾，旁罗日月星辰水波土石金玉，劳勤心力耳目，节用水火材物。有土德之瑞，故号黄帝。

注意这里，获宝鼎，不是铸宝鼎，大家要注意！后世历代历朝，改朝换代的时候，都要把那个象征着天子权力的鼎拿到家门口，这才具备了向天下发号令的权势。这说明在黄帝的时候已经有了铜，铸了鼎。那么，大禹铸的那九鼎，可能在原来的规模之上，因为功劳特别大，又铸了九州山川的那个宝鼎，最后成为传国的鼎。在秦始皇统一的时候，这个鼎丢失了。有一种说法，只丢失一个，我们存疑，而且我们呼唤宝鼎出土，这将是重大的考古成果。

今天时间到了，我们（这一讲）就讲到这里，下一讲再接着叙述。

感谢大家！下一讲再见。

（八）

辛丑年二月十五日　2021年3月27日

　　导语：本讲继续讲解轩辕黄帝，圆满总结黄帝一生的功业、道业、德业：一生神明；征战多年；治世大盛；道业圆成。黄帝晚年一心求道，所以问道广成子是真人、真事、真传承！

尊敬的各位同胞、各位同人：

大家上午好！

我们今天接着学习《五帝本纪》通解，今天是第八讲，讲轩辕黄帝（下）。上一讲相当于是讲了一部分，今天这一讲，会把有关《五帝本纪》当中我们认为需要讨论的关于轩辕黄帝的问题简要地说明一下。

简单地回顾一下，上一讲我们说过，黄帝生于寿丘，这个地点在我们现在中华版图的山东省。他是少典国君之子，具体说是第二个儿子，次子。他母亲是少典国君的妃子有蟜氏，名字叫附宝。生黄帝之前看到特别奇异的天文现象，有闪电围绕着北斗七星最边缘的天枢星，感而有孕，生了黄帝。黄帝后来怎么继承的有熊国君的位置，还是说创立的有熊国，现在查不到特别明确可信的资料，但他是有熊国的国君，后来又号有熊氏，这倒是史书明确记载的。有熊国的地点在河南新郑，似乎也没有什么疑义。黄帝生于山东，定都于河南，后面我们会交代他这一生大体上涉及的中华现代版图的几个省份。

那么，古书上也给大家介绍说，有熊氏、缙云氏、帝鸿氏，包括帝轩氏、轩辕氏，说的都是轩辕黄帝。值得注意的就是我们提示过，帝鸿氏和轩辕氏是不是指同一个人，这是有明确分歧的。因为在《古今人物表》当中，班固是把帝鸿氏列为在神农之前的一位天子。

氏表血缘　以防近亲

提示大家几个细节：

第一，无论是伏羲氏、女娲氏、共工氏、大廷氏、柏皇氏还是神农氏、有娀氏、西陵氏、方雷氏、列山氏、轩辕氏……都是表示血缘关系的。按照我们上古的传统，在秦代以前，区分姓氏是为了保证近亲不要结婚，保证后代的健康。据说在八千年前伏羲氏的时候，我们中华的祖先已经知道避免近亲结婚，所以有一套比较严格的制度。尤其是对于女子称姓，表示你的母亲是谁，这个血统是谁。男子主要是称氏，即使是同一个母亲生的，也要区分你是哪一氏（zhī）。

在学汉代历史的时候，有一个国盛产宝马叫大月氏（zhī），那个氏（zhī）就是这个氏族的氏（shì）。我们现在也说，我小的时候就经常听爷爷奶奶讲，说他是哪一氏儿的，而且带儿话韵，山东口音。我原来以为就是树枝的枝，同音嘛，就像分叉一样，都是一个祖先，然后不同的繁衍，你是叔叔家的，他是二叔家的，他是小叔家的。我们也称呼最小的那个小叔叫老叔，不知道大家有没有这种称呼，最小的那个姨叫老姨，物极必反，她是最年轻、最小的，反而称老姨、老舅、老叔。当时是以为树枝越来越分叉，说你是那一枝的，还觉得理解得挺对。但现在才知道，实际上老人家所指的哪一氏（zhī），就是这个氏族的氏。所以那个大月氏（shì）那三个字，古音标注是大月氏（zhī）。所以这个氏（zhī）表示你的血统，或者说你是哪一脉系。

现在我们人口太多了，即使是男女同姓结婚，这在现在好像大家不觉得有什么问题。因为即使是两个姓李的，也觉得是八竿子打不着的，根本就不认识。古代人口少，在秦代以前，两个姓李的一男一女就不允许结婚，因为是近亲。我们在讲座当中介绍过，想要纳妾，找一个女子，因为她没名，就得占卜，占卜出属于同姓的，那不允许，就那么严格。所以这一点在古代社会非常重要，可是今天变得不那么重要。如果我们不理解这一点，就犯了一个我们现在提示史学家经常犯的一个错误，就是以现代人的知识结构，以现代人的心智、眼界去推断古代的事情——这合理，那不合理，这可能，那不可能，那太不可能了——那纯就是胡说。

我是被教育过来的，这简单地跟大家报告过，怎么被教育来的？看哪吒的出生——说母亲生个肉球——以为这纯粹就是神话编的。后来发现虚云大师就这么出生的，这才知道神话不一定是神话，神话很可能就是真人真事。当然我们是有神话的，有神乎其神、添枝加叶、添油加醋的，把原来比较朴素的事情叙述得扑朔迷离，现在我们搞不清楚真相到底是什么。

我自认有一处学术贡献，就是学习道家传承，因为有老师教，告诉你这就是诀窍；然后再看古书，那唐代的修行人、明代的修行人给我们留下的这些偈语、诗词，就是可考证的，也是准确的。理解了文字背后那个实质才发现，上古那些神话其实也是道家修行，这我跟大家报告过，也写过文章发表，也写在书中——在好几本书中都提到这件事情。就是让我们的同胞知道，虽然看上去像神话，其实里面蕴含的就是我们文化里面核心的传承。这是第一点。

第二点，看黄帝的生平，我们就已经明确，当时已经有国家建制和天子建制。所谓有熊国、少典国在当时应该都是某一个诸侯国，国内的人大概同姓或者大多同姓，他就属于那一氏（zhī）的。所以我们现在看到的这个氏族的氏，表示就是这个族群。所以家国、家国，在古代，家、国是一体的。人口繁衍多了，越来越多，然后地域也越来越广阔，逐渐大家所谓出了五服就不认识了，才有目前的这个状况，即使同一国的、同一省的、同一市的、同一县的彼此同姓了，可能五百年之内都没啥血缘关系。这是目前的现象，但古代不是这个样子。

第三点，在当时已经有"朝代"的实质。是什么意思呢？就是我们在前面的讲座当中说为了方便称呼，把伏羲往后到夏禹之前统称为一个"华朝"，因为都是从华胥氏生伏羲繁衍出来的。是不是一氏慢慢地繁衍出那么多氏，不知道，但一定是有这种可能的，有这种传承的。就像我们列举伏羲氏和秦代的伏胜和现代的伏明霞，他们是一个"伏"字下来的，假如说有家谱的话，一定能连上。

第四点，看黄帝的生平，他至少有三次大战，和现在一样，是"以武制暴"平天下。

"鼎"之意义　国家重器

上一讲我们讲到"获宝鼎"这三个字的时候时间就到了，现在我们接着上一讲这三个字给大家做一个说明。

现在的家里面，我们都不用这个鼎来证明自己的富有。在古代，即使你富有，礼节上也不允许你随意地在家里摆上这个鼎。所谓钟鸣鼎食之家——鼎原来是一个器皿、器具，盛饭盛菜的，可能主要是盛肉这种比较高档的食品，叫钟鸣鼎食。就相当于我们现在说，你吃饭用的这套餐具是某某国进口的，非常昂贵，类似这个意思。

后来鼎从食器、餐具就变成了国之重器。什么时候变的？不知道。但是在《五帝本纪》当中叙述黄帝的时候，我们就看"获宝鼎"这三个字就知道，这个时候它已经不是用来吃饭的，已经变成国之重器了。对吧？否则那么重要的事情，在这么短的篇幅之内，说黄帝得到了一个吃饭的家伙事儿，你想象一下这可能吗？之所以提它，那就是说相当于有改朝换代的意义，才值得一提。你看我们上面的那个经文，今天我们还会提到这段经文，就是东西南北这四方到过什么地方，这相当于我们说国家的版图、天下的版图，非常重要。提这个事情显然就是告诉我们，在黄帝的时期这个鼎已经由食器变成了天下象征性的重器。

当然还有可能习惯性地，铸小一点的鼎，还是拿它做吃饭的器皿，但主要的大型的这个鼎就变成了国家重器。这是可以理解的。就像现在三星堆考古，网上又"开锅了"……

这种食器最初是用陶制作的，因为这个器型我们在考古当中经常见到——陶做的。到后来，看商代的和西周的，就能发现是青铜铸造，底下三个胖胖的腿儿上面是一个圆的锅——是这样的器型。所以这个细节就提示大家，至少四千七百年以前，鼎这种器具已经成为国之重器，这是其一。

其二，说明当时已经用金属，我们猜想应该是青铜，铸作鼎。如果说他得到一个用陶、用泥制作的那么一个鼎，会不会称呼"宝鼎"？隆重其事地，天下都归顺了，说他拿到一个泥罐子、泥鼎，可能吗？不太可能。同样的器型，材质不同会有天壤之别。比如说现在您在某一个陶艺房里面，自己DIY，自己造一个陶制的鼎，材料是泥的，和你在一个著名的厂家用黄金定制一个鼎，它能一样吗？尽管器型外观的大小是一样的，但大家一眼就能知道哪个重要，所以这个器型和材质有着很大的区分。

那么，我们接着再想，他在哪里获得的宝鼎？是怎么获得的？是把人打败了，在宫殿里面直接拿来归我所有？就像武王灭商，把宝鼎移到周朝的都城里，这道理是一样的。秦始皇灭周，让人把九个宝鼎拿来。因为后来这个宝鼎变成九个，是大禹铸的，这是史书上交代过的，成了传国的宝鼎。你要得天下，你得把这个鼎摆出来，因为器型特别大，代表九州，天下都归你，每一州有一个鼎放在这里面。

那现在黄帝这个鼎，并没有交代到底多少个，是一个还是一套，像套娃似的？没有交代。什么材料？没说。这都是现在我们推测，一个是器型比较大，此外肯定是用金属制作的，代表着天子尊位的这样的鼎，才值得这样来说。

铜业技术　　由来已久

在四千七百年以前，我们华夏文明可以铸鼎，那意味着什么？意味着在采矿、冶炼、铸造方面的技术已经很成熟了，而且这个鼎已经被赋予了文化内涵，否则不会叫"宝鼎"。

大家看，（2021年）3月26日，也就是昨天，"中国社会科学院考古学论坛·2020年中国考古新发现"在北京举行，其中湖北武汉市郭元咀商周遗址入选[①]，距今三千三百年到三千二百二十年之间。现在测量的或者是测算的这个精度，已经精密到八十年间。这个铸铜的遗址

---

① "中国社会科学院考古学论坛·2020年中国考古新发现"在北京举行，2021年3月30日，国家文物局，网页链接：http://www.ncha.gov.cn/art/2021/3/30/art_722_166753.html。

是长江中游目前发现规模最大、保存最完好的商代铸铜遗址，三千多年。那黄帝，我们说四千七百年到四千八百年之间是个比较合理的推断，跟这个铸铜的遗址相差大约一千五百年，好像差得比较多。

最近火遍全网的三星堆祭祀坑，距今三千二百年到三千年，存续大概是两百年间。郭元咀这个铸铜遗址三千平方米，它可以精炼粗铜、熔炼合金，进行青铜铸造，这是考古得出来的明确的概念。有个碎裂的坩埚，根据成分能够分析出来，这些铜料来自两个地方，一个是江西的铜岭，一个是湖北的黄石。

熟悉证券的，大家可能会知道有一只股票、有一家上市公司叫江西铜业。三千年以前这个地方就已经出铜，运到湖北这个地方供人冶炼。那么就说明在江西本地那块地方也应该有冶炼铸铜的遗址。他都能输送到那么远去，就是从江西到湖北，我们今天坐高铁大概两小时到，古代可不是，是很遥远的距离。尤其是铜是很重的，虽然是没经过冶炼的矿石，那显然也应该是比正常的土要重，能运过去说明运力也很发达。你想，三千年以后还有一家上市公司叫江西铜业，在当地仍然像是一个支柱产业一样，这说明什么？三千年间它仍然是存在的，只不过就是现代化了，现在规模更大，工艺更精，冶炼的精度更高，如此而已。

但你想象一下，我们往前推一千五百年，推到黄帝那儿，有没有可能当时就已经可以炼铜、可以铸鼎？

所以我就问：一项技术诞生可以使用多少年？我小时候看到农村生产队里农民耕地——显然没有现代化——前面一个牛或一个马拉着，人在那里扶着犁——我后来才知道叫曲辕犁。这个犁是什么时候发明的呢？历史书上告诉我们说那是唐代开始使用的。唐代距离我们现在多少年？超过一千一百年了，农村还在用，一千年间有变化吗？没什么变化。

写字的人会知道，安徽泾县一带发明制造出宣纸，到现在写起来觉得最好用的还是古代技术制造的宣纸，厚实，会制造出生宣、熟宣各种各样的符合你要求的纸。这项技术多长时间？也起码是上千年了。

所以我们推断，现在发现的这个郭元咀遗址或者是三星堆的遗址，这些技术往前推一千多年说它早已经存在，是完全可能的。就是黄帝那个时候采铜矿进行冶炼，然后铸造出一个宝鼎来是完全可能的。因为我们看那个鼎，如果雕花不是很精致的话，它要求的工艺不是很高，只要有那么一个器型的模子，把铜汁浇铸进去，最后一打碎，那个东西就出来。我们现在看到的三星堆这个树，可比铸鼎要细致好多，他弄那么多东西放在鸟身子上面连接起来，这是叫焊接技术还是什么技术，它要求的精度是很高的。

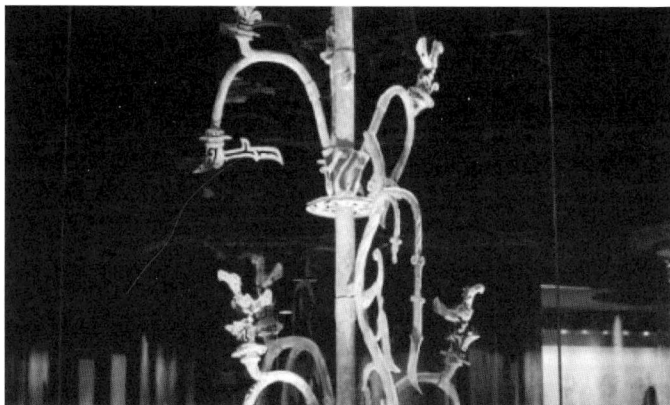

这个树被称为是一号神树，大概高四米多，而且有九只小鸟。你仔细想象一下，首先它得立得住，然后又细又长的，是树枝也好还是

挂架也好，上面再立几个小鸟，你想它要求的那种精细的工艺，是不是比铸一个看上去很笨很简单的方鼎要复杂得多？

再看这个，大家都熟悉，这是标志性的，很像是西方某种现代流派设计出来的。

还有这个金箔制作的面具。首先，能把这个黄金提炼出来，这是其一。其二，他的技艺——不管是用锤子还是什么摊薄的东西——说明已经可以把一个面具做得很精致。这个证明什么呢？就证明我们刚才提到的"获宝鼎"这件事情，绝不是史学家妄编出来的。我们倒推，在当时完全有可能已经能够冶炼金属制作宝鼎。

再次讨论　文明标准

说到这儿，我们再看一下西方文明的标准。我们讨论过，所以现在是再讨论。再讨论什么呢？已经说过，文字、城市、青铜器这三点出现可以认为是一个文明出现了——我越考虑越觉得它是不靠谱儿的。大家现在就想，北京、上海我们的一线城市，一个首都，一个直辖市，全国的经济中心，它们目前的繁华状况和我们刚刚脱贫的不管东西部某一个贫困乡、贫困村，虽然差距巨大，但他们是同时存在的！假如说开车从大连去丹东，走鹤大高速，中间在城子坦下去要口水喝。然后你就发现这个地方还烧着秸秆，是地道的农村，很原始。然后两小时以后，你返回大连到周水子机场，晚上到北京金融街。你觉得你是穿越了吗？离开了这个时代吗？显然不是！那意味着什么？差距同时存在。给城子坦一百年时间，发展不成北京，能意识到吗？发展不了！

那我们现在的考古——我就很奇怪这些史学家，在一个地方发掘出来的东西，就以它为依据断定那个时代——整个那个时代都要符合这里面发现的特征——不符合的话不靠谱儿。为什么？我这有证据，你那么说不符合实际。大家听没听出来他在逻辑上有多么大的缺陷和漏洞？我举个例子，三千年以后，纽约考古遗址发掘出来的那些东西，当然也有可能纽约大都会博物馆里面存在着距今三千年以前的中国的文物，那当时碳14一测定这个东西已经是六千年的。纽约的那个遗址，考古学家怎么也挖不到头，怎么这么大一个城市，他会很奇怪，对不对？那他在美国西部一个乡下，也发现了类似的几个县，跟纽约同时代的，也存在着，比如说智能手机这种东西，纽约也有，这儿也有，他发现两个时代有同一种东西，但是周围的场景——城市的布局、乡村的布局是不是有天壤之别？它乡下跟纽约这种繁华能匹配吗？匹配不了！可是我现在没见到——就在我讲出这个之前——有任何一个学者说古代考古考虑到这个因素。时代上差上百年的东西是在同一个时代存在——这是正常的历史现象！可能有沟通，这个遗址也出现一个现在大家都使用的智能手机，纽约也有，西部乡下也有，但是周围那些场景全部不匹配。那三千年以后的人会不会觉得这很矛盾，这解决不了？就像我们现在一些考古的器物出现，然后学者们就煞有介事地说——这不对，这不是中原文化，这不是地球人，外星来的。他就以为某一些比如说意识流、抽象派、立体派这种东西只是现在才有的，古代人是不会有的。你怎么知道古代不会有？你怎么知道他们的灵感就比我们差？他们的审美观就不如我们现代？我完全不敢做这样的推断，他们甚至可能比我们先进好多！

那个时候我推想没有雾霾，因为他们不会有化学的东西，或者很少有，几乎都是自然的，顶多就是有点碳排放——无非就是天然的烧烤，就是放点秸秆树枝子。那个时候也不可能有大规模煤的开采，也不可能把石油挖出来然后用汽车尾气排出来，产生了大量现代的化学产物，不会的。所以天朗气清，人心要定，一定能看到我们现在人看不到的很多场景。

据此我认为华夏文明史观的文明标准——就是进入文明的标准，就是它一出现就标志着这个地方可以算作文明——我列了这么几条：

第一，用火。会用火就可以吃熟的东西，就可以慢慢地去驱赶野兽，然后制造器皿，比如说陶器。能够制陶，在上面画上花纹，标识上符号，写上文字，这不是文明是什么？所以火的应用极为关键，但是我没看到文字、城市、青铜器这种标准把用火提列出来。

第二，农业。我们现在考古发现有大规模仓储的那种粮仓、地窖，说明已经有余粮，已经有像样的成规模的农业劳作。有农业就会有农闲，有春夏秋冬。有了这些概念，有了这些制度的安排，那不是文明是什么？而且有农闲，古人可不一定打麻将，他们上观天象，下勘地理，中间观察人伦，这文明的起源一定是在情理之中。

第三，陶器。陶器的出土——那就是人类制造出来的工具。你把打火机、一块泥巴、一个模具放到现在你见到的猩猩、狒狒、猿的笼子里面，给它一百年我都不认为它能够造出个陶器来。

第四，音乐。九千年以前，就是9000—8500年前出土的这个骨笛，现在是舞阳骨笛名闻天下。能够有七音阶的这种精致的制造，说明我们的音乐很发达，这不是文明吗？

第五，悟道。无论你生活在一个城市里还是农村里、地窖里、窑洞里，还是菩提树下，是躺着、坐着，还是站着，都没关系，你突然悟明了天地之间的道理，文明就在你那里开始了，你从此就是一个文明人——你把她教给别人，就是文化的过程。

迎日推策　提拔能人

根据太阳制定历法，"迎日推策"，迎，是逆着，前面有太阳。迎风，就是逆风。迎日，就是看着太阳，对着太阳。推策，策，有测算的意思。它是用古代的方法，叫筮龟，就是烧龟壳，然后根据裂纹进行推算。为什么说龟有灵性呢？这是古代人的观念，通过烧龟壳，一炸，炸出纹路，就变成了天然的规律。古人就认为这个东西是可用于推算的。

听讲的同人会有点印象，以前的讲座当中我拿过这个《中国书法》杂志——专门出的一期关于甲骨文的杂志，封皮上这片甲骨非常大气、精美，而且是用朱砂把字涂红，现在还能看得出来是红色的。这说明是国之重器，重大事件。这里面的说明，我再给大家念一遍：

"此为罗振玉旧藏著名精华甲骨大版之一，也是目前发现的字数最多的一篇甲骨刻辞，记述了商王武丁在某年六七月间卜问灾祸和战争之事。"有没有印象？给大家提示过。关键是后面，"武丁亲自占卜后……"注意！是天子亲自占卜。所以这个甲骨器型大，然后用朱砂把字体都漆红了，这就是"典"。我们介绍过什么是册、什么是典，它的礼仪规制是不一样的。

武丁亲自占卜后，判断发生了边患，就是在国家边境地区有人进犯了，这是占卜的结果。几天后即收到土方等入侵的消息。就是提前几天通过占卜已经断定出事了，有人进攻我们了，随后几天战报报来，真出事了。那说明商代国土广大对不对？跑了几天，报到天子。天子早就知道了。

郭沫若考证这个"土方"在今天山西北部河套地区一带，靠近内蒙古。确实我们北方那个地方经常出现外族入侵，今天还会详细介绍北方那些民族从古到今都叫什么名。

"由于所记之事重要，故字迹涂朱，以示郑重。书迹气象浑穆刀法娴熟，是传世殷商甲骨文字的代表之作。"

我们往下讲，"举风后、力牧、常先、大鸿以治民"，然后黄帝提拔能人治理天下，提拔了四个大臣，可能不止四位，但是代表性的有四位，叫"风后、力牧、常先、大鸿"。我们这是看着这个字读这个音，但现在——可能大家听我们讲座以后慢慢地就会多一个心眼儿——就是到底是不是这个字，古今这两个字是不是一个，就不一定；即使是这个字，是不是读我们今天的这个音也不一定。那个"大鸿"是不是"太鸿"就很值得考量思想一番。那要考证起来，我们没那么多时间，就是提示大家一下。

大家往下看，"黄帝梦大风吹，天下之尘垢皆去。"黄帝他老人家这已经是做天子，开始治理天下了。说有一天做梦了，而且做梦醒来之后，他能记得清清楚楚。有些时候我们做梦，醒来知道自己做梦了，然后梦的是啥完全忘了，或者记得支离破碎，好像是影影绰绰有个什么事，但叙述又说不清楚。但你看他这个场景，梦见大风吹，天下之尘垢皆去。一场风，把天下的尘垢全吹走了。如果现在他老人家再做梦，天下的尘垢可不是一场大风就能吹走的，拿推土机推都不一定推得动。

"又梦人执千钧之弩，驱羊万群。"另一个梦，情节转换，梦见有一个人执千钧之弩，说明当时已经有弓箭的发明，很重，"驱羊万群"，就不知道到底多少，反正是很多。就说明这个人拿着强弓硬弩，能够看管上万只羊，或者是上万个羊群？反正是很多，东北话说"老鼻子了"，无法形容。

"寤而叹：'风为号令，执政者也；垢去土，后在也。天下岂有姓风名后者哉？千钧之弩，异力者也。驱羊数万群，能牧民为善者也。天下岂有姓力名牧者哉？'依占而求，得风后于海隅，登以为相；得力牧于大泽，进以为将。"

寤，醒了，"风为号令，执政者也。"学《诗经》一定会懂得"国

259

风"的意思，风行草上，然后大家听你的教化——你往西吹，草全往西倒；你往东吹，然后草就倒向东方。所以国风的意思是一国的风气教化是执政者德行的反映。从哪里来？黄帝那时候已经有这种观念了。

"风为号令，执政者也。垢去土，后在也。"这就像我们打字谜似的，说千里重逢打一个字——重。垢去土，你看这一个提土旁儿加上一个前后的后，土没有了，剩啥？后，所以"后在也"。这等于告诉我们个字谜。刮风，后在也，"天下岂有姓风名后者哉？"天下有没有姓风名就叫后的呢？

"千钧之弩，异力者也"，就是这个人的力气非常奇异，很少能见到。"驱羊数万群，能牧民为善者也。"《管子》有一篇《牧民》，"凡有地牧民者"——后来国外某一教到中国来传他的思想，翻译叫牧师——这都是借用中国的文化，我们的文化被人家借用，然后洗脑我们的国人——到现在不知反省者太多了。

"天下岂有姓力名牧者哉？"跟前面一样，有叫风后的吗？有叫力牧的吗？"依占而求"，依占，就像我们刚才举这个例子。占卜由来已久，而且可能在古代非常准确，不同的人做是不一样的。给你同样一张宣纸，同样一瓶墨、一支毛笔，在不同人的操作之下，一个人把这张纸浪费了，墨浪费了；另外一个人，拿到秋拍上去，可能就值上亿，就这么个区别。识货的人，挖掘的时候知道什么东西是宝贝，什么东西是次要的。

昨天我给朋友转一个视频，是清华大学一个老师发出来的，说在江苏有一兄弟在旧宅当中发现了银元——是真银元。然后旁边还有一个天青色的很漂亮的小瓷瓶，大肚细脖，还有两个耳朵。他一看旁边这些碎的瓷器，碎了以后都是银元，认为这小瓶里面也会有银元，拿着锤子"啪、啪、啪……"网上说打了五锤子，我仔细看应该算六锤。然后结论是一锤两千万，把一个价值一个亿的瓷瓶敲碎了。为什么瓷瓶那么贵呢？是南宋龙泉窑出的贯耳尊。这一个瓷瓶本身，现在市场上就能拍出一个亿。他拿小锤子为了几块银元，敲吧敲吧敲碎了——没办法。

"依占而求"，求到了，"得风后于海隅"，真找到这个人了，"登以为相"。登台拜相，在汉代，汉高祖把韩信封为大将军的时候，就得筑一个台子，真是拜呀，要行礼的，国家的军事交给你了。古代找一个老师，前面孔子像，小孩看着，父亲给孔子磕头，给老师行礼，那就是拜呀，孩子的前途交给你了。

"得力牧于大泽"，他在湖边住，"进以为将"。一个相一个将，一文一武，一个治理天下，一个搞定军队，那他就垂拱而治了。

简单解梦　传世作品

说到黄帝的梦，我们就介绍一下关于梦的理。如果您有兴趣的话，我出过一本书叫《黄帝内经选解》，是《黄帝内经选讲》之后的第二本，比较薄，里面专门有一章介绍了《黄帝内经》里关于人做的梦和所得的病气之间的连接关系，我们简单地揭示出一个模型，就是天人合一——五行规律。

简单地说，你梦到树林、梦到木头，没有其他的特别场景的话，说明你肝有问题，或者肝受到了病气、邪气、湿气的侵扰，所以梦境当中看到了关于木头的场景。常听我们讲座的我这一说，那后面的以此类推，道理都应该明白了，是吧？

梦到火，说明你这两天有可能心火上炎，就是小心心脏的问题，用今天的话说，心脑血管的问题，也可能情绪有问题。

梦到金，马上就应该想到哪儿了？肺。所以梦到金铁，就要想自己的肺脏是不是受到了侵袭。如果常听我们讲座，你想的就不应该仅仅是一个肺了，还应该想到大肠，因为它俩是一对儿，阴阳表里，也可能是大肠的问题。

梦到土，显然你要想一想自己的脾或者胃是不是有了问题。

那梦到水，有些人经常做这种梦，梦到大水，水边，那就想一下你的肾是不是有问题，或者说是不是下焦的湿气太重。

这是《黄帝内经》里面关于解梦的一个规律。为什么把规律告诉大家呢？你知道规律以后，可以以此类推，否则列举式的，你没找出规律的话，永远不能穷尽。出现一个新的现象，你就不知道它意味着什么。知道规律以后根据模型一推，反证梦到的东西跟我现在的身体状况感受到的天地的气节是一样的，是贯通的，这你也不用害怕。哎呀，要死要活的，怎么办呢？都是很物理的，都是很生理的，所以别害怕。

那么黄帝君臣都有传世之作，根据《汉书·艺文志》的记载，风后著了《风后兵法》十三篇。注意，这个人是在"海隅"，我们现在说等于海边，大连算不算海边？如果当时没过海，就是在山东半岛那边。"以为相"，他应该像萧何那个角色，但是他的著作是兵法，是文武双全的一个人。

《孙子兵法》多少篇？十三篇。《风后兵法》也是十三篇，还有图两卷，《孤虚》二十卷。这不是人名，这是关于天干地支相配合的说法，感兴趣大家可以查，我们不介绍。

然后再看力牧，他本身已经拜了将，负责军事，所以他写《力牧兵法》十五篇，这个倒是正常。我们现在就是说风后，他不是写为政法、治理天下之法、经济之法，他仍然写兵法，提示我们什么？兵法和治国之法是相通的。仗打得好的人治国也可以好，文武是双全的。后来在孔子那里面就变成了"凡文事者，必以武事备之；凡武事者，必以文事备之"，文武要双全。后来我们党建军，这个建军史很重要的一点，"支部建在连上"是吧？然后现在大家看，都有军事长官还有政治长官就是党代表，现在叫政治委员简称政委，有两个主管互相配合，相当于是文武双全的配置。

后面这个大鸿还是太鸿，还有个特别有意思的称呼——"鬼臾区"。"鬼"是不是"魄"不知道，"臾"加什么偏旁怎么读也不知道。还有说这个"鬼臾区"就是"鬼容区"，指的是一个。然后这个鬼容区还留下了《鬼容区兵法》三篇，大鸿是他的号，"区"是不是可以加成一个木字旁读"枢"，我们也不清楚。

黄帝找了四位大臣治理天下，有文有武，而且都留下了著作，显然都"有一套"。什么叫"有一套"？有一套行之有效的理论传下来。但现在，除了我们这次讲座以外，大家在此之前听到过《风后兵法》《力牧兵法》《鬼臾区兵法》或者《鬼臾枢兵法》吗？可能没听说过。但是实质上，如果你要了解《孙子兵法》或者《太公兵法》，就是姜太公留下来的兵法，大致会差不多，这就是传承的作用。你没看到以前那个原著，但它的核心精神可能被后世的一个传承者或者是杰出的人物，以那个时代通行的方式和语言重新传达出来。所以，不要遗憾，以为那就是天书，了不得了，我得到它，第二天我就可以做帝王者师，不是那样，不是那么简单。理论背熟了，应用是不是熟练，还是另外一个问题——纸上谈兵这个教训，中国人耳熟能详。

尊重规律　治理完备

黄帝治理天下呈现出一个什么样的状况呢？叫"顺天地之纪，幽明之占，死生之说，存亡之难"。前面就用一个"顺"字来形容，也就是对各种规律的顺应。什么叫"天地之纪"？天纪、地纪，那死生就是人纪了。就像倪海厦说的，天纪、地纪、人纪，表示的都是规律。我们现在可以叫天文、地理、人伦或人道。他怎么办？顺应。用我们今天的话说，那就是尊重天文、尊重地理、尊重人从出生到死这些自然的规律，可以这么理解吧？他是一个很重视我们今天所说科学规律的领导者，别胡来，尊重这个规律。

所谓"幽明之占"，幽，是看不见的，摸不着的，冥冥之中可能存在的。明，就显示在当下的。你要是看过《了凡四训》就会知道，人作善，慢慢地就会改变命运，"幽须鬼神证明"。这是明朝的观念，也是古代的观念，我们今天因为科学昌明，不提这样的说法，但古代就是这样，所以我们得解释清楚。"明须良朋提醒"，就是你周围的人，明着就告诉你，你进步啦，你面色好看啦，你越活越年轻，今年二十、明年十八啦。

但他们有占卜，就是我们举这个例子。占卜有特殊的材料、庄重的仪式，而且不是所有人都有占卜的资格，这在古代绝对是大事，很隆重的事情。不像我们今天很轻率地就作出这样的一个"哎，你给我算一卦，给你俩钱儿"。

注意下面这一段文字，这段文字句式是相同的。"时播百谷草木，淳化鸟兽虫蛾，旁罗日月星辰，水波土石金玉，劳勤心力耳目，节用水火材物。"是不是句式相同？很优美。前面两个字相当于是动词，后面四个字相当于宾语，说的是对象。

"时播百谷草木"，"时播"是什么意思？不误农时，该干嘛干嘛。尊重天地之纪，这就是天地之纪。所以该种粮就得种粮，该秋收就得秋收。

"淳化鸟兽虫蛾"，他的德行连国土内非人类的生灵都受到了沐化，都受到了善待。要注意这一点，这可不容易。用现代的话说，建立了国家珍稀动物的保护制度。国家一级保护动物，国家二级保护动物，不但保护你，而且让你感受到人类的温暖、淳化嘛。我们说文化是讲给人听的，现在连动物都要受到教化。前面打仗有一个词还有没有印象？"教熊罴貔貅貙虎，以与炎帝战于阪泉之野"。

"旁罗日月星辰"，旁，是不是加单立人旁，我还在考量当中，就是"傍"。罗，有罗织、包括、含容的意思。"日月星辰"怎么用这个词？我们通常说要观察、要尊敬，是不是？观天象嘛。包罗万象这个词大家听来很自然，旁罗就有点生疏，好像没听过。那你就换一个词"包罗万象"——万象里面肯定有日月星辰——差不多能理解。那为什么是"旁罗"呢？解释不通就加上个单立人：傍。傍大款，就是依顺、依着你取利，对不对？如果是这么解释的话，根据日月星辰的规律给我们提示出来的指示和现象，然后采取行动。

我不是说过嘛，越读古书我就越懂得"看天色行事"。冬天的时候大雪封门，那今天能不出去我就不出去，不给别人找麻烦，也不给自己找麻烦，这就是看天色，这就是我理解的"旁罗日月星辰"。晚上你看那个月亮，出现了一个很大很大的月晕，明天要刮风，明天跟同学约了露天打羽毛球，算了，上天不让，打不了。这就是看天色行事，尊重自然规律。

"水波土石金玉"，我们想象这个水有可能是哪一个字，波有没有可能是另外一个字？如果找不着，就看这两个字，"水波"，又是做动词用，再看后面这个"土石金玉"，我能想到的就是，从土中找金子，从石头中找玉，有炼的意思。选矿当中比如采煤，必须有水是吧？因为我不太懂，但我看的现象是这样，要有水。（有听众说淘金）对，就这个意思，淘金，采矿，精炼。

"劳勤心力耳目"，心发出意念；人有体力；耳是能听；目是看，这表示人。"劳勤"是什么意思？"劳"有犒劳的意思，但这里不是这个劳，"劳"是我们现在说的劳动的劳。可是平常我们就说，"哎呀，你最近挺辛苦的，又取得好成绩，犒劳犒劳你，做顿好吃的"，这很常见的现象，是不是因为如果你比较勤奋、出力，那么就有这样的奖励，是不是这样的制度？我们今天还叫考勤，考勤制度熟悉吧？上班的人说你这个月的考勤怎么样啊？有没有迟到、早退、旷工、旷课的情况？如果有的话，奖金扣一点；没有的话，足额发放。这说明有人事制度。

"节用水火材物"，这个完全可以采用字面的意思理解。节用水火材物，不浪费。大白天的点灯——这就不是节用。但我们讲座现场，不是开窗的，不点灯，别人从外边一进来，黑乎乎的，这里面还有声音，他会毛骨悚然，那必须得点灯。可是如果有日光的话，大家在教室里面，比如我们读大学的时候，教室的灯你随时可以打开，我们就注意到，大白天的窗明几净，整个教室的灯全亮着，最后学校不得不发出一项运动——节约用电。什么叫节约用电？晚上天黑了，你点通宵别人都不认为你浪费，你只要在那儿看书、写文章、查资料，你这样刻苦用功还鼓励，不差你这点电。但是大白天你就点着这个电灯，那说不过去了。节约型社会，人当时就在提倡。我们现在叫节约型社会，古代就是"节用水火材物"。

经文虽然比较短，但仔细分析起来很有意思，古今是一样的。不要被这个句式、文字障碍住，就跟现在脱节。

整个这句话就说明在黄帝的时代，他四处搜罗文武人才，广罗天下英才，来治理国家，可以这么说吧？所谓这四个大臣，不过就是一个代表。

造成什么样的治理后果呢？农业按天时，井井有条。关于动物，古代有专门的一个词，叫虞，虞美人的虞——农工商虞，它和渔业的渔不是一个概念——这说明对野生动物有一个专门的保护制度。然后对于天文的尊崇，迎日推策，旁罗日月星辰，看天象；对于国土山石采矿，有安排；对于每个人的出勤考核，有详细的制度，有奖惩制度；对所拥有的各种财富、公共财物都有一个精神，节约使用。

这样一形容，当时这个天下治理应该已经是很完备了，所以呈现出四海升平，天下归一，你喜欢怎么生活就怎么生活。你在南方过南方的日子，北方过北方的日子，西面采金淘沙随你。只要不违法、不违犯天纪、地纪，不违犯幽明之占，也不要搞出人命来，生也难，死也难。大家都遵守天下的礼节规矩，所以涵容广大，有土德之瑞，大家称呼他"黄帝"，是这样来的，容纳了四方、四海。

大家看这六个字：广成、广容、广大，这就是呈现出土德之瑞。能够使各方所有的事业规划成功，玉成，就是你的规划都能够成功。不但人类，连鸟兽都受到很好的对待，更何况你的生活方式，就广容、广大，呈现出这样的一个土德之瑞。

华夏版图　东南西北

　　我们再回顾一下黄帝时期的"华夏版图"，上一讲已经简单地说了。"东至于海，登丸山"，这个海，我们今天说就到达山东那个地方，因为已经到了丸山，或者凡山。"及岱宗"，明确地提到岱宗，这就是泰山，毫无疑问。

　　"南至于江，登熊、湘。"南面到长江。湘，早就存在着湘水，现在所说湖南的那个地方。

　　现在你想象一下，从山东到湖南远不远？或者从河北河套那个地方到湖南远不远？那已经是很大的地理空间。

　　"西至于空桐，登鸡头。"后面我们会给大家解释。

　　"北逐熏鬻（xūn yù），合符釜山，而邑于涿鹿之阿。"我特别把这个"鬻"加上偏旁——就是卖官鬻爵的那个"鬻"字——不是熏粥，是熏鬻。"合符釜山"，"符"这个字让我思考了很久，因为《舜典》里面记录，向天子述职汇报工作有一个班瑞的过程，验那个符已经变成玉了，对吧？这个"符"是竹字头儿，说明最原始的时候，没发现玉也没有金属的时候，那个东西是用竹子刻出来的。"而邑于涿鹿之阿"，这个地方就是山下的平地，在河北。他不是打赢了吗？天下平定，就在这个地方建都城。最初建都城，这是史书上有记载的。

　　所以黄帝时期的华夏版图，北面就到了河北和少数民族地区接壤的地方，西面到了崆峒山，现在所说的甘肃。南面到了湖南，东面到了山东，一直到海边。

　　这个"丸山"到底是哪儿呢？我们简单地解释一下。因为"丸山"也有可能是"丹山"，也有可能是"凡山"。大家看这几个古字：丸、丹、凡，很可能刻字的过程当中产生的字体相近发生讹误的地方。所以有可能指的都是一个地方。

《地理志》上说这个"丸山"就在朱虚县，还是山东地界。《括地志》上说："丸山即丹山，青州临朐县界朱虚故县西北二十里，丹水出焉。"丸山就是丹山，为什么？这个地方有"丹水出焉"，说得更加明确，丹山出丹水。

另一种解释就蛮有意思，我们读丸山的音是wán，可是还有一种读音叫huán，是不是方言造成的？不知道。知道这个知识点就行。

《汉书·郊祀志》说"禅丸山"，封禅，是古代的制度。

下面西部这个地方稍微有点麻烦：崆峒—空桐—鸡头—笄头—大陇。

我们看"kōng tóng"，有"崆峒"这两个字，还有"空桐"这两个字，音完全一样，两个字都不同。但"空"加上一个山就是"崆"，对于古代人来说，我们就可以理解成不是错别字，可能原来就是这个字，那都没关系。

再看后面"鸡头"这两个词，我们都认识。"笄头"这个怎么念？还是jī tóu，音是一样，竹字头可以表示一个箱子。

然后后面跟着一个"大陇"，"陇"今天是哪个省的简称？还是甘肃这个地方。

所以大家看，可能"崆峒—空桐—鸡头—笄头—大陇"这五个名称是指一个地方。

我特意查了各种记录。《括地志》上说，这个空桐山"在肃州福禄县东南六十里"。甘肃有甘州、有肃州，甘肃省是古代的两个州合在一块儿。我们去过甘州，所以对肃州也会有点相对的印象，那说明这个《括地志》解释说这个山虽然在肃州，但是对于我们今天的人来讲，它还是在甘肃。

《抱朴子》是道家著名的经典，《内篇》里面说"黄帝西见中黄子，受九品之方"。这个我们不解释。"过空桐，从广成子受自然之经。"这件事情在从古到今的道家传承里面，都是一件重大的事情，就是黄帝的老师广成子传道。

还是《括地志》这本书上说："笄头山一名崆峒山，在原州平高县西百里，禹贡泾水所出。""崆峒山"这个字变了，不是上面的"空桐"了。这个"笄头"跟"崆峒"好像是完全不搭界的四个字，指的是同一个地方。在哪儿呢？"原州平高县西百里，禹贡泾水所出。"泾渭分明是陕西那个地方，但泾水的源头，再往上推，就推到了甘肃境地，崆峒山发源的。发源的时候可能是个小溪，慢慢流，慢慢流，随着地势越来越低，汇聚的水也越来越多，最后就变成了大河。

还有《舆地志》有相应的记载，说这个崆峒山就是鸡头山。虽然"鸡"和"笄"好像又是完全不搭界，但发音是一样的。

郦元云"盖大陇山异名"。大概说崆峒山就是大陇山的异名，这个他不确定，算是猜的，大概就是大陇山的另外一个名字。

所以，从上面各个书记载的情况来看，我们推断"崆峒—空桐—鸡头—笄头—大陇"这五个说法都是同一座山同一个地点。这不是定论，这是我们根据古书来推，供大家学习参考。

《庄子》里面也记载了"广成子学道崆峒山，黄帝问道广成子，盖在此"。就在甘肃这个地方。

西面说完了，我们再看看北面。北面，从古到今我们一直有一群老邻居，甚至是敌人，生死相依，打来打去，纠缠不断。

《匈奴传》上说："唐虞以上有山戎、猃狁、荤粥，居于北蛮。"唐，就是陶唐，尧；虞，就是有虞，就是舜的时期。所以唐虞以上，就说明尧舜以前，就有"山戎"的称呼。后面这个词怎么读？"猃狁（xiǎn yǔn）"，就危险的险那个音，它变成了一个反犬旁，狁呢，允许的允加上反犬旁，一看带反犬旁儿这两字儿，就不是什么好东西，张牙舞爪的，不是驯服的样子。这个"荤粥"，我们特意强调过读成 xūn yù。"居于北蛮"，蛮荒之地，在北面。

然后司马贞这个"索隐"，给了我们一个特别明确的不同朝代有不同称呼的列表。大家看：

"唐虞以上曰山戎，亦曰熏鬻。夏曰淳维。殷曰鬼方。周曰猃狁。汉曰匈奴。唐：犬戎，戎狄。"

尧舜以前，曰山戎，也叫熏鬻。它和"荤粥"这两个字虽然不一样，但指的是同一件事。

到了夏朝就叫"淳维"，这是北方这个族群历史上最好看、最好听的一个名字，在这之前，在这之后，在华夏人的眼里，再也没有什么好印象。

到了商代，就变成这两个字——鬼方。"鬼方"这两个字用不用加偏旁去考量一下，大家可以思考，反正一看上去就不是什么好东西。

到了周代，还是猃狁，但是书上说是獯狁，猃的写法不一样。可是看《管子》，在周代的时候，都知道是犬戎攻进了西周的都城，灭了周幽王，掠走了一笑倾城的褒姒。那是中华历史上重大的变故——一个强盛王朝的都城被人攻灭了——是重大的变化。所以西周之后有东周，就拜这件事情所赐。犬戎为什么能攻进来呢？因为里应外合。为什么里应外合呢？因为周幽王宠这个褒姒，得罪了谁？他老丈人，也就是皇后的父亲。那也是诸侯王，他一想，你这混账东西，当初娶我女儿的时候，人模狗样的，现在想要把她废除，你要得逞了的话，那我的外孙子不没天下了吗？这老人家出了浑招，勾引外族。本来想出出气，结果这些人哪听你的，你说适可而止，教训一下就行，不是那样啊，被攻陷了都城，那就很惨了，我们就不讲了。在《管子》这里面就提到管子是"尊王攘夷"，这个"夷"指的就是山戎。所以说唐虞以上有山戎的称呼，由来已久，在《管子》那里面仍然称呼为山戎。

到了汉代，曰匈奴。这打了好几百年。到了唐代，叫犬戎、戎狄这种称呼。反正我们的北方一直要小心。

黄帝问道　真人真事

我们还是归到正道上来，黄帝问道广成子，大家不要怀疑，真人、真事、真传承。不要跟着其他人讲，哎呀，那个不靠谱儿，哪一年不知道，黄帝有没有这人，不知道，说广成子活了一千两百年那更是胡说。当时我就举宝掌禅师那个例子给大家作例证，人家是从周代一直活到唐代，有明确的历史记录。你说广成子活一千多年是胡说八道，那我们举一个真活一千多年的宝掌禅师；你说三太子出生是肉球，是编神话故事，那我们就说有虚云大师在，他就那么出生的。

所以对历史，不能亲身证伪，就要尊重它。有可能存在，顶多是存疑，你说我证明不了它，但是我也反对不了它。尤其是面对西方的时候，对于我们流传下来的一些传承，要进行维护。因为现在西方史学观念就是，尽力地否定中国夏朝的存在。中国夏朝不存在，那中华文化能存在吗？我们所有的经典都是从那儿发源的。没有了《易经》，还有华夏文明吗？

广成子他老人家如何考验黄帝的我们不细说，如果你感兴趣可以去看《黄帝内经选解》那本书，有过一点讲解。我主要给大家说一下长生之道这个内容。

"至道之精，窈窈冥冥，至道之极，昏昏默默。无视无听，抱神以静，形将自正。必静必清，无劳汝心，无摇汝精，存神定气，乃可长生。目无所见，耳无所闻，心无所知，汝将守形，形乃长生。"

这就是"至道"的状态，"至道之精，窈窈冥冥"，注意，这跟"窍"是相关的，那个"窍"，底下是用的"巧"。你看《道德经》就知道，这种东西点破了，你就知道，凡是这种字，你就想一下在身体里是哪一个部位，哪一个穴位。

"冥"就是"北冥有鱼"的那个"冥"，你也可以加上三点水，这两个字可以通用。"北冥有鱼"我们详细地解释过，身体的北方就是身体的下方，有了欲念，就说明阳气要上升，至于鱼化成鸟都是形容。这就是2007年12月份"火神派"的大医周元邻先生亲口告诉我的，修行的秘诀就两个字——气化——在《庄子·逍遥游》里。看到这个"冥"，你就要想到这就是人体的规律。本于天者，它自然就会往上，本于地者，自然就会往下，上下相交叫交通，交泰，在中土和合，土德大成。土德大成，你就能够身体健康。所以《易经·坤卦》上说，君子黄中通理，正位居体，美在其中，畅于四支，发于事业，美之至也。简简单单，你要明白呢，就把从生理、心理一直到外面的物理……这些个道理一理贯通。不明白呢，你背一千遍，背一万遍，你就是个复读机——不知道里面有什么道家修行的内涵，你改变不了自己的身心状态，顶多就是脑子记文章，嘴里复述，雨过地皮干，没得到真实利益。

"至道之极，昏昏默默"，不是像我这种整天地说说说，开口神气散，消耗嘛，这就是消耗。

"无视无听"，也可以是那个"勿"，"勿视勿听"，不要的意思。当然这好像讲得有点强硬，就不自然。"无"，你可以理解成就是很自然地我无视无听，眼睛不要看，耳朵不要听，就是闭关的状态。

"抱神以静"，你自己的本神要静。《大学》里面说，知止定静安虑得，归根曰静，形将自正，你的身形自然而然地就会充盈地正起来，就不会是这么罗锅八相地栽歪着。身体自然地就像气鼓足了一样，"形将自正"。或者练太极，教你抱球。一伸手，气感就来了，然后团拢团拢，收回来。

"必静必清，无劳汝心，无摇汝精"，能不操心就不操心——楼宇烈老师的原话——"管好自己，管好自己家，天下太平。"别操心那么多，谁和谁又好上了，谁谁又上头条了，你关心那干吗？跟你半毛钱关系没有！你把自己的生命全都浪费了，这就是劳心、摇精。你发出这一念，你自己的能量就在往外消耗。人怎么早死的？过早地消耗掉了，把电量弄没有了，自动关机，Game Over，就结束了。

"存神定气，乃可长生"，心浮气躁呢？就短寿。

"目无所见"，不是看不着，若真修道人，不见世间过。她到哪国生孩子，跟你啥关系？你操心那个干吗？弄得好像挺热闹，一天天资讯发达，结果回看一下自己的正经营生，啥都没干好。当老师的把自己要讲的东西看好；当学生的把自己的课业温好；你是单位的一把手，你把这个单位管理得井井有条，所有的职工能拿到自己的薪金甚至奖金，这就是你的德行、你的本职，你成就之道，不要再去外面另找一个。

"耳无所闻"，那些乱七八糟的事，这耳听，那耳冒，跟我没关系，没影响。

"心无所知"，灵灵明明的状态。这一提，啥都知道，啥都知道——你就啥都不知道，啥正经事都不知道——不正经的事，什么花边新闻，上不上头条热搜的，跟你啥关系！

"汝将守形，形乃长生"，你这个身体——这一世肉做的机器——就叫"形"，就会长生。什么叫长生？一百二十岁呀。

广成子的师父到底是谁呢？说黄帝已经很久远了，他还有老师，叫广成子。那我们会不会追问一下，广成子的师父是谁？这个要想啊。

我们现在进行的这个讲座，是综合司马迁的《五帝本纪》，加上他前面没论述但《汉书·古今人物表》里列出来的上古人物，对接，形成这一次讲座的连续顺序。我们要把"三皇五帝"的事情，按照现有的文献，结合考古发现的一些可资证的材料和我们了解的活的道家传承——能够给我们进行合理推断和支撑的这个传承——综合起来，才有了现在的这个讲座。所以明白我们现在处在哪儿，为什么会有这样的一些认识、结论、推断，没有解决的应该怎么样去思考，这是出于对华夏史观的尊重、维护、传承。

古字用法　黄老传承

因为讲到"广"字，我就想起来，再罗列这些字：广—廣—黄，补充一下。汉代治国初期称"黄老之学"。读古书的时候，心里再多个心眼儿，要是严格按照现代的字，你可能就理解不了。

我们再补充几组古字的用法：里—理，成—城，粥—鬻，骨—滑，空—腔，内—纳，乔—桥。

大家看这个里和这个地理的理，就缺了一个王字旁儿，我们现在说的"地理"，古书里是"地里"，这是古书上出现的原词。按照今天小孩一看，老师，这是个错别字。但在古书上它这么用是正常现象，你自己填上去，否则你读不懂。

这个成，成功的成，就是城市的城；这个粥变成鬻，大家能想到吗？要是没有人提示的话，或者我不看到资料的话，想不到；包括上一讲给大家讲的帝江氏就是帝鸿氏，谁能把长江的江想成那个鸿雁的鸿呢？缺那么大一个偏旁儿，好像一大半没有了，这一般很难想到；还有这个骨头的骨和滑之间，空和腔，内和纳，乔和桥，乔后面会用到。

在北京学习遇到姬英明先生，他给我们讲，老子是周代的聃公，所以有称为老聃的。聃公的制度就是教化宗子的，这个宗子就是后世所说的太子，他从小受教化，是要为未来做天子做准备的。所以他一出生，只要他是嫡长子，这套制度就起作用，就会有最好的老师，通常是他爸爸的哥哥或者弟弟，也就是说他的伯伯或者叔叔，本身就是他的长辈，然后又加上是学问渊博的一个人，选出他，作为聃公，教化下一任的天子，是这样来的一个制度。可是他这只是口头传承，他讲给我们，我听来有道理，但史书上没见过这种制度的记录，我只是提供给大家。

我们这里提到教化"宗子"，就是嫡长子可以继承天下。即使一个妃子先于正妃有了孩子，就像刘邦的长子刘肥，他是刘邦跟吕后结合之前就有的孩子，不是吕后生的。因为吕后是明媒正娶的正妻、正后，所以她生的刘盈才是嫡长子。刘肥即使是老大，是庶子，不能接天子位。古代这套制度，大部分时间执行得很严格。王国维先生写过《殷周制度论》也论到了这一点。

黄帝子室　一生功业

我们现在看《五帝本纪》经文：

黄帝二十五子，其得姓者十四人。

黄帝居轩辕之丘，而娶于西陵之女，是为嫘祖。嫘祖为黄帝正妃，生二子，其后皆有天下：其一曰玄嚣，是为青阳，青阳降居江水；其二曰昌意，降居若水。昌意娶蜀山氏女，曰昌仆，生高阳，高阳有圣德焉。

"黄帝二十五子，其得姓者十四人。"这二十五子可并不一定齐刷刷地全是儿子，要注意，很多人忽视这一点，最初我读也忽视这一点。最近的讲座给大家提示得多了，我自己也明白过来，人说二十五子可没说是二十五男子，这"子"可是男女都包括的。

"其得姓者十四人"，这很多注家就解释错了，或者至少不那么令人信服。我们问一句，这一点就明白多了，到底几男几女？没说，很有可能女子并未得姓，跟母亲姓，只是强调自己的氏，做区分，然后他的儿子跟爸爸一个姓。那我们就可以做一个假设，十一个女儿，十四个儿子。

然后还有另外的一种思考方法，如果都是男的，"其得姓者十四人"，这十四个人跟他的爸爸一个姓，那另外十一子是不是各有姓氏？有这种可能，对不对？那么另外的十一个孩子，因封国、封地的原因，就以其为姓了。十四个人同姓加上这十一个姓，正好是十二个姓。史书上明确交代给我们这十二个姓——姬、酉、祁、己、滕、任、荀、僖、衣、葴、姞、儇。姓姬不用说了，姬水嘛；酉；祁，因为他母亲是到祁野见大电绕北斗枢星怀孕；己，自己的己；滕，我岳母就姓滕，没想到是这么久远的一个姓；任；荀子的荀；僖；衣，我们学校还有老师姓这个衣；葴（音真），这个姓很少见，你查字典都不标注它是姓；姞，也少见；儇，也少见，比较古了。

我们再看黄帝的家室与子孙。"黄帝居轩辕之丘，而娶于西陵之女，是为嫘祖。"

他在轩辕这地方居住，然后有这么一个号，这可以理解了。黄帝娶的是西陵氏之女，叫嫘祖，是正妃，这个没有异议。西陵是个国名，虽然并没有强调说她一定是那个国的公主，但是我们想，黄帝本身就是国君之子——很容易想象，她不是大户人家的，就是国君之女。从西周来看，几乎全都是国君之女，全天下的国君都想娶齐国的姜姓女子。因为这相当于是周天子的老丈人之家，关系就越处越近，而且齐国出美女，就是姜姓出美女，这是从古到今一直有这么个说法，从那个时候就开始了。

皇甫谧有这么个说法，说黄帝有四位妃子，元妃就是西陵氏嫘祖，生了儿子叫昌意。三个次妃，方雷氏叫女节，生的是青阳。这个观点和我们现在学的《五帝本纪》不一样吧？《五帝本纪》里面说青阳和昌意全都是嫘祖生的。第三个妃子叫彤鱼氏，生的是夷鼓，他另外一个名字叫仓林。《国语》上说，夷鼓、仓林为两个人，这两个人可能姓己，也可能都姓姬。这就是史书上记载的不一样的地方。最后一个妃子叫嫫母，《古今人物表》上这个嫫不是这么写的，根本就不是一个字，是一个手巾的巾，加上一个每日的每，我这打不出来，只能叙述给大家，手巾的巾加上一个每日的每，后面是这个母字，排列在上面这三位妃子之后。

史书上记载得不一样的地方，我们说是有待解决的疑问。大家看，在我们主要依据的《古今人物表》里面，班固写的是彤鱼氏生夷鼓，嫫母生苍林，夷鼓是己姓，苍林是昌姓，这跟皇甫谧说的就不一样了，而且方雷氏生的是玄嚣。《古今人物表》、皇甫谧都和《史记》不一样。皇甫谧说青阳就是少昊，是方雷氏生的，这个少昊就是少昊帝金天氏，在《古今人物表》里面，在黄帝轩辕氏和颛顼帝之间。这个传承顺序我认为是符合历史时间顺序的。否则的话，黄帝直接传给孙子辈的，相隔那么久远，而且他那么多儿子，二十五子，男子女子一大堆，就没有一个成才的？这概率也太低了。

所以相信少昊就是方雷氏所生，为青阳，这非常符合当时的历史环境。再考虑到《古今人物表》是汉代政府公开颁布的朝代史，我认为这一点好像比《史记》里面的写作更加令人信服。否则这个少昊帝金天氏没法安排，也解释不通。那《史记》的依据是哪个呢？《史记》的依据是《大戴礼记》，就是各有所依。为什么我们说有待解决呢？提示出来，给大家做一个继续参考的依据。我们总结到这个问题，如果您哪一天看到考古和新的资料，说这个问题往哪一方向去理解更加容易，那就是我们的一个突破。

"嫘祖为黄帝正妃，生二子，其后皆有天下：其一曰玄嚣，是为青阳，青阳降居江水；其二曰昌意，降居若水。昌意娶蜀山氏女，曰昌仆，生高阳，高阳有圣德焉。"大家看，这就是《五帝本纪》里面的原文。把这两个孩子都列为是嫘祖的后代，老大叫玄嚣，是为青阳，降居江水，老二降居若水。"降"是啥呢？就是帝子为诸侯叫"降"，天子的儿子到诸侯国去居住任职，叫"降"。所以"青阳降居江水"，那就说明天子的儿子被封到江国做诸侯，这叫"降"。

第二个儿子昌意"降居若水"。这若水在哪儿？蜀国，到朱提县为卢江水。安徽现在有个庐江县，有印象吗？那古代有这么一个"卢江"，是不是一个地方，还得再继续考证。但是通过诸侯国作为天子儿子的封地为"降"这个词，我们就能够看得出来，实际上当时有天子的建制，有诸侯国的建制，然后这俩儿子都受了封，有诸侯国。一个叫江国，一个是蜀国。

昌意娶了蜀山氏女，注意，他封在蜀国，然后娶蜀山氏女。娶了当地诸侯或者是已经存在的原住居民势力的孩子，为自己的妃子，"曰昌仆"，名字倒是起得挺谦卑的，可是生的孩子是圣人，"生高阳"，这个高阳就是颛顼帝。

少昊帝到底是不是玄嚣？司马迁认为不是，他没写，《汉书》也未说明玄嚣是少昊帝，但表中列明少昊帝金天氏在黄帝之后，颛顼帝之前。按照父子相承的惯例，符合历史的正常顺序。所以在这一点上，我有点倾向于《汉书·古今人物表》和皇甫谧的说法。因为按照他们的说法，玄嚣是黄帝的嫡长子，所以他要是少昊帝金天氏的话，特别符合古代的这种嫡长子继位的传承制度。但是这么重大的事情，史家为什么不叙述呢？我居然还能查到一个解释，一位叫宋衷的先生（这个名太难听了），宋曰："玄嚣青阳是少昊，继黄帝位者，而史不叙，盖少昊金德王（大概是因为少昊以金德王），非五运之次，故叙五帝不数之也。"既然能查到，说明可能是有依据的。

什么叫以金德王就非五运之次？这是让我特别怀疑的。黄帝有土德之瑞天下公认，对不对？按照五行的顺序，土生什么？土生金，他有土德，儿子以金德做天子，以金德王，和炎帝以火德王，黄帝以土德王，这有什么毛病吗？不正好吗？这是我特别有疑问的地方。

但是想来想去想出了这么四个字，难道是说当时发生了"武力争夺"的事情？有损于皇家的德行深厚的形象，史家不叙，直接说到颛顼去？就像我们现在看《明史》，朱元璋没传给儿子，直接把皇位传给他的孙子建文帝朱允炆，然后北面燕王朱棣装疯卖傻，骗过了朝臣，起兵攻陷了南京，再营建北京，最后从南京迁都到北京。这是明朝的历史，真实发生的事件，爷爷不传儿子传孙子，然后他的一个叔父就不干了。当然这纯粹是我的猜想，提个问号供大家去继续研究。

那么这个颛顼在蜀国出生就很奇异，《华阳国志》上说："蜀之先肇始于人皇之际，黄帝为昌意娶蜀山氏，后子孙封焉。"蜀的先人的肇始于人皇之际。人皇，上一讲我们推是指燧人氏，非常久远，比伏羲氏还早。"黄帝为昌意娶蜀山氏"，这是天子主持的，给自己的二儿子娶了蜀山氏的女子。然后他的子孙有封地。

在《河图》上说："瑶光如蜺贯月，正白，感女枢于幽房之宫，生颛顼，首戴干戈，有德文也。""瑶光如蜺贯月"，大家回去查北斗七星了吗？哪个是天枢？哪个是天璇？哪个是天玑？查了就知道有个星叫摇光，是吧？"感女枢（也就是昌仆）于幽房之宫，生颛顼。"因为今天我们主要讲黄帝，这个就提示一下，生了颛顼——"首戴干戈，有德文也"，印象是他一出生，脑门子上就写着"我是圣人"，是不是那样？"有德文也"，德国的文字？不是。有德行的征兆，就是有瑞相，这个意思。

看黄帝这一生的功业、道业、德业，从出生一直到晚年离世，一生神明，有很多传说。在现实当中"未尝宁居"，征战多年。治理当世为大盛，道业圆成。天下治理完了，他的晚年是一心求道，所以有问道广成子的情况，甚至也有说他登天了，还留下了登天的大脚印。

总结一下，黄帝生于山东，战于河北，都于河南，求道于甘肃，最后葬于陕西。不管是衣冠冢，还是真实的冢，都葬在陕西。寿于中华，只要我们中华文化在，死而不亡者寿，他就一直存在！

那么，黄帝陵到底在哪里？刚才我们说了，葬在峤（桥）山。有山字旁的"峤"和木字旁的"桥"两种说法。钱穆先生说有三个桥山，他举个例子说一个在黄陵县。为啥叫桥山呢？下面有一条河穿过，这个山在上面，所以山就像河上面的桥一样，所以叫桥山，有黄帝陵。我们小组去过。

今天圆满地把黄帝这一生介绍给大家，他老人家对中华文化的影响是非常巨大的，是我们人文始祖之一。慎终追远，民德归厚，希望大家能够把他的精神发扬光大！

感谢大家！下一讲再见。

（九）

辛丑年二月二十九　2021年4月10日

导语：根据司马迁《五帝本纪》记载，在神农的时候，就已经有了明确的国家制度、文明制度。本讲主要介绍颛顼、帝喾二帝皆是英明君主，在位时间长，百姓安乐，天下咸服。不过，天子位的继承历来是纷争不断，从黄帝开始就疑问重重，作者根据多种资料，大胆推测，给予合理解释。

尊敬的各位同胞、各位同人、各位同道：

大家上午好！

我们继续学习《五帝本纪》，今天是第九讲。上一讲，我们把涉及黄帝的内容基本上做了一个简要的交代，今天进入黄帝之后的分析推理。

国家制度　神农已有

对以前的内容有这么两点提示：

第一点提示，根据司马迁在《五帝本纪》当中的记载，在神农氏做天子的时候，我们国家——我们只能这样讲，或者说我们这个国度——就有"诸侯国"的制度；有明确的"天子"，天子有"号"，称"帝"。

古代不像我们今天用纸、用笔、用电脑这么方便，所以，用词、用字都是惜墨如金。在我们现在印刷的这种版本的书籍当中，短短一段之内，司马迁五次提到"诸侯"的概念，不知道大家对这一现象有没有印象，所以我读给大家听。这是我们已经讲过的内容，忽视了就对当时有诸侯的这种制度不了解，就会产生很多文化上的误解。

"神农氏世衰"，因为神农有八代，这不是指当时开创的那个神农。有一种说法，说这个神农是皇甫谧所说的帝榆罔，也是一个天子，但是属于神农氏末代天子。"诸侯相侵伐"，这是这一段第一次提到诸侯。天子控制不住，诸侯之间发生战争。第二次提到，"诸侯咸来宾从"，就是轩辕黄帝崛起，各个诸侯发现有一个特例独出的可做天子的人物，都来宾从，这是第二次。第三次提到，"诸侯咸归轩辕"，都归顺他，这是第三次提到。第四次提到，于是"黄帝乃征师诸侯"，黄帝从各个诸侯国征调军队——这已经是最高权力才能实现的动作。第五次提到，"而诸侯咸尊轩辕为天子，代神农氏，是为黄帝。"

没有确切的依据，司马迁不会这么用。尤其是不会这样反复地用，所以提示大家要注意，在至少四千七百年以前的中华大地上，我们的诸侯国制度，从诸侯当中推选天子已经是一个成熟的制度。我们自己要改变以前一翻古书，说尧舜禹之前都是神话、都是蛮荒、都是茹毛饮血的态度。一提到他们当时的存在状态，就用两个字叫"部落"来形容。一提部落，就会把中国古代的文明程度迅速地拉低。

要知道我们那个时候已经有诸侯了，各个封地上都有做侯王的领导人。如果不是有确切的史料依据，太史公司马迁不会这样反复用笔，来叙述他们的存在，交代他们的身份。所以提请大家注意，当时有明确的天子，轩辕氏轩辕黄帝，绝不是最初的那个人文始祖，说他是第一位天子，不是那样。

从本次讲座开始，我们就反复地跟大家说，华夏文明从伏羲开始算起，是因为那真叫"文明"——通过二进制的方式把叫作文、叫作道、叫作规律、叫作真理的东西"明"于天下，所以，我们的"文明"真的开始了。

之所以叫华夏，是因为他的母亲是华胥族的姑娘。有史学家认为"华胥"和"华夏"可能是异体字，这是一种很贴近的说法。我也斗胆把当时到夏朝之前漫长的几千年的时间，统一称为"华朝"。没有文字记载，我只能这样称呼，所以也叫"华夏"。

天子不但有位置，而且各有其"号"。我们现在还流行这种说法，说这个人有号，在江湖上有称号。这个"号"从哪里来的？就是从至少五千年以前，这个人如果有德、有能力，那么他就在天下拥有自己的一个号，就是名字之外会有一个称号。而且当时已经称"帝"，这是毫无疑问的。很多人的史学知识限于第一个帝就是秦始皇，完全错误！

礼仪之器　炎黄关系

第二点提示，关于宝鼎。能够制作"宝鼎"，意味着早有青铜冶炼，意味着"文明"早已经制度化，而且礼仪化，已经超出了鼎原来用来煮肉、煮食品的功能，变成了一种礼仪之器。

再看《帝王世纪》里面这一段："神农氏，姜姓也。母曰任姒，有蟜氏女，登为少典妃，游华阳，有神龙首，感生炎帝。"说神农氏姓姜，是上古八大姓之一，都是带女字旁儿的。"母曰任姒"。大家看一下，神农氏姓姜，他母亲任姒，是不是能想起来我们说周朝三代圣母？我们说太太的来源——文王的奶奶、妈妈和太太分别叫太姜、太任、太姒，这个字从哪里来的？是不是跟神农氏有关？那我们从文字上找线索，我觉得是不是受了当时的影响，有这样的称呼。

那么，炎帝和黄帝是什么关系？

史书记载，炎帝是少典国君的后代，也就是神农氏的初代，母亲有蟜氏，见神龙而感生。

我们讲座进行到现在，大家对古代这些伟大人物的出生可能有一个了解，都很神奇，要么吞一个鸟蛋，要么踩一个大脚印，要么就是看一个非常奇异的现象，然后诞生一个伟大的人物，好像是一种通则，这不符合我们现代人的认知。可是看得多了呢，我自己就形成个印象，也跟大家分享过，就是不能以为我们没见过，就认为完全不科学，就彻底地否定。科学的态度是——如果你不能证伪，就不能说它是错误的，不存在的，是假的。包括黑天鹅事件，不能以为所有的天鹅都是白的，那出现一个反例就足以推翻你原来的判断和命题。

黄帝也是少典国君的后代，母亲有蟜氏。他的出生是母亲附宝在祁野见大电绕北斗枢星，感而有孕，生轩辕黄帝。

我们都是炎黄子孙，今天会特别给大家论证一下为什么我们都是炎黄子孙。黄帝的后裔产生出来的不只是一百个姓，我估计我们今天在座所有人的姓，都可以找到四千年以前的先祖。

那么，炎帝和黄帝都是少典国君的后代，母亲又都是有蟜氏，是一个父亲一个母亲吗？我觉得不是！因为差了八代，赶巧了，都是这个国家的传承，然后母亲都是这个姓。

什么意思呢？比如说，我的妈妈姓臧，诗人臧克家的那个姓，我的父亲姓钟，所以有我现在这个状态。如果你拉出一个人，他的父亲也姓钟，恰好他母亲也跟臧克家一个姓，我们俩是亲哥俩儿吗？亲姐弟俩儿吗？不一定，可能八竿子打不着。一个现在在大连，一个可能在广东，很有可能啊。可是三千年以后叙述这件事情，大家可能搞不清楚了，他也姓钟，他妈妈也姓臧，那他俩是一家的，他俩同时代的。这就发生了错误。

所以，我想很多说生炎帝、生黄帝的是一个母亲这件事情可能就是搞错了时代，而且恰巧父亲又都是少典国君，这件事情让我们后代人就产生了各种错讹。我现在举例子，就是我们的父亲母亲同姓，然后我们是一家吗？显然不一定，对现在来说很大的可能是不一定的，这件事情就很好理解。

我们接着可以提出的问题是，少典国到底存在了多长时间？这个国家是如此重要，因为它给中华文明贡献了至少两个伟大的人物。为什么我本人对少典国的了解会这么少呢？不知道它在何地，不知道存续了多长时间，甚至不知道这个国家对中华文明到底有一个什么样的贡献，这就是疑问。

"三星堆"到底是哪一个国家？"三星堆"这个名称是我们现在人给它取的，在当时到底叫什么？不知道。这是属于古蜀国的地区。

接下来的问题就是，有蟜氏的女子在多长的时间内嫁给多位不同的少典国君吗？少典国是什么国？有蟜氏是什么国？为什么"公主"都嫁到少典？这都是我们的疑问。

因为解释不通，我就从后世的有确切记载的历史当中找类似的东西，看是不是能推知。

在春秋时期，很多的诸侯都梦想着娶谁家的姑娘呢？齐国，姜家的，也就是娶太公的后代——姜姓公主做自己的夫人。我们有一讲，我还特别引用《诗经·硕人》那首诗，大家有印象吗？就是齐国的公主嫁出去，那个排场，"巧笑倩兮，美目盼兮"，那种场景让天下的很多人看来非常羡慕。古代的诸侯也是，因为齐国很特殊，当时武王的夫人就是太公的女儿，如果娶到齐国姜家的女子，这等于是跟周天子是连桥啊。连桥大家懂吧？我们在东北应该对这个词不陌生。娶了一家姐妹做妻子的俩哥们儿，叫连桥，就是姊妹之夫的互称或合称。

那连桥关系就很近了，很多事情都可以解决了，这是一种基于血缘关系、家庭关系形成的政治关系。

那我就想是不是在当时少典国或者有蟜氏都存在这样的问题。少典国是一个很特殊的存在，有蟜氏也是一个盛产淑女、美女的国度，当然会有政治地位，可是我们现在几乎找不到史料。

我梦寐以求希望三千多篇规模的原本《尚书》能出土，出土以后我们就不用猜了，就可以看到中华的上古史，但现在几乎就成为一种梦想。

还有，黄帝特意给他第二个儿子昌意娶了蜀山氏，联姻都讲究门当户对，我们今天也是这样，差得太多，往往过不到一块儿去。是不是当时这个蜀山氏也很强？就类似有蟜氏和少典国之间的关系？这是我的一种推测。

颛顼高阳　静渊有谋

黄帝的第二个儿子娶了蜀山氏的女子，生了一个伟大的孩子，今天叫帝颛顼，号叫高阳。我们今天主要介绍颛顼和帝喾这两位天子的情况，也就是以《五帝本纪》的文本为主，然后进行一下扩展。

帝颛顼高阳者，黄帝之孙而昌意之子也。静渊以有谋，疏通而知事；养材以任地，载时以象天，依鬼神以制义，治气以教化，絜诚以祭祀。北至于幽陵，南至于交阯，西至于流沙，东至于蟠木。动静之物，大小之神，日月所照，莫不砥属。

"帝颛顼高阳者，黄帝之孙而昌意之子也"，很简单，这不用解释。"静渊以有谋"，我们很多人希望有谋略，把事情想得透彻，见解深刻，以利于自己在世间一直处于有利地位，有这样的想法，但是却做不到。什么原因呢？就是静不下来。

我们经常听到批评说这个社会太浮躁，人心浮躁。那我们修习传统经典的人这样讲别人的时候，你自己沉静下来了吗？批评别人是很容易的，随口就可以说出来，问题是——自己做到了吗？我们秉持的标准是，自己没有做到的时候，不能批评别人。除非父母师长对孩子、学生提出忠告，这可以，大家共勉，一起努力做到。否则，自己做不到的事情，还是不要轻易地去要求别人。我们也不能一棍子打死，说这个社会浮躁——除非你自己"静渊"下来。

"渊"，是明澈而深刻。渊深、渊深，渊就代表着深。说这个人功夫很深，就像渊潭一样，但臭泥塘是不算数的，它要是清澈的。

至于"静"，听过《道德经》的会知道，"归根曰静，静曰复命，复命曰常。"

天下之道，"道，可道也，非恒道也；名，可名也，非恒名也。"这是《道德经》的原文。经过汉文帝一朝，因为汉文帝叫刘恒，为了避讳天子的名讳，改成了"道可道，非常道；名可名，非常名"。那"帝颛顼高阳者，黄帝之孙而昌意之子也"，这种句式读起来之后回环往折，是很优美的，是有起伏的，是可以畅通我们经络的，是可以健身、通血脉、治病的。所以古代的大修行人非常长寿，现在人不理解，说这些人活一百岁，无论如何他们不相信。认为活三十岁就不错了，古代人活六十岁，就当一百岁。也许有这样的现象，但是对于道家传承来讲，活一百岁是很轻松的，我们认为活不到六十就不到及格的年龄，那叫夭折。

学过《大学》的也会知道，"知止而后有定，定而后能静，静而后能安，安而后能虑，虑而后能得"。得个什么东西？得一个"知所先后则近道矣"，得道。得道以后呢？行道。行得多了，证道，然后成道。成道了不要挂碍在上面，还要了道，最后了无痕迹，道法自然。你说回归也好，归途也好，反正是我们找到自己本来的面目，这个是静的作用。

世出世间一切成就，离不开这"静渊"二字。否则的话，坐都坐不住，学什么样的专业、修什么样的所谓的法都难以有成就。要定得住，这就是讲定力、耐力、持久力、专注力，十万个小时坐下来，世界级的成就。你的量级和你的祖德、现德有直接的关系。

颛顼他老人家，帝颛顼，号高阳，静渊以有谋，我认为这一句话不是说天生脚踏莲花，他是通过学习，慢慢自己下工夫，才做到这一点，所以叫静渊以有谋。智慧通达以后，谋略是自然的。

疏通知事　因地制宜

下一句，"疏通而知事"。疏有简的意思，通有达的意思，这个人很通达，不受局限。我们今天人受教育，哪个学校？什么专业？什么方向？导师是谁？这些都是学习的条件和基础。但对于高明的学习者，就要疏通而知事，把老师的智慧榨干，把自己学校的资源充分利用，这才是第一等的学生。不是躺在自己老师的名声上、学校的资源上，做一个蛀虫，一辈子自己不努力。你有本事成为自己学校的杰出校友，成为自己老师的得意门生，这才是好学生。

弟子不如师，叫减师半德。你跟老师学习，最后你还不如自己的老师，你把老师的德行减一半，减师半德。所以真正的老师不是怕学生超过自己，真正的老师是希望你比我干得好，这样我等于发扬光大。道家很多这样的人物，有本事你出去做去。像清代的刘止唐，自己本身是个经学大家，但是能培养出"火神派"多位宗师级的大师，这些人在医学当中的名声好像超过老师了，但是弘扬的是止唐先生的师德，能给人教明白。您看郑钦安先生写的序言就会知道，刘老夫子让他读《易经》、读《内经》、读《伤寒》，全都是经典。沉潜十年二十年，然后"疏通"，也就是自己成为大家，贯通的人士，这样，"而知事"，那你对世间就了解得深刻而全面。

"知事"这个词今天还活着。在哪儿活着大家知道吗？在日本。东京都知事，他们可能不叫州长、不叫市长，叫知事。没注意到吗？昨天的新闻就有一位知事出来参加新闻发布会。我们在宋代叫"参知政事"，像范仲淹有一个官名叫参知政事，就是副宰相的意思。

"养材以任地，载时以象天"，这是一对儿，这句话我们可以联合着来看，也可以把它理解成倒装。他是选择合适的地方来养材，也可以理解成因材施教，就不光是物，人也是如此。他是什么样的条件、什么样的素质，你可以根据他自己的特点来培育。像东北出好的大豆、玉米、高粱，包括极品的大米。我们说五常那个地方出产的大米是全中国最好的，养材以任地。我们选药材也一样……养材以任地，其他的地方就差一点。

"载时以象天"，观天象，看天的脸色，决定人间的行为。后世孟子总结为"天时、地利、人和"。看着表象差很远，但实际上把这几句话打通了，就可以理解成做事情要讲究天时、地利、人和。"时至而行，得机而动"，《素书》里面的句子，就能看出传承。

重义为要　絜诚祭祀

"依鬼神以制义"，这我们今天的人不太容易能接受。到底有没有鬼呀？这不科学呀。然后"那边"动不动就发出一篇文章来，说美国科学家证明了灵魂的存在。今天再讲美国科学家证明了什么事儿，已经不那么流行了，就是你已经OUT了。

科学家就是科学家，跟美国有点关系，但未必关系那么大。什么意思呢？要有自己的文化自信，管他哪个国家的，你本身是求真相，不要轻易地被名头吓倒。

但为什么在他当时要"依鬼神以制义"呢？因为在那个时代，人对山川、动植物都有很平等的恭敬心，他的认识就那样。现在出土的文献和文物都证明着在古代跟鬼神进行沟通是很频繁、很正常，也很重大的事情。后世出现了"国之大事，唯祀与戎"，国家就两件大事，其一就是祭祀，跟鬼神沟通。跟天地山川——山有山神，水有水神，树有树神——跟他们沟通。

"以制义"这个"义"，人之所宜也。看大家表情好像还是不太理解，可以回去参考一下我们讲过《素书》的第一段，"道者，人之所蹈，使万物不知其所由；德者，人之所得，使万物各德其所欲；仁者，人之所亲，有慈慧恻隐之心以遂其生成"；义呢？"人之所宜"，就是你应该做的，做到，就是合适的，就是对的。所以当时的时代，人与山川大地动植物进行平等的沟通，制定出合乎当时社会伦理道德规范的规矩、礼仪，就叫"义"，都要遵守，不要触犯。

我们今天，人都懵懵懂懂，什么意思？比如说我们上一周之所以没有开讲，是因为清明节。清明已经形成了祭祖的传统。怎么形成的呢？是春秋时期介子推不出山，国王想请他出来，放火烧山，结果就变成了一件惨事，没出来，可能就烧死在里面了。所以为了纪念，每当这个时候禁食，又称为寒食节，后来就演化成现在的祭祖。

为什么要祭呢？《论语》上说"祭如在"，祭如在呀！当那一刻，你就当他是一种真的存在，心才真诚。有些人糊弄，然后懂的人就说你要小心，不要嬉戏、不要胡闹。而且祭是有礼仪的，你不能穿着红色的衣服或者打着红色的领带到墓地去，女子不能穿得很鲜艳，这大家都懂。这叫什么？义，这就是你该做的本分。这就是"依鬼神以制义"，这一点都不玄幻。你看见了吗？你说没有。存在吗？你可能说不知道。这个问题随着信仰的不同有不同的答案。但是为什么大家在这一天都去祭祖，寄托哀思，怀念祖德，反思自己的过错呢？"依鬼神以制义"，这就是我们应该做的。

亏"义"以后会有什么问题？会伤自己的肺经。中华文化——只有中华文化才把伦理与物理之间，也就是伦理、道理、心理、生理、物理之间，这个贯通关系揭示出来。我自己扯着脖子喊了好多年，你要想自己的五脏健康，仁义礼智信就不能缺，缺了就伤及自己的五脏。这不是我发明的，它明明就写在《黄帝内经》里面，明明就被医圣张仲景写在《伤寒论》的序言里面，"天布五行，以运万类；人禀五常，以有五脏"。亏仁就伤肝；礼数不周全，你的心脏就受影响；没有信实，脾胃就虚弱；亏了义，肺经就受影响；肾水受伤，智慧就不发，就做不到静渊以有谋。五行和五脏之间的关系一一对应，然后联系到五伦，联系到五常、五方、五味、五音……这是中华文化一个完整的模型。这样解释起来，天人合一观一以贯通，非常自然、非常朴素。我们每一天，你自己的念头就是你的起始点，你脑子里面想的东西就构成了自己的能量场，你周围聚集着什么样的频率、能量，是由自己决定的。今天叫生物波、脑电波，古代叫什么不知道。但他们知道要尊重世间万事万物，这也是对自己最大的尊重。

所谓"治气以教化"，一种解释，不一定是自然的那种气，很有可能是风气，也就是伦理道德，仁义礼智信。讲明道理，让大家听教，就化了，就化成了文化人，天下大化。就像后来《诗经》里面说的那个"国风"，君主的德行像风一样，然后百姓像草，随着君主推行的这种教化，草可以东、可以西、可以南、可以北。因为有文帝这样的皇帝，所以天下归心，这就是文帝的德行感化了大家，然后现在我不叫华族了，我们填表不填自己是华夏族，在汉代以后，都填自己是汉族，是这样来的。

"絜诚以祭祀"，说祭祀这句话就来了。"絜"这个字跟现代清洁的洁可以当成一个字来用，它还有另外一个音，念xié。大家可以去查一下。"絜诚"就是干净，内心干净，庄严肃穆，而且服装不能太随意，要穿正装，这是一种庄重，叫"絜"。你不能穿一个我们通常说很埋汰的衣服去祭祖，要隆重其事"以祭祀"。这就是"祭如在"，面对长辈就像他当面在一样。

版图扩大　辟邪桃符

那你看一下，这位叫高阳的天子就很了不起，是一个伟大的人物。根据天人合一观，他有这样的德行，那就感得他的版图比黄帝时候的版图又扩大了一点。

"北至于幽陵",幽陵,解释成幽州,也就是我们现在说的北京地区。具体在哪个地点,还是需要考证,反正就是北京地区。

"南至于交趾","交趾"这个概念是公元前111年汉武帝明确设立的,距今两千多年了。但在此两千多年以前的帝颛顼的时候,已经到达了这里。什么地方呢?今天我们说的越南的北部。我们讲黄帝版图南方到了长江地区,到了颛顼的时候,已经可以到达越南北部了,也就已经越过广西地区了,向南的版图扩伸得是很大的。有没有可能包括了四川?有可能。这很正常,越南都到达了嘛。那么有没有可能包括三星堆地区?很有可能。

"西至于流沙",这个很明确,就是今天的甘肃张掖市。恰好我跟随"国际儒联"的张践教授还有北大的赵老师以及著名的汉学家安乐哲教授,我们去张掖开过首届"一带一路国学论坛",就到了这个张掖市。当时觉得即使坐飞机也很远,在古代没有高速公路、没有铁路,我们的祖先把脚步延伸到那里,确实很了不起。

"东至于蟠木",蟠桃啊,"蟠木"怎么是一个地方呢?原来是在东海的一个山上,一会儿给大家详细地解释。反正东面还是到达大海,而且更进一步。

"动静之物,大小之神,日月所照,莫不砥属。""动静之物",动物和静物。动物是指什么?活的,可以跑的,飞禽走兽这都是可动的。静物呢?矿物、植物都是国土之内存在的。"大小之神",不论大小都归顺他,归属他。日月能够照得见的地方,都归顺他,这就是以德服人。

下面详细解释一下"蟠桃木"。

《史记集解》里面说:"东海中有山焉,名曰度索。上有大桃树,屈蟠三千里。东北有门，名曰鬼门，万鬼所聚也。天帝使神人守之，一名神荼，一名郁垒，主阅领万鬼。若害人之鬼，以苇索缚之，射以桃弧，投虎食也。"

"东海中有山焉，名曰度索。"是要用一根绳索度过去吗，像达摩祖师一苇渡江那样？我猜想不是，我的推论是：我们说现在一月当中有朔日、有望日，初一、十五，这大家一听就明白了吧？上弦月、下弦月，月初、月末。所以这个"度索"我猜测是度朔，度过朔日，就相当于过年的意思，也就是过关的意思。

在这个山上有棵大桃树，这个桃树可不得了，"屈蟠三千里"。就像我们读《庄子·逍遥游》："北冥有鱼，其名为鲲，鲲之大，不知其几千里也；化而为鸟，其名为鹏，鹏之背，不知其几千里也。"然后，击水三千里，抟扶摇直上九万里。呼扇一下翅膀，从渤海扇到南海，某国的军舰就可能被扇跑了，航母就被扇走了。

说有那样的大桃树吗？先不管，往下看。这个树特别大，大到在东北方向这树枝弯着垂下来，中间就形成了一个门，叫"东北有门"，这个门有一个很好听的名字，叫"鬼门"，"万鬼所聚也"，这个地方原来是"欢乐鬼世界"，万鬼所聚。

"天帝使神人守之"，都是有规矩的，人间有人间的规矩，鬼间有鬼间的规矩，所以有上天管着。管着的这两位大将军，"一名神荼，一名郁垒，主阅领万鬼。"阅，是视察。老师给学生批一个字"阅"，就是我看过了、视察了的意思。领，率领。

"若害人之鬼"，如果遇到有害人之鬼，伤人了，这是不允许的。怎么办呢？"以苇索缚之"，用芦苇编的绳子，就是我们今天说的草绳，古代可能没有今天的这种幌金绳，比较原始，但估计也很结实，能把鬼绑住，这我们听来有点匪夷所思。

"射以桃弧"，用桃木作的箭射它。然后"投虎食也"，喂老虎。你要害人，就把你喂老虎。

我们以前讲过，老虎只吃头上无光的人，听没听说过？可以复习一下。就是不能缺德，缺德以后我们头上自然的德光就没有了。你说我看不见，看不见是你看不见，老虎能看见。见你头上没光，这就是食物，这就是肉。见你头上有光，虎神就告诉它不准吃。这件事记载在《阅微草堂笔记》里面，纪晓岚写的，大家感兴趣可以看一下。

所以这个蟠桃木做成桃符，可以驱鬼辟邪。然后在门前一摆，就是门神，还有的画出图形。现在我们变成了贴对联。当然除了贴对联，也可以把门神挂上。到了唐代，门神又画成了两个真实的将军，尉迟敬德和秦叔宝秦琼。为什么呢？因为唐太宗"玄武门之变"之后，得了一个毛病，晚上睡不着觉，一睡觉就发现鬼影重重，受干扰。这哥俩儿在帐前一站，就消停了。所以后世就不贴这个距离我们太过久远的神荼和郁垒了，就把这两位将军的画像贴门上，成了门神。

颛顼帝崩　帝喾接位

帝颛顼生子曰穷蝉。颛顼崩，而玄嚣之孙高辛立，是为帝喾。帝喾高辛者，黄帝之曾孙也。高辛父曰蟜极，蟜极父曰玄嚣，玄嚣父曰黄帝。自玄嚣与蟜极皆不得在位，至高辛即帝位。高辛于颛顼为族子。

"帝颛顼生子曰穷蝉"，大家注意，这一段时间里面这个人物名字老是出现这个虫字旁儿。有蟜氏，还明显带着虫字旁儿的那个蟜。

这个要注意，后面我们会有分析。提前可以告诉大家，你看那个最古最古的那个蜀国的蜀字，就像是一个大眼睛，底下是一个虫子。今天这个蜀字，也是一个四字，就像目倒过来，底下勾连着一个虫字。大禹被一些不懂中国文化的说是个爬虫，也是含着虫字。这是什么现象？大家可以思考。当颛顼帝去世以后，因为天子嘛，叫崩。注意这个词，只有天子才能叫崩，当然王后也可以。诸侯叫什么？薨。老百姓呢？那就只能叫死了。中国的汉字本身就体现着礼仪制度，这个文化是很细致的。但今天通通叫死，说明什么？说明我们都平等了。

"玄嚣之孙"，注意，这个话说得特别有意思，在《史记》当中是连着的，"帝颛顼生子曰穷蝉"，颛顼帝有自己的儿子，名也有，他崩了以后穷蝉哪儿去了？没交代。"玄嚣之孙"，这句话讲得就很突兀，"高辛立，是为帝喾。"下一任天子就出场了。如果你写剧本要这么写的话，那投资人会说：大哥，你这人物交代得不对呀，这镜头一晃，说这是帝颛顼的儿子穷蝉，给个特写，然后没情节了，下面场景直接就是新帝登基了。剧本有这么写的吗？至少今天从逻辑上有点太过突兀，也就是说跳跃性太强，即使是蒙太奇的手法也让人觉得有点跳跃，对不对？为什么穷蝉没接天子位呢？没交代。怎么玄嚣的孙子就出来，就立了？没交代。所以我们就提疑问，是叔父主动地传给侄子还是有什么其他的隐情？这很自然嘛，你读书是不是得动动脑啊？想一想到底是怎么回事啊？看它下面的介绍。

"帝喾高辛者，黄帝之曾孙也。"这个很简单，我们很容易越过去，反正是黄帝的曾孙，血统高贵而纯正，接天子位也正常。可是大家想过没有，都是他的后代，然后跨氏，我们说氏族的那个氏，古代要读zhī。我们今天还这么说，你是哪一氏（zhī）的，就是哪里繁衍出来的。同样是黄帝的后代，那么玄嚣是一氏（zhī），昌意是一氏（zhī），就是兄弟俩往后繁衍的后代是不一样的，分别叫氏（zhī），我们后来也解释过。即使同姓，但是先秦男子就必须要称氏（shì），以区分你到底是哪一个血脉关系，尽可能避免近亲结婚。中华民族之所以繁衍至今，和伏羲的时候就提倡近亲不结婚有直接关系。

"高辛父曰蟜极"，高辛的父亲叫蟜极。如果我们想象一下，黄帝的母亲是有蟜氏，那么这个蟜就不陌生。这个名字起得还不错，蟜极，极是极致，特别好的意思。"蟜极父曰玄嚣，玄嚣父曰黄帝"，蟜极的父亲就是玄嚣，玄嚣的父亲是黄帝。这是倒叙，那掉过来就是黄帝的儿子玄嚣——我们前面学过，《五帝本纪》里司马迁就认为，这个玄嚣和昌意都是他的正妃嫘祖生的，他一共二十五子，但是特别交代了这两个人。而且玄嚣是有号的，叫青阳。那青阳在《古今人物表》当中是有帝的名称的，叫少昊帝金天氏。这个太让我们震惊了！黄帝之后居然儿子辈有一个天子，怎么司马迁不记述呢？他不记述，为什么同时代的《汉书》却能记述下来呢？皇甫谧是西晋的人士，西晋那个时候的史学大家，他怎么就赞成班固的说法而没有采信太史公的说法呢？都是疑问。

玄嚣的儿子叫蟜极，蟜极的儿子叫高辛，这一脉下来。那所谓高辛就是帝喾，帝喾这个人，也就是叫高辛的这位天子很了不起。他的孩子包括帝挚——相当于是尧的前任，包括伟大的帝尧，包括周和商的祖先，他的后代都很了不起。但司马迁说："自玄嚣与蟜极皆不得在位（指天子位），至高辛及帝位。高辛于颛顼为族子。"司马迁还特别交代了，他是以族子的身份，以上一代天子族子的身份继承的天子位，用我们现在的话说就是侄儿继承了叔父的天子位。所以带着疑问，我们慢慢看对他的介绍。

英明高辛　天下咸服

高辛生而神灵，自言其名。普施利物，不于其身。聪以知远，明以察微。顺天之义，知民之急。仁而威，惠而信，修身而天下服。取地之财而节用之，抚教万民而利诲之，历日月而迎送之，明鬼神而敬事之。其色郁郁，其德嶷嶷。其动也时，其服也士。帝喾溉执中而遍天下，日月所照，风雨所至，莫不从服。

"高辛生而神灵"，跟他那位高祖差不多——我们看黄帝的时候，"昔在黄帝，生而神灵"，这是《黄帝内经》上的起始。神灵在什么地方呢？其中一个表现是"自言其名"。司马迁没交代说他怎么叫自己的名字，然后我查了一下，说姓姬。这个我们上一讲交代过，黄帝一共二十五子，其得姓者十四人，里面就包括这个姬姓。还有任姓、滕姓、祁姓、荀姓，荀子的荀，还有嫚、僖，这两个姓很特殊、很少见，还有衣服的衣。"自言其名曰岌"，岌岌可危的岌。上面一个山，那就说明快到山顶了，是挺危险的。他却说我的名字就叫作"岌"。这很奇怪，你想象，如果接生出来，医生护士看着孩儿，一般都是擦干净了以后，眼睛闭着也不搭理你，有些小孩一出生褶哄哄的，不像养胖了以后人见人爱。这孩子一出生直接告诉你，我叫岌，你说对于接生人员得多震撼。

"普施利物，不于其身"，就我们现在说的，为了照顾大家，利益天下，照顾别人，为法忘躯，把自己都忘了，忘我的状态。

"聪以知远，明以察微"，他聪明的程度，"知远"，这个很简单，现在有人把这两个字取成人名，是北大校友。"明以察微"，我们说"察见渊鱼者不祥"，有这样的话吧？《道德经》里面有这样的观念。"明以察微"，他的智慧判断力超强，很微小的事情，知微洞见，可以提前知道。总之就是形容他很了不起。

"顺天之义，知民之急"，什么叫顺天之义？用今天的话说，凡是符合自然规律的，凡是符合天下万民所诉求的，凡是有利于提高人民生活水平的，凡是有利于提高综合国力的，都要做，忘我地做。而且，急百姓所急，急天下人所急。现在缺什么？说缺钱。那就赶紧的，中小企业纾困，发放贷款，周济天下之急。

"仁而威"，虽然仁慈，但是有威权、威信、威力。"惠而信"，每个字解释起来，都能解释半天，大家去体会就可以了。"修身而天下服"。

我专门写了一篇文章，说《大学》思想的三个来源——从《尧典》上可以找到，从《论语》上可以找到，从《易经·坤卦·文言》可以找到。"君子黄中通理，正位居体，美在其中，而畅于四支，发于事业，美之至也。"就是从内而外，从心里起个头开始修行自己，然后在世间做事，变成了整个事业的起始，天人合一，人修成了，事业也就成了。

"修身而天下服"，天下都归顺他，就跟他的那个叔父颛顼一样，莫不宾服。也跟黄帝一样，天下诸侯，咸来宾从。

"取地之财而节用之"，跟他叔父"养材以任地"差不多。"取地之财而节用之"，取来了，税收上来了，很浪费、很奢侈吗？没有。很节约——这就是国家制度所提倡的。

"抚教万民而利诲之"，扶助、抚养、帮助、支持天下的万民百姓，还要教化，让人明理。怎么教的不知道，当时就办学校吗？我们现在查不着。但是他有本事让天下人都受教，使大家都得真实之利。教诲、教诲，大家看这一个词，两个字分在这个句子当中。

"历日月而迎送之，明鬼神而敬事之"，遵守天文地理的规律，好像是太阳升起来的时候有敬迎，落下去的时候有恭送，表示对天地自然的恭敬。也就相当于我们说的，人法地，地法天，天法道，道法自然。就像我们今天，早上当太阳升起来的时候，我们也起来了，这不就是跟着太阳走吗？当太阳落下去的时候，我们也休息了，"历日月而迎送之"，差不多吧。但我们缺的是什么呢？是对这种天地日月的感恩之心。

我们论证过，说你眼睛是怎么睁开的？是因为午夜子时一阳来复，那个天地的阳能，在天地之间生发，我们也是天地之间的生物，所以也随着这个规律在变动，体内的阳气也在长。用《易经》卦象来描述，就是一阳、二阳、三阳，三阳开泰。如果一爻代表一个时辰，那三阳就已经到了三点至五点了，这个时候阳气已经算是，用充电比喻的话要充至一半了，所以到那个时候，人的眼睛是随着阳气的充足打开，然后你见到一片光明，这就是天地阴阳转换，叫"历日月而迎送之"。

"明鬼神而敬事之"，他可不是对鬼神之事一点都不了解，用我们现在的话说，他是有特异功能的，他是可以沟通的，不管你相信不相信，他具备这种能力。就像南先生在讲座当中说，他有个同学天眼开了，在日军侵占中国的时候，他们逃跑。比如说我们当时的国都南京被侵占了，然后逃向大西南。普通民众哪有飞机汽车坐呀，就靠自己的"风火轮",也就是两条腿往前走。然后他就说：不要站在那儿！那些被炸得丢胳膊少腿的。让他一说，别人就毛骨悚然，看不见哪。但是他好像就能看见。这就叫"明鬼神"，你看不见，但有人能看见。

我以前对这种事情也是怀疑，现在不怀疑。为什么不怀疑呢？我就说你看我眼睛近视了，一摘镜子看不清楚，朦朦胧胧，不是人家朦胧，"空花生病眼，空本无花"。空中的这个光芒、这个花是你的病眼生出来的，你不近视的话，没那个光芒，就没那个空花。"空花生病眼，空本无花"，空中没有你看到的那个花。如果你执著于自己是对的，明明就有嘛，人家视力一点五的就说，我才不跟你论证，你说去吧。所以真人他跟你议论吗？提示你一句，你不听，不听就不听呗。

"明鬼神而敬事之"，他还"敬事之"。那老夫子是什么态度？"敬鬼神而远之"。为什么要"远之"？因为不同道，不是志同道合。我们今天一起来讲座，说修自己，弘扬中华文化，我们是同道。这不是恭维大家，已经坐在这里了，当然是同道。可是你要是真和南先生说的这个朋友经常在一块儿，会面色苍白、眼神无光，缺少阳光，会出问题的。我们也要敬而远之。

"其色郁郁"，这个事有些时候就很莫名其妙，我也不知道我写《莲心曲》歌词的时候是不是想起了这个经文，现在回想好像没有，没概念。但是就用了"郁郁"这两个字，"郁郁污泥，养我其芳"。所以书呢，读就是了，进入八识田，在脑子里有印象，说不定什么时候用的时候自然就调出来。你说为什么这么用？不知道，很自然。别人读来虽然少见，也觉得有道理。所以古书不但要多读，还要把它记下来。

"其德嶷嶷"，嶷，（nì 幼小聪慧；高尚；杰出）山底下加上一个疑。是不是有个山叫九嶷（yí）山？"九嶷山上白云飞"，是在湖南地界。说明他的这个气色沉郁、庄重，德行高尚。

"其动也时，其服也士"，这就是《素书》那句话，或者《道德经》里面的"居善地，心善渊，与善仁，言善信，政善治，事善能，动善时"。"其动也时"，不是妄动，采取行动恰到好处，时机来了得机而动。

"其服也士"，两种解释，他的服饰像一个当时的社会骨干分子那样，我们说士是十选一，还是说他是世人服膺？大家可以自己得出一个说法。

"帝喾溉执中而遍天下，日月所照，风雨所至，莫不从服。"跟他叔父差不多，也跟黄帝差不多，黄帝是天下"诸侯咸来宾从"；他的这个叔父也是"日月所照，莫不砥属"；这个"莫不从服"差不多吧，都是你德行高、能力强、血统纯正，我服你。服你为什么？你是天子啊，天下归顺嘛，就安定。

大家注意"执中"这两个字，《尚书》里面，"执中"一直往下传，尧传舜，舜传禹，包括《论语》最后《尧曰》，都记载着"允执其中"或者"允执厥中"，执中。"执中而遍天下"，现代人做事很容易极端，极端就是不能中和，所以天地不能位焉，阴阳不能相合，就会出现问题、挫折、矛盾。如果能够执中，就好了。

"溉"，灌溉的意思，他的这个德行普施天下，就像天下雨，灌溉天下一样。天无私覆，地无私载，雨呢，都是普施的，春风化雨。它能说就浇你、不浇我吗？说就他头上有一块儿云彩，一个水柱浇他头上？不会的，都是一个地区一个地区地下雨。

305

清明我特意回家祭祖。我家那儿有一个湖，我初中的时候那个水还不见底，苇子比人高，出产各种鱼、野鸭、鸭蛋，当地的鸭蛋是方圆几十里最好的，那个黄儿据说红得像血一样，可能我小时候也吃过。有一年，我和大姐、姐夫开着车到了这个湖的中央，一点水没有了。我就站在那里发愿，未来让这个水再回来。现在已经变成国家级湿地了，里面连天鹅、丹顶鹤都有。现场我们用望远镜就能看到一对儿白天鹅，太漂亮了。然后管理人员给我们看丹顶鹤展翅高飞的样子。就是自然之美，实在是太好了！慢慢就开始恢复了。听说现在开始开发治理，那我的另一种担心又来了，设计不好，又糟蹋了。

"溉执中而遍天下"，就是天下所有人都蒙他德行的普化、润泽，惠以真实之利。

帝位之争　疑问重重

帝喾娶陈锋氏女，生放勋。娶娵訾氏女，生挚。帝喾崩，而挚代立。帝挚立，不善，而弟放勋立，是为帝尧。

我们看一下这个一直没解决的问题。这位帝喾娶陈锋氏女，生放勋（也可以读fǎng xūn），这个人是谁呀？就是尧，伟大的尧，尧叫放勋。为什么可以读成fǎng呢？就是他能够仿照祖先的功勋而施政。名字都有意义嘛，我们现在每个人说出你的名字，说我叫大鹏，我叫卫东，一听卫东就是文化大革命时候出生的，对不对？那我自己的名字，姓钟，这天生的，永字辈改不了，就剩下最后一个字，属于我这一世的名。然后老师说你名取大了，所以要经受磨炼。名都是有意义，都是有期望的，有信息在里面。通过帝尧这个名字就知道，他要光大祖德，仿照祖先的德行、祖先的功勋而施行德政。

然后帝喾娶娵訾（jū zī）氏女，生了挚，诚挚的挚。帝喾崩，不是尧做天子，"而挚代立"。我们现在一提五帝是谁呀？司马迁写的黄帝、颛顼、帝喾、尧、舜，五个人。这中间还有好多插曲呢，帝喾和尧之间还有个帝挚。但帝挚是什么问题呢？他立以后，给了两个字"不善"。"帝挚立，不善，而弟放勋立，是为帝尧。"

上一个叔父没传儿子传侄子这个事儿，疑问还没解决，这又来了第二个疑问，这兄弟俩儿，为什么哥哥都当皇帝了，说不善，然后这个弟弟就立了？这事儿挺奇怪的，你看他交代的是不又跳跃了？怎么不善哪？大家民主测评说给帝挚投票，一投票结果说他不善，然后他就乖乖地说，好了，我主动让贤，能人上来？不那么简单啊！他已经立了，他是天子，谁评价他？把天子赶下天子位那么容易吗？好多没交代。

天子位的继承历来是纷争不断，所以这个伟大的天子之位谁来继承，从黄帝开始我们就有疑问。当时是不是有嫡长子继位的制度？好像应该有了。按照班固和皇甫谧的说法，昌意是嫡长子，但是却没有帝号，然后昌意的儿子是谁呀？颛顼。他这个嫡长子没继承位置，由孙子继承。注意这一点。可是按着司马迁的说法，玄嚣是嫡长子，是正妃嫘祖生的，有青阳之号，却"不得在帝位"，这不矛盾吗？有号，不在帝位，那你说这个青阳未必是帝号，但问题是在当时按照记述的规矩，有这样的号，就表示他是有自己的时代的。

所以我们回过头去查《古今人物表》，上面的说法是彤鱼氏，是指黄帝的妃子彤鱼氏生夷鼓，嫫母生仓林，方雷氏生玄嚣，玄嚣叫青阳。所以《古今人物表》里面明确地说，玄嚣的母亲不是嫘祖。

皇甫谧说，黄帝的元妃西陵氏嫘祖生了昌意。那按照我们现在的说法，昌意就是正妃的长子，他是太子。次妃方雷氏女节生的青阳，不是正妃，庶出的儿子有帝号。因为皇甫谧说青阳就是少昊帝金天氏，明确地是《古今人物表》里面的天子，而且列为圣人，和黄帝是一个评价标准。

我不得其要，所以提出疑问，供大家参考。我们接着往下，可能会有进一步的发现，也许将来能够很好地解释。但现在只能猜，就是非嫡长子有天下是不是不合礼数？所以《大戴礼记》就不算他，略过，不记了。这后世是有先例的。而《史记》依据的是《大戴礼记》，采用这个说法，所以司马迁就没写。

我就进行了这种推测，很可能是小人之心度君子之腹，但既然是研究，考古，我们想一下：可能是次妃之子玄嚣"夺"了天子位（我之所以打上引号，因为可能有对祖先不敬，只能是猜，打上引号），他就成天子了，号青阳。黄帝有土德，土生金，他是黄帝生的儿子，所以历史上说以金德王，以金德为王，得天子位，号金天氏。是这么个情况。

可是，由于他不是嫡长子，所以《大戴礼记》对于他这件事情，有一个伦理判断，你不合礼，我不记了。古代的士人是有这个精神的，你有，我也不承认。

之后，隔了一段时间，天下回归所谓的正道，由嫡长子昌意的儿子继承天子位，就是颛顼帝，号高阳。

这是一种推测。为了说明这种推测不是胡来，我把后世发生的类似的情境，给大家列出来作参考。

比如说汉文帝在刘邦之后，论年龄，刘邦的大儿子刘肥才是老大，但他不是吕后生的。吕后是正妃，所以吕后生的惠帝刘盈才是太子。刘肥被封为齐王，他是刘邦和吕后正式成亲之前在外面生的庶长子。吕后作为正妃，她的儿子在刘邦去世之后接了帝位，就是汉惠帝。汉惠帝受不了他母亲的残酷手段，很早地去世了。吕后为了控制，立了两个小孩，都没立住。最后和刘邦打天下的那些老臣们，尤其是周勃、陈平、灌婴这些人，发动宫廷政变，诛灭了吕氏集团，把诸吕灭掉。但是天下是刘家的，还得找刘邦的后代，一个是刘邦儿子辈儿的，一个是刘邦孙子辈儿的，都可以继承。所以为什么轮到汉文帝呢？汉文帝是大臣民主推选出来的，是在诸王当中平衡之下选出来的天子，他不是武力夺的。他在偏远的代地。

那么这个事情就提示我们，非正妃的儿子，一般情况下不认为有继承天子位的资格。在中间有一段吕后专权，灭掉了。但是国家有没有领导人？有。谁决定？吕后决定，吕后及其吕家人。可是，如果查汉朝的皇帝表，你能查到吕后吗？没有。这就是虽然事实上你有做天子的那个史实，但是史书不记。这是一种情况。

唐代著名的玄武门之变。真正促动李渊起事的是李世民，第二个儿子，夺了天下以后，李渊做高祖。李渊是天子皇帝，嫡长子李建成是太子，那么将来李渊驾崩以后，应该是李建成接位，但是玄武门之变，秦王杀掉太子及其下属、亲属，就造成了第二个儿子上位，这是唐代。

唐太宗的才人武则天，真正有帝号，确实是女皇，而且把唐改国号为周，这是历史明确记载的。不过，武则天给自己立的是一个"无字碑"，上面无字，留给后人评说，然后选择是与高宗合葬。那现在查唐朝皇帝，实际上，她这一段也可以略过去。虽然史书可以交代，但也可以略过去。

离我们最近的明成祖朱元璋把皇位直接传给了孙子辈儿，也就是我们历史上能查到的建文帝。可是在北京，他的叔父燕王朱棣装疯卖傻，逃脱了对他的监视，最后起兵攻入当时的都城南京，夺了皇权，建文帝不知所踪。到现在，史书有各种考证、各种说法。但叔父把自己的侄子赶下天子位，这是距离我们比较近的一次，属于类似的情境。

大家看一下昌意的儿子颛顼帝在位七十八年，注意呀，在位七十八年，寿九十八。现在有一些所谓的史学家也胡说八道，说什么康熙乾隆是在位时间最长的皇帝，这是不了解我们中国的历史。

黄帝—昌意—颛顼帝—穷蝉；

黄帝—玄嚣—蟜极—高辛（帝喾）。

这是家谱，昌意这一氏，昌意的孩子为颛顼帝，他的儿子穷蝉没德，怎么没德不知道，史书没记载。然后玄嚣这一氏，中间隔了一代，传给了高辛，也就是我们说的帝喾。帝喾在位七十年，年龄一百零五岁。

再查《史记正义·帝王纪》，里面记载，帝喾在十五岁的时候就开始辅佐颛顼，侄儿十五岁，开始辅佐自己的叔父，做行政。十五年之后，三十登位，都城在亳州这个地方。这个很明确地记载，那我们算一下，三十登大位，在位七十年，一百岁。寿数是一百零五岁，请问最后五年干什么了？

二帝陵园　寻根溯源

在《皇览》当中有这样的记载，颛顼的坟墓在东郡濮阳顿丘城门外广阳里中。皇甫谧说根据《左传》，"岁在鹑火而崩，葬东郡。"这都是能合上的，就是大家都认为颛顼葬在东郡。《山海经》当中说："颛顼葬在鲋鱼山之阳，九嫔葬其阴。"非常明确。这个鲋鱼就是我们现在说的鲫鱼，大概山的形势比较陡，叫作鲋鱼山之阳。

"帝喾冢在东郡濮阳顿丘城南台阴野中。"颛顼和帝喾这两个墓是不是非常非常近？

中国上古帝王世系表

我们小组在大前年到颛顼和帝喾陵这里去祭拜过，这两个陵墓很近。在门两旁，白墙上清晰地印着"中国上古帝王世系表"，就是从黄帝开始一氏一氏地往下都列出来。感兴趣的同人，大家可以到河南去，亲身去看一下。

然后，我们看一下颛顼和帝喾的姓氏，这就是寻根溯源了。到二帝陵去看一下，在这个墙上找一找自己的姓。也就是说，我们是属于哪一位天子的后代。

我简单地打了一些特别常见的姓，这都是颛顼的后代姓氏：马、支、孔、施、田、龙、叶、朱、乔、江、计、纪、李、张、孟、陈、赵、夏、金、徐、高、曹、彭、葛、谢、浦、楚、楼、裘、鲍、姚、顾、上官、东方、东楼、西楼、欧阳、钟离、夏侯、端木。

再看一下帝喾的后代姓氏：丁、刁、于、万、千、王、门、牛、毛、仇、文、方、尹、邓、卢、白、包、冯、曲、杨、刘、宋、林、南、钟、司空、司马、司寇、西门、百里、诸葛、慕容。

　　大家看一下，这是我们当时拍的这个场景，颛顼帝喾陵。那天天气还不错，跟大家说过，我们进去以后就来了这么一朵云彩，就像站到这个地方就能摸到一样。

　　这个我特意照了一下，是在墙里面长了树根，很特别，因为时间太久远了。

这是棂星门。

传祚无穷，题字人叫杨傑。我们说国祚绵长，就是这个祚。传祚无穷，就是从他那开始往下传，这个福德没有穷尽，就说明德行深厚，不做缺德事，你家里代代人才兴旺。所以自己如果做父母，为子孙计，从现在开始，真正地积累德行，这种德行从心地里就开始光明，不搞阴的，将来你的子孙必定昌盛，传祚无穷。

因为很久远了，所以大家也叫他人文始祖。所以各地这些年很好玩，抓到一个古人就说人文始祖。颛顼帝尝有天子位，距离我们四千多年，那当然是始祖了。可是我说，这是很明显的，在河南还有黄帝在前面呢，黄帝才叫人文始祖啊！

德昭天地。这就是歌颂他们的德行。

然后看这些图像，其实在当时有文字，为什么这么说呢？因为实际上黄帝的那个时候已经大规模创设文字了。

有天文历法。后世我们特别准确地在《尧典》上看到，下一讲我们着重讲尧，就会给大家介绍，当时的天文历法已经很精致、很准确。

年代争论　一贯立场

在过去这两周有一个关于三星堆年代的争论，最近这个三星堆考古特别火。所公布的一种说法是距今3300—3000年[①]。我看到有的学者痛心疾首——我没法怎么准确地形容——就用了"痛心疾首"这四个字，在网上发文章就是痛心疾首。他可能是有非常明显的证据，说其实真实测定的结果，三星堆是距今5000—3500年前的文明。但是，因为有史学家认为，如果这么公布以后，可能他以前所有的史学成就化为乌有——所有的职称、学位、学派都是建立在三星堆这些东西没出土之前，或是因为这些错误建立起来的论文层层累加，然后发现地基

---

① 关于三星堆考古的最新学术研究，可参考：霍巍，三星堆考古与中国古史传承体系，《中国社会科学》，2023年第1期，pp.85—103。

根本就不存在——所以不公布，公布的是3300—3000这个年份，对他没影响。就像我几年以前讲《道德经》，我说《道德经》的版本，即使是出土了那个帛书，但是不是就是当年老子传承的那个版本，在某一句上是不是真的就准确无误，都不一定。刚才给大家引用的首句，"道可道，非恒道也。"这一个"恒"字的变化，"也"字也没有了，类似这种语言现象的变化在过去的两千五百年间可能很多，你怎么知道那就是原句？所以我们不敢肯定。讲《道德经》的时候我们就说，今天我们就某一句话或某一段落讲得煞有其事，好像头头是道，很可能老子在天上笑呢，这哥们儿真能胡扯，我当时就不是这么写的。跟这个道理是一样的，所以别以为自己就是对的。

还有另外一种说法[①]，有学者发表文章说，三星堆的年龄在4800—4000年，这个年份还是在这个（5000—3500年前）里面包括的，所以我认为这个其实挺可信的。

任何事情都是物以类聚，人以群分，我在看这些信息的时候，看到下面有一个年龄很大的科学工作者，突然给我们用视频的方式说了这样一件事情：有大量证据证明人类文明是循环的。他提到什么呢？根本就不是什么进化论，他举个例子，在加蓬存在一个20亿年前的核反应堆遗址。都疯了吧？全世界的进化论者和史学家都疯了，如果二十五亿年前有核反应堆，那我们算什么？近代的什么核科学的创始人那算什么？因为它当时遗存的这个遗址肯定不是自然的。这个材料我看过很多遍了，但是我并没有亲身去看过，所以我们不懂，也没到现场，这件事情就存疑，提供给大家。

---

① 苏秉琦：《中国文明起源新探》，生活·读书·新知三联书店，2019年10月第一版。

还是回来简单地说一下我们的一贯基本立场：

第一，我们不要以自己的知识结构和见识去妄断古代，说这不科学，这不可能，那总会被打脸的。

第二，我没看到史学家说，因为出土的文字比较少，包括文字也不认识，所以你无法说三星堆当时具体是什么朝代。可是通过我们对《五帝本纪》的讲解，对黄帝家世的讲解，尤其是黄帝给自己的二儿子娶了蜀山氏的妃子，生了颛顼帝这个历史来看，古蜀国是天子管辖之地，毫无疑问，黄帝的儿子作为帝子，也就是天子的儿子，我们今天说叫诸侯或者叫王，离开中央降居到地方去居住，他本身这种身份能够汇聚天下各地的各种精华奇物，不足为奇，对不对？我在河南定制的汝窑汝瓷开片的那个杯子，定制完了之后运到大连，我送给我的老师、我的朋友，假如说这个杯子在这个地方保存了三千年，三千年以后的人挖出来以后，不对呀，这个地方怎么会有这种东西？大连不产这种杯子啊？这个杯子是别的地方的。那个时候的人会蠢到这种程度吗？有交通运输，把一个器皿、一个物质移到另外的一个空间遗存下来，这很正常啊！他是一个天子或者天子的孩子，娶了蜀山氏，那蜀山氏也是当地有头有脸的，黄帝不送点好的聘礼吗？不送点什么黄金、玉器、宝鼎什么的？从天下汇聚来的，运到那里面不很正常吗？所以我觉得在古蜀国地区，整个中华文化各地的器皿出现，我认为都正常。就像我在大连这个地方，只要我愿意，全球的商品都可以运进来，能吃到北极的虾、澳大利亚的肉、欧洲的小罐头……全球各地各种食品都可以。

第三，我就受不了这个，说三星堆是外星人文化，然后信誓旦旦地说是古埃及文化。让我想起一个电影，"严肃点！这是打劫呢！IP、

IC、IQ卡，通通拿出来！"作为史学家，能不能读读文献，用正常的人间情理去推一下。

久远蜀国　无字文明

大家看《华阳国志·蜀志》上的记载："蜀之为国，肇于人皇，与巴同囿。至黄帝，为其子昌意娶蜀山氏之女，生子高阳，是为帝颛顼；封其支庶于蜀，世为侯伯。" 都给大家介绍过了，蜀国是肇始于人皇，用陶片去推的话，距我们现在起码一万三千年以前的事情。到了黄帝，联姻，然后"封其支庶于蜀"，这一支封在这个地方，"世为侯伯"，世世代代人家都是诸侯的老大，叫侯伯。他有点黄金，有点各地的东西，再正常不过了！就是浙江那块良渚文化的东西，运到这个地方都很正常，因为他跟黄帝是亲家，这么说大家就能明白了吧？世世代代在这个地方，而且经历了夏、商、周，两千年就过去了。武王伐纣的时候，"蜀与焉"，那就赞成，归顺，他无德，灭了就灭了。

"有蜀侯蚕丛，即蚕丛氏，是蜀人的先王。"大家再看，这个国家是不存在了很久远？就相当于西周时期的齐国，天子就是姥姥家的外孙子，人家存在很长时间了。

《蜀王本纪》里面说："蜀之先称王者曰蚕丛、柏濩（音护，分布）、鱼凫、开明，是时人萌椎（音垂，鲁钝）左衽，不晓文字，未有礼乐。从开明以上至蚕丛三万四千岁。"他这个老早就称王的有蚕丛、有柏濩、有鱼凫、有开明，当时的人刚刚开化，就是不太有什么文化，孔子说的"左衽"那种现象也存在，不知道阴阳，谁在上谁在下。"不晓文字，未有礼乐"，不知道。所以"开明以上至蚕丛三万四千岁"，这挺准确的。李白喝酒喝高了，突然一下子诗兴大发说，"蚕丛及鱼凫，开国何茫然，尔来四万八千岁，不与秦塞通人烟。"那是诗，但至少三万四千岁，这个是可以作为参考的。

大家再看，我刚才说了，你看蜀带虫、禹带虫，这个夏为什么跟虫有这么多的关系。

你看这些字，这些结构横着竖着，所以对这些文字不了解，你要看事实。有学者说，三星堆的文字比甲骨文要早，记录在什么竹简、蚌壳、蛤壳、龟壳、鳖壳、树皮、牛甲骨还有包括动物牙齿上面，就是当时这个朝代的正式文字，这是一种说法。

可是我认为真正震惊世界的宝物还没出来，就举三个：第一，如果哪一天出了一个鼎，证实就是黄帝所获的那个宝鼎，是不是会震惊世界？第二，仓颉造字的证据。第三，我们学习医学的，背诵《黄帝内经·灵兰秘典论》，后面记载着，黄帝说今天听到"精光之道，大圣之业，而宣明大道，非斋戒择吉日不敢受也"。然后他就择良辰吉日，把今天听到的，也就是《灵兰秘典论》的内容刻在玉石上，藏之于灵台兰室。这是刻在石头上的，是很可能保存下来的。说不定就埋在哪一个地下的土层当中，如果这个东西出土了，那是不是很多史学家构建起来的那种大厦，自己臆想的大厦就轰塌了？

感谢大家！下一讲再见。

（十）

辛丑年三月初六　2021年4月17日

导语：作者开篇就强调，我们很早就有了统一的文明，有天子，有分封，分封的诸侯国都有自己的姓氏，都有自己的传统和礼仪。改朝换代，新天子也善待古圣王的后代，给他们封地，这是以前华夏文明历朝的"惯例"。改朝换代，总是伴随战乱，而帝尧继位，真如史书所记吗？

尊敬的各位同胞、各位同人：

大家上午好！

今天我们（本讲）是《五帝本纪》通解第十讲，主要是讲尧。

问题回顾　本讲介绍

在上一讲，我们提到两个上古的门神，回去以后想起这个需要交代一下，因为这四个字在发音上和我们现在的读音可能有三个不同，如果不说明一下的话，将来可能会有同人感觉到不可思议，是不是我们四个字读错了三个。

大家看一下最初的写法：神荼郁垒。"鬱"，是忧郁的郁的繁体字。简化成"郁垒"是我们现在的写法和读音，但是以前要读成：shēn shū yù lǜ。那个"神"也有一种注音，就是shēn，是一声。有现代的学者认为，看到现在的这个字就读成现在的音，也无可厚非，有一些中文系的教授发文章来论证这个问题，提示大家注意一下。

上一讲我们主要顺着一个问题的思路，来讲解《五帝本纪》当中关于颛顼、帝喾二帝的生平和主要事迹，其实比较简略。然后给大家展示了一些图片，是我们中国传统文化小组利用假期，实地去河南拜谒二帝陵。

那么，我们提出来的问题就是，天子位是如何传承的？即使是史学专业的学生，现在也很少认真地读《史记·五帝本纪》这一部分，因为太古老，可资借鉴的资料也相对较少，谈起来好像没有信心。很多人会认为那大概是传说、大概是神话，茹毛饮血，也没什么像样的衣服，画图通常把脑袋画成两半，像个尖儿似的那种人，然后树叶子围成一个裙子，想象着我们那个时候的祖先都是那样。

但我们这一次讲《五帝本纪》，是通过给大家展示考古文化的成果，让大家知道我们的祖先在一万三四千年以前就已经有了烧陶的技术，有上万年的水稻栽培史，九千年的小米栽培史，有至少八千年的七音阶的音乐史，让我们刮目相看。所以，到了大约四千七八百年前，已经是文明高度成熟的社会或者国家。因为古代的国家和我们现在国家的概念不太一样，我们现在说"中国"是古代"天下"的概念。古代的那个"修身、齐家、治国"的那个"国"是指诸侯国，它的面积相当于我们今天一个县、一个市，甚至一个省，就是国的大小不同。然后，土地的肥沃程度、物产的丰富程度也不一样。在讲《尚书》的时候，我们详细讲过《禹贡》，九州的物产划分成三、六、九等，各不相同。给国家也就是中央天子进贡的物品，也都根据出产物品的薄厚进行了划分，相当于有一套完整的赋税制度。

所以，上一讲我们着重地给大家得出一个提示性的结论，就是不要再相信西方史观下的说法，一提到我们上古，那就是传说、就是神话……我们的观念要正过来，就是中华文化的传承跟世界其他文化的传承是不一样的，我们很早就有了统一的文明，有了天子。然后各个诸侯国有自己的姓氏、有自己的传统、有自己的风物，甚至有自己的礼仪。

现在，我们已经讲到黄帝之后，颛顼、帝喾之后，要进入伟大的尧。可是这些疑问还是没有确切的回答，黄帝之后天子位到底是怎么传的？儿子辈儿的玄嚣真的就是少昊帝金天氏？还是像司马迁所论证的，在《五帝本纪》当中交代的，他根本就不算一帝，也不在帝位，不在天子位，而是直接隔代传承给了颛顼帝，是黄帝的孙子辈的？

颛顼帝有自己的孩子，也就是说有自己直系的儿子，不过天子位也没有传给自己的儿子，而是传给了族子，就是我们现在说的侄子，叔父传给侄子。也就是说，如果结合《古今人物表》和皇甫谧的说法，黄帝退位以后，就是传给了儿子这辈叫玄嚣。我们觉得这件事情是真的，因为他有号。仔细分析司马迁《五帝本纪》里面提到两个儿子，一个昌意，一个玄嚣，昌意是没有号的，玄嚣是有号的，这是一个重大的区分。尽管两大史学家司马迁和班固，在记述黄帝的这两个儿子方面有很大的分歧，但是有号这个方面他俩是一致的，司马迁记述玄嚣有号，班固也记述他有号。那我们就可以认同这件事情是真的，号不是白来的，没那个位置，不会有那个号，或者说不会有那个官称。

我们看黄帝的天子位由玄嚣这个儿子继承，但不是直接传给玄嚣直系的儿子蟜极，而是传给他的侄子，昌意的儿子，就是颛顼帝，号高阳。然后，他退位之后或者崩（天子离世叫崩）之后，又传给了侄子，好像是W形，不是直系传承的。但帝喾之后却是直系的传承，因为帝尧是帝喾的儿子。不过这里面也有很大的曲折，帝喾之后直接继承天子位的是帝挚，帝挚做了九年的天子，然后是帝尧。

我们这一讲讲帝尧（上），内容特别多，我昨天先把这个"上"字打上，我估计这一讲肯定讲不完，我们要论证的内容比较多。

大家看一下帝尧的直系家谱，黄帝—玄嚣—蟜极—帝喾—帝挚—帝尧。也就是说从帝尧往上，他有个兄弟，应该是年龄比他大，但是帝挚的母亲是帝喾妃子当中排最末位的，这很奇怪——就是最末位妃子的长子继承了天子位。九年之后，也不是正妃的长子继承，是由另外一位次妃的儿子帝尧接替了天子位。

帝喾往上父亲是蟜极，再往上，蟜极的父亲是玄嚣，我们再确认一下他的身份，他号青阳，有少昊帝的名称，金天氏，再往上就没有争议了——黄帝。

你看黄帝和炎帝，按照《五帝本纪》里面的记述，黄帝击败了炎帝神农氏，然后又平定了蚩尤的叛乱，稳定了局势，所谓"诸侯咸来宾从"。不过，司马迁交代，黄帝"未尝宁居"，一直有叛乱，老是在打仗。

这一讲，我们要介绍它的历史背景和现实意义，为什么呢？我们现在提到的这些血脉传承，证明了"五帝"都是真实的人物。所以，以后不管你看到某个书局或者某个出版社出版的权威注解，再提到那是传说中的部落，不要当回事，这就是因循相陈传下来的错误说法。我们现在叫正本清源，用华夏史观去恢复、连接、激活我们自己祖宗的历史。

还有一条路径，这一讲也会给大家论证，就是通过古国的地名，通过今天这些存在的、还在用的一些地名。比如说山东的青州，四五千年以前就用。它也能证明古代这些天子是有后代的、是有传承的，因为每一块地方都被无数次地分封过，都作为一块封地，至少在建国时分封过。

那么，还有一个证明，就是姓氏家谱证明我们都是古人的后代。最近都是葛若羽做我们讲座的主持人，上一讲说过这个葛姓，是颛顼的后代。那么今天主持人姓郭，一会儿给大家看一个字，这个"郭"

从哪来的。当然，从颛顼、帝喾那里也是能查到的。

通过至少这三点论证，我们得出的结论就是：我们自己的上古史是不容诬蔑的，也是不容虚无的，是真实存在的，更不允许丑化！历史要很好地梳理，梳理这段历史，是我们当下新时代建立文化自信的根本前提。

如果我们祖先的历史都被污蔑了、虚无了、丑化了，那我们没有办法建立文化自信，因为那是根基、是源头、是来源。它被刨得没有了，我们如何去建大厦？你的地基被人家毁坏了，你怎么建高楼啊？了解这段历史是我们复兴传统文化的必由之路，从此往下发展。

提及九帝　如何得位

还有，我们注意到一个现象，司马迁写《五帝本纪》，通览全篇会发现他提到了九位带帝号的天子。首先是炎帝神农氏，然后提到了帝鸿氏，回忆一下《古今人物表》，帝鸿氏是从伏羲往后数到第二十，叫帝鸿氏。

然后我们又查到，说帝鸿氏也是轩辕黄帝的另外一个说法，说法不同，但是能证明他就是人，不知道是怎么发生的混淆，这是具体的微观史学要解决的问题。我们这一次讲，主要解决的是宏观史学的问题，就是解决许倬云先生所批评的，我们不仅仅要"挖地"，也就是考古遗址上挖出来，研究文物，我们还要通过古文献把整个连带的关系梳理起来，恢复整个上古华夏文明的一个连接、一个鸟瞰、一个全景式的解读。

司马迁在《五帝本纪》里明显没提少昊帝，只是提了玄嚣，有号，叫青阳，然后"降居江水"，这俩儿子都是"降居"，我们解释过"降"。如果你在大连市某单位任职，调到北京那叫"上调"，不是上海吊车厂（众笑），往上调职去了中央，这叫"上调"。那么从中央到地方叫"空降"，那也是"降"，叫"降居"，到地方去任职。有一个明确的隶属关系、上下关系、中央与地方的关系，说明这两个儿子是有封地的，换句话说，是有封国的。

我们看炎帝、帝鸿氏、黄帝、颛顼帝，然后帝喾、帝挚、帝尧、帝舜、帝禹，司马迁选取了其中的五个，叫《五帝本纪》。但实际上提到了几个？九个。而且涵盖了一个有争议的少昊帝，其实涉及了十个天子。

我们看一下黄帝怎么得的天子位呢？因为这是很核心的问题，梳理它能够使我们得出中国历史上一个很重要的结论，将来大家自己心里就会清楚。

首先，由于"神农氏世衰"这个经文我们都知道了，我就简单地提示一下。所以黄帝开始"修德振兵"，"征伐不朝"，我们很好理解"不朝"，就是他不来朝拜天子了，那黄帝就出头替天子解决问题，征伐。也有版本写成"征伐不享"，"不享"就是不进贡，不祭祀祖先的意思。不上贡，也就跟不朝拜差不多。还有一种版本叫"不亭"，大家看这个"不享"和这个"不亭"差不多，我认为就是古字的不同写法。"亭"字如果要是做训诂的话，就变成了"直"，"以德报怨，何以报德？"（下有听众答：以直报怨，以德报德。）对！

黄帝善于打仗，主持正义。然后在关键的时候他又站出来，与前任的天子在阪泉"三战"。"三大战役"之后"得其志"，他应该是登天子位了。可是有不服的，后面我们会论证，一个新的天子登位一定有不服的，而且几乎一定伴随着平叛。这个蚩尤就作乱，大战在哪儿？涿鹿。所以擒杀了蚩尤。

我们看，他的天子位是怎么得来的呢？简单的一句话，是打出来的，都打服了。所以"诸侯咸尊轩辕为天子，代神农氏，是为黄帝。"既有德，又有军事能力，"修德振兵"。

"天下有不顺者，黄帝从而征之。平者去之。披山通道，未尝宁居。"很不容易!

为了说明上古到底应该是一个什么样的情况，因为历史总是惊人地相似，所以我找后世。

后世被文献记录下来的可靠的事件，像夏朝刚刚建立，启的同父异母兄弟——这些年流行宫廷剧，通常都是同父异母的兄弟之间争一个大位，以至于征战杀伐，你杀我，我杀你——所以有了《甘誓》。大战于甘，平掉了有扈氏，夏朝安稳下来。是不是有其他的系列的战争，平乱战争，都不用管，反正是有一场大战，大战于甘，还记得吧？大战于甘，说明规模不小。

那商朝刚刚建立，我们讲《五帝本纪》之前讲的是《尚书》，这都讲过了，常听的都会有印象，我们现在温故而知新。有个《汤征》，"汤征"谁呀？葛伯。葛伯是谁？葛伯就是一个诸侯国的领导人。他的这个爵位呢，公侯伯子男，应该是比公低，比侯也低，但是他就不服，凭啥你要当天子？所以又发生了汤跟葛之间的战争。

周朝立，离我们更近了，不过还是有三千一百年的距离。但是史料已经很清晰，这都没什么争论。周朝刚立的时候，武王很快去世了，他的儿子叫诵，按照现在的说法，姓姬，就是姬诵。成王诵继位，还是个小孩，所以，放在朝堂之上，他决断不了。那就是他的叔叔——后来评价为大圣人，孔子特别佩服的大圣人——周公摄政。他这一摄政，三个同父异母的弟弟就不干了。商纣王的后代叫武庚，本来是受监视的，三监嘛，"三监之乱"。就是这些人也有块儿封地，等于围着武庚，监视他。结果武庚大概是口才特别棒，三十六计里面可能用了好几计，竟然策反了管叔、蔡叔、霍叔，联合起兵，反叛成王和周公。你说他厉害不厉害？结果周公就得东征，平叛。

距离我们更近的汉朝，大家都知道刘邦这一辈子都是在打仗、征乱、平叛当中度过，当了皇帝他也动不动就是御驾亲征。然后有"白登山之围"，差点儿被匈奴灭掉。后面又有诸吕之乱，也是为了争权夺利。直到汉文帝这个伟大的帝王——这也是二十四孝的主角之一——继位，天下才逐渐消停，改华夏族为汉族。

大家看一下，这些重要的朝代几乎都有这种情况，也就是天下易主，改朝换代，伴随战乱。

褒封祭祖　史书传承

《周本纪》记载，武王打完了以后，平定了，他在位时间很短，平定完商纣王之后，很快就去世了。尽管时间不长，他仍然干了一件非常重要的事情——"追思先圣王，乃褒封神农氏之后于焦，黄帝之后于祝，帝尧之后于蓟，帝舜之后于陈，大禹之后于杞。"大禹之后老是惦记着天塌下来，成就了成语"杞人忧天"，是吧？这都是有来由的。

所以，改朝换代，后来的天子善待古圣王的后代，都是封给一块地，可以建立祠堂，延续祖宗的香火。这等于善待古圣王，就是说你家祖上有德，我看中你的后代，都是这样做，并不是赶尽杀绝。

距今三千一百年前，武王为什么要封他们？如果那个时候武王一看《尚书》，说神农，有这个人吗？黄帝，有这个人吗？传说的吧？他会划出一块地，封他的后人吗？尧、舜、禹一样啊！如果对这些古圣王的后代的存在是表示怀疑的，说那都是神话中的人物，在现实当中不会有他们的后代，会给他们封国吗？绝不会呀！这意味着什么？意味着武王当时是有《尚书》在的，也就是记述陶唐时候的书，历史书是存在的。

我们讲过《尚书》，现在的格局是——至少在当今的中国大陆，也可能包括港、澳、台地区——我至今发现，只有我一个人在论述《尚书》的结构就是古代版本的二十四史。历朝历代的正史，汇编在一起就叫《书》，汉代以后叫《尚书》，也叫《书经》，让学生们学。那是什么？就是上古的历史的汇编嘛，所以叫《唐书》《虞书》《夏书》和《商书》。因为周武王刚刚建立周朝，整个朝代的《周书》还没写，后面几百年的事情还没有呢，他只能看到以前的《唐书》《虞书》《夏书》《商书》。

唐以前有没有书？我分析过，《高辛书》《高阳书》《青阳书》《有熊书》或者《轩辕书》或者《黄帝书》，一定是有的！哪儿去了呢？湮没了。没湮没的也被一个败家子烧了，焚书嘛。所以现在能看到《史记》上记载，《尚书》的原始规模是三千两百四十篇，而我们今天看到的，没争议的二十八九篇，绝大部分的华夏史湮没了。为什么我们一看古代史就那么迫切地希望，在某一个角落、某一个地下，能以玉石板、青铜器或者是不腐烂的材质的材料记述着《尚书》的内容？不用三千两百四十篇，剩个零头，我们都磕头，谢天谢地，就三千篇都没有了，那两百多篇给我们看一下，都能看哭了。挖出一个东西，存在着几行字，记述古代的事情，就以为是一篇《尚书》。我们现在真是很迫切地希望能够看到真实的记录，就不用再争论了，也不用再考证了。

武王那个时候不会有秦始皇焚书之祸，有战乱，书还是受到了保护。大家看打仗的地方，什么阪泉之野、涿鹿之野，都是在应该打仗的地方，并没有打到国家图书馆，并没有把当时的新华书店毁掉。

所以结论就是，我们上古史朝代是真朝代，天子都是真实的天子，是人，不是传说中的神话。我们建立的是诸侯国，是严格的有礼仪制度的国家。已经有青铜器，早就有玉器了，都有了验符、班瑞那种制度，就是早就建立了后世虎符一样的那种制度。我们今天说符合，讲这个精神符不符合中央要求，"符合"这个词哪儿来的？验明正身嘛，对一下，"符"能合上——至少五千年以上的历史了。

分封制度　由来已久

我们再看：分封制—郡县制—结合制。所谓分封制是十分久远的：武王分封；武王之前的商朝一样是分封；看《五帝本纪》，黄帝的两个儿子降居到古蜀国的地方，那不就是分封嘛……

秦始皇读书大概没有我们现代人多，所以以为自己是始皇帝，有皇，有帝，然后他弄一个始皇帝，后世人就跟着他说，说他是第一个皇帝。名称有点综合变化，天子这种体制在中华非常久远，否则，《古今人物表》就不存在了。

在周朝初期，武王分封这些圣王——也就是天子的后代，给一块封地，这意味着什么？意味着这些上古天子全都是真实存在的，人家是有后代的，不是传说！

秦始皇也忘了这些事情，一通打打杀杀，要追查先祖，那不都是兄弟嘛——兄弟的后代。他看到了分封制的弊端——什么弊端呢？时间长了以后，我国是我国，你国是你国，虽然有一个天子，但我就听我国王的，我就花我国的钱、写我国的字、说我国的话。到了秦朝那个时候，疆域太大了，没有高速公路，又没有高速的信息联网，怎么办？为了免除这种分封造成的割据——天下大乱，将来还会你打我，我打你——所以只有就听一个人的，这叫中央集权。你们都是我派出的官吏，对中央负责，叫郡县制度。

汉朝初期，分封和郡县是混合施行的。比如说曹参（shēn），参加的参，有时候也读曹参（cān），实际上应该读曹参（shēn）。他在齐国做丞相——汉初依然有封国，依然有分封制。但偶尔撤掉一个分封的诸侯国，就建立一个郡——所谓郡县的郡。分封与郡县混合，是一种结合的制度。

古今都一样，都是在解决一个如何能使国家既繁荣昌盛，又不分裂、不让地方政权割据为大的问题。每一个朝代都为这件事情费尽心力。到了唐朝后期藩镇割据，那些都护府的领导人手握军政大权，其实就包括财权，一个人说了算。用我们现在的观念看，这叫什么？这叫军事管制。军队的首脑，直接就可以决定当地的行政事务、税收制度。

这么一说，可能大家就会有一个印象，虽然看起来文字非常古老，离我们很遥远，但其实仔细分析一下，如果理解成是一个可信的活人的话，他所面临的问题和我们今天面临的问题是非常相似的。

穷桑曲阜　研究思路

在《帝王世纪》里面说，"炎帝自陈营都于鲁曲阜。"这个"自陈"可以有两种句读，一种说，我自己说，相当于自传，我自己讲的，我在这个地方建立自己的都城；还有一种说法，这个"陈、营"是地名，那大家自己去理解。

"黄帝自穷桑登帝位，后徙曲阜。"黄帝是有熊国的国君，这是公认的。然后出来一种说法，他在穷桑这个地方登帝位，后来迁徙到曲阜。我们先不评判，往下看。

"少昊邑于穷桑，以登帝位，都曲阜，青阳，青州。"大舜特别有德行，他到某一处，一年成聚，两年成邑，就这个"邑"，三年成都。"成都"这两个字最初见于《史记·五帝本纪》。少昊最初建立一个小的城市，在哪儿建的？穷桑。"以登帝位"，我们感觉他和他爸爸在一个地方登帝位，对不对？"都曲阜"，后来也到曲阜。他几乎就是重复了他父亲上升的道路。

那"青阳"是他的号，要注意，山东现在还有这个名字。这个"青州"也是古九州当中的一州。后面我们会给大家分析"五州"的概念——跟五方、五位、五行一一对应的那个概念。

"颛顼始都穷桑，徙商丘。"颛顼帝最初也是以穷桑这个地方为都城，迁徙到商丘，商丘显然是和后面的商朝的概念联系了起来。

《史记正义》里说："穷桑在鲁北，或云穷桑即曲阜也。又为大廷氏之故国，又是商奄之地。"

你说"大连"是个什么概念？说市区就四个区，然后还有北三市。从外市来讲，我们旅游都有这样的经历，拿个手机，一进入这个省，欢迎您来到哪儿哪儿哪儿，对不对？那从外市来讲，你到北三市，就等于进入了大连市，可不可以这么讲？那我们也可以理解成这个穷桑可能就是曲阜的一个部分，曲阜管理着它，包围着它。所以在这个小的地方起始，最后越扩展越大。

注意一下这句话，"又为大廷氏之故国，又是商奄之地"。我查遍解释《五帝本纪》的书，绝大部分漏掉了对这两件事情的考察，今天给大家说一下。

大廷氏有印象吗？商奄听说过吗？在前三讲的时候，我给大家看过中华始祖代表人物，现在温故而知新。开始数，伏羲、女娲、共工、容成、大廷，故国在今山东鲁北曲阜，"又为大廷氏之故国，又是商奄之地"。找到大廷氏了吧？距离女娲氏中间就隔着两位天子，能有多远？给他们每人一百年，他距离女娲不过两百年——相当于我们现在看清朝的末年——时间不太长。那他的故地，就在这个地方，不是穷桑，就是曲阜，记住了啊，我们不详细分析。

提到这里，感兴趣进行历史研究的，我们提示一下，我们叫《五帝本纪》通解（中国宏观上古史）的讲座，讲的是各个遗址之间的联系，各个典籍之间的联系，各个文献之间的联系，各个人物之间的联系，甚至人物与事件之间的联系，我们把它们都串联到一起，恢复一个可理解的、好像是活的上古史。但是有很多微观问题没解决，给大家介绍一下我自认为是开创性的"中国微观上古史"的研究思路和研究议题。

第一个思路，研究一位圣王的姓氏传承。我们以前举过这个例子，比如说伏，伏羲，他会带来一个伏姓。然后我们举传承《尚书》

的那位老人家，秦博士，叫伏胜，尊称他为伏生。按照古代的称呼，像老子、孔子、墨子、韩非子，应该称呼他为"伏子"，但为什么到秦朝就改成"伏生"了？"生"还没"熟"，"子"是更高级的尊称。再到后来，我们现代跳水冠军伏明霞，当年比郭晶晶还要厉害，印象当中伏明霞在的时候郭晶晶只能得亚军。这是伏家的著名的人物。

第二个思路，研究一位圣王的发源地名称的古今演变。以曲阜为例，以前叫什么名，一代一代地往上推。或者是说现代考古一层一层地往下挖，也许就能挖出来很多震古烁今的好东西。

第三个思路，研究一位圣王的学术传承。抓住伏羲开创的《易经》，先天八卦，后天八卦。列山氏那个时候的《易经》，归藏氏那时候的《易经》，到黄帝那个时候的《易经》，以及到文王那个时代的《易经》，还有孔子给我们写下《易传》……

我们介绍过《易经》，根据姬英明先生的说法，我们看到的《易经》的规模只是他所掌握《易经》规模的四分之一，四分之三我们都没看到过。有什么好办法呢？悟！你悟通了，没看到的东西都可以无中生有地变现出来！因为文化就是这样，最初规律都是在天地之间，然后被人脑映照到、意识到，把规律变现出来，甚至以语音、语言、文字的方式，或者物品、器物的方式表现出来，这就是文明、文化，人类社会文明传承就开始了。

所以我们可以借用古文物、历史文献、活的传承进行微观上古史的研究。这种研究方法，已经吸收了许倬云先生对中国大陆考古的批评，就是我们既读文献也要向地下挖。但是现在人们从事工作都是分工的，你不从事专门的野外考古，但你可以借用他们的成就，他们挖出来的东西你也可以自己去研究。

我们有好多东西没有进行微观上古史的研究。比如说在旅顺博物馆，我就看到过青铜器展，有些青铜器上面是有文字的，如果有老师带着学生就可以把这个青铜器研究清楚。

中华始祖表，《庄子》当中也叙述过这个表，有些字有很大的不同，这也是进行研究的领域。为什么会产生这种不同？是写错字了还是衍生字，到底哪一个对？怎么解释才合理？这就是学问啊！

我们接着往下看，除了穷桑和曲阜这两个地名以外，我们今天是不是还熟悉"营丘—寿丘—商丘"这些名？现在是不是还有营丘这个地名？在山东。寿丘、商丘现在也都有。

营丘是什么地方呢？是炎帝的故都，姜太公的封地，齐国。大家现在以为说封一个国那得多风光啊！其实打完仗了，有些地方就是不毛之地。太公封的这个地，当时来讲是属于老少边穷地区，苦寒之地，靠着大海，没几个人。然后美其名曰"齐国"，因为功与天齐。现在从中央与地方关系的角度考量，太公是神人，能打仗，掐指会算，所以到远的地方去，能够压镇邪气，东方会稳定下来，这是齐国。

那寿丘呢？我们讲过，黄帝的出生地。现在山东还有寿光这个地名，以出产蔬菜著名，寿光的大白菜行销全国。

轩辕之丘，对黄帝来讲也非常重要，因为他的号就是从这个地方来的。《山海经》上交代这个轩辕之丘是什么地方呢？"此地穷桑之际，西射之南。"我们前面介绍了穷桑和曲阜。"此地"哪个地？就是轩辕之丘，穷桑之际，西射（yè）之南也。射（shè），仆射（yè）的射（yè）。

再看一下兖州，兖州也是古九州之一，曲阜县外城，就是伯禽建筑的古鲁城。

商丘又是什么地方呢？颛顼的都城。

我们交代这几个地方大家就清楚了，一个活着的地名，其实它跟四五千年以前的某一个伟大人物是直接相连的，当年他就在这个地方建立过自己的所谓统治也好，领导也好，文化也好，是活生生的，只不过一代一代地被"clear out"。乔布斯说的，我们前一代人总是会被后一代人清除。尽管死掉了，现在也不是薨、也不是崩，都通通说死了，或者离开了，去了，然后逐渐变成一个"小盒"，在农村还有一个"土堆"，那叫坟，刚刚过去的清明节，大家都有过这种体验。我们也说过，"祭如在"，去的时候就仿佛先人还在。但实际上一转身，该吃吃、该喝喝、该玩玩，像陶渊明写的诗，"亲戚或余悲，他人亦已歌"。亲属或余悲，人家呢？人家已经穷欢乐去了。这个世间就是这样，你抓不住什么，都会慢慢地变化、流走。

回过头来看这个商奄古国。我们怎么讲到这儿的？是因为提到了穷桑和曲阜，然后这个地方是大廷氏的故地。大廷氏，我们复习一下《古今人物表》，距离女娲大约两百年的时间历史。这个地方同时又是商奄古国，就是商代封的一个侯国，曾经还是商都。根据古本的《竹书纪年》，是说南庚这个天子将商都从庇迁到了奄，也就是山东。每一个字你都可以找，到底在哪儿。是不是我家楼下这块地方就是古代的都城？我们在大连，这种感觉相对少一点。如果将来在网上，河南或山东，甚至山西、甘肃的听众，听这句话就不是玩笑，他家住的底下这块地，很可能就正是古都的地方。

商奄古国　禽簋铭文

盘庚从奄迁到殷，所以商朝也叫殷朝，殷商。这个国参与了周初的叛乱，被谁灭掉了？被周公灭掉了。所以就变成了商奄古国。灭掉以后，周公封伯禽在商奄故地，建立鲁国。伯禽是谁啊？周公的长子，带伯字嘛，都是老大，可能是喜欢动物，从小看《动物大全》这种书，所以起名叫伯禽。把他分到那个地方，建立了鲁国。

现在就知道了，如果你到曲阜去，这是鲁国的故地，然后再往前推，周朝以前这块地方叫过奄国。

这是一个青铜器，叫禽簋。伯禽的禽。簋知道吧？北京有个簋（guǐ）街——不是青面獠牙那个鬼，不是很多人心里都害怕的那个鬼——它是一种器皿，就是上面这个东西。这个东西很宝贵，因为它上面有字，有二十三个字，青铜器上只要有一个字就是国宝。

大家看什么字呢？"王伐奄侯。周公谋，禽祝。禽有脤祝。王赐金百孚。禽用作宝彝。"

"王伐奄侯"，我们前面交代过，武王去世了，谁能伐？谁以天子的名义伐？成王。所以这个王是指成王诵。征伐奄侯，他为什么要挨打呀？因为他叛乱。

"周公谋"，做整个妙算的是周公。《孙子兵法》上说打仗之前要进行妙算，用我们现在的话说，要进行可行性分析，要进行战局的分析。古代用字都是惜字如金，而且要往青铜器上刻，不像我们今天说话这么啰唆，所以就用一个"谋"字。

然后"禽祝"，他儿子作祷告，跟天地鬼神进行沟通，就是"祝"。我们学中医的，以前还有《祝由十三科》，现在也有，好不好用呢？那得分谁用。有德行的人，它真的好用；没德行的人，那你就是糟蹋一张纸，画出来的东西，扔掉算了。

"禽有脤祝"，脤，读音为甚，是祭祀用的肉。中国古代文化是非常精致的，就像有些人说，现在外文比较细致，同样一件事情有不同的单词来形容。我说你们早就落后太多了，我们过去，不同的肉是有专门的字来称呼的。

我讲《黄帝内经》的时候，给大家分析了一通那个疱、疮……就人身上鼓的那些乱七八糟的东西。为啥造字都不一样？因为原因不一样，有受寒的，有受湿的，有火气大的。有火疖子吧？大家能明白吧？那些疖子真都是火吗？也有的疱是怎么来的？说这个人坏冒脓了，坏水出来了，鼓出来了。

为什么我们讲孔子的一以贯之？就是因为你脑子里面的伦理思想如果有过错，一定会在心理和身体上有病灶出来。所以孙思邈才会说"百行周备"，你的德行周备，不缺德的话，人会有病吗？不会呀！缺德的话，"纵服玉液金丹，未能延寿"。你就是得到金丹、灵丹妙药，该得病还得病，该早死还早死。这是中国文化最核心的内容！但很多人不相信，道德，道德值几个钱？

"王赐金百寽"，成王赐金百寽（音略），这个"寽"可以加上一个金字旁，是"锊"。这两讲听我们讲座的同人已经很熟悉了，如果这个字你读不通，或者读不懂，就赶紧想象一下，加个什么偏旁，然后就有一个很好理解的呈现。它就是个重量单位，就相当于说我这杯里盛着二两水，道理是一样的。无非就是这个金在古代的重量单位下的数量，叫"赐金百寽"。

然后伯禽用它做什么呢？做宝彝。宝彝，祭祀的礼器。大家再看一眼上面的图片，已经烂了，变成这个样子。它当年铸造出来完全崭新、新鲜出炉的样子，可以脑补一下。

我们再看一下周初的动荡与周公的贡献。

"武王灭商，二年病亡。子成王诵继位。年幼，周公摄政。武庚聚残余，通管、蔡和霍叔，纠集淮夷、徐、奄、薄姑等商旧邦叛。周公平叛，三年东征，得胜。"

武庚这个人很善于策反，他居然能把周公的兄弟们策反了。利用矛盾关系，然后纠集了商朝的旧国，有淮夷国、有徐国——徐是哪儿来的姓？黄帝的第二个儿子昌意，从那儿出来的。也可以在颛顼帝营的那张"二帝姓氏表"里面找出来。然后又发现了"奄"——被灭掉的商代的诸侯国。还有薄姑（这个国名很有意思）等商的旧邦。也就是诸侯国叛乱，打了三年，挺不容易的，灭掉一个国又一个国，然后才算初步地安定下来。

到这儿呢，我们介绍一下这个"伯禽"命名的规则。他是周公的长子，灭掉商奄古国，就在旧地封他儿子为国君，做了鲁国的开国国君，到了西周——我们现在所说的周朝。他叫伯禽，伯，说明他是老大；禽，是他真正的名字。

大家看：伯禹—伯益—伯夷—伯禽—伯鱼。

伯鱼这个人大家知道吧？谁的儿子？孔子（是孔子的儿子）。伯鱼字是什么？鲤，鲤鱼的鲤。伯夷，有印象吗？叔齐，伯夷叔齐。伯益、伯禹这都是尧舜的大臣，杰出的人物。这说明什么？说明这些人都是长子。如果你看到一个人的名字叫什么仲，仲什么，说明他是行二。孔子名丘，字仲尼，说明他行二，所以民间对老人家有很不尊敬的称呼，说他是老二。因为他有一个哥叫孟皮，孟是老大。我们现在说孟春、仲春、季春，有些时候我们装模作样地按照古代的时间，签完字之后，辛丑孟春，就是初春，刚开始，到了中间，那就是仲春。

了解这些事实以后，我们再看一下这个逻辑，周公伐商奄是真实的，有图有真相给大家看了，对不对？这件事情不假，因为有青铜器，有文献。那么，说明商代奄国的存在是真的。既然奄国存在是真的，文献当中记载，这个地方既是商奄故地，又是大廷氏故地。这能说明什么？我们刚才反复详细介绍的，围绕着曲阜和穷桑建城建都的夏呀、舜的有虞呀、尧的陶唐啊、高辛、高阳，也就是颛顼、帝喾，轩辕黄帝到神农炎帝……这些记载都有可信之处。因为史料太少了，我们不能说这完全可信，只能说有可信之处。再往上推，这都是《古今人物表》里面的。那么大廷氏就是有可信之处，连地方都能找到，人家在这个地方曾经繁衍生活过。这样的话《古今人物表》中天子皆有可信之处——这是一个逻辑。

尧舜大禹　不是传说

今天的主角要讲尧，我们先看他的后裔封在哪儿。我为什么把《尚书》这本书拿来呢？我们讲的时候依据的就是这个稿本，这是依据之一。翻开正文的第一页，上面叫"虞书"，他没写唐。上面是

"虞书"就说明是舜那个朝代记录下的正史，第一篇是《尧典》。《尧典》上面有一个小的注脚，注解是什么呢？"尧和舜相传是我国原始社会后期的著名首领。"可笑吧？来气吧？没办法。我们现在之所以敢说正本清源，就是通过这种论证，证明他们不是"相传"，是传（zhuàn）上说的真实的历史存在！也有可能是我们所有在座听众的血脉基因上可查的祖先。

尧之后裔封于蓟，召公之后封于燕。蓟国因为城内西北蓟丘得名，燕国因为地在燕山之野得名。

蓟国得名是因为城内西北有一个蓟丘，一个小山丘。什么寿丘、商丘、轩辕之丘、蓟丘……都是因山丘得名。

燕国是因为燕山之野，现在有没有燕山这种名称？有啊。北京有一段时间就称燕京，离我们并不遥远。现在的北京大学是"燕巢北占"——燕京大学的原址被北京大学占了。北京大学原来是在城内的沙滩红楼。五二年院系调整，由沙滩红楼搬来现在的北京大学，也就是燕园。所以你在未名湖北侧，会见到一个白石头，上面写着燕京大学原址。

我就想问，蓟丘之名何时诞生？我们就要追到底嘛。我们查尧，知道他有后代，封到蓟国，蓟国的名称，是因为有一个土堆叫蓟。那我们就问，什么时候这个土堆有了名字呢？谁给它起的？现在查不着。

或者燕山这个地方，头一次命名，天地之间第一次有文字，说把这一块山命名为燕山，什么时候起的？不知道。

但是发展到后期，蓟国国势衰微，燕国逐渐强盛，就把蓟国吞并了，蓟名遂绝焉！

再看，蓟丘—宛丘—雍丘——雍州。

每一个天子后裔都获封一个土地，然后建立一个国家。大家看："舜后遏父，周武王陶正，赖其器用，封其子妫满于陈，都宛丘之侧。"舜的后代叫遏父，浪遏飞舟的遏。他是周武王的什么官呢？陶正，专门给皇家制造陶器的。

我们国学大讲堂监制了一个杯子，很多朋友喜欢，上面写着"山泉声"，采用的是宋朝汝窑的烧制方法，就是那种开片的形象，色泽特别漂亮，很多人都非常喜欢。这个东西是容易上瘾的，我估计皇家喜欢陶器、瓷器，也是上瘾的。

"赖其器用"，可能他在这方面有绝活，他烧制出来的东西应该是特别精美，别的地方烧不出来。像我们景德镇，好长时间，别的地方是烧不出来那种精美的瓷器的。

"封其子妫满于陈"，妫，上古八大姓之一，女字旁，姓姚的，姓姜的都是，浙江余姚就是因为姚姓的后代在那个地方，叫余姚。舜的后代封于陈，陈国，在座有没有姓陈的？很显然，您就是舜的后代。

"都宛丘之侧"，就在宛丘旁边建都。

禹后代获封杞国。"汴州雍丘县，古杞国。周武王封禹后于杞，号东楼公，二十一代为楚所灭。"大禹的后代封在了杞国。杞国在哪儿呢？就是"汴州雍丘县"，也是在河南。

"周武王封禹后于杞，号东楼公"，他有一个号。孔子的后裔，尤其是每一代的嫡长孙，有一个名称，大家知道吗？衍圣公。民国的时候，那一代的长子孔德成先生（现在去世了）就是末代的衍圣公。

那禹的后代是不是都可以叫东楼公？道理是一样。他可以是专指一个人，在民国时期，乃至于后来到了台湾省，他仍然可以称为衍圣公。禹的后代同样啊，在当时，那一代就叫东楼公。东楼、西楼也是我们上一讲给大家看的，颛顼、帝喾后代里面的一个姓对不对？姓东楼。所以这一讲听完之后，大家就掌握了一个常识，如果您看到一个人姓名，当然很少见，真的叫西楼什么或者东楼什么，你就知道他是大禹的后代。

二十一代东楼公为楚国所灭。

每一代人，如果积德行善，家就源远流长，永远有有德行的子孙投生进来；如果缺德，到了某一代，绝嗣，没有人继承了。

所以你看孔家、孟家、苏州范家，都在提示我们现代人，怎么做？积德行善！但做好事，莫问前程！

谁管着你的前程？整个世界怎么变化的呢？以我的理解，就是你头脑当中的电波，你头脑当中的意念，就是我们人生的起头，简称念头。你所有的世界就随着你起心动念而开始转化。你脑子里全都是一些乌七八糟的东西，你外面感受的世界现象，也是乱七八糟；如果你心里纯净，外面感受的事物也都是清亮、美好、光明、向上、发展、欣喜、畅快、幸福！这就是天人合一，你的天、地、人、事、物，随着你内心的改变而改变。如果不满意现状，先观察一下自己的内心，你内心里一片昏暗，你想外面的世界对你光亮，那怎么可能？所以我们要对自己的人生负责。

显然，现在说的就是结论，这已经不是硬说了，是推理了半天，大家可以自然得出的结论，也就是说：尧舜禹不是"传说"！

上面的论证都是为了说明尧是真实的——他的血亲，他处的历史背景，他的历史地位。但是有一件事情非常有意思，就是我们刚才提到的，他是怎么继承的天子位？还是上一讲那个问题。

帝尧继位　令人费解

尧的父亲帝喾娶了陈锋氏女，他妈妈的名字叫庆都，生的仿勋，也叫放勋。我们解释过，仿照先祖而建立功勋，这是他的名字，为帝尧，尧是谥号。

帝喾娶了诹訾氏女，生了帝挚。这位妈妈叫常仪。那个母仪天下的仪可以换成表示合适的那个宜，友谊的谊去掉言字旁儿，也可以写成那个字，就是史书上都有这么记录，字不一样，但是音是一样的。

所以我们看一下，也就是说，元妃生子不在天子位，次妃儿子更替天子位，这就是在尧那一代发生的情况。帝喾的长妃实际上叫有邰氏，名字叫姜原，生的是后稷。后稷是周的始祖对不对？这不能忘了，我们都说了多少遍。

帝喾的次妃叫有娀氏女，名简狄。这个"狄"其实是"逖"，祖逖的逖。您看到的这个狄要读 tì，就是闻鸡起舞的主角，叫祖逖。她生的这个孩子的名我打不出来——就是上面一个占领的占，底下一个内，大家就知道了。

然后我查这个字，这是我第一次发现，原来一个字有六种读音。这个字，读郭；读歪；在古代又是这个禾的通假字；然后女子发髻鬟鬐的鬟也是这个字；它加上女字旁就是女娲的娲；加上立刀就是剐；一个字，可以当六个字用。

这就是我们提出的一个问题，帝喾一共娶了四位妃子，有名有姓，有后代，而且，每一位妃子生的孩子及其后代都有了天下。但是我很奇怪他的后宫到底发生了什么。元妃有邰氏姜原，这就是古代用字的特点，这个"原"和加女字旁这个"嫄"指同一个人，这个现象我们已经举了好多例子，大家都知道。"践巨人迹"，出去玩，郊游看到一个大脚印，好奇踩了一下，"身动如孕者"，身体就动了，和怀孕的人是一样的，生了弃。他为啥叫弃呢？因为他不是跟天子合房生的，所以就扔掉了。还记得这个故事吧？扔到陋巷里面，马不踩踏，扔到水里面，鸟盖上他，最后发现太神了，就把他捡回来，所以曾经丢弃过嘛，名就叫弃。我不知道有没有史书记录下来帝喾的感受，怎么太太出去踩了一下大脚印，回来就生了个孩子。但是弃在尧的时候，做了农师，种地特别厉害，给他一块封地，封在邰，那显然是和他母亲有关，可能就是回到姥姥家了。号后稷，别姓姬氏，这一提大家就清楚了，那就是文王姬昌的先祖。

次妃有娀氏，名简狄，就是这个逖，大家就知道。你看到"简狄"的时候，发音是剔除的剔的这个音，不要读成jiǎn yì。"与宗妇三人浴于川"，等于和她的贴身丫鬟，因为她是妃子——好像是在河里面（古代的河叫川）沐浴，"吞玄鸟堕卵"，一个黑色的鸟掉下一个蛋。这个画面我补不齐，蛋掉地上会碎的，还是说玄鸟这个蛋本身就在地上的窝里面放着，黑鸟的蛋，就吃了，吃了以后怀孕。也叫契，不过是契约的契，也可能是"楔"。这个契"辅佐大禹有功"，然后舜帝给他封了一块地，这个地叫商，成为商的始祖。

这又是一个原则，始祖的封地成为后代朝代的朝名。契的封地为商，所以他的后代建立的朝代就叫商朝，因为迁都为殷，又叫殷商，有邰氏生的这个弃，因为他们起源于周原，他那个地方叫周原，所以朝代就叫周。后来李世民起兵，今天说起兵在太原。太原，一会儿我们给大家看一下古代叫什么，大家就更清楚了。

我们还是回过头来看他这几位妃子和儿子的情况。排末位的诹訾氏女，叫常仪，生帝挚。古代的版本解释《五帝本纪》上就两个字，"不著"，有的解释说可能不著名，但是我怀疑，都当天子了，他怎么不著名？是天子的妃子的孩子，那显然是王子、皇子，怎么就不著名？俗本为"不善"，括弧，还带个"崩"，天子去世才叫崩。怎么不善没有讲，略而不谈，这就可疑了。然后卫宏出来解释了，"帝挚立九年而唐侯德盛，因禅位焉"。这几句话给我特别大的震动，立九年，时间不短了，唐侯德盛，唐侯是谁呀？于是，就禅位了。所以我特别感到纳闷儿，尧是如何登位成帝的？

大家看在《帝王纪》里面说"帝挚之母于四人中班最在下"，就是她的排位是最后的，"而挚于兄弟最长"，就是最小的一个妃子生的孩子最大。前面有两个妃子不是正常怀孩子生产，我估计帝喾一定有想法，但找不着史料，我们也很奇怪。所以，以人家的角度来看，正常出生的这两个孩子，挚排老大，他年龄长，就先登了帝位，这好像很正常，封异母弟放勋为"唐侯"。天子封自己的弟弟为诸侯这件事情司空见惯，对不对？这都很正常。让我们怀疑的是后面这一段，帝挚"在位九年，政微弱"，好像执政能力不是很强，"而唐侯德盛，诸侯归之。"这就麻烦了，一个诸侯国独大，然后其他诸侯国归顺他，"挚服其义，乃率群臣，造唐而致禅"。挚本来是天子，当了九年，虽然说不是那么强盛，但我估计也不会太差，结果自己的另外一个兄弟，说他的德行盛大，然后好多诸侯国归顺他。挚服其义，这是什么义？服的是什么义？率群臣，注意呀，是率群臣，"造"是什么意思？是到的意思。造访，是我到您那里面。您从北京来大连，这叫"造大连"，"造唐"，唐是哪儿？就是封地，天子领着群臣到一个诸侯国那里面去禅让天子位，这是一个很奇怪的交代，大家不觉得是这样吗？"唐侯自知有天命"，他自己知道有这个天命，"乃受帝禅"，就接受了，"封挚于高辛"。那这显然还是他父亲的那个封号形成的地名。反过来，又封天子到高辛这个地方。

那我就想后世如何，都知道周家的吴太伯，为了逃王位，因为他父亲觉得文王姬昌一出生就有圣德，将来发扬我族群光大应该是这个孩子，那是他三弟的儿子，吴太伯是长子，他要想让他父亲的心愿达成，让他的这个侄儿接父亲的王位，那他就得跑。所以，他领着虞仲，哥俩儿就跑了，跑南方去了，而且文身断发，彻底断了回去接王位的可能。文身是不能接王位的，就像我们现在，如果是一个公务员身份，那文身恐怕是不行的。古代也不能断发，身体发肤，受之父母。他跑了，才有文王、武王和周朝，以及我们后面的历史。所以孔子特别佩服太伯，这个我们在讲《论语》的时候交代过，《泰伯第八》。

我们举一个后世真实的例子，曹丕逼迫汉献帝"禅让"的例子。"汉灵帝崩，屠夫女何皇后子汉少帝即位，册封王美人子刘协为渤海王。经历宦官之乱，改封陈留王。中平六年，在司空董卓拥立下，即位为帝。"灵帝驾崩以后，屠夫女何皇后，她的儿子汉少帝即位，册封王美人生的孩子刘协为渤海王。这距离我们今天挺近的，因为大连临着黄海和渤海。到旅顺那边，还能看到黄渤海分界线。经历宦官之乱，改封陈留王。中平六年，也就是西元的189年，在司空董卓拥立下，即位为帝，叫汉献帝。

"建安元年，汉献帝依附于兖州牧曹操，迁都许昌。不甘傀儡，策动董承和伏完'起事'，没成。建安25年，在魏王曹丕逼迫下，退位'禅让'。降封山阳郡公，保留天子礼仪，将两个女儿嫁于曹丕。"建安元年，公元196年，献帝依附于兖州牧——相当于兖州的市长。这个牧是古代的市长，权力比较大。而且注意，我们讲《尧典》的时候解释过这个牧。尧那个时候官员就叫牧，群牧，还有印象吧？群牧就相当于是一些市长的意思，一些地方干部、地方领导的意思。这个兖州牧当时是谁呢？是曹操。依附于他，迁都到许昌——许国的旧地，希望它繁荣昌盛，出现了这么个名，叫许昌。海南呢，有文昌。北京现在有什么？昌平——繁荣昌盛、和平安定。他不甘为傀儡，策动董承和伏完（这伏羲的后代，因为姓这个姓），要干点事，没成。建安25年，在魏王曹丕的逼迫下，退位"禅让"。

这是我们叙述历史，说是被逼迫下，当时他得发文告，我心悦诚服，您老人家德行盛大，我不行，天子位禅让给您，得这么说。而且，曹丕还得装出来，不行，这哪行，三次退让之后，哎呀，你看，既然心意这么诚，可能天意如此，那我就勉强接受了吧，他还挺委屈，还得演这一出戏。

演完了，降封，注意这个"降"，降封汉献帝为山阳郡公，保留天子的礼仪。那套东西你喜欢，行，末代皇帝还是给你。最气人的是将两个女儿嫁于曹丕。女婿夺了老丈人的领导地位，是心甘情愿的吗？我怎么就觉得不是这回事。然后，我又想起来，在《尧典》当中，尧把两个女儿嫁给舜，真莫名其妙！

果真如此的话，我认为帝挚，他应该是高风亮节呀，"服其义，率群臣，造唐禅让"，这才是真正的禅让。为啥史书不写？这个人有什么不善的？天子位都让出来了，领着群臣让的天子位，如何不善呢？为什么没给记下来？

再查。这读书人产生疑问，烦人的地方就是我非得要把它查个明白。

汉蔡邕《琴操·河间杂歌·箕山操》中有，"以清节闻于尧。尧大其志，乃遣使以符玺禅为天子。于是许由喟然叹曰：'匹夫结志，固如磐石。采山饮河，所以养性，非以求禄位也；放发优游，所以安己不惧，非以贪天下也。'使者还，以状报尧，尧知由不可动，亦已矣。于是许由以使者言为不善，乃临河洗耳"。

"樊坚见由方洗耳，问之：'耳有何垢乎？'由曰：'无垢，闻恶语耳。'坚曰：'何等语者？'由曰：'尧聘吾为天子。'坚曰：'尊位何为恶之？'由曰：'吾志在青云，何乃劣劣为九州伍长乎？'于是樊坚方且饮牛，闻其言而去，耻饮于下流。"

汉代蔡邕写了这么一个琴操，等于是歌词。

许由是一个著名的隐士，"以清节闻于尧"，就是这个人有很好的名节、清誉，上达到天子，天子就听到了，"大其志，遣使以符玺禅为天子"，他又来演戏。

"许由喟然叹曰：'匹夫结志，固如磐石'"，就是我现在立的这个志，和磐石一样坚固。"采山饮河，所以养性，非以求禄位也。"我不是要当官。"放发优游"，古代的这个头发，我们讲《黄帝内经》的时候说过，"春三月，此谓发陈，天地俱生，万物以荣，夜卧早起，广步于庭，被发缓形，以使志生"，生发、生长、收藏。所以"放发优游"，很自在，优哉游哉，进行春游，就像我们现在"五一"又开始计划到哪儿去玩是一样的，放松一下。"所以安己不惧"，我让自己心安，我不再挂碍，不用担心。"非以贪天下也"，这是表明心志，因为使臣来了，而且把天下让给你。我们现在想一想，如果您是许由，天子派了一个使臣，说，这是印信，你现在去做天子。谁那么不知深浅呢？！

"使者还，以状报尧，尧知由不可动"，就是心志不可动，坚如磐石嘛。"亦已矣"，他没接着演下去，说非得让你来接天子位。

"于是许由以使者言为不善，乃临河洗耳。"今天听到的这个事情，回家赶紧洗耳朵。这是故意的吧？他洗耳的时候，也巧，又来了一个樊坚，这可能是樊哙的先祖。问他，你耳朵里有什么脏物？没有啊，就听到恶语。什么恶语？"尧聘吾为天子"，当今天子聘我为天子。"尊位何为恶之？"那明明是最尊的位置，你怎么讨厌？"吾志在青云"，穷且益坚，不坠青云之志。"何乃劣劣为九州伍长乎？"我志在青云，干吗咧咧巴巴地去当这个九州的首领呢？因为当时尧那时候是为九州，舜的时候为十二州，禹的时候又为九州。行政区划总有变化，这里面也有说道。他用了"九州伍长"，伍长是什么意思？五个人的长官。言外之意，没看得起整个九州管理者这个位置。"于是樊坚方且饮牛，闻其言而去，耻饮于下流。"听完了之后，连饮牛都不在这个地方。

真的那么糟糕吗？我想了一下，我说我的立场是无证伪不推翻，就是没证伪不要推翻历史已经形成的结论。伟大的天子就是伟大的天子。但是我们也不偏信，他不是一个角色化的、概念化的人物。就像我们好像小的时候看那种革命性的电影，这个人一出来就是脸谱化的，好人坏人一目了然。现在的电视剧不那样，就像朱世茂和陈佩斯演的小品，陈佩斯说朱世茂，你浓眉大眼的也有可能是叛徒，也有可能是坏人。然后有很多浓眉大眼的演员或者看上去特别端庄的女演员，也想方设法地说拓宽戏路，非得要演一些泼妇、阴险狡诈的人物，这好像是为艺术献身。我们也不求全，不责备，就是以史实为依据。

梳理一下，前面论证这么多，唐侯变成陶唐氏，有天下了，后裔封唐国，然后我们历史上的巅峰叫唐朝。怎么来的？尧是谥法上给的称呼，叫"翼善传圣曰尧"（《集解》），辅佐善行、善念、善良，能够传承圣人的思想行为才叫"尧"，所以这个谥号是很伟大的。那他的名字叫放勋，这个大家清楚了。姓伊祁氏。皇甫谧说他出生的时候，他母亲在"三阿之南，寄于伊长孺之家，故从母所居为姓也"。所以后世姓伊尹的伊的，姓祁的都是尧的后代。那"陶唐"是他的号，《千字文》里面"有虞陶唐"，小孩都会背。都城在平阳。他的后裔被武王所封，后面的历代天子其实都要循例而封。就像孔子历代的嫡长孙都会被封一个称号，后期就固定了，就叫"衍圣公"。

其北，就是唐国所在这个地方的北面，是帝夏禹的都城，汉朝把这个地方叫太原郡。南边有晋水。山南水北为阳，这个城市在晋水的北面，那这个城市就称为晋阳，所以晋阳也是太原的另外的一个称呼，唐朝李世民鼓动他父亲起兵反隋，发兵就在这里。所以得了天下以后，国号为大唐。

帝挚与帝尧的禅让到底是怎么一回事？我现在是以小人之心度君子之腹，怀疑一下。因为如果帝挚真的是像史书上记载的那样，服了，率着群臣让给你，少了多少杀戮！那我更佩服他！因为他的德行可能不如吴太伯，也差不多。但是，另一方面，我认为，即使和"逼迫禅让"有类似之处，尧仍然不失为伟大的天子。我们举唐太宗的例子，玄武门之变射杀了太子李建成和弟弟李元吉，人伦上大亏，悌道大亏，自相残杀。可是，二十三年的贞观之治缔造了大唐，创造了灿烂的文化，仍然是明君雄主，不是圣主，这个"圣"字不会给他的。

伟大帝尧　何来水患

尧是黄帝的第五代孙。我们今天花了两个小时时间，才接近了司马迁写帝尧的这个原文。

帝尧者放勋，其仁如天，其知如神。就之如日，望之如云。富而不骄，贵而不舒。黄收纯衣，彤车乘白马。能明驯德，以亲九族。九族既睦，便章百姓。百姓昭明，合和万国。

帝尧名叫放勋，"其仁如天，其知如神"，这个知也可以加上一个日字旁，读成智慧的智，可以自己选择。我就直接读成知，因为有些人的感知像神一样，预知像神一样。

"就之如日，望之如云"，我想这都是形容。"如日"是说明这个人温暖，有点像孔子，《论语》当中弟子描述孔子，"望之俨然，即之也温"，就是靠近他温暖像靠近太阳。我们说的靠近太阳是指有好的天气，晒晒太阳这种，那可不是坐飞船飞到那个"氢气球"里面去，太阳上发生的是核聚变，温度那么高，太近就烧死了。

"富而不骄，贵而不舒"，他富有天下而不骄慢，贵为天子，这个"不舒"，有的写成"不豫"，就是不放逸，端庄、端正，不随便。这个我倒是有点印象，我发现我接触的一些高级干部都有这个特点，贵而不舒或者贵而不豫，品行上、操守上都比较严格。

"黄收纯衣，彤车乘白马。"黄收，根据古代的说法，它是指冠冕，也就是天子的礼帽，那个冕是黄色。后世明黄这种颜色只能天子用，普通人用就得杀头，因为说是你要造反。"纯衣"这个"纯"是"缁衣"的"缁"的一个异体字，所谓"缁衣"就是黑衣。这是形容他的服饰。

"彤车乘白马",这个解释倒不用解释,我就觉得挺奇怪的,为什么说乘白马?到现在没有找到一个合适的说法。他为什么不骑红马,就是赤马或者黑马?为什么是白马?然后我们现在说的这个白马王子是从尧那个时候来的,还是西方文化传来的?如果从自己文化当中传来,那显然是在《五帝本纪》当中就已经交代了,尧那个时候可能他就喜欢用白马,就流行。天子家的乘驾用的是白马,那他家的这个王子显然也得用白马,礼仪规格应该在这里面。我想那有可能是我们自己的文化流传。

"能明驯德,以亲九族。九族既睦,便章百姓。百姓昭明,合和万国。"也有说万邦的。大家看一下,"能明驯德",这是我们自己修身,"以亲九族",九族就是家人,更扩大一点,就是连五服之内的都算。亲属算不算齐家?齐家齐完了之后,"便章百姓",算不算是治国平天下?从内而外一直发出来,然后有意念、有语言、有行为,最后做事,跟世间连接,这就是集体的行动,最终,变成止于至善,美之至也。所以这就是天人合一的境界,一个人的思想影响到天下,是正面的影响。

但是,他既然能做到这一点,我就很奇怪:为什么当时发那么大的大水?鲧九年不能退去,最后由大禹治理了这次华夏历史上著名的、时间很长的、规模特别大的大水。清代有一个皇帝,对一个巡抚说,你当官要注意了,派你到安徽,安徽水灾;派你到湖北,湖北旱灾;派你到西北甘肃,甘肃雹灾,你为人可要注意!古代的观念,一个地方大员,他的德行、施政是不是合理,感应着天,感应着地。老有天灾,你到哪儿,哪儿有灾,你为人不得反思一下吗?就像我们说，这个为人，如果这个人跟人讲，他不好，大家就觉得可能他不好；后来又讲，另一个人不好，大家就觉得另一个人不好；那后来又指责其他人不好，大家可能就琢磨琢磨，不是这些人不好，是这个人糟糕，怎么谁到他那儿都不好。

所以，我希望年轻人同时读两本书，第一本，《黄帝内经》；第二本，《广义相对论导论》，北京大学出版社出版的，爱因斯坦本人写的；你能读明白，你是什么心就有什么世界。

可验证的天文记录——就是后面《文言》所说的，他开始发于事业从敬天开始。目前这一段记录的是中国历史文献上没有争议的，就是对它的真实性没有争议，可靠的天文记录，记住了尧的施政，尤其是天文方面的德行，派人到四方进行测量。我给大家也介绍过，八十年代的时候，也有天文学家根据这一段的记述，推当时尧是哪一年，就是验证的时候是哪一年。可能这种天文学的推证方法在"夏商周断代工程"当中也有使用。这些天文学家的计算要比竺可桢先生要精确得很多，所以使我们能够大致上知道，夏禹前到尧那个时代距今大约多少年。

今天讲不完了，所以我们本讲到此为止。五一节之后，我们接着给大家分析和分享。

祝大家节日愉快!

感谢大家! 下一讲再见。

（十一）

辛丑年四月初四　2021年5月15日

　　导语：本讲继续讲解帝尧的伟大功勋，以及帝尧费尽心思发现考察虞舜，最后传位给虞舜的整个过程。其中通过"四方风"甲骨，介绍了四方风神的概念，而《山海经》中竟然有相似的记载，令人震惊。

尊敬的各位同人、各位同胞：

大家上午好！

重要讲话　讲座因缘

五年前的2016年5月17日，习近平总书记在北京主持召开了哲学社会科学工作座谈会，并发表了重要讲话，教育部领导到大学里面去做宣讲的时候，把这次座谈会的讲话称为具有里程碑的意义，这是国家的定性、定调；对于我个人来说，这是一个非常重要的节点！常听我们讲座的同人会了解到，我个人从学术偏好上来讲，进行中国优秀传统文化的大众传播，包括进行中国传统经济学的学科建设，早在十年以前就已经进行了。

今年，又是《中国经典经济学》这本书出版十周年的纪念，是在11月份。10年前的年底，在厦门举行海峡两岸图书博览会，当时这本书还是刚刚印出来的样书状态，还没有正式地上市发行，但是中国财政经济出版社的领导还是决定以样书参加了这次海峡两岸图书博览会，这是中国传统经济学——作为一个学术著作，提出一个观念——在这个世间就算诞生了。

然后，经过多年的努力，它的英文版在2016年7月份的伦敦上市。有些同人拿到我们的书，有些书上做解释，说是10月份在国外发行，其实这是时间差，就是在伦敦上市以后，消息传到国内或者是我得到消息已经是几个月以后的事情。

在2016年10月份，东北财经大学党委就根据《中国经典经济学》这本书成立"中国经典经济学研究中心"。它标志着从一个理念到一篇文章，到一本书，到一个大学的学术机构，到现在我们从事的中国传统经济学已经到了学科建设的日程上来。

在北京访学期间，2019年3月份，在楼宇烈老师会见哈佛大学教授2007年诺贝尔经济学奖获得者马斯金的时候，建议我在前期研究的基础上，再筹建一个专业叫"中国经济文化史"。那天，老人家坐下来就开始谈，我想可能是历史的机缘到了。然后我就到网站上去查，似乎没有"中国经济文化史"。这就是一个历史性的空白，由我们来恢复。

那么"5·17"讲话的重要性在何处呢？对我个人来说，在我开始进行中国传统经济学研究和发表学术见解、出版著作的时候，在社会上充满着不理解甚至鄙夷。因为长时间以来，我们都是学西方经济学，经济学的常识中，鼻祖叫亚当·斯密，是个英国人，标志是1776年出版的《国富论》，这都是经济学的常识。现在我们就知道，这个经济学实际上就是指西方经济学，我们中国人有自己的本土经济学，我们的逻辑极其简单而朴实。如果我们没有自己的经济学，那么请你给我一个名字，指导周代"成康之治"的学问，指导汉代"文景之治"的学问，指导唐代取得"贞观之治"的学问，乃至于宋代有仁宗盛世，富裕了一百多年的这个学问叫什么？你可以给我们定义一个名字，如果你非得说中国没有经济学，那我想你得给我们一个名字，这是我们的逻辑。

常听我们讲座的同人会知道，这是我们讲《尚书》的过程当中插进来《五帝本纪》的讲解，这样做有这么几个原因：

第一，司马迁写《五帝本纪》的时候参考或者说引用了，也可以说照抄了《尚书》里面的很多内容，写成的《五帝本纪》，就是典籍的来源。

第二，中国人的历史观念是五千年的文化，那五千年怎么算？按照李学勤先生的计算，黄帝距今四千七百多年，在他之前有八代神农氏，这是《史记·五帝本纪》上写的，八代以每代三十年计算，大约二百四十年，加在一块大约五千年左右，还算是可信的。

第三，之所以我们现在讲《五帝本纪》，是因为我们发现中国人的历史观念需要重新梳理。长时间以来我们的历史观念是由西方的史学观念强加给我们的，我们逐渐地丢了自己的华夏史观。

所以，通过考古的成就，地下挖出来的文物；通过《汉书·古今人物表》的记录，因为"人物人物"，他不是神，不是虚幻出来的神话，所以从伏羲开始往下传，是我们这一次讲座的一个框架；再结合现在活人接受的道家传承，这三个方面，也就是文物、文献和文化或者说文化人——我们这个文化是动态的，理解了那个"文"，也就是证得或者是理解天道自然规律以后落实到人身上，懂得了中国道家的传承——然后再去看我们这个历史。因此在讲《尚书》的过程当中，我们补讲《五帝本纪》，相当于是恢复我们华夏史观。

然后，在讲解的过程当中这也很奇妙，我们就产生了两个新的学科概念——中国宏观上古史和中国微观上古史。我在网上查了，目前没有这两个学科。

宏观上古史，想到这个名字，是因为著名学者许倬云先生批评大陆的考古界或者整个历史学界只知道向地下挖，文物考证的功夫天下第一，但是不能够把整个华夏大地上各个文明所呈现的历史意义连接起来，缺乏宏观的视野。所以，我们提倡中国宏观上古史的建设，也用于我们这一次讲座，就是只处理宏观的历史框架，把中华的历史真正定义为百万年的人类史，上万年的文明史和八千年的文化史。

之所以是八千年，我们是从《易经》的开创开始，从伏羲画卦开始。再以前有没有？当然有。也给大家展示了，是通过考古展示的，比如说湖南道县玉蟾岩出土的陶片和稻谷。我们采取的数字，如果有印象的能不能回忆起来，是一万三千年对吧？但实际上发表在美国科学院学报上的科学论文，就是中美联合考古队进行的考古工作最后发表出来的文章，距今也不过十一二年的时间，我记得应该是2009年的第六期，认为玉蟾岩的陶片和稻谷的年限大约是在距今一万四千年到两万一千年间。我们给大家列过，能烧陶，说明能够自由地用火；能够大规模地培育水稻并储存下来，说明整个人类组织已经很成型了。那么，作为中华文化的历史，我们不能把她忘了，现在等于是重温历史。

"5·17"讲话首要的是哲学，就是理念上的问题，第二就是历史。那我们现在等于贯通了文、史、哲，历史、哲学、经济学、管理学，包括常听我们讲座的也会知道，心理学、生理学都在这里面，一理贯通。所以，这是一个里程碑式的讲话，无论对于国家的哲学社会科学发展，还是对于个人的学术研究都是一个重大的历史节点，所以值得我们隆重地庆祝一下。

今天的讲座虽然是系列讲座，但是也作为庆祝"5·17"讲话发表五周年的一个活动，就像主持人介绍的，今天上午我们还通过中国善财书院或者是中国经典经济学研究中心，在大连新华书店进行"善财专柜"的捐赠活动，我们至少现场赠出五千元的书。也就是今天来现场的同人，在五千元的限额之内都可以领走，这我已经和新华书店的领导报告过。那也从今天开始，我们向"24小时书吧"预存善款，喜欢的同人领一本书也可以，要一杯咖啡坐到店里面享受着阅读和品味咖啡的乐趣。读书人嘛，找一个好的环境，那是其乐融融、其乐陶陶，天下美事。

好，我们开篇的介绍就到这里，接着往下讲。

回顾接位　盛赞帝尧

因为中间隔了"五一"假期，时间比较长，所以按照惯例我们还是所谓的温故而知新，对上一讲的主要问题稍微回顾一下。

上一讲，我提出的问题就是禅让天子位，是不是真的"自愿"？这在中国的儒家传统上有一点大不敬，就是很少有人对尧、舜、禹提出质疑。尽管有，但是比较少。可是通过我们的分析，尤其是帝挚和帝尧之间传位的那九年发生的事情，到底真相是什么，让我们产生了这个疑问，就是禅让天子位是不是真的？是发自内心的还是被迫的？不知道。提出一个疑问。

因为我们从实际情况想一下，就像上一讲我们问的，一个天子执政九年了，时间不算短，也不算新手了，尽管政绩可能平平，但是有必要或者说胸怀伟大到那样的程度，率着群臣，到自己兄弟也就是一个诸侯国的国境上，把自己天子位禅让给他？如果是真的，那他应该进入华夏的历史，大为歌颂，其品德不下于孔子特别佩服的吴泰伯。让天下嘛，逃走了，后来因为父亲有病，回来看，父亲去世，回来看，回来就有可能被按下接天子位，他们哥俩儿文身断发，按照古代的规矩，那你就不具有接天之位的资格，所以就传到了文王的父亲，然后由文王的父亲把这个王位传给文王，开创了西周的文化，创造了中国历史上的一个巅峰。无论是盛世的巅峰，还是文化的巅峰，周朝都值得大书特书。

我们现在看到的大部分的青铜器不是商代的，就是周代的。我给大家报告过，小的时候学书法，不喜欢青铜器上的铭文，觉得不好看，而且还不太清晰——拓片的效果不是很好。可是到了四十岁以后的年纪就发现，越看越震惊，越看越震撼，越看越觉得美，美得不可方物，所以现在书法上的审美习惯发生重大变化。

帝挚居天子位九年，"唐侯德盛"，帝挚就率领群臣到唐国"禅让"给唐侯？是由于当时唐侯的"德盛"，还是"兵强"？还是"势压"？这是我们的一个疑问。不管怎么说，帝尧继位了。

尧是一个伟大的天子，被称为圣王，孔子也不怀疑。那我们可以这样看，怀疑归怀疑，即使有瑕疵，仍然不失为伟大的天子，因为他对中华文化贡献太大了。

大家看《五帝本纪》的原文，到这一讲开始正式地介绍帝尧。

对他的评价极高，"其仁如天，其知如神。就之如日，望之如云。富而不骄，贵而不舒。"如果现在我们有一个人当得这几句话的评价，那可就不得了。常听我们讲座的同人会习惯，我们把经文读上几十遍上百遍以后，把它活化到当代，就是如果有一个人，您特别喜欢他、特别崇敬他，您会怎么夸奖？

所以，不能被古文字限制住，神话、僵化，被文字障碍住。"一道白云横谷口，几多飞鸟迷归途"，被文字相障碍住，不知道背后那个实质，这就是读书没读活。我们是强调体会，放到当下琢磨一下，我们有没有人可以做到这一点，"其仁如天"？天是广大的，天无私覆，地无私载。所以他的仁德，也可以说，君子黄中通理，正位居体。

"其知如神"，这个"知"也可以通假成智慧的"智"，我认为这两个字都可以解释得通。就是你的知觉的知，就像我们翻译哈耶克的《*The Sensory Order*》，人作为生物的人，那个感知的能力非常奇妙，像神一样。有没有这样的人？可能有。那说你的智慧就像神一样，大智慧，有没有可能？也有可能。所以，这两种解释都可以解释得通。

"就之如日"，是说明很温暖的意思。不是说我们坐着飞船，不断地飞，靠近那个现代天文学给我们解释的太阳——是一个时刻产生着核聚变的大氢气球，不是那个概念。就说明它对人温暖。

"望之如云"，这个云不是乌云。所以你看，同样是这个字，我们会约定俗成地理解它是哪一个意思。你不能把它解释成那种"黑云压城城欲摧"的那种云彩，它一定是祥云、彩云、白云。望之很高，但是愿意看，很飘逸，很自然，很欣喜。

"富而不骄"，他是天子呀，富有四海，没有骄慢之心。

"贵而不舒"，这个"舒"我特意解释一下，有一些版本叫不豫。您可以注意一下自己手里的版本，读古文麻烦就在这里，尤其是像《尚书》这么古的，很多种版本，很多通假字。我们也多次提示，读古书的时候，古字和今字是不是需要通过一个偏旁来沟通，你要有这种思想意识。

"黄收纯衣，彤车乘白马"，"黄收"，是不是这个发音我不太确定，在《太古冠冕图》这本书当中说，夏朝礼帽就是冕，称作为"收"，是不是这个字，我不知道，加个什么偏旁，我没琢磨出来，反正就是那个大的礼帽，黄色的。这个"纯衣"要读成"缁衣"，表示黑色，当时的礼服。可能那个时候尚黑。我小时候听我爸说过一句话，说，男要俏一身皂，这个皂就是黑；女要俏一身孝，女人要好看，穿一身白。这是服装上的效果。所以这个"纯衣"实际上指的是黑色衣服。

在秦始皇时期，他认为他有水德，尚黑，这我们介绍过。当时是什么观念有这样的色彩，现在我还没破解，还解释不太清楚。因为五行观念早就有了，当时就有。"黄"，这个很好理解，居中。但衣服是这个颜色就没太搞清楚。

"彤车"，彤，指红色，或者是赤色。白马，我说白马王子是不是从尧那个时候开始的，不太清楚。但是乘白马那肯定是天子的礼遇。

大家看一下这个色彩，黄色居中间，黑色居北，红色居南，白色居西，对吧？唯欠东方青色，是不是？为什么？五行当中提到这四种颜色，就少了一个东方的青色。要联系起前面我们仔细分析过的黄帝之后到底谁接的天子位？玄嚣、少昊、青阳是不是一个人？我们也不确定。因为著名的历史学家就有争议，我们只能把这些不同的大腕提出来的观点罗列给大家做参考，这也算是一种学术上的努力，就是各种能够有影响、说得通、有真实的说法，我们都拿在一块儿做参考，也许有一天豁然贯通，也许只能并列。我们不太清楚，但是我考虑，唯独缺了青色是历史的偶然还是必然？不知道。

"能明驯德，以亲九族。九族既睦，便章百姓（有多种解释）。百姓昭明，合和万国。"这个不多解释了，我们讲《尚书》的时候，花了大量的篇幅解释过。关于帝尧的这一段，我们的重点在分析天文，在分析四方封赏，因为这极其关键，它证明着无论是《五帝本纪》还是《尚书》的《尧典》，它记述的东西都是信史，是可信的。现在的天文学可以推测回去，这就是我们说明的一个重点。

虽然不解释这一段话，但是可以提示一下大家，我个人认为它是曾子《大学》学术思想的来源之一。理由是《书》作为孔子教育弟子的重要教材，他的弟子会常读不懈，也就是曾子能够背诵《尧典》是一个大概率的事件，也是合情合理的。《诗》《书》《礼》《易》《春秋》等都是当时学习的重点篇目，重点经典。

明道齐家　天人合一

那么这一段说明什么呢？说明一个人，明道，然后这个德还能够服膺，做到这一点，就可以齐家，亲九族。无论是自己的小家还是大家，九族都很和睦。九族和睦以后——这是能查到的我们现在说五服之内有亲属关系的——没有亲属关系的，时间远了，变成百姓了，都相处得很好。

通过什么相处呢？我自己理解，不管是平章百姓、便章百姓，我认为它一个按照规律，公平公正处理陌生人之间事物的意思。就是大家都公正守法。咱俩不认识，但都是炎黄子孙，五代之内查出血缘关系了，怎么相处这个关系？都守礼，这是最低线。再者说，都守法，都守规矩。把百姓治理好，就是协调了人与人之间的关系。

"百姓昭明"，说明天下大治，再往外推"合和万国"。这个国不是他用错字，我们一再地强调，古代没有我们今天这么方便，电脑一打一复制，几十万，上百万"唰"的一下就过去。虽然西汉那时候进步了，但是纸是什么时候发明的？东汉的蔡伦大规模发明纸。西汉的时候有吗？司马迁那个时候有古代的那种帛，现代意义上的纸可能还没有。所以他惜墨如金，不会轻易地用一个字，作为一个严谨的史学家，他也不会乱用字，证明着当时我们就有"诸侯国"，也可以称作"邦"，但是我认为国的概念更准确一些。

这是尧一出场，就是一个圣王的形象，是一个君子黄中通理，正位居体，美在其中，畅于四支，发于事业的过程。

后来曾子可能是有感于他的德行，由内而外、由小到大，就总结出《大学》的纲目——格物致知，诚意正心，修身齐家，治国平天下。格物致知以后意诚，意诚以后心就摆正了。心正以后，像《管子》里面记载的，心之在体君之位也，你心里面那个念头是很正的，正念，那么身就不斜，没有邪行，身就修。身修代表着德行，能明驯德。那人一看，这是个好人。

按照老师教我的道理，也是天人合一观的道理，一个人定住志，开始转变，你周围的人都要跟着你转变。否则的话，就面临着被动的改变，要么你被甩出去了，淘汰了，要么更严重的——在这个时空世界里消失。这是我们的老师讲给我们的，尤其是夫妻关系。讲得最震撼的一个例子，一位女同志问，你让我改？让我无条件地学习经典、学习圣贤，包容他的臭毛病，他能不能改呀？夫妻关系嘛。老师就回答一句话，他必须改！妻子就问，那不改怎么办？不改就换人了。这是另外的学科，我们不往下讲。就是说天人合一是一个极其重要的理念，我认为如果我自己有学术贡献的话，那就是我是第一个发现中国的天人合一观就是广义相对论，只不过时代不同，应用的学科不同、范围不同，而天人合一观更广。

所以，一般向我问学习传统文化如何找一个合适的、可靠的、现在受过高等教育的人能够理解的思路，我就建议他同时读三本书：《黄帝内经》、爱因斯坦本人写的《广义相对论导论》和在唐代非常流行的《维摩诘所说经》——怎么证明它流行呢？王维，字摩诘，说明这部经在当时极其流行。

大家看这个问题，尧时为什么发大水？我们现在也想，既然尧那么伟大，为什么发大水？

我们定义五行是五种动态的功能。《中国经典经济学》这本书翻译过程中涉及五行这个概念怎么翻译，我说不能翻译成Five Elements——但是已经就那样了，将来改版的时候会进行改动。因为"五行"它不是"五静"，不是"五定"，不是静定的，是动的，行动的行，行为的行，说明它一直在"行"。这是五种动态的功能，你行不行啊？行。什么行？哪个德在行？五行也代表着五种功能和德行。但中国古代文化的核心理念是把复杂的东西简单化，所以简单地概括——金木水火土。配合上肺肝肾心脾、商角羽徵宫、白青黑赤黄，这都是大家耳熟能详的说法，一一对应。

钱穆先生说，天人合一观是中华文明对世界文明最大的贡献[①]，这我们介绍过。在国学大师的眼里，这个理念极其重要，重要就说明它是中华文化里面最核心的内容，轻易不会错。那我们用理论去分析历史事实，指导实践的时候就会应用上。那我就想，尧那么伟大，因何要发大水呀？古代一种说法仅供参考："贪心大则水盛"！那是他贪，还是当时的人民贪？这是一个勇敢的问题。

---

① 钱穆于96岁高龄时所写《中国文化对人类未来可有的贡献》，网页链接：https://www.rujiazg.com/article/1588。

遵循天道　敬授民时

我们现在接着往下看经文。

乃命羲和，敬顺昊天，数法日月星辰，敬授民时。分命羲仲，居郁夷，曰旸谷。敬道日出，便程东作。日中，星鸟，以殷中春。其民析，鸟兽孳微。申命羲叔，居南交。便程南为，敬致。日永，星火，以正中夏。其民因，鸟兽希革。申命和仲，居西土，曰昧谷。敬道日入，便程西成。夜中，星虚，以正中秋。其民夷易，鸟兽毛毨。申命和叔；居北方，曰幽都。便在伏物。日短，星昴，以正中冬。其民燠，鸟兽氄毛。岁三百六十六日，以闰月正四时。信饬百官，众功皆兴。

描述完尧的德行和他取得天下人的支持，衷心的服膺之后就要干事了。要注意！这个人第一件事情干的是什么？新官上任三把火，一定是挑最紧急，同时也应该是最重要的事情做，这是人之常情。你新到一个岗位，肯定要解决燃眉之急，然后重大的事情，经过调研也要尽快地处理，这是正常的情况，正常的逻辑。

那我们看，"乃命羲和"，为啥把这第一句打成黑体字呢？因为它是对称的语句。我们往下先看一下，一会儿再回来给大家分析，然后就变成了"分命羲仲"；再往下看，"申命羲叔"；再往下看，"申命和仲"；这就是写文章的框架，中间你可以填肉，有的地方肉填得多一点，腮帮子鼓一点，有的地方就骨感一点，就是框架。"申命和叔"，已经到北方了，是不是该结束了？所以这一段就到这儿，东南西北，使用的语言都是不一样的，对象也是不一样的，这很重要啊！如果您自己看这一段经文，就这么顺过去的话，有些细节的地方可能是读不明白——当时写这段话的史官为什么这么记录？有什么样的礼节？好，提示到这，我们往下看。

"敬顺（《尚书》文'钦若'）昊天"，我把对比的文字打在括弧里面。这一讲对于之前没听过讲座的同人可能会困难一点，因为这一段既极其重要，也极其专业，同时文字还比较古旧。

"乃命羲和，敬顺昊天"，我们对各种值得尊敬的事情，要像先人那样，恭敬而顺从——也是对天道和规律的顺从。这个"昊天"代表着最高的规律、规范和真理，而且，古代一年春夏秋冬对天的称呼各有其词，后面我会给大家列一个表。

"数法（《尚书》文'历象'）日月星辰"，这是改动了《尚书》的原文，《尚书》里面叫"历象"，这我们详细解释过，感兴趣的，要么去查一下您拿到的版本的解释，要么去听一听我们讲《尚书》，或者将来你拿到书看一看当时的解释。

为的是什么呢？"敬授民时"，天文历法，极其重要！否则的话，我们不知道哪一天春天来了，我们该怎么养生；立夏了，我们该怎么调整我们的饮食结构和起居；什么时候秋天要到了，要开始收了。到了冬天，《周礼天官令》里面记载，有人在冬至的时候敲着木铎走街串巷，说，先王慈悲，是日闭关，大家都注意点容止。容止是什么意思？就是注意你的起心动念，坐言起行，包括男女关系、夫妻关系、五伦关系、上下关系，都要敬，都要遵从。结果是什么呢？结果是我们本身成为一个有道和德的人，这不是伦理的概念，而是真实地改变我们自己身形的一种修行方法。

重黎火正　火神祝融

这里面给大家报告一个孔颖达的解说，他说羲是重的子孙，和是黎的子孙，那显而言之，这是两个人对吧？羲是羲，和是和，姓羲的和姓和的是两家。姓羲的好像是少一点，大家似乎没太听说过。不过姓和的，就多一点。有一次我们去丽江，朋友领我们去见一个艺术人，能够用脚写字，甚至刻章，那位先生给我们一个名片，我一看姓和，就这个和平的和。通过姓氏，我们就可以把整个中华文明的血脉串联起来。

大家看，《史记·楚世家》记载说，"高阳生称，称生卷章，卷章生重黎。重黎为帝喾高辛火正，甚有功，能光融天下，帝喾命曰祝融……（帝喾）诛重黎，而以其弟吴回为重黎后，复居火正，为祝融。"

"高阳生称"（chèn或者是chēng，因为古音到底怎么读，不知道），高阳是谁还记得吧？高阳是黄帝的孙子，他的帝号叫颛顼，帝颛顼，号高阳。他有一个孩子叫称心的称，也可以叫称呼的称，都行，那么他就与他的侄子，接天子位的帝喾是一代，这个称又生了是卷（juǎn）章还是juàn章，你自己决定。那么这个卷章与尧又是一代，"卷章生重黎"，那么生的是一个孩子还是两个孩子呢？就是重和黎是一个人还是两个人呢？这又是一个疑问。因为有的书上给我们的印象是重是重、黎是黎。那么现在来看呢，好像是一个人，也不确定，也可能是两个人一块担任这个职位。羲和有的解释成一个人，有的说就是两个人，两个人都担任尧的天官。

我们看下面这一段，"重黎为帝喾高辛火正"，掌握火的。"甚有功，能光融天下"。注意这个"融"，融合的融，我们今天金融的融。"帝喾命曰祝融"，帝喾封他为官，他的职责是掌握着火，要用火随时就有。他要么有技术，要么保持着火种，这是当时社会上很重要的一种公共产品。要怎么样取火，他是管着这件事情的，而且功劳很大。所以帝喾给他一个名字叫"祝融"。

祝融我们很熟悉，在《古今人物表》里面有这个称呼，但是长时间以来，我们读古书，还知道他有另外的一个身份，叫火神是吧？水神共工，火神祝融，这两人打架，然后把什么柱子撞倒了？不周山。撞倒了以后，"天倾西北，地陷东南"，来灾了，发大水，然后就有女娲开始炼五彩石、五色石补天是吧？我们已经破解了这个神话，其实就是道家修行的秘诀，给大家讲过，我在书中也和盘托出。那不是神话，女娲就是教我们道家修行的功法，你要是明白《易经》，你就知道这是水火既济。

在古代专门有这个官名，然后火神的名称和具体担任掌握火的这个人有时候是重合的，就像我们现在跟刘老师学这个医学，刘老师跟卢氏学，卢氏有一个号，四川钦安卢氏有一个号，号叫什么？号叫"火神"，加上姓叫"卢火神"。他们都起源于清代刘止唐先生，刘止唐先生是由经学培育出来的大家，然后他培育了郑钦安先生，号称"火神"——就是医术特别高明，经常用姜桂附这种热药，有"火神"之名。那你说他是神吗？不是，是人对不对？但医术高明，时间长了，大家称呼他为"火神"。古代也一样，管着这个事，有功劳，大家都恭维他，而且这是天子给他命名，你就叫火神吧——就这么称呼他。能理解吧？一点都不神秘，跟现在的传统差不多，或者说我们现在的传统跟古代差不多。

也可能有功以后，就产生了骄傲自满的情绪，被糖衣炮弹攻破了，可能犯了什么罪，所以被帝喾诛，也就是杀掉了，能明白吗？中间省略了那些介绍和情节，我也就没把它引用过来。反正他开始是有最大的功劳，后来被本来很器重他的天子杀掉了，这有点像诸葛亮挥泪斩马谡，一开始特别倚重他，但是犯了必死之罪，不杀不足以治国、治军，那只能这样。

"而以其弟吴回为重黎后"，把他杀了，他当时可能还没儿子，那不能让他断了祭祀，这在中国古代是极其重要的事情。其实今天也很重要，但今天这人的观念已经有点淡薄。古代是极其重要的，不能让你断后，把你杀了，而且是迫不得已的，让你的弟弟作为你的后人，给你祭祀香火，把这个家族的祭祀继续下去。

"复居火正"，他死了，让他弟弟来当。就像史官，父亲被杀了，哥哥继任，哥哥被杀了，弟弟继任；这道理是一样的。"为祝融"，仍然有这个称呼。

天之四季　武丁甲骨

大家看天之四季：

春为苍天：东方，色青，青天，青龙，青春，青草；夏为昊天：南方，色赤，烈日炎炎；秋为旻天：西方，色白，秋高；冬为上天：北方，色黑，玄天。

春天叫苍天，这是固定的说法；夏天为昊天；秋天为旻天；冬天为上天。读《诗经》就知道《上邪》，"冬雷震震，夏雨雪"，这是有道理的。就是在冬天的时候呼天，就称上；在春天的时候称为苍天。

详细观察自然，我们确实会发现春天的那个感受和大夏天看天的感受它就是不一样。在古代很精准地定义，它有不同的称呼，要注意。我们后世也有不同的形容，夏天叫烈日炎炎，春天很少有用烈日炎炎来形容。那大冬天的好不容易太阳出来了，冬阳是大家喜欢的一个自然现象，很温暖。包括有一些冬眠的动物，在小阳春的时候也会出来晒两天太阳。像北极熊，据说就有这样的习性。

这是中国文献史上非常著名的一块甲骨，叫"四方风"甲骨。这是从真实的甲骨上拓片，然后形成的这么一个图像。这块甲骨是牛的肩胛骨，据推测，是商朝武丁时期的刻骨，它的文字推测起来是这样的：

"东方曰析"，也有说是折，就提手旁儿。"凤曰劦"，说那个朝代没有"风"字，就是"凤"字，也是两个字的通用。劦，也有念协的，加上个竖心旁儿，到底是哪个字没定论，告诉大家，没有定论，只不过是谁权威，影响就大一点。将来在座的哪位同人，你考证出让大家服膺一片的说法，那你也是像胡先生一样列入文献史的牛人。

"南方曰夹，凤曰微"，大家看一下，这个字有点像"夹"字吗？有点像。但是我通过现在看文章，还有考证，更相信另外一种说法，"南方曰炎"，像不像两个火摞一块儿？像是"南方曰炎"，而我们称呼神农氏为炎帝，有火德，这就凑一块儿了，就很好说明五行、五方的对应，所以他说"夹"还是有点说不通。

"西方曰夷，凤曰彝"，每一个字都有争论，所以别太认真，知道大体上是哪个说法就可以。

前面这还都好，基本上能看清楚是个什么字，最后这一块甲骨缺了，留下一个像宝字盖儿似的这么一个内容，大家就开始猜，说好听叫推测，实际上就是猜，再差一点叫蒙。要是你文史、文物掌握得多，文献读得多，长时间地进行研究，那就不是蒙、不是猜，就是推测了。

第四个这个空缺的字，从宝字盖儿，所以胡厚宣先生结合《山海经》认为是一个"宛"字，这个倒是挺有道理的，但是不是真的是"宛"，那就无从查考，所以推测出来叫"北方曰宛"。

我们先看一下这个时期，商朝的武丁时期是公元前1250年到公元前1192年，这是现在已经比较精确了的，是这个时期的刻辞。我们看一下这个"宛"字，北京有一个宛平县，有没有听说的？有听说的。然后北京还有一个名称叫北平，还有个名称叫大都，还有个名称叫燕京，还有名称叫幽州，听过吗？都记住啊，这几个词记住了，后面会有应用的。

宋朝以后，皇帝到春耕时节要颁布一个春耕令，就是新的一年又开始了，天又变成"苍天"了，就开始种地了。颁布的这个耕种令由谁来接呢？宛平县令，就是离皇帝最近的，率领着乡民的代表到天坛还是地坛——在北京现在可能还能考证出来这个规矩，可能到一百年前，就是民国建立以前，还有这个习俗。祭天地，开始耕种，祈祷风调雨顺、国泰民安，叫宛平。实际上，如果说"北方曰宛"，"宛"就是代表北的话，那"宛平"应该叫什么？就叫"北平"对不对？后来变成了京城，那就变成了"北京"。

接着往下看，"四方风"这个刻辞，很明显是把四方与时节对应起来，还取了名，每个方向有名，管着这一时节的神也有名，代表着春生夏长，秋收冬藏，那是商朝刻下来的。南方这个字训为"夹"，就让我想起在湖南有个石门县夹山镇，我和这个镇很有缘，因为在那里面闭关学习过。镇里面有一个寺叫夹山寺，是李自成退隐处。就在这个夹山镇上，我找到了一本经书，是唐代的大师翻译的，译文就像中华文化一样，影响很大，大家有兴趣可以看一看。

四方神后面依次有"风曰协、风曰微、风曰彝、风曰役"，就是给风或者风神取了相应的名字，根据四方风在不同时节的特征而命名。比如说那个"劦"字，就简化成了现在这个"协"字，也有"協"这种写法。要想搞通中国文化，理解得深刻，很自然地就要进入古文字系统。我们现在写书法，都由简体字恢复到正体字，然后学隶书、学篆书、学铭文、学甲骨，一直学陶文上的所谓的"刻符"，就是刻上的符号。

这里面每一个风都有一种现代的解释，说这个"协风"——不是正邪的邪，是和谐的谐——也就是我们现在所说的春风，它跟东方相应，对应着春天，指和煦之风。我认为到现在的这个地步，大家就可以离开文字，想象一下自己春夏秋冬的体感。春风拂面是个什么感觉？那就是他当时形容的那个状态。你管他读什么音、用什么字，你就知道古人要记录的那个状态，就是我现在用身体感受到的那个状态，这就是真实义，大家能明白吧？这才是透过文字找到了当时要传递的那个真实的信息和状态。

南风曰微，说指微弱之风。那可能天很热，像老舍形容济南的天，夏天很热，热到什么程度呢？说知了在那儿天天叫，热、热、热……枝头上的树叶几乎就不动，稍微有点风，哎呀，来点儿风觉得很凉爽，就那个状态。但这是一定的吗？春天就没大风吗？夏天就没有狂风骤雨吗？不一定，它指的是在正常的时节，正常的风应该是什么样的状态，否则的话，人会受伤。

西方，风曰彝，用的是这个"彝"字，指的是大风。一年四季都可能刮大风，那秋天这个指什么呢？就是指秋天很容易伤人的那个冷风，比较硬。

到了冬天，风曰伇，说是烈风，我们现在用一个词形容就是寒风凛冽的那种风。

这是在甲骨上看到的，那胡先生在甲骨文当中又发现了另外一片，是这么记载的："贞帝（禘）于东方曰析，凤曰劦……贞帝于西方曰彝，凤……"是不是一样的？就是甲骨文记载的不止一片是一样的。那么，就是商代时就有这样的观念，东南西北各叫什么名，对应的风叫什么名字，这是当时的观念。

有学者认为商代没有"风"，只有"凤"，"风"来源于"凤"的分化。所以这里说的是祭祀东方神析和东方风（凤）神劦。这是对这个字的解释，大家可以参考一下。有的说是"劦"读这个"力"，也有读成"列"。我把这些资料全部展示给大家，您可以自己去考量，自己去做选择。

温故而知新一下，当年神农氏曾经耕于"厉山"，现在也写作"烈山"，姓厉的厉，跟这个是有直接关系的，虽然跟西周的那个厉国的王有直接关系，再往上古，跟这件事情有直接的关系。

《山海经》记 大同小异

还有一本很神奇的经典，我今天特意带来，叫《山海经》。我们讲《史记》，大家认为是正史；讲《尚书》，大家认为是"五经"之一，还值得相信；一提《山海经》，那就跟《聊斋志异》差不多，没人当它是正经的，以荒诞不经来形容它。但是越读越震惊，因为有很多内容是不荒诞的。由此我们就想，那些我们今天读来荒诞的内容到底是不是真的内容？这就是很难清楚考证的事情。

在《山海经》当中有《大荒东经》《大荒南经》《大荒西经》和《大荒北经》。大家看，我看这本书做的书签有二十来个，就是认为这些内容极其重要，有些还读不通，因为有些古字。有说，他叫帝俊，帝俊生了烈鸿氏帝鸿氏，下一页上就写，帝鸿氏就是帝舜——完全前后颠倒，乱七八糟。我们现在要得到一个合理的历史框架，就要进行梳理，哪些字是错字，哪些字是观念上的错误，哪些字根据今天的考古我们可以恢复，这个工作可能等到我头发白了的时候，能搞个大概就算不错了。

今天是告诉大家，甲骨文上记载的这些内容，东方叫什么，风叫什么；南方叫什么，风叫什么……在《山海经》当中都有很正儿八经的记录，不是胡诌，不是胡编。所以，最震撼的事情是让大家逐渐地发现《山海经》里面"四方神"和"四方风"的记载，居然和甲骨文里面"四方风"上记录的大同小异。异在何处呢？异在古文字实在是考证不清楚，到底哪一个是准确的。几乎是一样——所以，就颠覆了《史记·五帝本纪》所谓的重要记载，就是我们现在要讲的。

那么，在春分的时候，我们看原文，"其民析，鸟兽字微"；夏至"其民因，鸟兽希革"；秋分"其民夷易，鸟兽毛毨"；冬至，"其民燠，鸟兽氄毛"，这个字"燠"念yù。一年的春夏秋冬，东西南北，人和鸟兽都有不同的表现，这是很自然的情况，如果字您都不认识，这段文章肯定读不懂。但是读的多了，读了几十遍上百遍之后，再加上考古的证明，是不是能够发现，不管这个"析"是怎么样的，想象一下春天人干什么事，就能明白这个"析"的原意了，这就行了。"鸟兽孳尾"，春天的时候要生发，有些时候这个"春"也形容男女、雌雄、天地、阴阳之间的情感沟通，经常用这个词，叫"怀春"是吧？或者说叫春意，春意盎然，就是要生东西，那生东西就是阴阳合、天地合、男女合、雌雄合，就是这么个季节。

到了夏至的时候，我们现在过了立夏，再有一个月多一点的时间就到了六月，每年六月二十二号左右就是夏至，"其民因"，它用的是这个"因"字，什么意思呢？考虑不清楚，那你就想夏天我们是怎么样的——古代也差不多，只不过是他们没有我们现在这种料子，是古代的那种料子，是革？是麻？还是丝绸？因为我们中华文化很早就有丝绸，很早就有丝织物，不是像西方人想象那样四五千年前、三千年前我们就穿树叶，披树皮，没有！我们很早就是文明的社会。

"鸟兽希革"，这很好解释，如果家里养宠物的话，到夏天它褪毛，很多人养不了宠物，就是因为那个毛会让一些人过敏。夏天会把那层又长又细的毛都褪去，变成夏天的毛皮，散热方便，就叫"鸟兽希革"。

秋天的时候，《黄帝内经》上叫"容平"，"鸟兽毛毨（xiǎn）"，这个"毨"字是什么呢？新生的齐整的毛，就是天气要冷了，又在夏天那个短毛的基础上生出相对较长的毛。

到冬天，人要取暖——像我们北方会有暖气，这很容易理解——"其民燠"。有的版本是加上一个"氵"，解释成水拐弯的地方，我们就搞不清楚是什么意思了。只有这个字能搞清楚，北方冬天冷的时候取暖，这个字是准确的，是火字旁，是最准确的。"鸟兽氄（róng）毛"，这个毛就是生出细软的毛，到明年夏天又是"鸟兽希革"。

所以，我们这么分析，整个这一段其实就是形容当时的人根据四季的不同有相应的行为——《四气调神大论》对不对？大体上就是这样。《尧典》上的原文分别是："厥民析，鸟兽孳尾"；"厥民因，鸟兽希革"；"厥民夷，鸟兽毛毨"；"厥民隩，鸟兽氄毛"，与《五帝本纪》大同小异。

所以，我们今后就不要被文字障碍住，说这个字到底什么意思？我们现在通过人的体感刺激的感受，就把它化解了。

那么《山海经》居然记载着方向的名，记载着风的名、风神的名，而且有甲骨文作证明，这一下子就有了一个震撼的结论，就是《山海经》并不完全是胡说八道，它居然有信史在里面！一片甲骨就有这么重大的作用。而且在其他的文献里也提到此事，比如《国语》"有协风至"，《夏小正》这篇文章里面"时有俊风"，都有类似的记录。那么随着甲骨文的发现，最终证明《山海经》比《尧典》——也就是五经之一《尚书》，比《史记·五帝本纪》记载的更加可靠！这是颠覆性的观念。

五方五色　对应五洲

这是"乃命羲和"之后的第二个，叫"分命羲仲"。那后面这些内容，我们就不一一地跟大家详细解释了。

第一，我们在讲《尚书》的时候，详细解释过；第二，明白了春夏秋冬古人是如何应对的，天相是如何应对的，春夏秋冬是如何运转的这个相之后，用今天的观念去看一下，就很容易理解古人当时要描述的是一个什么状态，我们就不用困在这些古文字当中痛苦——这个字到底对不对、到底是发什么音、到底是什么意思，哪一个人说的对——跳出这些陷阱，直接看天、看地、看人、看时代，就可以了。

为了理解的方便，我把《五帝本纪》作为正文，括弧里面是《尚书》的表述，作为对照。刚才已经跟大家提示过，注意"乃命""分命""申命"是有区分的，为什么？

从"羲和"之后，为什么从"羲"家的第二个孩子开始——羲仲，古代命名是绝不会差的，他既然叫仲，那说明他行二，从老三以下，都叫叔，最小的那个叫季，伯、仲、叔、季，这是规矩，中间有十个叔，也都是叔，就是从第三名到第九名都是叔，老大、老二就是伯仲，这个不能乱。我现在问大家一下，有没有"羲伯"？有羲仲，一定有羲伯，羲伯哪儿去了？考虑一下。

然后这里面，羲仲叫"东方之官"，"分命羲仲，居郁夷（宅嵎夷），曰旸谷。敬道（寅宾）日出，便程（平秩）东作。""郁夷"是什么地方？我们回忆一下，在《禹贡》里面有这个词，指的是青州。为什么叫青州？（听众有说：东！）谁回答的东？奖励一下。所以，这后面就叫作"东作"。这个地方，是东方。所以"便程东作"还是"平秩东作"，这两个音和字都完全不一样，是不同的版本。

然后，有春分，"日中（昼夜等分），星鸟，以殷中春（仲春）。其民析，鸟兽字微（孳尾）。"他利用天象校正仲春，然后其民怎么样，鸟兽怎么样……这就是一个例子，后面都是程式化的，我们不详细解释，我们只解释宏观的。

宏观是什么呢？为什么东面的叫"青州"，那南面的应该有一个"赤州"，对不对？但现在我们的中华版图上有赤州吗？没有。但是却有一个"交州"，交州是今天的什么地方呢？广东、广西以及越南北部和中部，就是南方，对吧？如果在广州、深圳建立一个大学，要么叫华南什么大学，要么叫南方什么大学，这就代表南。

西方呢？按照这个颜色来讲，应该有个"白州"，不是做大米饭那个"白粥"，是指西方，从颜色上应该叫"白州"。西方属金，应该叫金州，对不对？但金州在我们大连，金州是东方的，是不是？可是在西方有一个"陇西"，古代也写成没有耳刀的"龙西"，还有其他发音。在现在的天水西县，真有这个叫"西县"的地方。

中间，有没有"黄州"？如果有喜欢苏轼的人，你跟他提黄州，他不知道，那他的喜欢是假的。因为苏轼在黄州才迸发出整个生命里最灿烂的光华，给我们留下"一词二赋"，抒写了中国文学史上的最灿烂的篇章。也叫"中州"，黄中通理，就在中间的地方，在我们今天的湖北。现在湖北也叫华中，建个大学，什么华中师范大学、华中理工大学——现在叫华中科技大学。

北方，应该叫"黑州"，但没有，叫"幽州"。这个"幽"就表示幽暗、黑、玄，是同一个意思。这是指我们现在的燕山地区，就是北京附近——不是指今天的北京市，是北面那一大片地区。

再给大家看一个历史，汉武帝灭了南越，设了七个郡：南海、苍梧、郁林、合浦、交趾、九真、日南，这里面包括今天广东、广西的大部分地区，就是"南交"这个地方。

东汉的时候，这个交州的治所是在番禺，也就是今天的广州。所以这个所谓的"赤州"，也就是我们想象的"南州"就是指今天的广州。那也就是五色、五方和五州，在古代没有完全使用这个词，但是是有这种地理概念。

提示一下，古今用字不同——在我们的讲座当中，已经至少有三讲提示大家注意，"阳—旸，平—辨，章—彰，中—仲，道—导—导"，看到这种字，可以当成一个字来使用，进行替换。

东作南为　西成北伏

再看，东南西北—春夏秋冬—生长收藏。《五帝本纪》当中，《尧典》这一段话里面，"东作"是第一个，是东方。那么我们往下推，南面叫"南作"吗？不是，南面叫"南为"。西方的时候，叫"西成"；北方的时候，它不叫"北作"，叫"伏物"。大家看经典，东南西北、春夏秋冬，都有着不同的词来形容。东作、南为、西成、伏物。大家看一下，像不像春耕、夏耘、秋收、冬藏，对不对？

作，振作，作而不作，从无到有。就是春天了，该干活了，小苗要由种子生长出来；到了夏天的时候，田间管理叫南为，南为不是跑到南边去作为，是在夏天的时候作为，就是方位和时间重合，看到这个字就想象是夏天，就是夏天的耕耘；那秋天有成果，表示收成。

所以看书不能拘执，尤其是有一些学传统文化的。哎呀！我要去西方啊！我得念经啊！错一点都不行啊！将来死的时候，告诉儿孙，你得把我的脑袋面向西方。西方指什么？你只有读中国的古文献，你才能明白这个道理，西方表示你成了。你死的时候，无论头冲南头冲北，你都成了。然后，无论你朝哪一个方向，躺着、坐着、倒立、站着，你都叫"西成"。明白吗？可别执着到，"哎呀！我要去西方。"那让明白人一看，"哎呀！这谁教的呀！那么拘执！"

伏物，这个"物"，你想象我们学《黄帝内经·四气调神大论》里面，冬天要藏，藏起来，是不是可以说伏起来？东北话叫猫起来，猫冬。然后，这个"伏物"的"伏"和"伏羲"的"伏"是两个字吗？不是！也是"伏"，这个很有意思！

最关键是《尸子》这本书里面，把北方就解释成"伏方"。不读古书，很多书读不明白。下面这个就不解释了，因为一看就清楚。《尚书》："平（便）在朔易"，《大传》："便在伏物"。

这是刚才强调，尧命令羲仲、羲叔，和仲、和叔到四方去干事，主要是天文观测，制作历法，颁布天下，敬授民时。大家就知道了春夏秋冬怎么干，什么时候换衣服，什么时候耕种。但是，请问一下，"伯仲叔季"这个规矩，还得有羲伯和羲季呀，哪儿去了呢？和家应该有和伯、和季呀，哪儿去了？今天留一个疑问，以后再解释。

后面这就方便了，全都是程式化的，不需要解释了。

然后，和仲去了西面；和叔去了北方。北方，你看，"曰幽都，便在伏物"。如果没有前面给大家整理的这些内容，你直接拿到《史记》的《五帝本纪》或者《尚书》的《尧典》，看到这些词会莫名其妙！什么叫"伏物"？"幽都"在哪儿？就一塌糊涂，不知道这个实际上东南西北，当时是个什么样的风气，人们冬天要藏起来，因为要取暖。然后天象是什么样，冬天自然日头就短、夜长，这都不用解释，你只要有一点现代生活的常识，这个内容就迎刃而解，看着很高深，实际上就说的是人如何适应大自然而安排自己的社会生活、穿衣吃饭，就这么简单。而且，当时知道一年366日——我们说不是365天嘛——他"以闰月正四时"，知道用闰月。"众功皆兴"，百业都做得很好。

再给大家提示一个文化背景，有些词是礼仪上的——天子的去世，叫崩；诸侯叫薨；大夫，叫卒；我们普通人，叫死。有些人欺负人，会被人恨，连死都被人咒，说不得好死。所以用词——谁用到这个词，背后就隐藏着一系列的文化含义——他是什么阶层，他受过什么样的教育，他应该有什么样的人生……都能被大体准确地推测。

乃命羲和，分命羲仲、和仲处理的是春秋的事宜，方向是东西。申命羲叔、和叔，处理的是夏冬的事情，方向是南北。为什么这么指派？一定是有原因的！就像我们现在组织部考察干部，他什么样的能力、什么样的学历、什么样的专业，能不能担任这个职位……这是和过去的经历、家世、所受的教育、现实的努力和意愿爱好都结合在一块儿的。不可能写张纸条——我们今天说"冒蒙"写张纸条，一拍脑门儿就决策，干去吧，不是这样。

人事安排　放齐何人

尧曰："谁可顺此事？"（畴咨若时登庸）

放齐曰："嗣子丹朱开明。"（胤子朱启明）

尧曰："吁！顽凶，不用。"

尧又曰："谁可者？"

谨兜曰："共工旁聚布功，可用。"

尧曰："共工善言，其用僻，似恭漫天，不可。"

这是一段人事安排，也不详细讲，只是叙述故事。尧老了，这个时候他可能九十多了，一百来岁，就跟大家提出来，"谁可顺此事？"这是《史记》的记录。回忆一下《尚书》的记录，"畴咨若时登庸"——这几个字都认识，凑到一块儿没有解释的话就全蒙了。《史记》能够简单一点，就变成了"谁可顺此事"？什么事呢？我老了，我要退休了，谁来接着干我这件事？顺应，顺着接位。

注意下面这个人。这个人，被几乎我看到的所有解释的注家都忽略

387

掉了。说话这个人叫"放齐","放齐曰:'嗣子丹朱开明。'"就说您老人家的那个儿子丹朱不错。这是我们按照现在的简化字来直接读,不考虑古字是什么,古音是什么。但是大家想一想,我们开篇交代过,尧的名字叫什么?放勋,对吧?一个放勋,一个放齐,就像我是"永"字辈,一提中间是"永"字,姓"钟"的,钟永什么的,是哥俩儿吗?很多人都会这么想,对不对?这是很自然的吧?又是他身边的人,又取了这么一个名字。"放勋"是仿照先祖的功德,要建立自己的功勋,那"放齐"可不可以解释成,仿造先祖的功德,我要跟他看齐?取名规则都是一样的。后来封太公于齐地,就是因为他功与天齐。有个猴子蹦出来,说他自己要称大圣,要齐天,"齐天大圣",就是这个观念。所以我们判断,这个放齐跟尧是同辈,属于天子皇族。但他到底担任什么官职,没交代;他是哥哥还是弟弟,没交代。反正是很重要,我们说:"放齐者,何人也?"这是我们的一个提示,大家自己思考。

不过,尧就说了,哎呀!不行啊!不堪用!注意啊!有他的叔伯推荐这个侄子,说你儿子行。他说,我这儿子不行。尧又说:他不行,你们看到底谁行?这个时候,谨兜就说,共工行。这个以前都讲过,所以就一带而过。按照《古今人物表》,这个共工是不是出现过?出现过。"女共容大柏中栗",是女娲之后接天子位的那位天子,叫共工,对不对?我们说这个"共"很可能是洪水的"洪",需要加上三点水。

那他是水神吧?治水的吧?就像我们刚才解释火正,干得好,叫祝融。这个共工也是这样,可能是个官名,不是一个人名,是个职位名,也可能跟女娲之后那个共工只是一个姓。就像我姓钟,你还能查到三千年以前在中国的百姓中也有姓钟的,但你不能说我跟他是一个人,这在上一讲我们举过例子。三千年以后也有叫钟永什么的,我们俩肯定不是哥俩儿。那个辈分循环循环到几十轮以后，可能又出现了这个情况，甚至也可能重名，但绝不是一个人。

谨兜又推荐了共工，说他可用。但是尧给否了。这家伙口才太好，"善言"，可是，"似恭漫天"，看上去好像对你挺恭敬的，但是那种傲慢把天都捅破了，不行。

用鲧不成　虞舜出场

尧又曰："嗟，四岳，汤汤洪水滔天，浩浩怀山襄陵，下民其忧，有能使治者？"皆曰鲧可。

尧曰："鲧负命毁族，不可。"

岳曰："异哉，试不可用而已。"

尧于是听岳用鲧。

九岁，功用不成。

然后尧又说："四岳"，四岳就是指四方的方伯，等于是每一方的诸侯国的代表。现在洪水滔天，谁去治理？这个拍电影就是跳跃了，前面的人事工作还没解决完——你儿子？他不行。然后共工？也不行。这可能是想到共工就想到大水了——这是我能理解的——提到共工，共工是干吗的？治水的。那现在这水也没治了啊？所以天子就说，你看，现在他的职责也没干好，他是治水的，现在水泛滥，他能当天子吗？我想应该是这么一个桥段，才能够解释得通这个谈话的逻辑。要不人家说你这天子糊涂，上面一个事没议完，怎么就转到下面去了，对吧？

再往下看，说共工不行，那个鲧行。尧就说鲧不行啊，他这个毛病很大。然后四岳就说，你老说不行不行的，那谁行啊？让他试试呗，试一试行不行。"尧于是听岳用鲧"。

记得我们讲《尚书》的时候讲到这一段，我还跟大家说，作为一个天子，征询大家的建议，大家给你提建议，提完了你就否，提完了你就否，事不过三。你儿子行！儿子不行。共工行！共工不行。鲧行！鲧不行。那你说谁行，我们不干了，对不对？说到这里，可能尧只能做退让，行吧，那就让他干。

我们有些时候议论事儿也确实是这样。钟博士这你满意吗？不满意。这行吗？不行。就你行！你自己弄去吧！我们不管了！对不对？就有人撂挑子不干了。那古代是不是也是这种考量？我们看，给他九年时间，"九岁，功用不成。"没治了。

尧曰："嗟！四岳：朕在位七十载，汝能庸命，践朕位？"

岳应曰："鄙德忝帝位。"

尧曰："悉举贵戚及疏远隐匿者。"

众皆言于尧曰："有矜在民间，曰虞舜。"

尧曰："然，朕闻之。其何如？"

岳曰："盲者子。父顽，母嚚，弟傲，能和以孝，烝烝治，不至奸。"

还是老话题，九年前就商量这个事，又过了九年，到现在。尧说，我干够了，我都干了七十年了，你们替我吧，你们上位吧，"践朕位"。然后这四个人就说，我们德行鄙陋，不能做天子，干不了。他也不当真，你说不行？那不行吧。那你说谁行啊？不管是贵的亲属，还是疏远的藏起来的隐士都行，管他是谁，你认为行的人赶紧给我推荐，然后"众皆言于尧"，说，这个人行，叫虞舜。

尧也说，我听说了，你们认为怎么样？他是一个盲人的孩子，父亲性格不好，母亲极其嚣张，是悍妇，弟弟又非常不听话，可是他能和以孝。在这么个家庭做到"克明俊德，以亲九族，九族既睦，平章百姓"，或者我们说"诚意正心、修身齐家"，已经到了齐家这一地步。

考查过关　摄政巡狩

尧曰："吾其试哉。"于是尧妻之二女，观其德于二女。舜饬下二女于妫汭，如妇礼。

尧善之，乃使舜慎和五典，五典能从。乃遍入百官，百官时序。宾于四门，四门穆穆，诸侯远方宾客皆敬。

尧使舜入山林川泽，暴风雷雨，舜行不迷。尧以为圣。

尧就说，那我试一下吧。他这一试，真是舍得下血本，把两个姑娘嫁过去，"尧妻之二女，观其德"。人家舜与这两位妃子相处得很好，两位妃子守妇德。尧就认为这人可以。

"使舜慎和五典，五典能从。乃遍入百官，百官时序。宾于四门，四门穆穆，诸侯远方宾客皆敬。"一点一点地，让他处理法令、外交，处理四方人来汇报工作、述职，代行天子位。发现法令也行，外交也行，然后，底下这些公务员系统——百官都挺服他。

最后给他派了一个活，"尧使舜入山林川泽"，故意地，"暴风雷雨"，这人竟然不迷失方向，"尧以为圣"。这挺了不起的，在古代没有指南针，那个时候应该也没有我们现在的定位仪，更没有开发出北斗系统，他能在暴风雷雨的天气在山林里面不迷路，怎么做到的？大家想一想，我们就是要经常体会，将心比心，如果现在把您放在这样的环境，让您拿着智能手机，还有信号，放在这个山林里面，自己能不能出来?

召舜曰:"女谋事至而言可绩,三年矣。女登帝位。"

舜让于德不怿。

正月上日,舜受终于文祖。文祖者,尧大祖也。

告诉舜说:你呀——这不是"女",得加上三点水,就是"汝",你的意思,"女谋事至而言可绩,三年矣",你这三年干得不错呀!

女(汝,你的意思)登帝位。注意! 这在典籍当中,按照我们今天的规矩是加上引号的。引号是什么? 意味着他当时说了这句话,这是史官记录的,这种话就可以当作台词,是当时的原话。

"帝位",已经有了这种明确的称呼。所以不能说几千年以后有人说:我是老大! 我是第一位皇帝! 那是没文化,不能称始皇帝。

"舜让于德不怿","让",就是谦让,"德不怿",从德行上来讲不会让大家欢喜。于德不睦,就是不合德的意思,德行还差。我们说,如果这是最高标准,你勇敢地跟它合上去,合上嘛,对不对? 合上(和尚)这个词在中国文化里面,虽然已经完全被借用到释家的典籍翻译里面,但是中国文化"合上"这个音是与圣人相齐的意思。

"正月上日,舜受终于文祖",所谓"文祖",是尧的太祖。这个"大"要读成"太"。尧的太祖,到底几辈不知道,他的祖先,那我们说肯定跟黄帝有关系了。

于是帝尧老,命舜摄行天子之政,以观天命。

舜乃在璿玑玉衡,以齐七政。

遂类于上帝,禋于六宗,望于山川,辩于群神。

揖五瑞,择吉月日,见四岳诸牧,班瑞。

"命舜摄行天子之政",这个时候就已经登位了,但是,老天子还在。你看他做的事情，还是看北斗，这个"璇玑玉衡，以齐七政"。我们把北斗七星的七个名都告诉过大家，天枢、天璇、天玑、天权、玉衡、开阳、瑶光。他自己向上天祷告，然后"禋于六宗"，这也是祭祀，"望于山川"，"辩于群神"……特定的祭祀活动，每一个字都代表着不同的内容，就像春耕、夏耘、秋收、冬藏一样。

"揖五瑞"，就是五种玉石，"择吉月日，见四岳诸牧，班瑞。"这个时候，就是已经在礼节上开始为继承天子做准备了，四方的官员也都服膺他了，他也准备好这个印玺。我们说合符嘛，符合。这个符就不是最原始的竹子，已经变成玉了。两块玉，中间一劈，一半留在中央天子保存着，一半让这些诸侯方伯拿回去做信物，执政，下一年述职的时候拿回来。因为中间可能有变化，如果没有这个东西，就说明你是假的。有这个东西，验明符瑞，验明正身，你才能够报告工作。

岁二月，东巡狩，至于岱宗，柴，望秩于山川。遂见东方君长，合时月正日，同律度量衡，修五礼五玉三帛二生一死为挚，如五器，卒乃复。五月，南巡狩；八月，西巡狩；十一月，北巡狩：皆如初。归，至于祖祢庙，用特牛礼。

五岁一巡狩，群后四朝。遍告以言，明试以功，车服以庸。

二月份，春的中间，注意，叫仲春。"东巡狩"，见东方君长。五月份是夏的第二个月——就是春三月、夏三月、秋三月、冬三月，他都是取中间的那一个月出巡，到一方，能明白吗？在每一个地方的时间都是相同的，以示公平。所以就有了春的仲春、夏的仲夏、秋的仲秋，我们现在过中秋节是八月吧？所以是"八月，西巡狩"。他的方位和时令都是一一对应的，一点都不差。到了十一月，我们说，十冬腊月，十一月也叫冬月，就是冬天，"北巡狩"，到了北方。一年巡视了一圈儿。另外那四年，他不巡视了，是底下的诸侯上来报告工作，这就是五年为一个循环期，或者我们现在叫一任或者叫一届，对吧？我们现在人民代表大会换届或者是政府任命的高官，中央政府都是五年一届，跟当时这个"五岁一巡狩"是一样的。

整顿治乱　天子位传

肇十有二州，决川。

象以典刑，流宥五刑，鞭作官刑，扑作教刑，金作赎刑。眚灾过，赦；怙终贼，刑。钦哉，钦哉，惟刑之静哉！

很重要的一个概念：十二州。我们说九州，在舜的时候，他增加了三州。就是尧是九州，大禹也是九州，而且大禹铸了鼎，但是在舜那个时候有十二州。

后面，他把刑典颁布，然后规范五刑，这个我们详细地讲过，现在就是跟大家一起简单地回顾一下。等于把公、检、法全都整治一遍，教育整顿一遍。该减的减、该严的严，就是这个意思。如果有人肯主动地"眚灾过"，就是你犯事了，有过错，造成灾害了，自己有反省的这个表现，肯自首，肯认罪，还肯揭发同伙，这叫自省，就可以"赦"，要么赦免，要么减刑。"怙终贼"，死不悔改，那就上刑。所以写得非常简单，但是很生动。跟我们今天是一样的，如果有立功表现减刑、赦免；如果死不悔改，罪加一等，上刑，就是这个意思。

谨兜进言共工，尧曰不可而试之工师，共工果淫辟。四岳举鲧治鸿水，尧以为不可，岳彊请试之，试之而无功，故百姓不便。

三苗在江淮、荆州数为乱。于是舜归而言于帝，请流共工于幽

陵，以变北狄；放谨兜于崇山，以变南蛮；迁三苗于三危，以变西戎；殛鲧于羽山，以变东夷：四罪而天下咸服。

舜称帝后，还有一些乱事，好像每个朝代都容易发生，他接天子位了，底下就有人蠢蠢欲动。四岳举鲧治洪水，然后没成，这些人就变成了一股势力，这股势力就开始为乱。三苗，传说是蚩尤的后代，也开始为乱。

我们简单地说，老天子找了一个名不见经传的、从民间崛起的人做了天子，而且各方面都做得很好，可是还有不服的。这些不服的人都是老一届政府里面的重要人物，结合地方势力三苗，开始为乱。然后你看舜怎么处理的？"流共工于幽陵"，按我们现在的见识，就是把他发放到北方去了，"以变北狄"；把这个谨兜放到崇山去了，就是南方，"以变南蛮"；"迁三苗于三危"，就是西面，"以变西戎"；"殛鲧于羽山"，把他杀了，"以变东夷"。把这四股势力分散到四边地，他来不到中央聚合起来作事。"四罪而天下咸服"，都治了，打服了。最后就真正地稳固了天子位的传接。

尧立七十年得舜，二十年而老，令舜摄行天子之政，荐之于天。尧辟位凡二十八年而崩。百姓悲哀，如丧父母。三年，四方莫举乐，以思尧。尧知子丹朱之不肖，不足授天下，于是乃权授舜。授舜，则天下得其利而丹朱病；授丹朱，则天下病而丹朱得其利。尧曰："终不以天下之病而利一人"，而卒授舜以天下。

尧死了以后，三年当中，"四方莫举乐"，不奏乐，以思念尧的功德。而且，他并没有把天子位传给自己的孩子，他认为丹朱不行，不足以领导天下，就把这个权授予了舜。这个名言就是，"授舜，则天下得其利而丹朱病"，这是对丹朱不利。可是，如果给丹朱，"天下病而丹朱得其利",所以"终不以天下之病而利一人"。他可能也是经过思想斗争,有过这样的思考,所以作出了一个伟大的抉择,叫禅让,成为后代的典范。

尧崩,三年之丧毕,舜让辟丹朱于南河之南。诸侯朝觐者不之丹朱而之舜,狱讼者不之丹朱而之舜,讴歌者不讴歌丹朱而讴歌舜。舜曰"天也",夫而后之中国践天子位焉,是为帝舜。

三年之后,舜还避让丹朱于南河之南。这三年大家都互相谦让,他也没真的在天子位上赖着,让给他儿子。是真是假,我们现在无从考查。反正三年之后,诸侯还是不去丹朱那儿报告工作,还是到舜这里面来,结果他就说了一句:哎呀,天命啊,天意!就变成了帝舜。

考察了解 陶寺遗址

对尧的解释就告一段落。现在在山西陶寺的考古遗址有这么一个复原的物件,有些人认为很重要,有的人说那是现代人想象着做的,都不可靠。

陶寺遗址

我们大连的中华传统文化小组集体到陶寺遗址去学习、考察。这个是陶寺观象台。然后去尧庙。

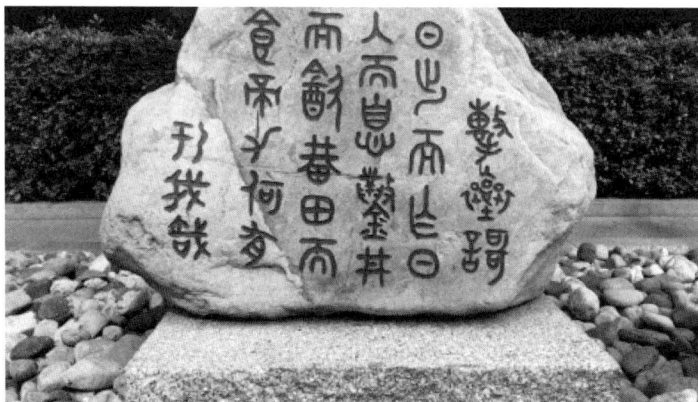

在庙里面有一个大石头写着《击壤歌》，小孩子能拿到的最早的诗歌，第一首就是这个。"日出而作，日入而息。凿井而饮，耕田而食。帝力何有于我哉。"就是你当你的天子，我吃我的饭，咱俩相安无事，其乐融融，这特别符合中道的认识。

这个是尧字的写法。

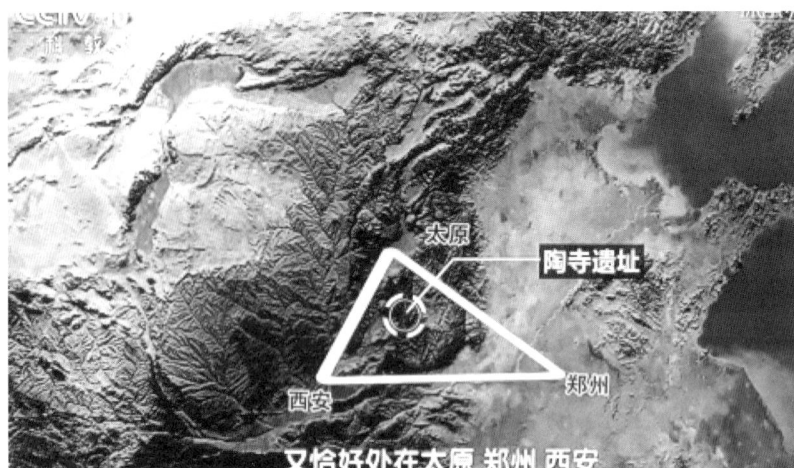

陶寺在中国的位置

这是显示陶寺在这个地方，在太原、西安、郑州这个三角形的中心。

中华龙

这是出土的中华龙的盘子，还雕着一个禾苗。

上古天子寿数

伏羲（太昊）	"一画开天"在位111年
女娲	"造人"和"补天"的生命秘密
炎帝	在位120年而崩，葬长沙
黄帝	119岁，成而登天（在位100年）
少昊	在位84年
颛顼	78年
帝喾	70年
尧	在位70年，舜摄政28年后崩
舜	整整100岁

大家看这个表，上古天子的寿数，尧在位70年，舜摄政28年后崩，98年，再加上他当天子之前起码得20岁吧，所以他很可能是118岁。

今天的讲座就到这里，关于尧的讲解就告一段落。我们的《五帝本纪讲解》预计就是十二讲，下一讲圆满结束，正好十二，也应对着一年十二个月，人体十二官、十二经，是中华文化的一个吉祥数。

到了现在这一个时点，我们说，经过2020年的努力，大家看到了全世界制度上的对比，中国文化复兴不仅仅停留在文字上、表面上，她已经变成了我们真实的行为、行动和历史功业。在缅怀先祖，学习经典，落实到当下进行践行的时候，我们可以充满着对中华文化的自信，昂然地进行，平和地进行，一以贯之地进行。

祝愿大家在这个伟大的传统当中学习伟大的经典，领会伟大的精神，每一个人小小的成就汇集起来就是整个国家伟大的成就，就会变成我们整个中华民族的伟大复兴！

感谢大家！下一讲再见。

（十二）

辛丑年四月十八日　2021年5月29日

　　导语：本讲是《五帝本纪通解》的最后一讲，主要讲解舜帝从孝闻天下到孝感天下，对于家人的屡屡加害，舜帝没有丝毫怨恨，作者给予的评价是：心性宽厚慈悲，如如不动！不愧为二十四孝之首！最后作者强调，我们应该恢复华夏史观，树立文化自信，尊重历史文献，弘扬圣贤文化，助力中华民族的伟大复兴！

尊敬的各位同胞、各位同人，今天来到线上的各位同道：

大家上午好！

我们今天是《五帝本纪通解》的第十二讲，也是最后一讲。不论要达到什么样的解释目的，能够把《五帝本纪》在十几讲当中解释清楚，都是一件十分困难的任务，而且我们又采用了全新的方法来解读。所以今天不管讲到什么程度，也都可以结束，然后开始我们下一阶段的任务。如果有些同人认为有些地方没有解释清楚，或者还有可以商量的地方，那我们以后再找合适的机会深入讨论。有些事情很难做到圆满，那我们不妨了犹未了，以不了了之。

主要观点　思路回顾

既然有新的同人可能线上听讲，我们又是最后一讲，所以按照温故而知新的原则，我们把前十一讲的内容简单地报告一下。也许有第一次来听我们讲座的同人，那么就可以顺着我们的思路连上这最后一讲，也能知道我们在这十二讲当中想要完成一个什么样的任务。

首先，跟大家说明，这一次讲座是通过考古文物、权威的历史文献和现在依然在活人之间进行传承的道家思想、道家功法三合一来论证我们中华的历史，告诉大家要重新恢复华夏史观。而且，根据出土的文物以及历史文献和可靠的活的传承，我们把我们的历史推到八千一百年以前。这还是一个有支撑的比较保守的说法。

通过考古成果来上推中华的历史，等于完成一个什么样的任务呢？就是让文物来说话。回忆一下，我们在前些讲中给大家展示了现在考古文物的证明，比如说湖南道县玉蟾岩的陶片和已经钙化了成为化石的谷物，尤其是水稻。根据中美联合考古队的研究成果——发表在美国国家科学院学报上正式登出来的文章显示[①]，这些陶片和稻谷大约在距今一万四千年到两万一千年间，而我们采用的时间是一万三千年，也就是说，我们尽量保守一点来说这个历史。

通过历史文献，我们讲的是《五帝本纪》，是《史记》的首篇，借助的最重要的参考资料是《汉书·古今人物表》。我们强调那是"人物表"，要听清楚，不是"神仙表"，不是"神话表"，那是汉代政府公布的史书，它是经过一个时代的认定和选择确定下来的，不是开玩笑，不是班固一个人的史学观点，它是当时整个汉代华夏文明认同的一个"历史人物表"，这个大家一定要记住。

第二，让历史文献来告诉我们，华夏的"第一个人物"，从伏羲开始往下数，数到今天，我们还活着，这是让历史说话。因为历史总要有人叙述，总要有人记录。

通过道家口耳相传的传承——因为师父教我们，不会说写个论文，在黑板上展示，就一句话告诉你，你这么做就行了，然后回家自己练去。我也跟大家分享过，包括现在出版的李仲轩老爷子讲述他自己跟三位武学大师学功夫的经历，教完你，师父都不看，你自己练，不是让别人看的。等你练过就知道，体会过就知道，为什么连师父都

[①] Boaretto E. et al., 2009, Radiocarbon dating of charcoal and bone collagen associated with early pottery at Yuchanyan Cave, Hunan Province, China, PNAS, 106(24): 9595-9600。

不看。因为形意拳的高手，比如说在我们讲堂上，他就睡在这里面，大家都不看他，他就可以睡着。有一个人的目光罩定这个人，立即就醒了，这是一个合格的高手要达到的境界。对我们来说有点不可思议，就是你的目光，他会感受到。那是怎么感受到的？这是另外一个话题。我们只是证明这种活的传承还在传承着，不是编的，要体会才能知道。

这是让文化来说话，我们用的这个文化，那个"文"指道，指真相，指本质性的规律把人化掉了，这才叫"文化"。它来告诉我们华夏的历史。

第一个人物就是伏羲，或者叫伏羲氏，从他开始。为什么他是第一个人物被记录下来呢？因为他对华夏文明的诞生有开创性的贡献，也可以说开天辟地。我们也展示过图片给大家，在甘肃天水伏羲庙前面就挂着一个牌子，"一画开天"。他开创了《易经》的传统，等于开启了华夏文明。大家要注意，他也是记录下来的被承认的第一位天子。后面还有二十位到帝鸿氏，再往后，大家就熟知了，就进入了我们所要讲的司马迁《五帝本纪》的稿也就是神农氏往后，这就很清晰了。

涉及一个燧人氏，因为用火就说明当时的人一定是熟练地掌握了使用火。这个人的贡献极其伟大，我们把他称为"人皇氏"。这只是我们的一些的观点，提出来供大家参考。时间已经早到无法推断，你说他是一万四千年还是两万一千年前，说不准，所以留待将来去解决。

有一句话还是要着重地提示一下大家，我们重视《古今人物表》这一做法，相当于是"让收藏在博物馆里的文物、陈列在广阔大地上的遗产、书写在古籍里的文字都活起来"，尤其是让书写在古籍里的文字开始说话，讲述中华文明的历史。

第三，汉代著名的学者郑玄说过，"帝王易代，莫不改正。尧正建丑，舜正建子。"这个"易代"不一定是我们现在所说的改朝换代，比如说由秦代换到了汉代，由隋代换到了唐代，不是这样的，就是前一任天子和后一任天子，这也叫换代、易代。"莫不改正"，正是什么？正法，正实。

"尧正建丑，舜正建子"，子丑寅卯辰巳午未申酉戌亥，这大家就明白中国古代的历史是如何借用天文，建立起人间的秩序。所以天人合一的文化绝不是胡来，不是拍脑门子，我认为这样对，然后就变成制度推行下去，不是的。是看天的秩序，悟明天道，变成人伦，变成历法，变成法律，变成规范，变成习俗，变成我们血液当中、意识当中、起心动念都会自然去遵守的秩序！来自道德，道德仁义礼，逐层下降，最后是法律，硬性的规范。当一个觉悟的人在一个伦理的社会当中生活，他已经没有法令的概念，因为起心动念全都在规矩当中，这就是老夫子七十岁所达到的境界，"从心所欲不逾矩"。我们知道这就是一贯的传统，从古到今，从天子到圣贤传下来的一贯的传统。在没有确切的说法之前，我们就把伏羲开始的那个朝代称为"华夏朝"或者叫"华胥朝"，简称"华朝"。

第四，通过这样的梳理，在讲的过程当中，我们产生两个概念。这不是我在决定讲《五帝本纪》之前就有的设计，是讲的过程当中出现的。第一个学科概念就是我们要重新构建"中国宏观上古史"和从事"中国微观上古史"的研究。

所谓的宏观就是把华夏历史的宏观脉络和整体连接起来。就像我们这一次讲座的主要目的，是要重新搭建起华夏文明的历史架构。整个儿八千年，在华夏大地上，哪些文明为她作出了重要的贡献。

微观上古史解决的就是一人一事一物的微观考证问题。一个人，比如说伏羲；一件事，比如说女娲补天到底是什么意义，真的弄口大锅找五彩的石子儿，炼完了，去舀一勺补到天上去了？不是那样，把它的文化意义揭示出来，这就是微观要解决的问题；还有一物，比如说出土一个盘子，像陶寺遗址出土的带有中华龙的那个盘子，或者写着两个文字的那个罐子。是什么时间制的？写的文字是当时写的，还是有些人怀疑的那样，说挖掘的考古工作者为了起轰动效应，自己偷偷抹上去的？这都是我听到的现在的史学观点。有些听来很奇葩，但是真实地存在于我们的学术生活当中，都需要考证。

第五，揭示上古神话隐含的真实的文化含义。从2014年开始，我出版《中华经典十二部浅说》著作，想了好长一段时间，大胆地把它写到序言和其他的书里，揭示出来。为什么？就是让大家增加对华夏文明的信心。老祖宗留下来很多切实有效的功法、心法、身法、窍门，但你不尊重它，没人教你。你诚心以求，"诚者，天之道也；诚之者，人之道也"，当你自己改变自己的心理，时空就开始转化，老师就会出现，灵感就会出现，以前读不懂的东西，后来一看，就自然地呈现，就来了。所以我认为假如说我本人有学术贡献的话，我把它排为第一。因为这是把华夏源头搞清楚，华夏源头不是充满着一些荒诞不经的传说的、经不起考证的那样的历史，是清澈地有着道家文化支撑，甚至这些功法都依然活着证明的这样的一种文化。

第六，我们要区分自然界"五帝"和历史人物"五帝"。

古代看世界的观念，在五方产生五种像神一样的管理者、操控者，管着刮风，管着下雨……就像我们今天来，外面阴天，滴着雨点，有没有人控制啊？真的像他们说的是天上有龙，然后向玉皇大帝打报告，方圆多少里之内才能下，否则的话一滴都不行，是这样吗？要考证，怎么来的？是传说？还是有自然的机制在里面？今天说起来好像胡说八道，但在中国古代，我们要了解他们的观念——这不是以我们的观念强加到他们的观念上，这要分清楚。

然后真实的人物五帝指的是谁？他和自然界那种神话的五帝之间有没有重合？我们举一个例子，大家就明白。比如说现在中医界火了十几年的"火神派"，第四代传人卢崇汉先生被称为"卢火神"，他叔叔那一代已经被称为"卢火神"，现在大家还这么说。那我请问大家"卢火神"是人还是神？显然是人，活生生的人！传一千年以后呢？三千年以后呢？可能真传成神了，找不着这个人哪。那我们在历史上的记录也有这种可能啊！一个真实的人，医术高明，大家称呼他华佗再世、扁鹊再生，有没有这样的现象？有吧？那他是人还是神呢？一个人有了高超的技能，被人神化，说几句夸奖的话，传着传着，越传越神，到最后可能在神话传说当中真的变成了神。还有像祝融，以前火神的名字，最初这个人叫祝融，这我们也揭示过，重黎子孙羲和，他们干什么工作，除了天文，还有管火的叫火正，这是官的名字。

我去北大哲学系学习，我们住的资源宾馆的南面，就有个老式的小房子，熟视无睹啊，每天穿过去，不知道这是干嘛的。有一天，我突然发现这个房子叫火神庙。你说奇怪不奇怪？就在这个现代的都市里面有那么一个小房子，它叫火神庙。我说完了可能会有同人直接到那儿去考察一下，拍照片，发微博，发朋友圈，也许这小小的火神庙会火一阵。

第七，华夏文明的历史上，阴阳二进制数理、五行的贯通性质和八卦的推演作用，都统一于天人合一观，具有伟大的文明意义。

根据我的判断，天人合一观就是古代版的广义相对论。如果我的研究有点贡献的话，它可以排第二，就是认识到天人合一观和现代广义相对论的联结。天人合一观是扩大版的、物理学以外版的、中国古代版的广义相对论。简单地说，人这种活的物，物质嘛，随着意念的转化，可以转变自己的时间跟空间。时空换一个词就叫作世界，再换一个大一点的词就叫作宇宙。所以一个人可以转变自己的时空，变化自己的世界，掌控自己的宇宙。就像已经过世的霍金教授在他的书里面说，即使在果壳里，你也是你的宇宙之王。

第八，根据华夏文明的独特性质和特征，我们提出华夏文明要有自己的文明判断标准，不能局限于以西方提出来的文字、城市和青铜器作为判定一个社会或者一群生物是否进入文明的标准。如果青铜器是标准，那么请问一下大家，历史上没用过青铜器的那些文明的人就不是文明人吗？显然这个逻辑说不通。就像有一些人的论证是很莫名其妙的——找不到证据就不存在吗？我们每个人都没见过八辈以前的祖宗，我们八辈以前的祖宗没活过吗？没存在过吗？为什么就不承认我们文字记录下来的历史呢？

根据我们的推断，根据历史文物、历史文献，我们提出以下几种可以判断一个有人的生物群体进入文明的标准，也就是华夏文明自己的文明判断标准：觉悟天道、熟练用火、烧制陶器、规模农业、礼仪制度。

第二个标准是熟练地用火。这个我们已经反复论证，有兴趣的同人可以温习一下。第三个标准是烧制陶器；第四个是有规模的农业；

第五个是出现礼仪制度。一万年前的那个玉器，我给大家看过图片，白色的、方形的，切割很光滑，我们不知道是如何做到这一点的。

第九，这是一个极其重要的判断，是华夏史观里面很重要的内容，就是至少从伏羲开始，我们已经有了国家天下的制度，有天子、有诸侯。可能那个时候不叫诸侯，但也不是人们想象的原始社会那种茹毛饮血的部落。因为我们有规模的农业，可以大规模地储存水稻或者是粟米；有非常精准的音乐；这些都意味着高度文明的产生。舞阳的骨笛是九千年前的——世界都知道——九千年前用鹤的腿骨做成七音阶精准的骨笛，那我们说八千一百年前开创《易经》传统，在这之前已经有了很长时间的文明的准备。

然后有礼仪制度、婚姻制度、姓氏制度和行业制度。有人说伏羲姓风，但他留下了伏姓和羲姓。其他这些姓，比如说姓洪、姓容、姓粟（淮海战役的前线总指挥——粟裕）、姓连（骊连氏、《连山易》）、姓赫、姓卢（《古今人物表》里面有一个天子叫尊卢氏）、姓葛（尧赐给舜的布叫绤衣，就是用细葛做的布，是用葛这种植物纤维做的在当时很精致的布料）、姓朱、姓阴、姓康……姬、姚、姜这是上古八大姓，大家都很熟知，仍然"鲜活"着。

第十，到了轩辕黄帝的时期，已经明确地设置了国家专门的监察官员，叫左右大监。实际上这个"大"应该读"太"，但后世演变，"太监"这个词已经完全异化。我们只能解释一下，国家有监察的官员，而且不是一个人——一个人是有问题的——监察有分工，有左右的大监。就像我们现在的干部制度，行政两套班子——这是有它深远的合理性。

在尧舜时期已经具备了天子五年一巡视、诸侯每年到中央述职的政治制度，教育、法律、天文、地理、农业……都已经成为成熟的"行业"或者"职业"。

综合起来，从前面这些内容我们可以得出一个什么样的结论呢？就是华夏文明"大一统"的时代，至少在黄帝时期就已经出现了。而且根据司马迁在《五帝本纪》里面清晰的叙述，神农第八代衰落的时候，天子控制不了诸侯，诸侯相侵陵、打仗，百姓遭殃。然后，轩辕修德振兵，"三大战役"之后，代替了炎帝神农氏，成为新一任的天子。那他要登天子位呢，还是有不服的，又平叛，打败了蚩尤，擒杀蚩尤，最后等于坐稳了天子位。很显然，那个时期已经是天子统一诸侯的"一统时代"，而且东南西北各个方向达到的疆域都在历史上清晰地记录下来，这不是"一统"吗？怎么秦朝成了第一个"一统"呢？

这大致是前十一讲我们给大家奉献的一点思考。

开讲舜帝　祭祀庙堂

这一讲，讲《五帝本纪》里面最后一帝——帝舜。那大禹呢？大禹是夏本纪的第一帝，第一个天子，但他不算《五帝本纪》里面的，所以讲到帝舜，《五帝本纪》就要结束了。

在前一讲的内容当中，我们说尧和舜之间是和平交接的天子位——不是后任的天子跟前一任天子通过打仗，谁胜谁上位的——是通过禅让。按照孔安国先生的观点——孔安国是孔子的后世子孙——他认为："尧年十六，以唐侯升为天子，在位七十载，时八十六，老将求代也。"

"以唐侯升为天子"，这没有异议，但是十六岁我认为有点问题。因为在《帝王纪》里面很清晰地记述："帝挚在位九年，禅让天子位给唐侯。"帝挚，也就是尧的同父异母的兄弟，帝挚在位了九年，说唐侯德盛，诸侯宾服，最后帝挚领着群臣到他的诸侯国去禅让天子位。我们当时对这件事情很惊奇，重点说过。他在位九年让了天子位，如果尧十六岁继天子位，那么他被封唐侯的时候是几岁？七岁。七岁的孩子能在未来的九年间，让天下其他的诸侯不敬佩当时已经登天子位的天子，而拥护他，这是个神童，很罕见。所以我们也会有一点疑问，到底是不是这样，难道是二十六吗？这都是疑问。来不及仔细分析，我们接着往下看。

尧考查舜，考查了三年，就跟他说，这三年你干得不错，你上位吧，"受终于文祖"——什么叫文祖？它是庙堂，不是一个堂，是五府，祭祀五帝之庙。五方之帝，各有祭祀的场所。

苍曰灵府（青阳）。青帝灵威仰之府。

赤曰文祖（明堂）。火精光明，文章之祖。

黄曰神斗（太室）。土精澄净，四行之主。

白曰显纪（总章）。金精断割万物，谓之显纪。

黑曰玄矩（玄堂）。水精玄昧，能权轻重。

大家请看：东方，祭祀东方之地的那个苍帝，也就是青帝，叫灵府；南方赤帝，也可以叫炎帝，叫文祖，这就是文祖的称呼来源；居中央的黄帝，叫神斗；西方的，祭祀白帝的祭祀堂，叫显纪；祭祀北方玄帝的，叫玄矩。括弧里面是周朝（代）对此的称呼。

周代祭祀五方帝的场所叫什么呢？东方的，叫青阳；南方的，叫明堂，读《黄帝内经》，黄帝居明堂，谁谁谁侍坐，这句话我们还经常能看到；中央的，叫太室；西方的，叫总章；北方的，叫玄堂。如

411

果您对甲骨文研究得很到位，那么在民国时期的"甲骨四堂"之上，您是不是可以作为甲骨的第五堂，可以给自己起个叫什么堂的名字。

特别要跟大家介绍的这五方对应着五行，这是常识。可是这个名字怎么来的？什么意义？需要有一个解释。东方的，没有说"木精"什么特点，只是说"青帝灵威仰之府"。后面有确切的文字介绍。

南方，对应火这一行，"火精光明"，代表智慧，所以是"文章之祖"，这个地方简称文祖，就是这个地方具备这个含义。就像我们现在这个地方是大连新华书店六楼的明德堂——讲堂起一个带有文化含义的名称。所以文祖就是有祭祀功能的文化之堂。

我们说庙堂，庙是庙，堂是堂，庙用来祭祀，堂后来变成了高堂，除了祭祀之外，慢慢地又变成了研究国家大事的地方。能够到这里面的人，都是天子、大臣，德行都是一时之选。所以到后来说你的学问高超，达到了登堂入室的地步，也有这个意思。

那个室，大家看，"黄曰神斗"，叫太室。所以登堂入室这个堂就是室，你不要理解成今天你那个斗室，小办公室，那不是，这个室有可能是巍峨的宫殿。"土精澄净，四行之主。"我们看一个合格的中医表述五行的那个原图——中土，土居中央才对——土在中央运化着前面给大家交代的四行。所以，土为四行之主，为什么中央的叫黄帝？后来变成了中央为天子，这是有文化历史的渊源。

西方属金，"金精"，金属它有割断万物的这种德能，所以叫作"显纪"，区分出来。

北方，"水精玄昧"，我今天带着杯子，里面这个水，大家可能看不见，就是白水。古代把白水也称为"玄矩"，玄就代表着水。水精玄昧，说能权轻重，用水去量，就可以对比一下，思考一下。

询问天意　玉制礼器

舜受终于文祖，他自己仍然不确定，所以还要问一问天意。人间的天子同意了，上天同意吗？这是古代人的观念。所以您看他的做法，"在璇玑玉衡，以齐七政。禋于上帝，禋于六宗。望于山川，辨于群神。揖五瑞，择吉月日，见四岳诸牧，班瑞。"

"璇玑玉衡"，有很多种说法，但我们采用的说法它指的是北斗，就是看天象的意思——也不仅仅是指看北斗，就是看天象。这是一门我们现在几乎不大了解的学问，很深邃、很深奥，需要专门来学和专门来谈。

"以齐七政"，这个解释也五花八门，有些学者就完全从后世文字对文字的这种学术方法去查资料、去解释，那是解释不通的。中华文化，天人合一的文化，知行合一的文化，我们现在采用的"以齐七政"解释得最多、最能够取得最大公约数的一个解释，是指日月和五大行星，五大行星就是金木水火土。怎么来的？我推荐了一本书，无名氏写的《内证观察笔记》。在春天的时候，你打坐，跟你身体进行交流的是哪颗星？东方木星。打坐时状态能量进行沟通，呈现出什么样的颜色？青色。那现在要到夏天了，夏天打坐，这些打坐的人，天人合一状态之下，身体的哪个器官跟哪颗星进行沟通能量？心和火星。沟通能量的能量流呈现出什么样的颜色？红色，也就是赤色。现在我们中国自己的飞行器飞到火星上去了，但我们古人是如何知道人和火星之间的联络呢？通过道家修行的方法。以此类推，后面的三种我们不列举了，我已经把它写在了《黄帝内经选讲》这本书的序言里，感兴趣的同人可以去查一下——就是在哪个季节打坐的状态之下，你身体的哪个器官跟天上得日月无哪个行星进行能量沟通，沟通的颜色、能量流呈现的状态……都有记述。

"禋于上帝"，这是一种祭祀。大家记住，带示补旁儿的字，如果解释不通，你就想这是中国古代一种祭祀，跟天地进行沟通的一个内涵，然后再去猜它什么意思。比如说神，一个示加上一个申，那跟天也沟通，跟中间的山川人物河流也沟通，跟大地也沟通，就是通达。

"禋于六宗"，这个解释又不一样了。"六宗"到底是天地四时还是东西南北上下？有不同的解释，您可以采用其中一种。

这些都是祭祀沟通的意思。但是由于沟通对象不同，采用的仪式也不同，可能贡品也不同，念的真言也不同。所以每一个对象就有每一个对象的称呼。"望于山川，辨于群神"，都是这个概念，就不一一地去解释了。

后面这个"揖（音吉）五瑞，择吉月日，见四岳诸牧，班瑞"，这句话，就是舜把五种当时表示国家制度和功能的玉器叫五瑞，汇集起来。"揖"这个字是多音字，如果读成作揖的揖，就搞不清楚它的意思，这里它是当动词讲，汇聚的意思，就是聚集起来。

然后择一个良辰吉日，会见谁呀？正式会见了"四岳"，就是四方诸侯的首领，也叫方伯和诸牧。"诸牧"大家明白吗？我们反复介绍过，就是地方的君长、首领为"牧"。三国的时候还用这个词，冀州牧、荆州牧。唐代叫刺史。"班瑞"，颁给大家符瑞，就是再给你一块玉。

给大家介绍一下国家的玉制礼器，介绍之前，请大家在脑海里回顾我们给大家展示过的那个图片，就是距今一万年左右的一个切割平整的玉器。有些人认为司马迁是"附会"，以后来出现的国家制度去附会上古的制度，然后写成的《史记》。我认为这纯粹就是以自己之心度古人之意，司马迁可不是一个想当然的史学家——我认为那样，然后就写成那样。后面他自己的"太史公曰"，你就能够明白，他是非常严谨的史学家，没有找到确切依据和资料，他是不会轻易地写入《史记》的。

在《周礼·春官·典瑞》这一篇里面告诉大家，公、侯、伯、子、男这五种爵位各持不同的玉器。如果你的爵位是公，"公执桓圭"；如果是侯，"侯执信圭"；如果是伯，"伯执躬圭"。这是上三等，持的是"圭"这种玉器，通常是白色的，长条形的。那么子爵和男爵，就下面这两等的爵位持的就是"璧"。这个玉可能大一点，但是精华的程度就弱一点，成色就次一点。

这是在物质上、礼器上已经有了礼仪的规定，不能越界。就是如果你是一个男爵，你绝对不可以去执桓圭。就像后世大家都知道，普通人是不能穿明黄的，明黄只有一个人能穿，连天子其他的儿子都不能穿，只有登了位的太子成天子的时候才能穿，这就是礼制的规矩。现在呢？有点讲究，但其实不太讲究了。比如说，袁隆平老先生，他说他领国家最高科技奖的时候，在北京买了一套打折的、七八百块钱的西服，很可能大多数年轻人的西装都比这老人家的西装要昂贵得多，现在已经不讲究了。

"五玉"，指圭、璧、琮、璜、璋。这五种玉在古代各有其形状，各有其称呼，各有其代表着礼仪和国家功能的含义。如果不知道这一点，那么就不能理解中国古代的国家制度和文化，也不能理解为什么司马迁写下来尧舜之间的这种礼器的制度起着什么样的历史作用。

圭，长条形，按照我们能查到的资料介绍，它代表着信，是个信物，是最高一个等级的、通常用于天子和大臣之间的信物。这个圭正常情况下应该加上一个什么偏旁？玉嘛，都得加上一个王字旁儿，你看后面的璧、琮、璜、璋。我们在这一轮的讲座当中，一个重点就是告诉大家，如果上古的内容按字面读不通，就考虑一下这个字是不是加上一个可能的偏旁，有可能豁然而解。

璧，和氏璧的故事大家都知道，它是一个圆形有小口的那么个东西，那叫璧，更多的是用来做聘礼的。现在的聘礼什么都不用，有房子、有车，一转账就完事了。礼节上，两个年轻人很可能结婚完了之后，通知双方父母，古代这绝对是不行的，是有规矩的，一整套的规矩。规矩的好处是什么？隆重其事，让你不敢轻易地造次。等闲得之的东西也就等闲视之，这是人之常情。所以，我们经常强调，虽然我讲的不咋地，但是我要传达的内容挺重要，你要重视，不要轻易地获得了以后就荒疏过去，如果是这样的话，就不合适了。那么，对于现在礼节上的疏忽我们能不能恢复呢？可以。怎么恢复呢？不能够完全拟古、复古，要适当，否则会走到一个令很多人讨厌的地步。

琮，是八角形带小孔的一个玉器，代表着兴功。我记得好像有一个古代的电影，主角立得了一个很大功劳的时候，国家给他的奖励——我以为是奖个八卦牌——现在才明白那是一个玉器，表示他为国家建立了功勋。

璜，半圆形的，在征召的时候用这个东西。我也记得好像有一个影视，在征召的时候，天子不需要写什么东西，就这个玉器，直接送过去，接到的人就明白了，这是要征召我去当官干活。这一个东西在当时就传递着一个明确的信息，表示征召。

璋，我们喜欢诗词的，尤其是喜欢词的人，对这个字会有印象，因为一位词学大师，就用它起了自己的名字。这个璋是半圭形状，它的功用就是发兵。

这是把尧舜交接的时候产生的一些东西给大家介绍一下，这很重要，理解完了之后才能知道，其实那个时候不是像以前教材告诉我们的那样——当时是原始社会，茹毛饮血，像动物一样……绝对不是！我们已经达到了高度成熟的程度，制度已经非常细腻圆满。而且，这五种玉器底下垫的那个布的颜色和质料都不一样，都各有等级和规范。我们今天有这样吗？

日尧为晓　目舜为瞬

接下来看，跟尧舜直接相关的两个字——晓和瞬。

拂晓的晓，是"尧"加上一个"日"，变成了汉字当中的天要亮的意思。"东方红，太阳升"，中国出了个姬放勋，黄帝的子孙，应该姓姬，名字叫放勋，当时的人把他当作日头。现在去山西他的老家，据说当地的口音还有一个说法，把太阳叫"尧窝"，其实就是"尧王"。

还有个字，很少有人考虑：一瞬间的瞬。为什么汉语里面一瞬间是用这个字呢？一个"舜"加上一个"目"，就叫一瞬间的瞬，怎么来的？

接着往下看经文：

虞舜者，名曰重华。重华父曰瞽叟，瞽叟父曰桥牛，桥牛父曰句望，句望父曰敬康，敬康父曰穷蝉，穷蝉父曰帝颛顼，颛顼父曰昌意（昌意父曰轩辕黄帝）：以至舜七世矣。自从穷蝉以至帝舜，皆微为庶人。

417

"虞舜者，名曰重华"，他的名字叫重华，为什么叫重华？两种光？不是，他天生异相，重瞳，重瞳子。我们的眼睛，这个眼球当中就一个瞳仁，对不对？舜是两个，重瞳。

我记得当时我第一次讲这个的时候，还有朋友发给我香港拍的影片《双瞳》的网上链接。大家看过吗？眼珠子一转，本来看着这有个眼仁，一转又出来一个眼仁——没经历过是挺害怕的一件事情，见怪不怪吧。但是，这是一个瑞相。

舜是重瞳子，所以叫重华。眼睛——精华，中国人的眼睛为什么是黑色的？因为肾经属水，色黑，是这么来的。它是中国文化里面天人合一观的概念。所以，属水，色黑。那他的这个眼目转动一下需要多长时间？两个眼珠子之间转动需要多长时间啊？就是形容时间极短，对不对？就叫瞬间。

重华的父亲叫瞽叟，瞽叟的父亲叫桥牛，桥牛的父亲叫句望（这个句是读gōu还是读gǒu），句望的父亲叫敬康，敬康的父亲叫穷蝉。穷禅的父亲很有名，帝颛顼，帝颛顼号高阳。颛顼的父亲昌意，昌意的父亲大家就知道了，轩辕黄帝。原来舜就是轩辕黄帝第几代孙？从黄帝开始数，数到第九代是舜。

有一件事情我很不理解，就是"自穷禅以至于帝舜，皆微为庶人"。就是从穷禅这一代，昌意是诸侯，这个我们知道，因为降居嘛，只有天子的孩子到地方上去居住，住在自己的诸侯国里叫"降居"，司马迁的用词是非常准确的。然后到第三代的时候，出了一个天子，号叫高阳，他的帝号叫帝颛顼。再往下这几辈全都是庶人，是德行这一代微了？然后积攒到重华这一代，突然出现了一个大圣天子！

意感而生　目重瞳子

我们看一看他怎么出生的，舜的母亲，记住这个名字，这也是圣母啊，叫"握登"，那四千多年以前是不是这个音，我不知道，现在我们只能这样读字了。

"见大虹，意感"——又来一个，读上古史经常是这个母亲一不小心就出现了特殊的状况。看见一个非常大的彩虹，意念一动，感而受孕，"生舜于姚墟"。这个姚墟是哪儿呢？濮州雷泽县东十三里。"雷泽"，是不是有一个上古天子也跟这个地方有关系，或者跟这个地名有关系？谁的母亲到雷泽"见巨足印"，踩了一脚"感而受孕"？生了伏羲，是不是?

因为在姚墟生的这个孩子，所以舜就姓姚，这是古代一个传统。你来自哪儿，就以当地已经有的地名为姓。他的眼睛重瞳子，"故曰重华"。注意，"字都君"，有名有字，我们现在中国人很多是有名无字。有听讲座的同人后来在网上告诉我，听完讲座以后，让我给他起个字。这个不能乱取，我不知道你的家世、行持、喜欢，不可以随意取。

我们今天主要是讲帝舜，"五帝"的第五帝，看看他长什么样?"龙颜"，这两个字形容过汉高祖刘邦。"大口"，口很开阔。小的时候，我听母亲说过，叫嘴大吃八方。小孩子调皮，问那猪怎么办？怎么去理解？说过犹不及，太大就不行了，只能吃槽子里面的。所以有些人要注意，我们都是要守中道。但是"狮鼻阔口"向来被认为是吉相。"黑色"，肤色发暗，或者叫古铜色。"身长六尺一寸"，这个

"尺"不知道是什么尺寸，我就不能妄说，只能是史家这么记，我就这么转述。因为我们现在说叫堂堂七尺男儿，那他怎么才六尺一寸？但是，如果按照是现代的这种尺寸，三尺一米，那他又两米多，这就需要继续考证，反正孔子的身高我们曾经得到过比较准确的数字，大约是一米九一，典型的山东大汉。

舜的后代封在越州地，所以那个地方慢慢地叫作"余姚"。这个地方现在还在，在浙江，《会稽旧记》里说：舜是上虞人，"去虞三十里有姚丘"，离他出生地很近。

宽厚慈悲　如如不动

舜父瞽叟盲，而舜母死，瞽叟更娶妻而生象，象傲。瞽叟爱后妻子，常欲杀舜，舜避逃；及有小过，则受罪。顺事父及后母与弟，日以笃谨，匪有解。

舜，冀州之人也。舜耕历山，渔雷泽，陶河滨，作什器于寿丘，就时于负夏。舜父瞽叟顽，母嚚，弟象傲，皆欲杀舜。舜顺适不失子道，兄弟孝慈。欲杀，不可得；即求，尝在侧。

然后看他这个家庭，母亲去世早，留下一个父亲。关于这个父亲有两种说法：一种说法，真是眼睛看不见；还有一种说法，是睁眼瞎，就说明这个人有眼睛，但有眼无珠，不识真人，没有智慧，说他为瞽叟，是这么来的，这两种说法供大家参考。母亲死得早，父亲续弦，又娶了一个妻子，生了一个孩子，这个孩子叫象。这个象可能是恃母而骄，就有点小孩子的毛病，用一个词形容就是"傲"，我们今天说骄傲的傲。有些人说，啊！我骄傲！我怎么怎么……你要看古书，从此就不会这么说自己了。顶多说一个我自豪，还好一点，还能跟《素书》上那个豪、杰搭上。

瞽叟爱自己的这个后娶的妻和后生的子——喜欢就喜欢，但竟然"常欲杀舜"，这太过分了！要把前妻留下的这个长子杀掉。这什么当父亲的！难怪当时人叫他"瞽叟"。

舜不能让他杀呀，注意呀！他不是怕死逃，他是不让父亲背一个杀子的名声逃，这是我们的解释。

"及有小过"，小的惩罚，打两耳光，踹两脚，跪搓衣板，"则受罪"，行，打吧，抽两鞭子，这都行，只要不杀死，他就不逃。

"顺事父及后母与弟"，他要顺着三个人，不但听父亲、后母，连他那个弟弟他都得"顺"！注意！舜是"日以笃谨，匪有解（xiè）"。别读成jiě，是懈怠的懈。我们读古书，要不加偏旁，经常是读得"丈二和尚——摸不着头脑"，如云里雾里。这里是说他没有懈怠，你不能读成他天天在这样的家里就没有解了，那就不是舜，就不能感得天下。那就是我们以小人之心度舜君之腹，就不合适了。

我的老师当年告诉我，"天加祸，顺着来；天加福，逆着来"。如果你想干吗竟然全部能干成，这是很危险的事情，总有一天会觉得自己无所不能，突然有一下子无可悔改，无可挽救，就麻烦了。所以在没悟道、成道之前，经常有一些不顺，经常被人看不起，经常被人障碍，被人羡慕嫉妒恨……什么过程？天加福的过程。如果你看破，能够在心里把这种逆着来的事情顺着受过去——不是那种没有智慧、没有章法、没有防备甚至没有反击的那种，不要理解错了——是高度智慧的做法——要杀我，那我不能让你杀；你打两下，那我就挨打，这就是舜的智慧。

一句话，不入道时，不可以顺着自己的喜好和习性乱来——给所有想真诚修行的同人作参考。

那舜呢，他就干活，耕种，农业社会嘛。在哪儿耕种呢？在历山。他不但干农业的活，还在雷泽这个地方打鱼，其实离他出生地也不太远，对吧？摸鱼捞虾。然后在这个河水边做陶。一个人干了几个工种？至少三个，对不对？农业、渔业、手工业，都干了。

"作什器于寿丘"，寿丘，还有没有印象？我们介绍过，诞生过一个大人物。不记得了？轩辕黄帝生于寿丘。

他在这个地方做各种各样生活的器具，等于他自己可以开个小百货店。什物，就是你需要啥，我就给你做啥，满足市场需求。

"就时于负夏"，这个负夏是个地名，后面解释说是卫地。"就时"是什么？逐时。就是根据大家的需要，往来这个地方，进行商贸往来，你有需要赶紧送货……说明他担负着整个家庭的重任，叫养家糊口，脏活累活他全都干，而且是各种工种，全都在干。

但是，干活还捞不着好。他这个父亲呢，叫"顽"，顽固，顽凶，冥顽不灵。母亲叫"嚚"——这个字不太好看，音也不好听，读yín，但不是淫荡的淫——这个的解释就是愚蠢、顽固、奸诈。弟弟象，叫"傲"，"皆欲杀舜"。这真是无法理解，这三口人都要杀掉他。他那么干还要杀掉他，不可理解！

"舜顺适不失子道，兄弟孝慈"。你要杀我，我都不失子道，对你依然如故，视为父母、视为兄弟。想杀他，找不着他；想找他帮忙的时候，他又出现了。可以说，招之即来，需要帮忙了，人在；我要打死你，跑得无影无踪，抓不着他。你看这个人活得多智慧、多艰难、多不容易！

我们今天能做到吗？不用讲别的天花乱坠的，家庭里面两个人，有点不同意见，你试试看，你的眼神、语气、嘴脸，一副心肠下水是什么样？就能知道我们为什么得不着天下，对不对？拿点工资都可怜兮兮的。为什么？按照中国古代这种传统，我们德行太薄了，载不住物。"地势坤，君子以厚德载物"，你看舜这个德行得积得多厚？自己的亲生父亲要杀他，他都不恨。他当天子以后，还举着天子的旗帜，回家看他父亲，依然没有骄傲的表情、态度、行为。为什么二十四孝他排首位？所以我对他的评价是这么几个字：心性宽厚慈悲，如如不动。

孝闻天下　齐家聚人

舜年二十以孝闻。三十而帝尧问可用者，四岳咸荐虞舜，曰可。于是尧乃以二女妻舜以观其内，使九男与处以观其外。舜居妫汭，内行弥谨。尧二女不敢以贵骄事舜亲戚，甚有妇道。尧九男皆益笃。舜耕历山，历山之人皆让畔；渔雷泽，雷泽上人皆让居；陶河滨，河滨器皆不苦窳。一年而所居成聚，二年成邑，三年成都。

宽厚慈悲，如如不动。不要说得高远，我们以舜为榜样，能把家齐了，人生的命运必定会转化！他这么难，那当然会出名啊，所以二十岁的时候，以孝名闻天下。其实东北也是出孝子的，尤其是王家。东北辽西是一个有名的孝子出现地，据说当年有两个孝子都姓王，一个在家一个出家，俗家这位算是我学习的曾祖，就是我的一位师父是这位王孝子的徒孙，是这么一个师承的关系。

到了三十岁的时候，"帝尧问可用者"，就是舜二十岁以孝开始闻名县、州、国，十年以后，已经被当时的四岳了解，知道了，"四岳咸荐虞舜"。就是大家一致推举说这个人行。然后尧说可以。

"乃以二女妻舜"，妻（qì），是嫁女为妻的意思，读成四声。以这两个姑娘娥皇和女英，嫁给舜。这天子是下了血本，考查他，让自己的两个女儿嫁过去考察，"以观其内"，就是看看他如何持家。修身修得好，他没成家，三十了还没成家，是个光棍儿，有矜在民间，矜，表示男而无妻。让他有最好的妻子，那是公主，两个公主啊！最后，他当天子的时候，娥皇为皇后，女英为妃。然后另外派九个男的，是不是他的孩子，不知道，跟他相处，以观其外。女主内男主外，看看你如何对待这些人。他居住在妫汭，就是妫水转弯的地方。就像上海，大家现在看很多照片，上海最繁华的那个地方是黄浦江，江水包着的地方是汇财的地方，那个地方可以叫黄埔汭，黄浦江汭，那是好的风水。

"内行弥谨。尧二女不敢以贵骄事舜亲戚，甚有妇道。"这两个公主嫁过来，不敢以自己出身娇贵，看不起他的亲戚。这说明当丈夫的跟妻子处得好，懂礼，道理说明白了。所以这说明有男道，有夫道，做得好。像有的媳妇娶过去……前些年把我都气懵了的一个视频，一个农村的婆婆，到城里帮着儿子来照看小孩儿，那小孩好像是摔了还是怎么的，那个媳妇冲上去打这个婆婆耳光……唉，不往下说了，自己作自己受吧。

"尧九男皆益笃"，尧派遣的这九个男子，也都越来越诚敬，"笃"嘛，这些人的品行也越来越好，跟着他就化了。要跟一个不三不四的人呢？可能沾染一些恶习，那叫"益恶"，对吧？近朱者赤，近舜者笃，近舜者弥谨，近舜者大孝！

再看他干活这几个地点，他耕田的时候，"历山之人皆让畔"。"畔"是啥意思？六尺巷的故事知道吧？"这块儿是我的！""这块儿是我的！"为了争，两方要打架，甚至要动粗，后来被感化。叫"万里长城今犹在，不见当年秦始皇"。对吧？修的万里长城还在，秦始皇哪儿去了？较那个真儿干吗！"千里修书只为墙，让他三尺又何妨？"最后，都受感动、羞愧，各让三尺，变成了六尺巷，这是六尺巷的传说。受舜感动，在这个田地边的人，就出现了这种谦让和谐的局面，我家的，给你也行……这是受舜的影响。

他在雷泽打鱼的时候，这些人都"让居"。其实我看的解释就是，以前的人就是一网打尽，想把这个鱼全都收了。他是网开一面，后世也有人学着这么做。然后所有的人都想找那个鱼群厚的地方，是吧？船老大带着一船人，在哪儿下网都他来决定。那么受舜的影响，彼此都让居住的地方，这个地方鱼群厚，你来，让给你。很不容易啊，这就是让利。

《孟子》一开篇，梁惠王就说："叟！不远千里而来，亦将有以利吾国乎？"你这个老头儿大老远地跋涉过来，对我国有什么利吗？孟子就说，"上下交征利，而国危矣！"

你说国中有舜这么一个人，感得所有的人都谦让，他是不是会大治天下？

再看一下他制陶的这个地方。"河滨器皆不苦窳"，这个地方出产的所有器具都没有粗制滥造、假冒伪劣，全都是货真价实，童叟无欺，精益求精，美轮美奂，爱不释手，供不应求……我们今天，很多制造者丢人丢大了！三聚氰胺、地沟油……对不起祖宗！对不起舜！

所以，有这样的人，他所居住的地方，"一年成聚"，聚落；"二年成邑"，一个小城市；三年就成都了。字"都君"，都的君王，都的长者。字理应是别人在你成年的时候，根据你的名，根据你的德行送给你的。所以他叫"都君"。

天子器重　死仇不恨

尧乃赐舜绨衣，与琴，为筑仓廪，予牛羊。瞽叟尚复欲杀之，使舜上涂廪，瞽叟从下纵火焚廪。舜乃以两笠自扞而下，去，得不死。后瞽叟又使舜穿井，舜穿井为匿空旁出。舜既入深，瞽叟与象共下土实井，舜从匿空出，去。瞽叟、象喜，以舜为已死。象曰："本谋者象。"象与其父母分，于是曰："舜妻尧二女，与琴，象取之。牛羊仓廪予父母。"象乃止舜宫居，鼓其琴。舜往见之。象鄂不怿，曰："我思舜正郁陶！"舜曰："然，尔其庶矣！"舜复事瞽叟、爱弟，弥谨。于是尧乃试舜五典，百官皆治。

尧就赐他绨衣，也就是细葛布，好料子。还有琴，注意呀，赐给他琴，就是我们今天所说的那种古琴，是伏羲那个时候发明的。也替他筑仓廪，给他粮食，赠与牛羊，整个生活全都变化了。可以穿好的料子，名牌，然后家里面鸟枪换炮，也有琴声了……送琴是最高的礼遇，礼乐嘛！

可是，你看他那个老爹，"尚复欲杀之"，这真糊涂到极点了！如果自己的儿子突然一下子……连天子都给东西，那我不能杀他，杀他没有了对不对？断货了嘛！连这种心思都没有，你说他得多糊涂！骗或者是命令，"使"嘛，命令舜去涂仓廪，刷墙，他从下面纵火焚廪，要烧死舜。纵火犯，用我们今天话说，这就是故意杀人犯或杀人未遂。因为他感得了一个大孝子，还有两个好儿媳妇——这件事情史书上有记载，舜两次逃生都是娥皇和女英事先有所准备，告诉他方法才实现的。他拿着两个斗笠自扞而下，跑了，没死。后来又让他去凿井，他下去凿井的时候，他爹和他那个傻弟弟把井抛下去土给填实了，要闷死他，但是"舜从匿空出"，旁边有一个出口，出来了。

据说现在这个"舜井"还在，两个井离得不太远。把这个井堵死了，底下的人可以从那面那个井逃出去。

"瞽叟、象喜"，这两人庆祝，以为舜已经死了。你看他这个儿子，恶劣到极点。"本谋者象"，主意是我出的，我是主谋。意思是什么？那我得先挑，对不对？战利品我得先挑，我得拿大头。这就与父母开始分家了。他说，舜妻，那是尧的两个姑娘，还有琴，我要拿走。牛羊、粮食仓库那些，给你们。你看这个混账东西！然后就跑到舜的宫殿里面住下了。

根据古代的规矩，天子如果提拔一个人，在士以上，这个人就已经和父母要分开，有自己独立的所谓的府邸，叫宫殿——我们现在叫官邸，对吧？

"鼓其琴"，自己的琴是不能轻易让别人弹的，因为每个人弹的都不一样。

"舜往见之，象鄂不怿"，很惊愕地发现，没死。然后说，哎呀，我正想你呢，想得我正郁闷呢，"我思舜正郁陶！"我正郁闷，我想你。舜就说，当然啦，你在兄弟情义之间做得是差不多了。你看这做兄长的，这一点我做不到。

"舜复事瞽叟、爱弟，弥谨"，更加恭谨，并没有因为要杀我，非常危险，就起异心，一刀两断，断绝父子关系和兄弟关系，没有。

如果我们能够学到他如如不动这一点，您看一下自己的生活和未来会发生什么样的变化。你说做不到——别把自己的路堵死，一点一点地学。先做到不生气，先做到夫妻之间不挑毛病、不生气，然后扩大到其他的亲人，再扩大到外人，再扩大到天下。这就是《大学》，这就是《尧典》，任何一个修行成就的人都要经过这一关，格物、致知、诚意、正心、修身、齐家，一旦有机会，治国、平天下。没有机会，贤人君子，潜居抱道，以待其时，时至而行，得机而动，如其不遇，殁身而已，没有这种机会，怡然自得，死了拉倒。

"于是尧乃试舜五典，百官皆治"，让他按照五种经典的教化去管理，百官也都很规矩，没有胡来的。

推举世族　铲除腐败

昔高阳氏有才子八人，世得其利，谓之"八恺"。高辛氏有才子八人，世谓之"八元"。此十六族者，世济其美，不陨其名。至于尧，尧未能举。舜举八恺，使主后土，以揆百事，莫不时序。举八元，使布五教于四方，父义，母慈，兄友，弟恭，子孝，内平外成。

提到百官，当时颛顼帝有八个了不起的才子，"世得其利"，人们称他们为"八恺"。帝喾有八个才子，谓之"八元"。这都是皇族吧？"此十六族者，世济其美，不陨其名"，就是不损伤，也不降低，不陨落他们的名声。等到了尧的时候，尧并没有把他们推举起来，舜把这十六族推举起来做官了，使"八恺"这个家族，"主后土，以揆百事，莫不时序"。给予很大的信任，揆百事，等于现在说管理全部，莫不时序，井井有条。举"八元"，让他分布五教于四方。五教，哪五种教？父义，母慈，兄友，弟恭，子孝。天下人就是四方吧？使所有的这些人都懂得我们现在说的五常、五伦关系，家庭和谐，各守本位。当父亲的要有这个父亲的样儿，当母亲要有母亲的样儿，各有各的样。

"内平外成"，平成，曾经是日本的年号，对吧？都是从中国文化里"偷"去的。

"八恺"的意思就是"八和"，"八元"的意思就是"八善"。这些名字，为了大家能有个印象，说一遍，以表彰其德。

八恺：仓舒、馈皑、梼戬、大临（或者太临）、龙降、庭坚（这个名是不是有名？后世有一个叫黄庭坚的，但其实据说他是皋陶的字）、仲容、叔达。

司马家曾经有八个儿子，叫司马八达。司马仪排行老二，叫仲达对不对？大哥叫伯达，二哥呢？伯仲嘛，叔是老三以后的，所以底下一大堆叔达、叔达、叔达，最后一个叫季达。

八元：伯奋、仲堪、叔献、季仲，伯虎、仲熊、叔豹、季狸。

你看高辛氏才子这八个人，两套伯仲叔季。第一套叫伯奋、仲堪、叔献、季仲，为什么这后面来个仲，不知道。然后后面这个全都是跟动物有关系，虎、熊、豹、狸。这是好的，举起来。恶的呢？得铲除。好的人选贤以能，让他干事；恶的人得铲除掉，这才能天下太平。所以再看，同样是天子的不孝子、坏孩子，能作多大的业。

昔帝鸿氏有不才子，掩义隐贼，好行凶慝，天下谓之浑沌。少暤氏有不才子，毁信恶忠，崇饰恶言，天下谓之穷奇。颛顼氏有不才子，不可教训，不知话言，天下谓之梼杌。此三族世忧之。至于尧，尧未能去。缙云氏有不才子，贪于饮食，冒于货贿，天下谓之饕餮。天下恶之，比之三凶。舜宾于四门，乃流四凶族，迁于四裔，以御螭

魅，于是四门辟，言毋凶人也。

帝鸿氏有不才子，天下谓之浑沌；少暤氏有不才子，天下谓之穷奇；颛顼氏有不才子，天下谓之梼杌。这三族"世忧之"，就是天下苦这三族久矣。"至于尧，尧未能去"。注意，这句话的意思是，尧可能不是不想去，但是时机不到，力量太大，不成熟，去不了。解决一些问题，得两代领导人力量相合，才能够做到——我们现在也是。

缙云氏有不才子，天下谓之饕餮——这俩字熟悉吧？现在有一些饭店为了做广告，经常是吹嘘自己这就是"饕餮盛宴"——显然没读过古书，不知道饕餮啥意思——这个词在中国文化里面是绝对的大恶！在古代人看来，假如说尧舜那个时代有人一下穿越到今天，看到这个大饭店说我们今天晚上给大家准备饕餮盛宴，欢迎您来，他就会觉得这家人不知羞耻，相当于说我坏，坏到天下四恶的地步，就这个意思，所以有些词不能轻易地用。

"天下恶之，比之三凶"，看舜怎么做的，"宾于四门，迁于四裔"，大家都来，所有人见证，看着这四个凶族被流放到四个边地，东南西北各一个。"以御螭魅"，你们去抵御那些魑魅魍魉，遍地的小鬼去吧。"于是四门辟，言毋凶人也"，清净了，都说，哎呀，终于没有坏人了，清净了。

我们看一下，有人不理解，我把《史记》"正义"上令人疑惑的四个解释跟大家说一下。

第一个，说这个谨兜就是混沌。但我怀疑，因为都叫这个字，还有沌浑氏，把他和《庄子》那个混沌弄一块儿了，这是不可以的，此混沌非彼混沌，要注意。

第二个，说共工其实就是穷奇，是少暤的儿子，那我说他岂不是黄帝的孙子？"女共容大柏中粟"，第一个成为天子那个共工氏，是接了女娲天子位的第三个天子，华朝的第三个天子，不可能是穷奇。

第三个，说鲧竟然就是梼杌。梼杌是一种恶兽，就比喻这个鲧人性顽凶。他是颛顼子，是大禹的父亲。大禹也是感得一个莫名其妙的父亲，但居然也有天下。

第四个，说三苗就是饕餮。是缙云氏的后代，姜姓，炎帝的苗裔，就是古天子的后代，都是大家、望族、世族，不太好弄的。

这些人全是"皇二代"的子孙，而且在当时的朝廷里面担任要职。那么轻易就能够除掉吗？不容易。

看一下人们为什么以这四种兽来形容人，注意，这些名字是兽，但是把它用在人身上，就是说这些人具备了这些兽的特性。比如骂人猪狗不如，我说你糟蹋那个猪和狗。因为猪有猪德，狗有狗德，它能得个动物身，也有一德。

《神异经》记载了四兽的兽性。

混沌：昆仑西，状如犬，长得像狗。有目不见，有耳不闻，有腹无脏，它有肚子，但没有五脏。那个肠是直的，吃什么拉什么，"食径过"，直接就过去。有德抵触，你有德行，说我们今天搞个公益讲座，那混沌上来就拿角顶你，就这么个东西。说这个人缺德，他反而投奔过去，咱俩成好朋友，臭味相投。就这么个混沌的东西，不知是非好坏。

穷奇：也在西北，"似虎能飞"，这很厉害。"闻斗食直"，两个人打起来了，正直的那个人，就会被它吃掉。你是忠信的人，它就把你的鼻子吃掉，这里面是有寓意的，因为鼻居中心。"闻恶杀兽馈赠之"，这是个坏蛋，它杀了野兽打了猎，专门去慰问坏蛋。

梼杌：西北荒，状如虎而大，比虎还大，毛长二尺，这个毛做皮革可能罕见了。人面虎足猪牙，长这样，尾长一丈八，扰乱荒中，就是整个西北大荒，有它就不安宁，是祸害的东西。

饕餮：注意这不是兽，是西南的一种人。身多毛，头戴着豕，就是像猪一样的那种骨器，或者头冠，本性非常恶。特点是积财而不用，所以人们说只吃不拉。善抢人的谷物，你有谷物就抢你的。

就这么四种东西比喻成人，都被舜给收拾了，流放到四个边地，而且回不来了。

天下归舜　选贤举能

舜，用事二十年，摄政八年，避让三年。

舜入于大麓，烈风雷雨不迷，尧乃知舜之足授天下。尧老，使舜摄行天子政，巡狩。舜得举用事二十年，而尧使摄政。摄政八年而尧崩。三年丧毕，让丹朱，天下归舜。

而禹、皋陶、契、后稷、伯夷、夔、龙、倕、益、彭祖自尧时而皆举用，未有分职。于是舜乃至于文祖，谋于四岳，辟四门，明通四方耳目，命十二牧论帝德，行厚德，远佞人，则蛮夷率服。

我们现在说把一个人扔到山上，遇到恶劣的天气不迷路，还能回来，具体他怎么做到的没有介绍。所以尧老了，让舜摄行天子政，巡狩，就是东南西北转一圈儿，上一讲我们讲了。舜得举，用事二十年，二十年间的考察，两代天子，一个年轻力壮，感得天下，孝感天下，然后举一些才能之人清除腐败恶劣的势力，使天下终于能够清明。

尧去世以后，全天下举丧三年，然后舜把天子位让给他的孩子朱，他的名字就叫朱，封地在丹水附近，所以叫丹朱。

后面这些人大家注意，禹不用解释了；皋陶，字庭坚；契有人解释说他是殷商的祖先，这个音应该读成薛，为什么这么读不知道，大家可以自己选；后稷、伯夷，这个伯夷是齐太公祖先的那个伯夷；夔、龙、倕、益，益是后世秦国和赵国的祖先；还有彭祖，这些能才，尧的时代就已经举用了，就已经用他们，但是没有明确分工，就是需要的时候借调，没有固定的职位。但是舜接位以后，在文祖，谋于四岳，等于是跟身边的，相当于我们现在说常委一级的，就四个人，"辟四门，明通四方耳目"，信息建立起来，四通八达。命十二牧论帝德，主要的地方领导人讨论一下当时这个天子的德行。

舜谓四岳曰："有能奋庸美尧之事者，使居官相事？"

皆曰："伯禹为司空，可美帝功。"舜曰："嗟，然！禹，汝平水土，维是勉哉。"禹拜稽首，让于稷、契与皋陶。舜曰："然，往矣。"舜曰："弃，黎民始饥，汝后稷播时百谷。"舜曰："契，百姓不亲，五品不驯，汝为司徒，而敬敷五教，在宽。"舜曰："皋陶，蛮夷猾夏，寇贼奸宄，汝作士，五刑有服，五服三就；五流有度，五度三居：维明能信。"舜曰："谁能驯予工？"皆曰垂可。于是以垂为共工。舜曰："谁能驯予上下草木鸟兽？"皆曰益可。于是以益为朕虞。益拜稽首，让于诸臣朱虎、熊罴。舜曰："往矣，汝谐。"遂以朱虎、熊罴为佐。舜曰："嗟！四岳，有能典朕三礼？"皆曰伯夷可。舜曰："嗟！伯夷，以汝为秩宗，夙夜维敬，直哉维静絜。"伯夷让夔、龙。舜曰："然。以夔为典乐，教稚子，直而温，宽而栗，刚而毋虐，简而毋傲；诗言意，歌长言，声依永，律和声，八音能谐，毋相夺伦，神人以和。"夔曰："于！予击石拊石，百兽率舞。"舜曰："龙，朕畏忌谗说殄伪，震惊朕众，命汝为纳言，夙夜出入朕命，唯信。"舜曰："嗟！女二十有二人，敬哉，唯时相天事。"三岁一考功，三考绌陟，远近众功咸兴。分北三苗。

舜告诉四岳说，有没有具备才能光大尧的事业的人，能够帮助我做这件事情，"使居官相事"，就让他身居官位，相事就是丞相，帮助我完成天子传下来的这个大业。然后四岳都说，"伯禹为司空，可美帝功"，他可以做到。注意"司空"，已经有后世所谓"三公"的这种官职。舜就认为是这样，他确实是可以。然后告诉他，"汝平水土，维是勉哉"，你去搞国家的水利建设，平整山川，就这件事情一定要好好做，维是勉哉。禹稽首叩拜，谦让给谁呢？谦让给三个人，稷、契、皋陶。我不行啊，他行。舜就说，不用谦让了，还是你去做。

我们讲《尚书》的时候就说过，每一个人接受任务的时候，大概都是这样的礼节，我不行，他行，最后这些人都合在一块儿做辅助，完成了这个工作，这是一个规律性的。

然后分配工作，这个弃，让他去管农业，播时百谷。这个契，或者读薛，百姓不亲不行，就是关系不好不行，不教化不行，所以一定要做到五品而驯。这些家人，要有文化，家庭要和睦。命你为司徒——司空是管国家礼器、大事的，司徒是管教育的，司马是管兵的。"敬敷五教，在宽"，教育工作安排完了。

告诉皋陶，说四方蛮夷进攻中国，寇贼奸宄，内部叫奸，外部的为盗。"汝作士，五刑有服，五服三就；五流有度，五度三居：维明能信。"你就开始进行内外整治吧。不服的、犯罪的，就用这五种刑去惩戒。

这个我们具体地讲过，还记得吧？墨刑，打在脸上；劓刑，割掉鼻子；刖刑，断足；宫刑，就把男女生殖器给毁坏；大辟，杀死，极刑，就是剥夺生命。

"三就"，特别严重的，推到原野之外去干掉；一般的，在市内，比如说北京的菜市口；稍微轻一点的，实际上就是在内部惩戒了。叫"五服三就"。"五流有度，五度三居"，同样的道理，各领各的惩罚。这个"维明能信"，就是法律严明，才能取信于民。

接下来问，谁能使百工得到安抚、驯服，使工作得到好的安排呢？大家都推荐说垂可以。好，"垂为共工"。你看，这个"共工"又不是水神了。

那谁能够做虞官呢？帮我把这个天下的草木鸟兽教化好，也就是虞业——这个虞就是有虞的虞。都说这个益行，他就命这个益为朕虞。益呢，也是叩拜，让于诸臣，这个就是指伯虎和仲熊，就是刚才提到的那个八元里面的两个人。说，我不行，他俩行，那他俩就成为他助手了。所以我就理解，他觉得自己一个人做不来，就提这两人行，我还不如他。那行，这两人就做你助手——这也是一种技巧，这不是史官说的哈，这是我自己理解的——然后就领这两个为佐，辅佐，当时就叫"佐"。

舜曰：哎呀，四岳，谁能典朕三礼？伯夷行。好吧，伯夷，你就去做这个秩宗的官员，"夙夜维敬，直哉维静絜"。伯夷又谦让，夔行、龙也行，那夔、龙又帮着他去做。让夔为典乐，教稺子。这个"稺子"即"稚子"，也有说是"胄子"，就是贵族、皇族这些大臣们的孩子。就是要教小孩子们"直而温，宽而栗，刚而毋虐，简而毋傲；诗言意，歌长言，声依永，律和声，八音能谐，毋相夺伦，神人以和（hè）"，或者神人以和（hé），这两个音都能解释得通。教小孩子，刚直的人不要失去温馨、温暖，要注意口气、语气；宽容的不要过于放松，没有震慑的作用；过刚的人容易产生的后果是虐，所以要刚而毋虐；过于简明，人会以为你倨傲。比如说有人问我，钟博士，这有个什么什么问题，我就给人答应一个字或两个词，没动静了。这人会说，这哥们儿有点傲慢，做人不行。或者人领着孩子大老远来了，问一些问题，我说至少我陪你两个小时，这还马马虎虎。如果两分钟说完了，人家会觉得你孤傲，是怠慢人。

"诗言意，歌长言"，这个不用解释。"声依永，律和声，八音能谐"，说明按照教化，掌握中道，五常、五伦都已经能够得到实施天下，礼乐教化都已经变成了一个通行的状态。最后的状态是什么呢？"击石拊石，百兽率舞"。

舜说：龙，我最恨最怕有谗言，破坏天下的事，然后不得真实的信息，暴殄天物，弄虚作假，使我们的民众有意见，受伤害，你要做"纳言"。我们现在说"纳言"，就是底下有什么意见你得反馈上来。

"夙夜出入朕命"，我们有什么样的政令，你得执行下去，上下要沟通。"唯信"，不要弄虚作假，底下真实的情况要报上来，不要瞒着不报。然后我的命令，你要好好地执行。

安排完了，大家看，把所有的人都根据德行、能力分配完了，然后天下大治。最后他说，你们这二十二人，这不是"女"，是"汝"，是你们。你们这二十二人，"敬哉，唯时相天事"，兢兢业业，把国家分配的工作做好。

"三岁一考功，三考绌陟"，每隔三年进行一次考绩、考评，三次考评决定你是降职还是升迁。"绌"就是罢免，"陟"就是提升。

"远近众功咸兴。分北三苗"，不管远近，所有该兴办的功业都已经兴办起来，所以他们这些人各善其事，各美其功，天下大治。

知人善任　天下大治

此二十二人咸成厥功：皋陶为大理，平，民各伏得其实；伯夷主礼，上下咸让；垂主工师，百工致功；益主虞，山泽辟；弃主稷，百谷时茂；契主司徒，百姓亲和；龙主宾客，远人至；十二牧行而九州莫敢辟违；唯禹之功为大，披九山，通九泽，决九河，定九州，各以其职来贡，不失厥宜。方五千里，至于荒服。南抚交阯、北发，西戎、析枝、渠廋、氐、羌，北山戎、发、息慎，东长、鸟夷，四海之内咸戴帝舜之功。于是禹乃兴九招之乐，致异物，凤皇来翔。天下明德皆自虞帝始。

我们看一下，皋陶为大理；伯夷主礼；垂主工师；益主山泽；弃主农业；契（qì或者是xuē）主司徒，百姓亲和；龙主宾客，相当于有外交，远人至；十二牧行而九州莫敢辟违，天下大治；唯禹之功为大，特别提了一下，这是为未来天子埋下伏笔。都那么厉害，都有功，谁最大？禹最大。所以叫《禹贡》。"披九山，通九泽，决九河，定九州，各以其职来贡，不失厥宜。"这我们详细地讲过《禹贡》那一篇。

疆域呢，方圆五千里，至于荒服——我们还有没有印象？五百里为一服，然后"五服"的半径就是两千五百里，直径就是五千里。"至于荒服"，也就是达到了边界。且看这个边界："南抚交阯"，再一次提到交阯，什么地方？现在有说越南的，有说广州的。这是舜那个时代呀！

"西戎"，西方，"氐、羌"应该是在甘肃，反正是到达我们现在西北荒无人烟的地方，再往上没有人了。

北面，山戎。这个词有没有印象？我们谈匈奴的时候跟大家介绍过，什么时代叫山戎？汉代叫匈奴，在舜那个时候就叫山戎。

东面，"鸟夷"，注意，有人说这个"鸟"其实是"岛"，"岛夷"，而且这个地方根据描述有点像倭国。后来武则天把倭国给改了，以前是叫倭国。

"四海之内咸戴帝舜之功"，这一圈儿地方，大家都感得他的德行，大家都称颂他。

"于是禹乃兴九招之乐"，我说这个"禹"应该是一个错字，应该是"'舜'兴九招之乐"，这个"招"是韶山的韶，韶乐，孔子听过韶乐，三月不知肉味，尽善尽美的那个曲子。

"致异物"，很多没看见过的东西来了。最值得一提的是"凤皇来翔"。天地之间有这么多PM2.5，像凤皇这种鸟是不会出现的。于是，"天下明德皆自虞帝始"——我们这个堂就叫"明德堂"。

孝感天下　德荫子孙

舜年二十以孝闻，年三十尧举之，年五十摄行天子事，年五十八尧崩，年六十一代尧践帝位。践帝位三十九年，南巡狩，崩于苍梧之野。葬于江南九疑，是为零陵。舜之践帝位，载天子旗，往朝父瞽叟，夔夔唯谨，如子道。封弟象为诸侯。舜子商均亦不肖，舜乃豫荐禹于天。十七年而崩。三年丧毕，禹亦乃让舜子，如舜让尧子。诸侯归之，然后禹践天子位。尧子丹朱，舜子商均，皆有疆土，以奉先祀。服其服，礼乐如之。以客见天子，天子弗臣，示不敢专也。

总结一下：舜，二十岁以孝闻，三十岁尧举之，五十岁摄行天子事——干了二十年的辅助的工作。又干了八年，五十八岁的时候，尧崩了，年六十一践帝位，因为避让了三年。六十一岁的时候，我们说现在我到六十一岁的时候都退休了，他才"践帝位"。践帝位三十九年，六十一加三十九，这个太难算了。

"南巡狩，崩于苍梧之野。葬于江南九疑"，为什么叫"九疑"呢？九条溪流看上去大体上都差不多，好像都一样，所以叫九疑，这是一种解释方法。葬舜帝的陵叫"零陵"。今天还在湖南。湖南真是个很神奇的地方，我们说一万到两万年前的陶片出土在那个地方；九千多年的骨笛，出土在那个地方；还有很多神奇的东西，可能未来也会出土。

践帝位以后，举着天子旗，朝拜父亲瞽叟。太令人感叹！"如子道"。封他弟弟为诸侯。他的儿子商均不肖。他这个儿子是女英生的，娥皇没生子，都不像他。于是，他就把这个天子位向上天举荐，举荐谁呢？大禹。举荐十七年后，他去世了。三年丧毕，这都是规矩，禹亦乃让舜子，就是禹仍然避让。但是，当时的诸侯还是佩服大禹。所以大禹最后让了三年，践天子位。不是我们简单地想象的那种禅让，一给他，他就接了，不是。这中间有着漫长的过程，最短的也十几年，二十几年，三十几年。

尧的儿子、舜的儿子皆有疆土，"以奉先祀"。给你一块儿地方，祭祀老的天子。"礼乐如之"。注意啊，仍然享受着天子之礼，就像鲁国——鲁国有一些礼乐上的待遇，跟周天子是一样的。

"以客见天子"，他们去看天子，天子不敢臣，不能称他为臣。

以示不敢专也。这是礼节，就是你是可以有帝位的，表示谦让。

一脉相承　太史公曰

自黄帝至舜、禹，皆同姓而异其国号，以章明德。故黄帝为有熊，帝颛顼为高阳，帝喾为高辛，帝尧为陶唐，帝舜为有虞。帝禹为夏后而别氏，姓姒氏。契为商，姓子氏。弃为周，姓姬氏。

最后，司马迁的结论是：从黄帝一直到尧舜禹，都"同姓而异其国号"，"以章明德"，表彰的彰。他们是一家下来的，但是为了表彰每一个人巨大的功德，所以各有其国号，有熊、高阳、高辛、陶唐、有虞。后面就是夏、商、周、秦、汉、南北朝、隋、唐、宋、明……本朝，到今天八千多年。

太史公曰：学者多称五帝，尚矣。然尚书独载尧以来；而百家言黄帝，其文不雅驯，荐绅先生难言之。孔子所传宰予问五帝德及帝系姓，儒者或不传。余尝西至空桐，北过涿鹿，东渐于海，南浮江淮矣，至长老皆各往往称黄帝、尧、舜之处，风教固殊焉，总之不离古文者近是。予观春秋、国语，其发明五帝德、帝系姓章矣，顾弟弗深考，其所表见皆不虚。书缺有间矣，其轶乃时时见于他说。非好学深思，心知其意，固难为浅见寡闻道也。余并论次，择其言尤雅者，故著为本纪书首。

太史公说：很多学者多称五帝由来久矣，尚矣。然而《尚书》独说尧以来，以前不提了。学术上、庙堂上这些人没法说这些江湖上的说法。孔子所传的宰予问五帝德及帝系姓，儒者有的人不谈。我自己曾经西到空桐，北过涿鹿，东渐于海，南浮于江淮，这些长老往往称黄帝、尧、舜之处，风教固殊，很不相同，"总之不离古文者近是"，还是在古代经典当中记载的那些，差不多都是那样。

我观《春秋》《国语》这些书，他们阐述五帝德、帝系姓这些内容是很明确的，"章矣"。如果不是深思考虑，那么其所表见的都是不虚的。偶尔有缺憾，会"见于他说"——就是丢失的内容，会在其他的书当中有所体现。可是，这些散见的内容又混杂着传说的内容，非好学深思，心知其意，固难为浅见寡闻者道也。你没有融会贯通，长时熏修在这个里面，我也没法说，说了你也不相信。所以，我就把它按照重要性进行编排，论次。选择当中说的还算是高雅，能入庙堂，能够传给后人的，著为本纪书首。

五帝颂

帝出少典，居于轩丘。既代炎历，遂禽蚩尤。高阳嗣位，静深有谋。小大远近，莫不怀柔。爰洎帝喾，列圣同休。帝挚之弟，其号放勋。就之如日，望之如云。郁夷东作，昧谷西曛。明扬仄陋，玄德升闻。能让天下，贤哉二君！

后面还有一个《五帝颂》，这不是司马迁写的，大家看也行，不看也行。反正就是说，黄帝，少典的儿子，代了炎帝，擒了蚩尤。然后高阳继承，静深有谋，小大远近，莫不怀柔。就是歌颂德行，都是这样的意思。总之是歌颂一下五帝。到了帝喾，列圣同休。帝挚之弟，注意！人家把帝挚提出来了，这是有道理的。帝挚之弟，其号放勋。就之如日，望之如云。后面就是《尚书》里面记载的内容，玄德升闻。能让天下，贤哉二君！就是尧和舜。

贤哉二君，就是尧和舜，禹为什么不提了？因为天子位被他儿子继承了，家天下了。大禹其实也很冤枉，大禹是把天子位让给了伯益，历史有记录的。同样是让位，但是当时的诸侯全去他的儿子启那里报到，向他报告工作，所以这件事情就是这样来的，不是禹有意地自私传给自己的儿子，这个要清楚。

上古天子的寿数皆在百岁以上，有人说哪个皇帝当了几十年皇帝，是中国历史上最长寿的天子，这是不了解我们中国的历史，尤其是不了解中国的上古史。伏羲，他在位就一百一十一年；你说这个查不着记录，那么颛顼七十八年，是有可靠记录的；帝喾七十年是有可靠记录的；你还不相信，那帝尧在位七十年，是《尚书》和司马迁《五帝本纪》都记录下的；再不相信，我无话可说！

华夏何止八千年！"中国移动大讲堂"请我讲的时候，当时的题目我写的是《华夏何止五千年》，经过这一段时间看考古文献，就是文物和文献，这个题目应该改成"华夏何止八千年"！

所以，我们应该恢复华夏史观，树立文化自信，尊重我们的历史文献，弘扬我们的圣贤文化，最终助力中华民族的伟大复兴！

万里无云万里天

——《五帝本纪通解》后记

我在大连新华书店六楼的中华传统文化经典讲座，在完成73讲《论语通解》之后，顺着《论语》最后一篇《尧曰》的提示开始讲《尚书》，等于从《尧曰》直接进入了《尚书》的第一篇《尧典》。《尚书》进行了24讲之后，为了大家更好地理解《尚书》，进而了解中华文明的源头，我们在中间"插播"了《史记·五帝本纪》的讲解，并引入《汉书·古今人物表》，直接把华夏文明的肇始上溯到伏羲氏。这是本书文字稿的由来。

虽然由于时间过于久远，我们已经永远说不清楚从伏羲至轩辕黄帝这一段的华夏历史，但是伏羲作为《易经》传承和华夏文明的创始人确是毋庸置疑的。

我推论华夏上古史的逻辑起点和基本信念非常简单：我们每个人大概率都说不准自己的祖先活着的时候到底都干了些什么，但是，他们的存在和主要贡献在什么地方是毋庸置疑的。

每个人至少都能明白，我们基本上不会有人能见过自己八辈以前的先祖，但是，"没有见过"绝不意味着他们"不曾存在"。我们活着，就是他们曾经存在的最好证明。而且，他们不但存在，还是符合了天理人伦道德的存在，没有做过"断子绝孙"的缺德事，才有我们这些作为"先祖余德"的人生出来，绵绵不绝，成就了世界上唯一还活着的远古文明。

按照中国古代天人合一观下的一种传统观念，我们的身体被称为"先祖余德"，如果哪一代人干尽了缺德事，败坏光了先祖余德，是不会有后代子孙能生出来的。诚如《大学》所言："是故君子先慎乎德，有德此有人，有人此有土，有土此有财，有财此有用。"

正如在正常情况下每一个正常人都不需要去证明自己爷爷存在一样，我们本来也没有义务去向所谓"国际学术界"证明我们那些共同的远祖曾经鲜活地存在。我只是利用已有的经典文献、出土文物和活的文明传承这"三文"途径，直接地、合理地、正常地述说我们的华夏历史可能的部分历史面貌。

如果有人要求我拿出实物证据证明我爷爷存在之后他才会相信我爷爷真的存在过，我想我若看他一眼都算我输了。谁怀疑谁举证。所以，让那些不相信华夏史观的人自己想办法去拿出证据吧，以证明《汉书·古今人物表》中的伏羲女娲到轩辕黄帝再到尧、舜、禹都不曾存在。而我们，省下时间，把中华文明的核心精神发扬光大。同时，我们应该反思一下，是谁给了他们这种以历史虚无主义的观点来评判华夏历史的权力？

那些针对华夏史观作出"断见"判断的底层逻辑是"没有证据就不存在"，这既违反常识也不符合逻辑。你讲述自家的历史，还需要别家的什么人来"承认"吗？当然，就个人或者家庭乃至家族来说，在虚荣心或者其他某种利益动机的驱使下，你有可能美化自家的历史，甚至有可能无中生有地瞎编部分情节，但是，在整个家国社会中，这种情形是很难存在的，因为重大历史事件会有许多人参与、经历和记录，重要的历史人物的功绩世所共睹，不太可能被完全掩盖和隐藏。而且，就算是亲历历史，也不可能窥见历史的全貌，只是"个人视角"的一种认知。在叙述历史方面，"盲人摸象"永远是客观存在的事实。为了"拼接"一个完整的历史"大象"，我们必须把所有可能的文献记录、出土文物和口耳相传的述说"对接"起来。

本书的出版，要特别感谢大连市新华书店，没有书店领导的坚定支持和同人们的热心维护，中华优秀传统文化经典系列讲座不可能连续十年得以顺利地完成，并留下完整的影像资料。

本书的出版，要特别感谢以大连海事大学老师为主体的中华优秀传统文化学习小组，没有他们风雨同舟、细致入微地护持，我也不可能一部接着一部地讲解中华原创经典。

本书的出版，要特别感谢鲍勤博士，作为特约编辑，她为本书的严谨、准确和规范贡献了一位"标准的北大学人"应有的智慧，付出了令人十分敬佩和由衷感动的辛劳。

最后，当然要感谢我的家人，他们完全信任、一直支持和尽一切可能理解我在现代所谓的不同学科之间穿梭，容忍我把偌大的一个家变成一个各个角落都充斥着书的工作室。

谛观世间，对本国历史充满温情和文化自信的看法，有利于社会秩序的稳定和经济的良性发展。中华优秀传统文化的复兴，是中华民族整体复兴的前兆。

领略真正的中华文明境界并不容易。就像世人往往看到的是低层天空的风云变幻，殊不知在那高层之上，永远是万里无云万里天。

钟永圣

农历癸卯年六月十九日

中国善财书院九绿金顶轩